DAS HEYNE
PFERDE
BUCH

DAS HEYNE
PFERDE
BUCH

ELWYN HARTLEY EDWARDS

PHOTOS BOB LANGRISH

WILHELM HEYNE VERLAG MÜNCHEN

Titel der englischen Originalausgabe:
THE ULTIMATE HORSE BOOK
Übersetzung, fachliche Bearbeitung und Beratung: Uta Over

Die Originalausgabe erschien im Verlag Dorling Kindersley Limited, London
Copyright © 1991 by Dorling Kindersley Limited, London
Text Copyright © 1991 by Elwyn Hartley Edwards
Ein Dorling-Kindersley-Buch
Copyright © 1992 der deutschen Ausgabe by Wilhelm Heyne Verlag
GmbH & Co. KG, München
Umschlaggestaltung der deutschen Ausgabe: Norbert Härtl
Herstellung: Paul Fugmann
Satz: Schaber, Wels
Druck und Bindung: Mohndruck, Grafische Betriebe, Gütersloh
Printed in Germany 1992

ISBN 3-453-05917-4

Inhalt

Einführung · 6

Das Wesen des Pferdes · 8

Die Rassen · 26

Sie und Ihr Pferd · 192

Pferd und Mensch · 214

Einführung

*»Umgeben von Elementen, die danach trachteten, ihn zu zerstören, wäre der Mensch
ein Sklave geblieben, hätte das Pferd ihn nicht zum König gemacht.«*

I m Dunkel der Vorgeschichte, als Herden wilder Pferde die weiten Steppen
durchstreiften und der Mensch in einer ihm feindlichen Umgebung um sein
Überleben kämpfte, begann eine lange und wahrscheinlich über unsere
Gegenwart hinausreichende Partnerschaft. Für unsere urzeitlichen
Vorfahren lieferten die Pferde Nahrung und darüber hinaus Material
für Kleidung und Behausung; und selbst heute, an der Schwelle
zum 21. Jahrhundert, erfüllen sie in den einsamen abgelegenen
Regionen dieser Welt noch immer diese Funktion — vielleicht,
um uns an unsere lange Abhängigkeit vom Pferd zu erinnern.

Berittener Jäger
*Die Pferde ermöglichten es den
Menschen, Kriege zu führen und
Länder zu erobern.*

Eine lebenswichtige Partnerschaft

Das Pferd verlieh dem Menschen Mobilität, und erst das Pferd
ermöglichte ihm die Kriegführung. Aber auch für den Frieden
war es unverzichtbar, bildete es doch die Voraussetzung für
industrielle und landwirtschaftliche Entwicklung. Tatsächlich
hat der Mensch das Pferd, seinen Partner, oft aus Eigennutz zu
einem Leben voll harter Arbeit verdammt, ihm Leiden und
Schmerz zugefügt und es auf den vielen tausend Schlachtfeldern
der Geschichte geopfert. Doch der Mensch bewies dem Pferd —
vielleicht in unbewußter Anerkennung seiner Schuld — auch einen
Respekt und eine Achtung, die er keinem anderen Lebewesen entgegenbrachte —
nicht einmal seinem ersten Gefährten, dem Hund. Diese Achtung zeigte sich in
der Antike, als Pferde Symbol für Majestät und Macht waren, und noch früher in
den lebhaften Höhlenzeichnungen der Cro-Magnon-Menschen aus der Zeit
vor 20 000 Jahren.

Anmut, Kraft und Schönheit

Immer schon wurden schöne Pferde in Statuen
und Gemälden dargestellt, früher genauso wie
heute. Die Einzigartigkeit dieses Buches besteht darin, wie das Pferd hier präsentiert wird
— Text und Bilder ergänzen einander. Die
Texte umrahmen die Abbildungen, setzen
Schwerpunkte und erklären die wichtigsten Punkte, so daß der Leser die Fach-
begriffe sofort verstehen und die Merkmale der einzelnen Rassen mühelos er-
fassen kann.

Um die besondere Vielfalt der
Pferderassen im Bild einzufangen,

Das Pferd des Herrschers
Friedrich-Wilhelm von Brandenburg, der Große Kurfürst (1620—1688)

Kohlewagen
Für das Transportwesen waren die Pferde unersetzlich.

reisten Fotografen Tausende von Meilen rund um die Welt und bedienten sich dabei einer ganz spezifischen Technik, indem sie die Tiere immer vor einem weißen Hintergrund aufnahmen. Diese Technik lehnt an ein in Persien und im Fernen Osten bereits vor 500 Jahren praktiziertes Verfahren an, bei dem Pferde zur Beurteilung ihrer Gesamterscheinung vor einem weißen Laken plaziert wurden. Nur dieser absolut neutrale Hintergrund läßt eine klare Einschätzung zu, denn keine Linie wird durch dahinterliegende Elemente verwischt oder gebrochen. Alle Bilder wurden in derselben Technik aufgenommen, sogar in der russischen Steppe. Das Ergebnis sind Fotografien, die die Einzelheiten und Besonderheiten jedes Pferdes in bisher kaum gekannter Klarheit zeigen.

Wenn dieses Buch dazu beiträgt, beim Leser das Verständnis für Pferde zu vertiefen und seine Freude an ihnen zu vergrößern, hat es seinen Zweck erfüllt.

Elwyn Hartley Edwards,
Chwilog 1991

Moderne britische berittene Polizei
Pferde wurden und werden von Menschen in den verschiedensten Bereichen eingesetzt.

Packpferd in Devon
Immer dienten die Pferde den Menschen.

Wildpferde
In Australien und in den USA gibt es immer noch Herden wilder Pferde.

Bei Gefahr Flucht

Unbekannte Objekte, wie zum Beispiel sich drehende Windmühlenflügel, werden von Pferden als potentielle Gefahr angesehen und lösen das empfindliche Sicherheitssystem dieses von Natur aus hochspezialisierten Tieres aus: Seine instinktive Reaktion bei Gefahr ist die Flucht.

Zwei Extreme (unten)

Diese beiden Pferde stehen jeweils am Ende zweier völlig gegensätzlicher Zuchtziele. Der Avelignese links stammt von schweren Kaltblütern ab, während der wunderschöne Araber rechts das Urbild aller hochblütigen Pferde dieser Welt ist. Beide jedoch wurden so gezüchtet, daß sie dem Menschen Vertrauen und Zuneigung entgegenbringen, wenn er sich die Mühe macht, sie zu verstehen.

Das Wesen des Pferdes

Eine grundlegende Voraussetzung für einen glücklichen und erfolgreichen Umgang mit Pferden ist die Kenntnis ihres Wesens und ihrer physischen Besonderheiten.

D as Wesen des Pferdes bestimmt sein Verhalten und seine physische Struktur, seine Aktionsmöglichkeiten und seine Leistungsfähigkeit. Das Verhalten des Pferdes wird von Instinkten gesteuert, die sich in Millionen von Jahren herausgebildet haben. Pferde verfügen darüber hinaus über eine Reihe hochentwickelter Sinne, die ihnen ihren ganz besonderen Charakter verleihen.

Zucht durch Selektion

Der Körperbau des Pferdes ist natürlich das Ergebnis einer Entwicklung, ursprünglich ausgelöst von seiner Umwelt. Von dem Moment an jedoch, als der Mensch in den Ablauf der Natur eingriff, war sein Einfluß auf die weitere Entwicklung der Pferde von ausschlaggebender Bedeutung. Durch die Zucht mit bestimmten hochwertigen Pferden, durch die Kreuzung verschiedener Typen, die Inzucht innerhalb bestimmter Pferdefamilien und die Linienzucht, die immer wieder auf einen bestimmten Vorfahren zurückgeht, entstand eine Vielfalt von Pony- und Pferderassen mit jeweils ganz eigenen Merkmalen. Einige wurden wegen ihrer Stärke gezüchtet, andere auf Schnelligkeit, wiederum andere, wie beispielsweise der Araber, wegen ihrer einzigartigen Schönheit, die in dieser Form ohne menschliches Eingreifen nicht möglich gewesen wäre.

Das Sicherheitssystem

Im Laufe der Evolution entwickelten sich die Sinne der Pferde weit besser als unsere eigenen. Zwar sind sie auch für die Verständigung untereinander und das Geschlechtsverhalten wichtig, primär aber sind sie Teil eines sensiblen Verteidigungsmechanismus. Allein schon die Stellung der Augen, welche im Gegensatz zum menschlichen Auge fast einen Rundumblick erlaubt, macht deutlich, wie sehr das Pferd »auf Sicherheit« gebaut ist.

Ausgezeichneter Geruchssinn
Der Geruchssinn dient den Pferden in vielerlei Hinsicht. Sie identifizieren beispielsweise die Herdenmitglieder und ihre heimatliche Umgebung durch Gerüche; und es ist zu vermuten, daß sie auch ihre menschlichen Gefährten mit speziellen Gerüchen in Verbindung bringen.

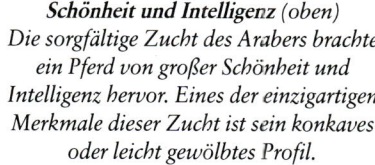

Schönheit und Intelligenz (oben)
Die sorgfältige Zucht des Arabers brachte ein Pferd von großer Schönheit und Intelligenz hervor. Eines der einzigartigen Merkmale dieser Zucht ist sein konkaves oder leicht gewölbtes Profil.

Zuchtziel Bewegung (links)
Anmut und Schnelligkeit des laufenden Pferdes werden durch die Proportionen des Knochenbaus bestimmt; diese wiederum bestimmte der Mensch in den letzten 5000 Jahren durch selektive Zucht.

Die Ursprünge

Vor etwa 60 Millionen Jahren, also im Eozän, entstand die Spezies der Equiden. Bei Ausgrabungen von Felsbrocken aus dieser Zeit entdeckten Wissenschaftler im Jahre 1867 im Süden Nordamerikas ein bemerkenswert vollständiges Skelett, das als das Skelett des ersten Pferdes angesehen wird. Die Wissenschaftler nannten es *Eohippus*, das »Morgenröte-Pferdchen«, und konnten seine weitere Entwicklung auf dem amerikanischen Kontinent bis hin zum *Equus caballus*, dem Ahnherrn des heutigen Pferdes, nachweisen.

Eohippus

Der *Eohippus* stammt — wie alle anderen Huftiere auch — von den *Condylarthra* (Vor-Huftieren) ab, die vor rund 75 Millionen Jahren lebten. Sie hatten in etwa die Größe eines Hundes und verfügten über fünf Zehen mit Nägeln aus Horn.

15 Millionen Jahre später hatten sich die Füße seines Abkömmlings, des *Eohippus*, verändert: An den Vorderfüßen hatte er jeweils vier Zehen, an den hinteren jeweils drei. Das Tier wog schätzungsweise 5,4 Kilogramm und hatte eine Schulterhöhe von rund 36 Zentimeter — das entspricht der Größe eines Fuchses oder eines mittelgroßen Hundes. Farbe und Fellstruktur des *Eohippus* sind unbekannt, aber man vermutet,

daß das Fell dem des Hirsches ähnelte, also dunkelbraun mit hellen Sprenkeln oder Tupfen, was ihm in dem Dickicht, das sein Lebensraum war, als Tarnfarbe diente.

Der entscheidende Faktor für eine Evolution ist immer die Umwelt, der Lebensraum. Ändert sich dieser, müssen sich die Tiere, wollen sie überleben, an die neuen Bedingungen anpassen. Der mit Zehen und — ähnlich wie bei Hunden — Ballen ausgestattete Fuß des *Eohippus* sowie seine Verwandtschaft mit dem Tapir weisen darauf hin, daß er in einer Umwelt lebte, deren Boden sehr weich war, so wie man ihn im Dschungel und an Gewässerufern findet. Diese Ballen ermöglichten dem *Eo*-

hippus, auch morastige und feuchte Gebiete ohne Schwierigkeiten zu durchqueren. Die Relikte dieser Ballen sind beim heutigen Pferd die Hufballen — Horngebilde hinten unterhalb der Beuge am Huf. Auch Zähne und Augen des *Eohippus* hatten wenig Ähnlichkeit mit denen des heutigen Pferdes. Die Zähne ähnelten eher denen von Schweinen oder Affen und waren zum Verzehr von Laub und zarten Knospen geeignet, wie man sie an niedrigen Büschen findet.

Mesohippus und Miohippus

Dem *Eohippus* folgten im Oligozän (vor 25 bis 40 Millionen Jahren) zwei ähnliche, sich möglicherweise überlappende Typen, der *Mesohippus* und der etwas weiter entwickel-

---

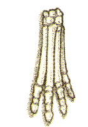

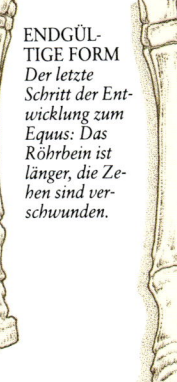

DIE ENTWICKLUNG DES HUFES

Die Entwicklung des Hufes der Species Equus dauerte einige Millionen Jahre und war die Antwort auf den sich ändernden Lebensraum der Tiere. Im Eozän lebten die Urahnen der heutigen Pferde im Wald, wo sie die Zehen brauchten, um nicht im feuchten und sumpfigen Boden zu versinken. Diese Zehen verschwanden in gleichem Maße, wie der Dschungel sich in offene Ebenen und Savannen umwandelte, die den Tieren einen festeren Untergrund boten.

VIER ZEHEN
Der Eohippus hatte an den Vordergliedmaßen vier Zehen.

DREI ZEHEN
Im Miozän waren es nur noch drei Zehen, von denen der mittlere das Hauptgewicht trug.

HUF
Das erste Pferd mit einem richtigen Huf ist der Pliohippus mit schon längeren Beinen und flexiblen Bändern; der Fuß war schon mit dem des heutigen Pferdes fast identisch.

ENDGÜL-TIGE FORM
Der letzte Schritt der Entwicklung zum Equus: Das Röhrbein ist länger, die Zehen sind verschwunden.

ANZAHL DER ZEHEN
Aus einem hundeähnlichen breiten Fuß entwickelte sich durch Reduktion der Zehen der Huf. Die »Kastanie« innen am Karpalgelenk ist der Rest der fünften Zehe.

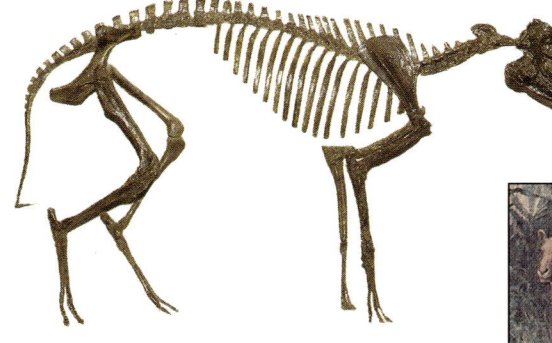

🐎 *Skelett-Rekonstruktion des Eohippus*
Das Skelett des Eohippus *ist deutlich als das eines Pferdes zu erkennen, wenn man von der Form der Füße und der Körpergröße absieht, denn es weist nur eine Schulterhöhe von 36 Zentimetern auf. Innerhalb der Spezies* Eohippus *gab es viele verschiedene Arten. Die kleinsten hatten eine Schulterhöhe von nur 25 Zentimetern, die größten dagegen waren achtmal schwerer und 50 Zentimeter groß. Im späteren Miozän-Zeitalter gab es sogar eine Mammut-Variante, den* Megahippus.

🐎 *Künstlerische Darstellung des Eohippus*
Der Eohippus *war ein äsendes Tier, das sich von Blättern ernährte. Sein geflecktes Fell diente ihm in dem dschungelartigen Gelände als Tarnung, seine Füße mit den Zehen trugen ihn auch auf feuchtem Boden.*

🐎 *Künstlerische Darstellung des Mesohippus*
Im Oligozän (vor 25 bis 40 Millionen Jahren) hatte sich der Eohippus *zum Mesohippus entwickelt. Dieser hatte drei Zehen, längere Beine und ein stärkeres Gebiß; dadurch konnte er viele verschiedenartige Pflanzen fressen.*

te *Miohippus.* Beide waren größer, hatten längere Beine und bereits Zähne, mit denen sie die verschiedenartigsten weichen Pflanzen fressen konnten. Sie hatten nur noch drei Zehen an jedem Fuß, von denen der mittlere das Hauptgewicht trug.

Der wichtigste Schritt in der Entwicklung des Pferdes geschah vor etwa 10 bis 25 Millionen Jahren im Miozän. In dieser Zeit wich der Dschungel baumlosen Ebenen und Steppen mit niedrigem Bewuchs und hartem Gras. Die Pferde paßten sich den geänderten Lebensbedingungen an und entwickelten Zähne, die für das Grasen geeignet waren, und einen längeren Hals, wodurch sie ihre Nahrung am Boden leichter erreichen konnten. Die Position ihrer Augen änderte sich, so daß sie beinahe eine Rundumsicht bekamen und sich nähernde Feinde ausmachen konnten. Die Beine wurden länger und erhielten flexible Bänder und vermutlich auch zu diesem Zeitpunkt eine Zehe als Huf; alle diese Veränderungen bewirkten, daß das Pferd nun schneller seinen Feinden entfliehen konnte.

Equus caballus

Das erste einhufige Pferd war der *Pliohippus,* der sich vor etwa sechs Millionen Jahren entwickelte und damit der Vorgänger des *Equus caballus* war, welcher vor sechs Millionen Jahren entstand (eine halbe Million Jahre vor dem ersten Menschen). Der *Equus* wanderte von Amerika über die damals noch bestehenden Landbrücken nach Europa und

🐎 *Künstlerische Darstellung des* Equus caballus
Equus caballus, *der Vorfahre des heutigen Pferdes, entwickelte sich vor etwa einer Million Jahren und lebte in der offenen Steppe, die mit hartem Gras bedeckt war. Im Gegensatz zu seinen Vorfahren war der* Equus *ein grasfressendes Tier mit einem hochentwickelten Verteidigungssystem gegen Raubtiere.*

Asien. Als das Eis vor etwa 10 000 Jahren zurückging, verschwanden die Landbrücken; aus bisher noch ungeklärten Gründen starben die Pferde auf dem amerikanischen Kontinent aus. Erst die spanischen Konquistadoren brachten sie wieder nach Amerika.

Es gab drei wichtige Urpferdetypen. Sie entwickelten sich je nach ihren Lebensbedingungen und ihrem Umfeld und gelten als die Vorfahren aller Pferderassen der Welt. Das sind einmal die asiatischen Wildpferde, die es heute noch in zoologischen Gärten gibt;

dann der leichtere und feinere Tarpan Osteuropas und der ukrainischen Steppe, der heute in den berühmten Herden von Popielno in Polen weiterlebt; und das schwere, langsame Pferd des nordeuropäischen Marschlandes, *Equus silvaticus,* von dem die heutigen Kaltblutrassen abstammen.

Kurz vor der Domestikation hatten sich vier Untertypen entwickelt, zwei Pony- und zwei Pferdetypen:

Ponytyp 1 ähnelte dem heutigen Exmoor-Pony und lebte in Nordwesteuropa. Es konnte gut Nässe und Kälte vertragen und unter härtesten Bedingungen überleben.

Ponytyp 2 war mit einem Stockmaß von 1,40 bis 1,42 Meter größer als Ponytyp 1. Auch war er schwerer gebaut, gröber und hatte einen schwereren Kopf. Dieser Pferdetyp war im Norden Eurasiens beheimatet und konnte große Kälte aushalten. Das heutige Highland-Pony ähnelt diesem Typ.

Pferdetyp 3 hatte ein Stockmaß von etwa 1,43 Meter. Lang und schmal gebaut, mit rundem Rücken, langem Hals und langen Ohren bewohnte er Zentralasien. Der heutige Achal-Tekkiner dürfte ihm ähnlich sein, eine Pferderasse, die äußerst hitzeresistent ist.

Pferdetyp 4 war zwar kleiner als die anderen, aber genauso fein mit konkavem Profil und hochangesetztem Schweif. Er kam aus dem Westen Asiens; das heutige Kaspische Pony entspricht ihm am ehesten. Er gilt als der Vorfahre des arabischen Pferdes.

🐎 *Tarpan* (oben)
Equus przewalskii gmelini antonius, *der Tarpan, ein leicht gebautes und geschmeidiges Pferd, lebte in Osteuropa und in der ukrainischen Steppe. Er und das asiatische Wildpferd sind die Vorfahren der heutigen leichten Pferderassen.*

🐎 *Przewalski-Pferd* (rechts)
Dieses Pferd, Equus przewalskii przewalskii poliakow, *wurde im Jahre 1881 in den wilden mongolischen Pferdeherden entdeckt.*

Domestikation

Es gilt als sicher, daß die Domestikation des Pferdes in Eurasien vor etwa 5000 bis 6000 Jahren stattfand, also gegen Ende des Neolithikums. Bereits 6000 Jahre früher entwickelte sich vermutlich der Hund zum Haustier. Schafe und Rentiere wurden vor etwa 11000 Jahren und Ziegen, Schweine und Rinder 2000 Jahre später gezähmt.

Höhlenmalereien in Frankreich (unten)
Diese Zeichnung eines laufenden Pferdes in den Höhlen von Lascaux ist vermutlich mehr als 15 000 Jahre alt. Höhlenmalereien dienten der Kommunikation — diese zeigt das Vorhandensein von Pferden an.

Höhlenmalereien in Spanien (oben)
Dieses Bild in den Höhlen von Castillo Puente Viesgo, Spanien, wird auf das Jahr 15000 v. Chr. datiert. Die einfache Zäumung weist auf eine Gesellschaft hin, die Pferde schon in ihr tägliches Leben einbezogen hatte.

Jäger und Gejagte

Der erste Kontakt zwischen Mensch und Pferd war der zwischen Jäger und Gejagtem. Man vermutet, daß die Menschen gegen Ende der Eiszeit die wilden Pferdeherden als Nahrungsquelle benutzten. Bevorzugte Jagdtechnik war es, eine Gruppe über eine Klippe zu treiben und abstürzen zu lassen; das hatte gegenüber der Verfolgung einzelner Tiere entscheidende Vorteile.

Die Höhlenzeichnungen in Lascaux, Frankreich, und Santander, Spanien, stellen die Verfolgung der Herden lebendig dar und geben einen Einblick in das harte tägliche Leben der damaligen Zeit. In vielen Gegenden Frankreichs, besonders in der Gegend von Lascaux und Solutré, aber auch an anderen Orten, hat man riesige Haufen von Pferdeknochen gefunden — Überbleibsel der getöteten Herden.

Die ersten zahmen Herden

Die ersten Herden wilder Pferde wurden vermutlich von Stämmen der nomadisierenden Aryan in den Steppen entlang des Kaspischen und des Schwarzen Meeres domestiziert. Für diese Annahme gibt es genügend Hinweise. Jedoch ist nicht auszuschließen, daß zum selben Zeitpunkt in anderen Gegenden Eurasiens mit dichten Pferdepopulationen ebenfalls eine Domestikation stattfand.

Diese Nomaden begannen möglicherweise als Hirten halbwilder Schaf- und Ziegenherden und — wesentlich wichtiger — der fügsamen Rentiere. Pferde wurden dann aus praktischen Erwägungen mit einbezogen. In der kargen Steppe waren Pferde leichter als andere Tiere zu halten, weil sie leicht Nahrung fanden. Außerdem sind Pferde keine Wandertiere wie beispielsweise die Rentiere, deren Zugverhalten vom Vorkommen des »Rentier-Mooses« bestimmt wird, das ihre Hauptnahrung darstellt.

Also hielt man anfänglich die Pferde in Herden. Ihr Fleisch wurde verzehrt, ihre Felle wurden zum Zeltbau und als Kleidung verwendet, und der Dung wurde getrocknet und diente als Brennmaterial. Die Stuten lieferten Milch, die zu Kumys verarbeitet wurde, dem erfrischenden Trank der Steppen. Nach einer gewissen Zeit wurden die Stämme mobiler,

Griechische Keramik (Ausschnitt) (links) Diese Keramikscherbe ist mit der stilisierten Darstellung eines griechischen Zeremonienwagens geschmückt. Die Griechen kamen um 2000 v. Chr. mit Pferden in Kontakt, aber daß sie im Krieg eingesetzt wurden, hat erstmals Homer in seiner Ilias erwähnt, wo die »Helden« auf Streitwagen in die Schlacht zogen.

Indianische Steinzeichnung (oben) Einen Jäger, mit Pfeil und Bogen bewaffnet und umringt von jagdbaren Tieren stellt diese indianische Felsenzeichnung dar. Das Pferd versetzte die Indianer in die Lage, sich dem Wild zu nähern, es zu jagen und genug Beute zu machen, um Nahrung, Kleidung und Zeltbahnen für den ganzen Stamm zu erhalten.

weil sie die ruhigeren Tiere dazu abgerichtet hatten, ihre Habe zu tragen. Die natürliche Konsequenz für Männer und Frauen war dann, daß sie sich selbst auf die Pferde setzten, wodurch das Hüten der Herden wesentlich leichter wurde. Bis in unsere Zeit werden Pferdeherden in den östlichen Republiken des russischen Reiches auf dieselbe Weise gehalten und sind für die Hirten des 20. Jahrhunderts ebenso Lebensinhalt und lebensnotwendig wie für ihre Vorfahren.

Reiten und Fahren

Die Menschen ritten die Pferde in rauhen bergigen Gegenden, obwohl diese Tiere sehr klein waren. Im flachen hügeligen Land des Mittleren Ostens zeigte sich dann zum erstenmal in der Geschichte, daß die Pferde der Schlüssel zur Eroberung und zur Erhaltung großer Reiche waren. Dabei beschränkte sich ihre Rolle fast ausschließlich auf das Ziehen von Streitwagen. Zwei Pferde, wie klein sie auch waren, konnten einen leichten Streitwagen mit zwei oder sogar drei Mann Besatzung bewegen. Vier Pferde nebeneinandergespannt reduzierten die Anstrengung jedes einzelnen und erhöhten die Schnelligkeit. Vollräder wurden im Euphrat-Tigris-Gebiet bereits 3500 v. Chr. benutzt; Speichenräder waren in Ägypten um 1600 v. Chr. üblich.

Wertvolle Tiere

Als sich die Landwirtschaft entwickelte, konnten die Pferde systematisch gefüttert

Reitender Wikinger
Wikinger, die großen Seefahrer, brachten Pferde auf ihren Reisen an die Küsten der britischen und schottischen Inseln. Dieses Detail aus einem Teppich aus Baldishol, Hedmark, Norwegen, zeigt einen berittenen Wikinger (ca. 1180).

werden. Dies führte — kombiniert mit selektiver Zucht — dazu, daß die Tiere größer, stärker und schneller wurden. Damit entsprachen sie besser den jeweiligen Anforderungen, die meistens das Kriegshandwerk und Transporte betrafen, aber auch sportliche Veranstaltungen in den großen Zirkusarenen der Antike in Griechenland und in Rom.

Niemals wurde das Pferd in den frühen Zivilisationen zur Landarbeit oder zu irgendwelchen niedrigen Verrichtungen herangezogen. Dazu war es zu wertvoll; für derartige Arbeiten benutzte man Ochsen. In vorchristlicher Zeit war das Pferd Gegenstand der Verehrung und nahm einen wichtigen Platz in der Mythologie und bei religiösen Ritualen ein — oft war es das vornehmste Opfer. Im alten Griechenland fuhr Ares, der Gott des Krieges, in einem von weißen Pferden gezogenen Streitwagen über das Firmament; das Zeichen der Göttin Demeter war der Kopf einer schwarzen Stute, und ihre Priester wurden »Fohlen« genannt. Manchmal wurden Schimmel zu Ehren Poseidons, des Meeresgottes und Schöpfers der Pferde, ertränkt, und die Pferde der Könige und Häuptlinge wurden mit ihren Herren begraben.

Der Besitz von Pferden sicherte Mobilität; er machte es möglich, Kulturen aufzubauen und zu verbreiten und manchmal auch neue Gesellschaftsstrukturen und Lebensformen zu schaffen. Das geschah für kurze Zeit bei den Indianern Nordamerikas. Bei ihnen entstand die letzte echte Pferdekultur der Welt, die sich jedoch vom Urbild der Pferdekulturen, wie sie die Mongolen und Hunnen darstellten, stark unterschied. Auf den Rücken ihrer zotteligen mongolischen Ponys hatten diese Pferdemänner aus den Steppen Asiens unter ihrem größten Führer, Dschinghis Khan, damals ein Weltreich erobert.

Griechisches Mosaik (oben)
Das Mosaik des Wagenlenkers, der ein Pferd an der Hand führt, zeigt deutlich die geringe Größe des Pferdes im Verhältnis zum Menschen. Das Mosaik stammt aus dem 2. oder 3. Jahrhundert n. Chr.

Der Teppich von Bayeux (rechts)
Dieses Detail des Teppichs von Bayeux aus dem 11. Jahrhundert zeigt eine Jagd zu Pferde. Vergleichen Sie die Größe des Pferdes mit dem Mosaik darüber.

Gesamterscheinung

A ls Gesamterscheinung bezeichnet man das Zusammenspiel von Knochenbau und Muskelstrukturen sowie die symmetrischen Proportionen der einzelnen Teile zueinander und zum Ganzen. Wie ausgewogen die Gesamterscheinung wirkt, hängt davon ab, wie gut entwickelt die einzelnen Teile sind und ob die Proportionen stimmen. Bei einem gut gebauten Pferd stört kein Detail die Symmetrie.

Varianten

Abweichungen von der Idealform entstehen durch die verschiedenen Zwecke, für die man Pferde züchtet. Das eine Extrem bilden die Kaltblutpferde mit ihren kurzen dicken Proportionen und ihrer schweren Muskulatur; sie verkörpern Kraft und Stärke. Das andere Extrem sind die schlanken Vollblüter, leicht und mit langen Linien und leichter Muskulatur — sie wurden auf Schnelligkeit gezüchtet. Zwischen diesen beiden Polen gibt es eine Vielzahl von Pferden, die mehr oder weniger zum einen oder zum anderen Typ hin tendieren.

Pferdebeurteilung

Der Schlüssel zur Beurteilung eines Pferdes liegt in den Proportionen. Das Diagramm auf der gegenüberliegenden Seite »Das wohlproportionierte Pferd« ist eine gute Hilfe zur

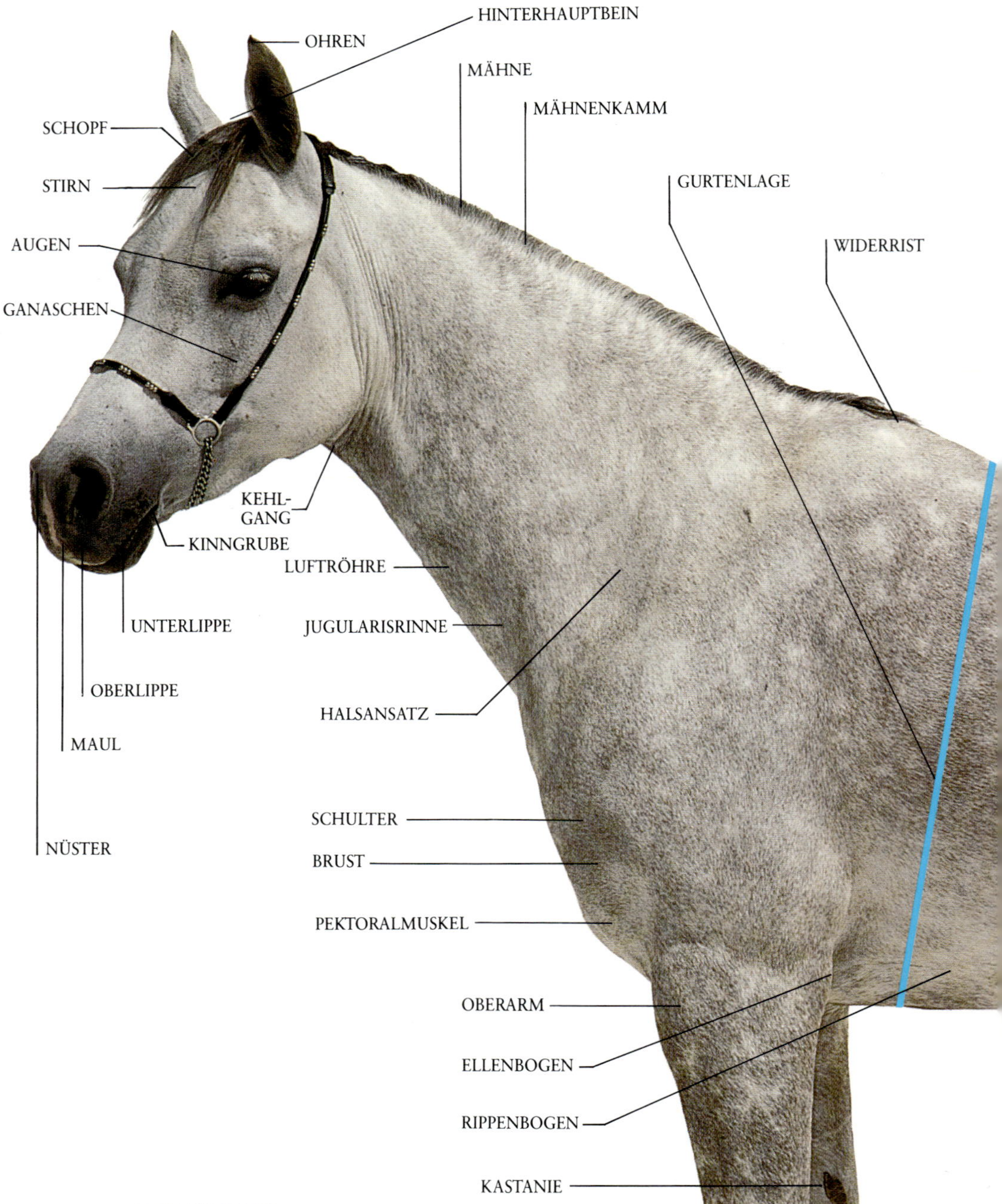

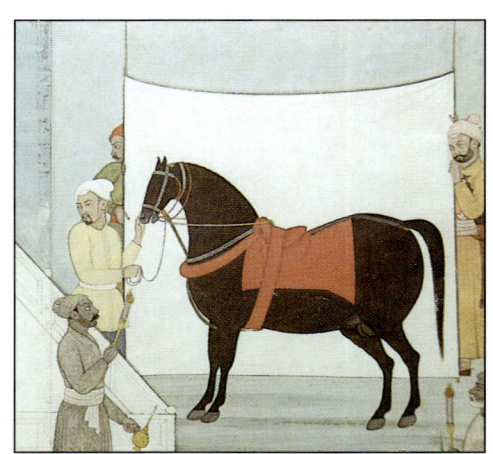

🐎 *Gebäudebeurteilung*
Diese Mogul-Miniatur zeigt ein Pferd, das vor einem neutralen Hintergrund beurteilt werden soll. Mit diesem Trick kann man die Linien des Pferdes besser erkennen, Details erscheinen klarer.

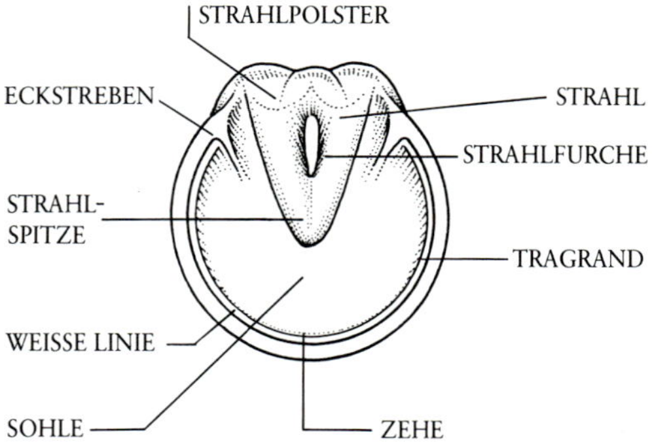

OHREN
HINTERHAUPTBEIN
MÄHNE
MÄHNENKAMM
SCHOPF
GURTENLAGE
STIRN
WIDERRIST
AUGEN
GANASCHEN
KEHL-GANG
KINNGRUBE
LUFTRÖHRE
UNTERLIPPE
JUGULARISRINNE
OBERLIPPE
HALSANSATZ
MAUL
SCHULTER
BRUST
PEKTORALMUSKEL
NÜSTER
OBERARM
ELLENBOGEN
RIPPENBOGEN
KASTANIE
RÜCKSEITE DES KARPALGELENKS
KARPAL- ODER VORDERFUSS-WURZELGELENK
SEHNEN
RÖHRBEIN
FESSELGELENKKOPF
FESSEL

Unterseite eines gesunden Hufes (Diagramm)

STRAHLPOLSTER
ECKSTREBEN
STRAHL
STRAHLFURCHE
STRAHL-SPITZE
TRAGRAND
WEISSE LINIE
SOHLE
ZEHE

🐎 *Unterseite eines gesunden Hufes*
Die weiße Linie trennt den unempfindlichen Hornrand von dem empfindlichen inneren Teil des Hufes. Das Hufeisen wird auf den Tragrand aufgenagelt. Die Form der Vorder- und Hinterhufe sollte jeweils ganz gleich sein; unterschiedliche Hufe weisen auf Verletzungen oder auf ein insgesamt schlechtes Gebäude hin.

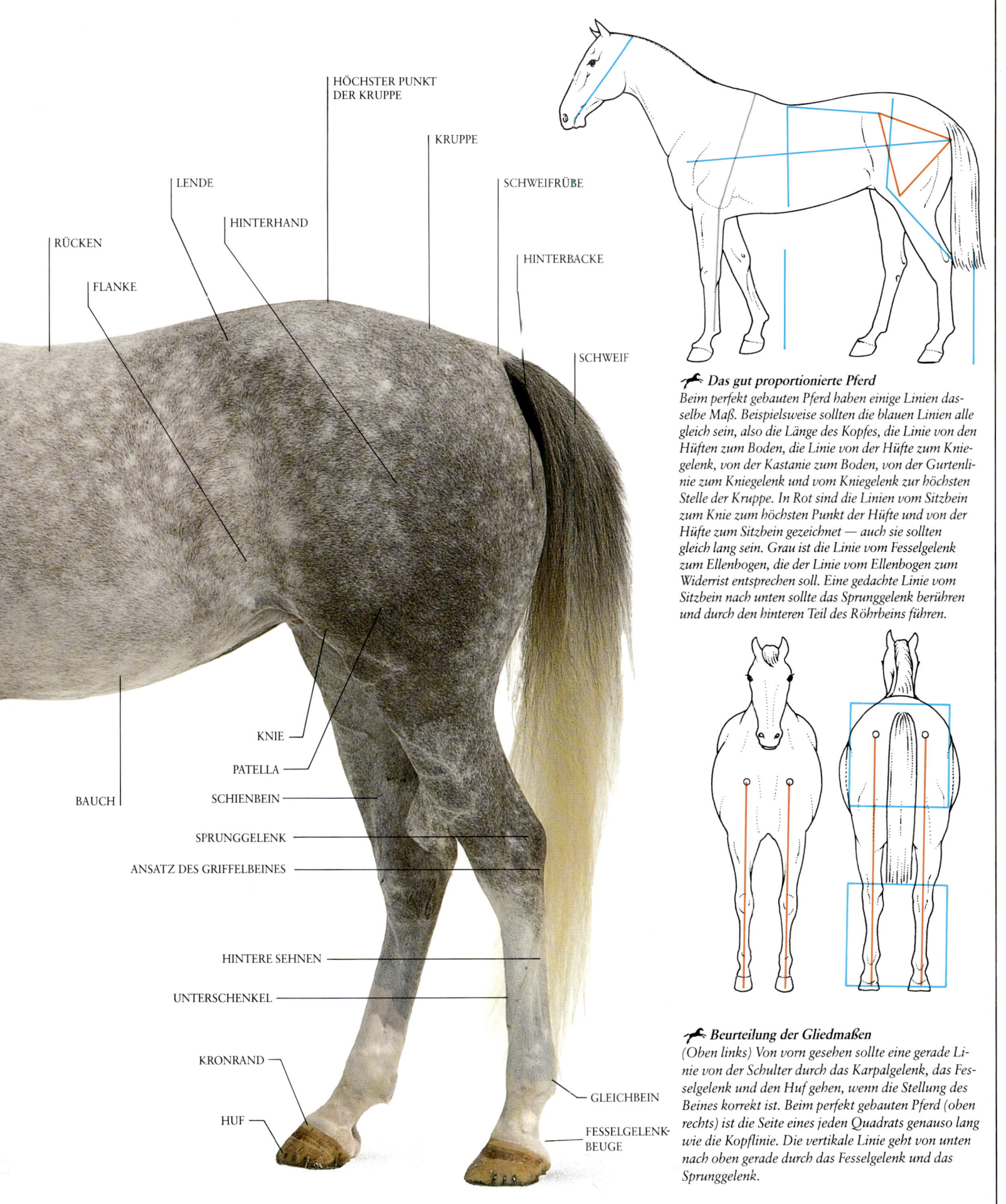

HÖCHSTER PUNKT
DER KRUPPE

KRUPPE

SCHWEIFRÜBE

LENDE

HINTERHAND

HINTERBACKE

RÜCKEN

FLANKE

SCHWEIF

BAUCH

KNIE

PATELLA

SCHIENBEIN

SPRUNGGELENK

ANSATZ DES GRIFFELBEINES

HINTERE SEHNEN

UNTERSCHENKEL

KRONRAND

GLEICHBEIN

HUF

FESSELGELENK-
BEUGE

Das gut proportionierte Pferd

Beim perfekt gebauten Pferd haben einige Linien dasselbe Maß. Beispielsweise sollten die blauen Linien alle
gleich sein, also die Länge des Kopfes, die Linie von den
Hüften zum Boden, die Linie von der Hüfte zum Kniegelenk, von der Kastanie zum Boden, von der Gurtenlinie zum Kniegelenk und vom Kniegelenk zur höchsten
Stelle der Kruppe. In Rot sind die Linien vom Sitzbein
zum Knie zum höchsten Punkt der Hüfte und von der
Hüfte zum Sitzbein gezeichnet — auch sie sollten
gleich lang sein. Grau ist die Linie vom Fesselgelenk
zum Ellenbogen, die der Linie vom Ellenbogen zum
Widerrist entsprechen soll. Eine gedachte Linie vom
Sitzbein nach unten sollte das Sprunggelenk berühren
und durch den hinteren Teil des Röhrbeins führen.

Beurteilung der Gliedmaßen

(Oben links) Von vorn gesehen sollte eine gerade Linie von der Schulter durch das Karpalgelenk, das Fesselgelenk und den Huf gehen, wenn die Stellung des
Beines korrekt ist. Beim perfekt gebauten Pferd (oben
rechts) ist die Seite eines jeden Quadrats genauso lang
wie die Kopflinie. Die vertikale Linie geht von unten
nach oben gerade durch das Fesselgelenk und das
Sprunggelenk.

Beurteilung der Vorzüge und Mängel eines Tieres. Ein äußerst wichtiger Punkt ist die ausreichende Gurtentiefe. Die Linie vom Widerrist bis unterhalb des Ellenbogens sollte ebenso lang oder noch länger sein als die Linie zum Boden, weil die Lunge genug Platz haben soll, um sich ungehindert ausdehnen zu können. Eine ausreichende Gurtentiefe läßt das Pferd kurzbeinig erscheinen.

Es gibt noch einige weitere Faustregeln zur Beurteilung von Pferden. Schnelle Pferde beispielsweise brauchen einen relativ langen Hals. Er sollte rund eineinhalbmal so lang sein wie die Linie vom Nacken unten am Gesicht entlang bis zur Unterlippe; ein kürzerer kräftiger Hals deutet auf ein starkes, kraftvolles Pferd hin — aber nicht auf ein schnelles. Der Rücken, gemessen vom Widerrist bis zur Kruppe, sollte kürzer sein als die Linie vom höchsten Punkt der Schulter bis zu den »falschen Rippen«. Im Idealfall ist diese Linie zweimal so lang wie die Rückenlinie. (Es gibt acht »echte« Rippen, die mit der Wirbelsäule und dem Brustbein verbunden sind, und zehn Rippen dahinter, die nur an der Wirbelsäule befestigt sind). Soll das Pferd eine ausreichend tiefe Brust haben, müssen die echten Rippen lang und — zur Bequemlichkeit des

🐎 *Hirschhals*
Als Hirschhals wird ein Hals bezeichnet, dessen Oberlinie konkav ist und dessen Muskeln am Unterhals übermäßig stark entwickelt sind. Solch einen Hals kann man kaum beizäumen, und meistens ist die Sattellage schlecht, d. h. der Sattel rutscht nach vorn.

Reiters — flach sein. Die falschen Rippen müssen gut gerundet und ebenfalls ausreichend lang sein. Sie liegen zum Schutz über den Nieren und anderen lebenswichtigen Organen.

Die Bedeutung des Gebäudes

Ein korrekt gebautes Pferd ist von Natur aus im Gleichgewicht, bewegt sich frei und pro-

blemlos. Solch ein Pferd ist normalerweise leistungsfähiger als weniger gut gebaute Tiere. Da seine »Mechanik« besser ist, treten weniger Krankheiten und Verschleißerscheinungen auf, und das Tier ist länger nutzbar. Körperliche Schwächen, bedingt durch ein ungeeignetes Gebäude, können sich auch negativ auf das Temperament des Pferdes auswirken, wenn von ihm beispielsweise Bewegungen oder Leistungen verlangt werden, die es aufgrund körperlicher Mängel überfordern.

Kopf und Hals

Der Kopf spiegelt das Wesen des Pferdes wider. Erwünscht sind große freundliche Augen und weite Nüstern, damit das Pferd möglichst frei atmen kann. Edle Pferde haben einen fleischlosen, in der Fachsprache »trockenen« Kopf mit feinen Zügen, also ein ausdrucksvolles Gesicht und feine, bewegliche Ohren.

Von großer Bedeutung ist die Größe des Kopfes in Relation zum Körper. Ist der Kopf für den Hals zu schwer, belastet er die Vorhand übermäßig, so daß das Pferd Gleichgewichtsprobleme bekommt; ebenso zerstört ein zu kleiner Kopf das Gleichgewicht (aller-

DER KNOCHENBAU

Der Rahmen des Körpers wird durch Knochen bestimmt, welche das Skelett formen. Die Knochen tragen die Körpermasse und deren Bewegung — aktiviert von den Gelenken und unterstützt von der Muskulatur; so entsteht die Fortbewegung.
Die Gelenke sind die Verbindungsstellen zweier Knochen. Sie werden durch Bänder zusammengehalten, starke, faserige und flexible Gewebe, die an jedem Knochen befestigt sind; sie bestimmen den Aktionsradius eines jeden Gelenks. Die wenig elastischen Sehnen gehen durch die Muskulatur und sind mit den Knochen verbunden. Sie unterstützen die Muskulatur und schützen sie vor Verletzungen.

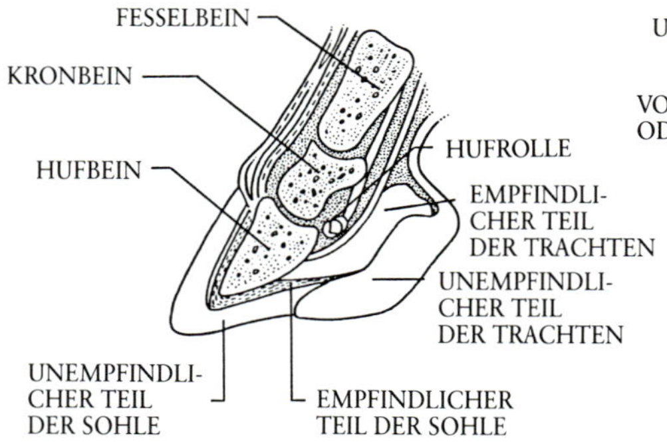

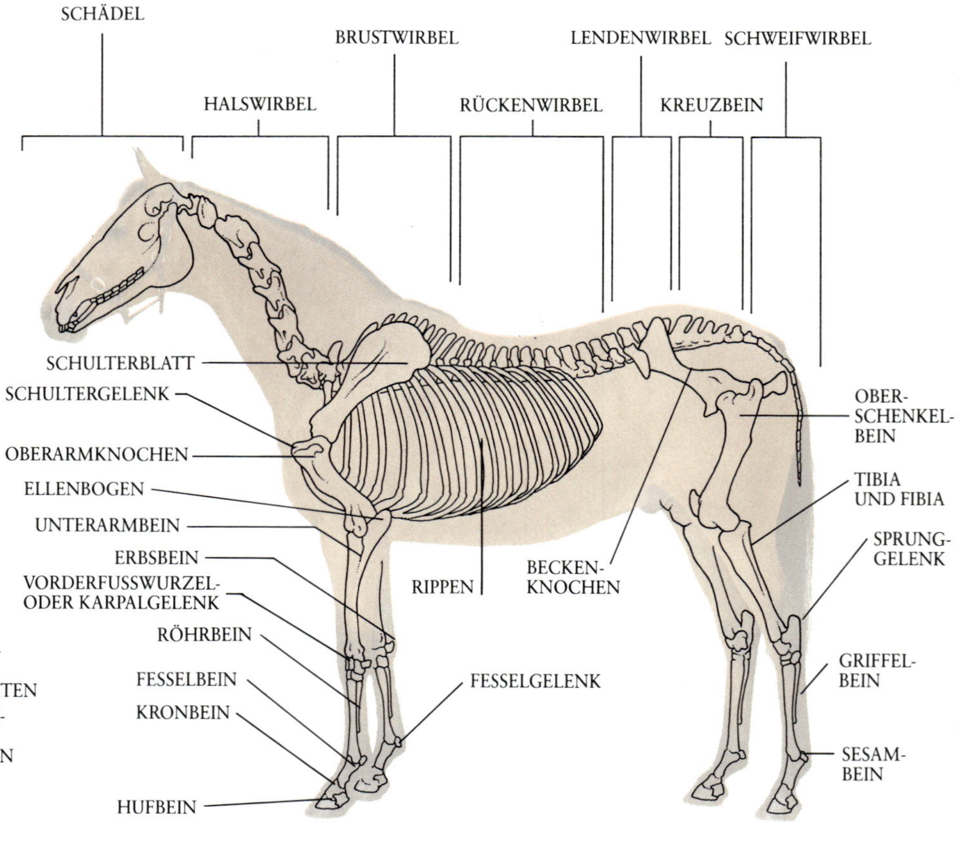

SCHÄDEL

BRUSTWIRBEL

LENDENWIRBEL SCHWEIFWIRBEL

HALSWIRBEL

RÜCKENWIRBEL

KREUZBEIN

FESSELBEIN

KRONBEIN

HUFBEIN

HUFROLLE

EMPFINDLICHER TEIL DER TRACHTEN

UNEMPFINDLICHER TEIL DER TRACHTEN

UNEMPFINDLICHER TEIL DER SOHLE

EMPFINDLICHER TEIL DER SOHLE

SCHULTERBLATT

SCHULTERGELENK

OBERARMKNOCHEN

ELLENBOGEN

UNTERARMBEIN

ERBSBEIN

VORDERFUSSWURZEL- ODER KARPALGELENK

RÖHRBEIN

FESSELBEIN

KRONBEIN

HUFBEIN

RIPPEN

BECKEN- KNOCHEN

FESSELGELENK

OBER- SCHENKEL- BEIN

TIBIA UND FIBIA

SPRUNG- GELENK

GRIFFEL- BEIN

SESAM- BEIN

dings ist das eher selten der Fall). Der Hals soll anmutig und gebogen sein, der sogenannte Hirschhals gilt als Fehler. Eine ausreichende Freiheit in der Ganasche und im Kehlgang erlaubt die freie Bewegung des Kopfes.

Schultern und Widerrist

Die ideale Schulter zum Reiten muß schräg sein: Das Schulterblatt ist lang, der vorwärtsgerichtete Oberarmknochen kurz. Die ideale Schräge, durch welche ein langes Ausgreifen der Beine ermöglicht wird, ist 43 Grad vom höchsten Punkt des Widerrists zum Ansatz des Oberarms. Der Widerrist soll ziemlich weit hinten liegen und gut ausgeprägt sein, so daß die Schulter eine optimale Schräge bekommt. Steile Schultern verkürzen die Gänge.

Brustkorb und Rumpf

Die Brust soll weder zu breit noch zu schmal sein. Im ersten Fall »rollt« das Pferd in der Bewegung, im zweiten sind die Beine zu nahe beieinander und streifen sich beim Laufen. Wichtig bei der Beurteilung des Rumpfes sind Gurtenlage und Rippenwölbung.

Rücken

Zur Kruppe hin steigt der Rücken leicht an und ist beiderseits der Wirbelsäule gut bemuskelt. Ein zu langer Rücken ist zu weich, ein kurzer oder breiter beschränkt die Aktion.

🐎 Ungewöhnliche Ohren
Diese ungewöhnlich geschwungenen Ohren, deren Spitzen sich berühren und die sich ganz nach hinten drehen können, gibt es nur bei den Kathiawari-Pferden in Indien.

🐎 Bügeln
Bügeln gilt als Fehler, der aus einer unkorrekten Stellung der Vordergliedmaßen resultiert. Die Zehen sind auswärts gerichtet, und das Bein beschreibt einen Zirkel nach außen. Diese Bewegung ist unökonomisch, kann jedoch durch Spezialbeschlag korrigiert werden.

Zwischen Sattel und Kruppe liegen die Lenden, auf denen die Antriebskraft der Hinterhand beruht. Sie müssen kurz, dick und kraftvoll sein. Die Kruppe liegt beim gut gebauten Pferd in gleicher Höhe mit dem Widerrist — dann ist das Pferd im Gleichgewicht.

Hinterhand

Die Hinterhand des Pferdes muß den Ausdruck von Kraft vermitteln. Die zweite Zeichnung auf Seite 15 macht deutlich, wie man die Hinterhand beurteilen kann. Wenn das Sprunggelenk korrekt ist, liegt es auf derselben Linie wie die Kastanie der Vorhand. Seitlich gesehen sollte die Hinterbacke mit dem Sprunggelenk eine gerade Linie nach unten bilden; sie setzt sich im Röhrbein fort.

Vorderbeine

In derselben Zeichnung wird die gerade Linie der Vorderbeine dargestellt. Darüber hinaus soll der Ellenbogen nicht den Körper berühren und nicht eng an den Rippen anliegen; er muß also frei beweglich sein. Der Unterarm soll lang und muskulös sein, das Karpal- oder Vorderfußwurzelgelenk stark und klar; die Röhrbeine sollten kurz und stark und — rundum gemessen — genauso dick wie lang sein. Die Fesselgelenke müssen klar und trocken sein und die Fesseln — die Stoßdämpfer — mittellang.

ZÄHNE

Für die Altersbestimmung der Pferde sind die Zähne ausschlaggebend. In den ersten zehn Jahren kann man das Alter an den Schneidezähnen ziemlich genau bestimmen. Bei älteren Tieren bedarf es hierzu allerdings großer Erfahrung. Fohlen werden ohne Zähne geboren. Im Alter von 10 Tagen erscheinen die mittleren Schneidezähne. Erst im Alter von 6 bis 9 Monaten ist das Milchgebiß vollständig. Die Erwachsenenzähne kommen erst im Alter zwischen 5 und 6 Jahren.

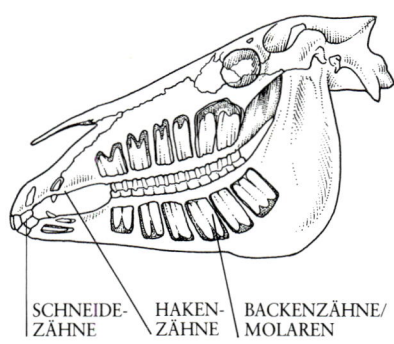

SCHNEIDE-ZÄHNE | HAKEN-ZÄHNE | BACKENZÄHNE/MOLAREN

ERWACHSENES PFERD
Die beiden Kiefer des erwachsenen Pferdes haben 12 Molare (Kauzähne) und 6 Schneidezähne.

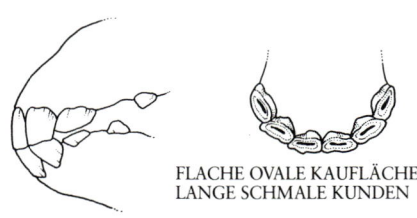

FLACHE OVALE KAUFLÄCHE
LANGE SCHMALE KUNDEN

FÜNF JAHRE
Sämtliche Schneidezähne sind regelmäßig, die ersten Kunden können erscheinen.

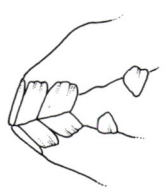 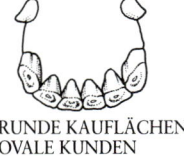

RUNDE KAUFLÄCHEN
OVALE KUNDEN

ZWÖLF JAHRE
Mit 12 Jahren stehen die Zähne schräger zueinander, die Kunden sind weniger ausgeprägt.

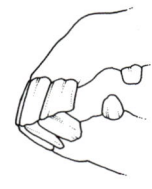 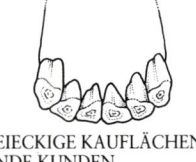

DREIECKIGE KAUFLÄCHEN
RUNDE KUNDEN

ALTES PFERD
Bei alten Pferden stehen die Schneidezähne zangenförmig zueinander, der seitliche Spalt im Eckzahn verschwindet langsam.

Die Gänge

Pferde haben drei Grundgangarten, einige Rassen darüber hinaus noch Spezialgangarten, die alle auf dem Tölt und dem Paß basieren. Die Spezialgangarten sind bei einigen amerikanischen Pferderassen, besonders dem Tennessee Walker, dem Saddlebred, dem Foxtrotter, dem Standardbred und dem Paso ebenso genetisch fixiert wie bei den Islandpferden, der wohl bekanntesten Gangpferderasse in Europa.

Die Grundgangarten

Als Grundgangarten bezeichnet man den Schritt, den Trab und den Galopp. Die Fußfolge beim Schritt, beginnend mit dem linken Hinterfuß ist: 1. linker Hinterfuß, 2. linker Vorderfuß, 3. rechter Hinterfuß, 4. rechter Vorderfuß — vier Schritte von gleicher Länge.

Der Trab ist ein Zweitakt, bei welchem das Pferd jeweils gleichzeitig das diagonale Beinpaar aufsetzt und nach einer Schwebephase auf das andere diagonale Beinpaar umspringt. Man hört zwei Schläge, den ersten, wenn das linke Hinterbein und das rechte Vorderbein auffußen, und den zweiten, wenn das gegenüberliegende Beinpaar den Boden berührt, wiederum gefolgt von der Schwebephase.

Der Galopp ist ein Dreischlag. Wenn er beispielsweise mit dem linken Hinterbein beginnt, hat er folgende Fußfolge: 1. hinten links, 2. links diagonal, linkes Vorderbein und rechtes Hinterbein berühren gleichzeitig den Boden, 3. rechts vorn — das nennt man

Lope
Der Lope ist charakteristisch fürs Westernreiten. Es ist ein leichter Galopp am langen Zügel, also ohne Versammlung. Die Geschwindigkeit beträgt neun bis 13 Stundenkilometer und kann über große Distanzen behalten werden.

das »führende Bein«. Auf einem Zirkel rechtsherum »führt« das Pferd mit dem inneren Vorderbein, d.h. rechts vorn. Bei einem Zirkel linksherum, also in umgekehrter Beinfolge, führte es mit dem linken Vorderbein. Ein Pferd, das auf einem rechten Zirkel mit dem linken Vorderbein führt, läuft »auf dem falschen Bein« oder im »Außen- oder Kontergalopp«. Dies ist für Pferd und Reiter gleichermaßen unbequem; in den höheren Dressurlektionen wird dieser Kontergalopp jedoch gefordert.

Beim Renngalopp kommt es manchmal auch zu einem Vierschlag, wobei die Fußfolge je nach Geschwindigkeit variiert. Führt das rechte Vorderbein, so ist die Fußfolge: 1. hinten links, 2. hinten rechts, 3. vorne links, 4. vorne rechts; dann folgt eine Schwebephase. Dieser Vierschlag gilt in der klassischen Dressur jedoch als fehlerhaft.

Die Verfeinerung der Grundgangarten

In der modernen Dressur sind die Grundgangarten mit Ausnahme des Galopps noch einmal in sich gegliedert. Schritt und Trab werden in jeweils vier Untergangarten unterteilt: Beim Arbeitstempo geht das Pferd fleißig voran; die Hinterbeine treten gerade vor die Spur der Vorderbeine. Der versammelte Schritt ist kürzer, energischer und höher — die Hinterbeine müssen über die Spuren der Vorderbeine treten. Im Mittelschritt sollen die Pferde bei etwas freierer Haltung soviel Boden wie möglich unter die Hufe bekommen, wobei der Viertakt unbedingt gewahrt bleiben muß. Die Hinterbeine fußen hier weit vor der Spur der Vorderbeine auf. Beim freien Schritt geht das Pferd am langen Zügel, der klare Viertakt ist deutlich, aber es ist eine ruhige Gangart.

Der Arbeitstrab liegt zwischen dem Mittel- und dem versammelten Trab, neigt jedoch eher zum versammelten Trab. Der Mitteltrab liegt zwischen starkem Trab und Arbeitstrab, wobei die Hinterhand über die Spur der Vorhand tritt. Der Galopp wird in dieselben Kategorien eingeteilt wie der Trab.

Spezialgangarten

Spezialgangarten erfreuen sich in Europa wachsender Beliebtheit. Allein in Deutschland gibt es rund 35 000 Islandpferde, also »Gangpferde«. Auch die anderen Gangpferderassen sind im Kommen, und für die jeweiligen Rassen werden immer größere Spezialturniere veranstaltet, im Rahmen der Internationalen Gangpferde-Vereinigung auch rasseübergreifende Gangpferdeturniere.

GRUNDGANGARTEN

Die drei Grundgangarten sollten so ausgeprägt sein, daß man sie beim Hören deutlich unterscheiden kann. Lediglich beim Renngalopp kann es sein, daß man den Takt nicht mehr wahrnimmt. Das nicht voll ausgebildete Pferd geht noch nicht taktrein, während man beim gut ausgebildeten Pferd sogar die verschiedenen Geschwindigkeiten deutlich hören kann. Nur vom voll ausgebildeten Pferd darf man auch die einzelnen Variationen der Grundgangarten verlangen. Die versammelten Gänge erfordern eine Verkürzung der Oberlinie, der Kopf soll kurz vor der Senkrechten stehen, die Kruppe senkt sich. Das ist sehr schwierig — man sieht es korrekt nur in höheren Dressurprüfungen. (Die Diagramme unter der fotografischen Bildfolge wurden nach Badward Muybridges berühmten Fotografien der einzelnen Phasen aus dem Jahre 1885 gezeichnet.)

Trab
Schöner, ausdrucksvoller, schwingender Arbeitstrab. Der Kopf wird schön getragen, die Hinterhand tritt gut unter.

Arbeitsgalopp
Ein schöner, weicher Arbeitsgalopp auf der linken Hand. Das Pferd geht in guter freier Haltung und im Gleichgewicht leicht am Gebiß.

Renngalopp
Der Renngalopp ist die schnellste und erregendste Gangart. Die Schwebephase, bei der kein Bein den Boden berührt, ist hier ausgeprägter als beim Arbeitsgalopp.

  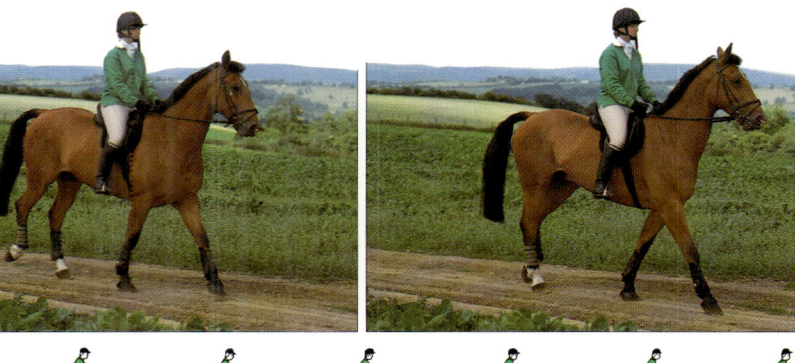

🐎 Schritt

Die Bildfolge zeigt einen freien schwungvollen Schritt, das Pferd ist gut zwischen Hand und Schenkel. Es geht korrekt im deutlichen Viertakt.

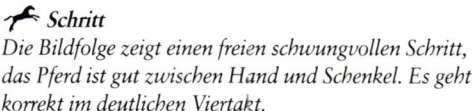 

Farben und Abzeichen

Die Fellfarben werden durch Gene bestimmt. Insgesamt 39 Gene in vielen Kombinationen sind verantwortlich für die Charakteristika einschließlich der Fellfarben. Bei Pferden dominieren Weiß, Schwarz, Braun und Fuchsfarben; Braun dominiert Schwarz; Fuchsfarben ist gegenüber allen Farben rezessiv.

Mögliche Farben

Ist ein Elternteil ein Schimmel und der andere braun, so wird das Fohlen ebenfalls ein Schimmel, da Weiß dominierend ist. Ein braunes Gen und ein fuchsfarbenes Gen ergeben immer ein braunes Fohlen, da fuchsfarben in dieser Kombination rezessiv ist. Das Fohlen dieser Vereinigung hat Geschlechtszellen, von denen die eine Hälfte über Braun, die andere über fuchsfarbene Gene verfügt. Paart man zwei Tiere mit solchen Anlagen, so kann das Fohlen fuchsfarben sein. Echte Füchse müssen immer zwei fuchsfarbene Gene in einer Zelle haben, so daß die Paarung zweier echter Füchse also auch immer wieder Füchse hervorbringt. Die Fellfarbe der Fohlen ist jedoch nicht in jedem Fall konstant — Lipizzaner beispielsweise kommen schwarz zur Welt und werden erst im Laufe ihres Lebens weiß. In Zweifelsfällen ist die Farbe der Barthaare ausschlaggebend.

Zur Pferdebeschreibung gehören neben der Fellfarbe die Abzeichen, die als weiße Zeichen über den Körper verteilt sind.

Teilfärbung
Pferde, deren Fell nicht einfarbig ist, nennt man Pintos (manchmal auch Calicos). Es gibt allerdings auch Pferde mit mehr als zwei Farben, die sich oftmals vermischen. Der Tobiano (Grundfarbe Weiß) aus dem Südwesten Amerikas vererbt sich dominant. Diese Pferde können dunkle oder gar blaue Augen haben.

FELLFARBEN

SCHIMMEL
Schwarze Haut, darauf weiße und schwarze Haare gemischt.

PALOMINO
Goldfarbenes Fell mit Mähne und Schweif in derselben Farbe; ein Minimum an Schwarz ist erlaubt.

BRAUN
Rötlichbraunes Fell mit schwarzer Mähne, schwarzem Schweif und schwarzen Punkten im Fell.

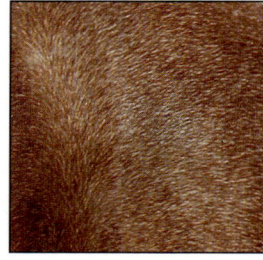

ROTSCHIMMEL
Fuchsfarbenes Fell mit weißen Haaren durchsetzt.

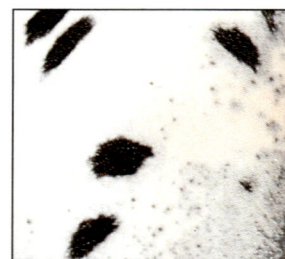

GETÜPFELT
Diese Färbung nennt man auch »Appaloosa«-farben.

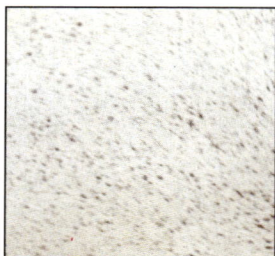

FLIEGENSCHIMMEL
Viele kleine braune Haarflecken auf Schimmelfell.

FUCHS
Variiert in Schattierungen von dunklem bis rotem Gold.

DUNKELBRAUN
Das Fell ist schwarz und braun gemischt, ebenso Mähne, Schweif und Gliedmaßen.

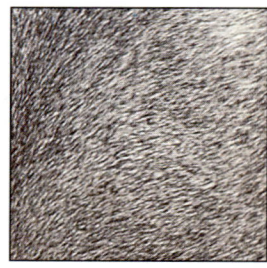

DUNKELSCHIMMEL
Schwarzes oder braunes Deckhaar mit weißen Haaren durchsetzt.

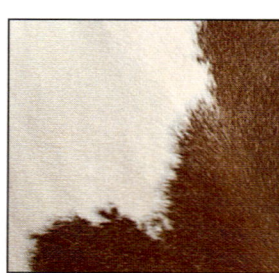

SCHECKE
Große helle Flecken auf einem andersfarbigen Fell.

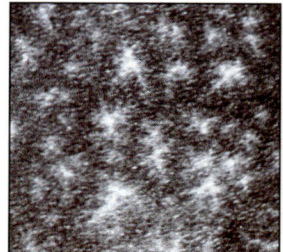

APFELSCHIMMEL
Deutlich abgegrenzte dunkelgraue Ringe auf hellem Grund.

DUNKELFUCHS
Dies ist die dunkelste Fuchsfärbung.

RAPPE
Völlig schwarz, manchmal mit weißen Abzeichen.

FALBE
Gelb mit dunklem oder mausgrauem Einschlag; die Farbe entsteht durch eine Pigmentvermischung.

SCHECKE
Unregelmäßige große weiße oder schwarze Flecken.

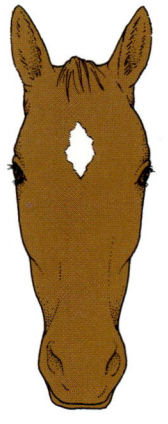

STERN

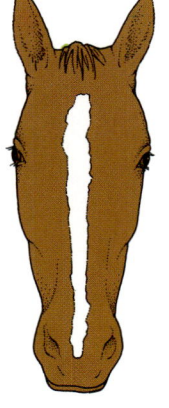

SCHNURBLESSE

BLESSE

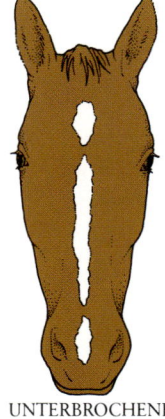

UNTERBROCHENE SCHMALE BLESSE

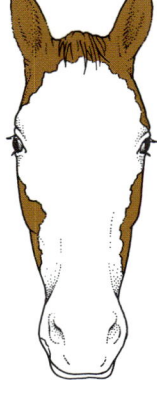

WEISSES GESICHT

Bei einem weißen Gesicht ist der gesamte Vorderteil des Kopfes weiß, ebenso die Partien neben dem Maul und unterhalb der Ohren.

WEISSES MAUL

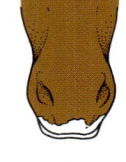

WEISSE LIPPEN

SCHNIPPE

Natürliche Abzeichen

Die Abzeichen erscheinen im allgemeinen als weiße Stellen im Gesicht und an den Beinen, sind aber ab und zu auch unter dem Bauch, an den Flanken usw. zu finden.

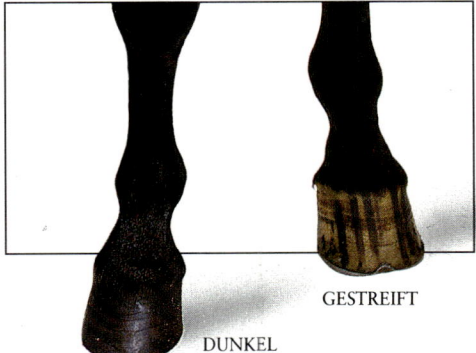

GESTREIFT

DUNKEL

🐎 Huffarben

Huffarben dienen der Identifizierung eines Pferdes. Die Hufe links sind dunkel bis schwarz, die rechten vertikal gestreift. Hufe können auch hell oder weiß sein.

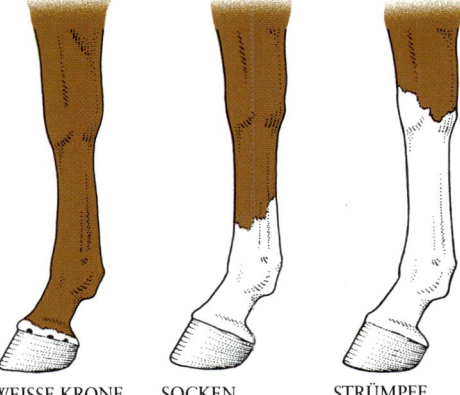

WEISSE KRONE   **SOCKEN**   **STRÜMPFE**

🐎 Abzeichen an den Beinen

Es gibt drei verschiedene Arten. Kronen oder Kronenwülste sind schwarz oder weiß und laufen entlang dem Kronrand. Socken sind immer weiß und gehen bis zum Karpalgelenk, Strümpfe gehen bis über das Karpalgelenk.

ERKENNUNGSZEICHEN

»Erkennungszeichen« dienen der Identifikation; das sind zum Beispiel Brände, auch in der Sattel- und Gurtenlage, die als weiße Haare erscheinen.

BRÄNDE

Brände zur eindeutigen Identifikation der Tiere enthalten das Zeichen der Herde oder der Rasse und oft auch die Nummer des Tieres, die beim Zuchtverband registriert ist.

KALTBRAND

Kaltbrand-Markierungen dienen ebenfalls der Identifikation und werden oft zur Vorbeugung gegen Diebstahl angebracht. Anhand der Nummern können die Tiere sofort identifiziert werden.

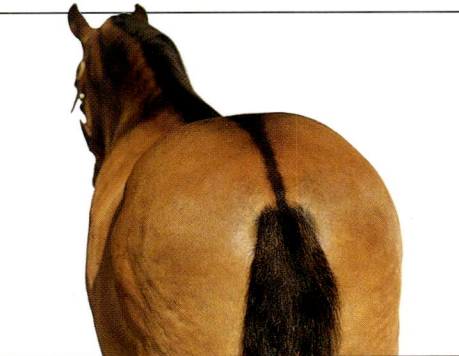

🐎 Aalstrich

Der Aalstrich erscheint meist auf grauem oder falbem Fell. Er ist ein Zeichen der Primitivrassen und findet sich bei Pferden wie dem Tarpan und den mongolischen Wildpferden.

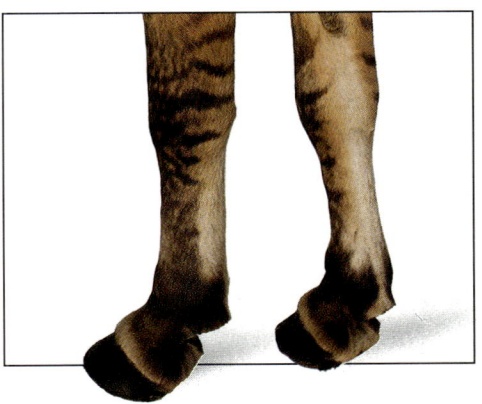

🐎 Zebrastreifen

Zebrastreifen an den Beinen sind eine Art primitiver Tarnfarbe. Man sieht sie oft bei alten Rassen wie Fjordpferden (s. S. 132/133) und dem Highland Pony (s. S. 154/155).

Die Sinne

Pferde sind von äußerst starken Instinkten geprägt, die sie im Laufe ihrer Entwicklungsgeschichte erwarben. Sie verfügen, genau wie Menschen, über fünf Sinne: Geschmack, Gefühl, Gehör, Geruch und Gesicht, haben diese jedoch wesentlich stärker ausgeprägt als der Mensch. Und außerdem haben sie noch jenen rätselhaften sechsten Sinn, eine Art höherer Wahrnehmung — beim Pferd ganz offenkundig vorhanden, beim Menschen hingegen nur selten zu finden.

Schmecken

Über den Geschmackssinn der Pferde ist wenig bekannt, außer daß er mit dem Gefühl zusammenhängt und beispielsweise bei der sozialen Fellpflege eine wichtige Rolle spielt. Man vermutet, daß Pferde gern Süßes fressen, und so süßt die Futterindustrie ihre Produkte, in der Annahme, daß sie von den Pferden besser aufgenommen werden. Ob es wirklich stimmt, weiß man nicht, denn viele Pferde bevorzugen bittere Kräuter, wie man sie in Hecken und auf alten Weiden findet. Die bittere Wegwarte wird von Pferden beispielsweise ebenso bevorzugt wie Beinwell.

Fühlen

Für unser Verständnis des Pferdes ist es sehr wichtig zu wissen, wie es fühlt. Das Fühlen, also die Berührung, dient als Kommunikationsmittel — sowohl den Pferden untereinander als auch zwischen Menschen und Pferden. Das Putzen ist ein Beispiel dafür, und beim Reiten beruhen die meisten Anweisungen an das Pferd auf Berührungen. Das Bein des Reiters übt z. B. leichten Druck auf die reizempfindlichen Stellen der Seitenteile des Pferdes aus, die Hand kommuniziert mit dem Pferd, indem sie durch den Zügel und das Gebiß das Pferdemaul berührt.

Die Tasthaare des Mauls erkunden den Bereich, den das Pferd nicht sehen kann, wie z.B. die Beschaffenheit des Futters. Es ist absolut unbegreiflich, daß man diese Tasthaare aus Gründen der Mode abschneidet — man beraubt das Pferd damit einer seiner natürlichen Fähigkeiten.

Flehmen (rechts)
Flehmen, das Zurückklappen der Lippen, zeigt der Hengst beispielsweise, wenn er den Geruch einer rossigen Stute in die Nase bekommt oder wenn er sie berührt; oft wird das Flehmen jedoch auch durch besonders scharfe Gerüche wie beispielsweise Knoblauch, Zitrone oder Essig hervorgerufen.

NACH VORN HÖREN

NACH ALLEN RICHTUNGEN HÖREN

NACH HINTEN HÖREN

Gehör
Pferde haben ein außergewöhnlich gut ausgebildetes Gehör; ihr Kopf arbeitet wie ein hochsensibler Schallkörper. Große bewegliche Ohren können sich nach allen Seiten drehen und nehmen die Geräusche aus allen Richtungen auf. Sie arbeiten in Verbindung mit den Augen: Ist ein Ohr nach vorn gerichtet, so versucht das Pferd, auch mit dem entsprechenden Auge das Objekt seiner Neugier zu fixieren. Je näher die Ohren aneinander stehen, desto besser kann sich das Pferd nach vorn orientieren.

🐎 Riechen und Fühlen
Kontakte werden durch Berührung und Geruch hergestellt, wenn die Pferde sich gegenseitig in die Nüstern blasen. Die Fohlen erkennen immer den Geruch ihrer Mutter, genauso wie umgekehrt diese den ihres Fohlens. Auch Herdenmitglieder erkennen sich gegenseitig am Geruch, der der ganzen Herde eigen ist.

Hören

Pferde hören wesentlich besser als Menschen. Der Pferdekopf mit seinen beweglichen Ohren, die sich in alle Richtungen drehen können, ist ein enorm aufnahmefähiger Schallkörper. Pferde reagieren sehr stark auf die menschliche Stimme; sie ist wohl die beste Trainingshilfe. Zusammen mit einer festen ruhigen Hand (Berührung) kann die Stimme dem Pferd Sicherheit vermitteln und es beruhigen. Ein bestimmter, aber nicht lauter Ton kann zögernde, ängstliche Pferde ermutigen.

Riechen

Pferde verfügen über einen ausgezeichneten Geruchssinn, und der spielt ebenso wie das Gehör eine wichtige Rolle in ihrem Sicherheitssystem. Die Tiere erkennen einander und vermutlich auch ihre heimatliche Umgebung am Geruch. Man geht davon aus, daß der Geruchssinn des Pferdes der am stärksten ausgebildete Sinn ist und in enger Beziehung zum ausgeprägten Heimfindungsvermögen des Pferdes steht. Pferde nehmen den Geruch des Menschen sehr genau auf, sie riechen sozusagen jede Unsicherheit und Nervosität des Menschen, der mit ihnen umgeht. Sie reagieren besonders empfindlich auf den Geruch von Blut und werden beispielsweise in der Nähe von Schlachthöfen häufig sehr unruhig und nervös. Der Geruchssinn spielt zudem im Sexualverhalten eine große Rolle (s. auch Verhalten und Kommunikation S. 24/25).

Sehen

Der Gesichtssinn der Pferde ist in vieler Hinsicht außergewöhnlich. Im Vergleich zu anderen Tieren, wie beispielsweise Schweinen oder Elefanten, haben Pferde sehr große Augen, was schon auf die Bedeutung dieses Sinnes hinweist. Im Gegensatz zum Menschen und anderen Tieren fixiert das Pferd die Objekte durch Heben und Senken des Kopfes; die Linse, das »Objektiv Auge«, verändert sich dabei kaum. Die Fähigkeit, Objekte zu sehen, die sich direkt vor ihm befinden, wird von der Position der Augen bestimmt — sie sitzen seitlich und ermöglichen dem Pferd eher eine Rundumsicht als ein gerades Sehen. Pferde haben als Teil ihres Sicherheitssystems einen Sichtbereich, der fast rund um sie herum geht, und können die Augen unabhängig voneinander bewegen. Grasende Pferde verfügen sogar über die Rundumsicht, ohne den Kopf heben oder drehen zu müssen; möglicherweise sieht das Pferd sogar einen Teil seines Reiters. Pferde sind keine Nachttiere, aber sie sehen auch nachts ganz gut.

Der sechste Sinn

Es gibt viele Geschichten über das außergewöhnliche Wahrnehmungsvermögen von Pferden. So ist ihr Widerwille gegen unheimliche Orte, von denen man beispielsweise erzählt, daß es dort spukt, bekannt. Ebenso erkennen sie — für uns unerklärlich — Gefahren, und sie können hypersensibel auf die Launen und Gemütszustände ihrer Besitzer und Reiter reagieren.

🐎 Fühlen
Pferde berühren fremde Gegenstände mit der Nase und mit dem Huf — sie fühlen und riechen also gleichzeitig. Man kann oft beobachten, daß sie ihnen unsicher erscheinenden Boden erst beriechen und mit dem Huf abtasten, bevor sie ihn betreten.

Verhalten und Kommunikation

Pferde haben zur Verständigung untereinander eine sehr differenzierte Sprache, die physische und taktile Signale umfaßt oder die Körpersprache, wie beispielsweise das Ohrenanlegen und die gegenseitige Fellpflege. Auch der Geruch ist ein wichtiges Verständigungsmittel: Sogenannte Pheromone (Soziohormone) werden als Duftmarken über Hautdrüsen abgegeben bzw. von anderen Individuen gleicher Art wahrgenommen.

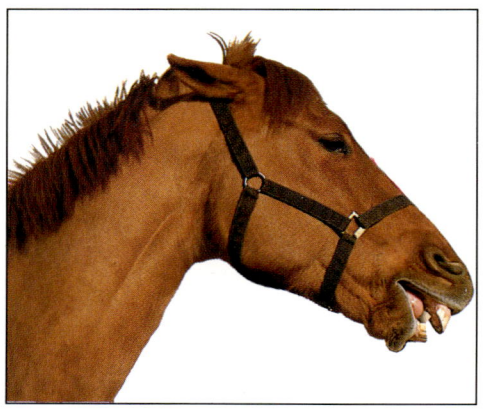

Ohren und Augen (oben)
Ohren lassen den Gemütszustand des Pferdes erkennen und darauf schließen, wie es sich verhalten wird. Sind die Ohren aus Wut oder Aggression eng angelegt, zeigt das Tier darüber hinaus zumeist auch das Weiße seiner Augen.

Die Bedeutung des Geruchs

Die Fohlen erkennen instinktiv den Geruch ihrer Mutter. Darüber hinaus erkennen sich auch Mitglieder einer Herde an einer Art »Gruppenduft«. Der Geruch spielt zudem eine große Rolle im Sexualverhalten: Das Pheromon, abgegeben von einer Stute in der Rosse, ist eine klare Aufforderung an den Hengst, sie zu decken. Außerdem gibt sie noch Körpersignale wie das sog. »Blitzen«, das Auf- und Zuklappen der Vulva und das Schräghalten des Schweifes. Ebenso deutlich gibt eine Stute zu erkennen, wenn sie nicht deckbereit ist: Sie bleckt die Zähne und versucht, nach dem Hengst zu schlagen oder ihn zu beißen. Zudem äußert sie ihren Unwillen manchmal auch durch laute Schreie.

Pferde sind nicht so territorial gebunden wie manche anderen Tiere, dennoch markieren die Hengste ihr Gebiet durch Urin und Kot. Hengste urinieren auch über dem Urin oder dem Kot von Stuten der eigenen Herde und zeigen fremden Pferden damit an, daß diese Stute zu ihrem Harem gehört.

Flehmen

Die Rosse der Stute wird vom Hengst durch Beschnuppern der Vulva erkannt. Kurz vor dem Eisprung wird der Hengst aktiv und beginnt eine Art Vorspiel. Er leckt und beknabbert die Stute und sucht die körperliche Berührung, die meist von Flehmen begleitet ist, dem Hochklappen der Lippen. Flehmen hat nicht immer sexuellen Charakter und ist auch nicht das Privileg männlicher Pferde. Es kann — bei beiden Geschlechtern — auch durch starke oder ungewöhnliche Gerüche und Geschmack, wie etwa Knoblauch, Zitronen oder Essig, hervorgerufen werden.

Stimmliche Kommunikation

Pferde verständigen sich auch mit der Stimme, allerdings nur in geringem Maße. Schreie und Grunzen sind meist der Ausdruck von Aggression oder Erregung. Sie schnauben, wenn sie etwas besonders Interessantes oder Gefährliches wahrnehmen, wiehern noch von der Herde getrennten Gefährten zu oder einfach, weil sie aufgeregt sind. Stuten blubbern leise, um ihre Fohlen zu beruhigen; dasselbe freudige Blubbern hört man manchmal auch vor dem Füttern oder wenn man mit einem Leckerbissen kommt. Manche Pferde lernen sogar, die Menschen durch Wiehern darauf hinzuweisen, daß Fütterungszeit ist …

Verständigung mit den Menschen

Es ist ziemlich sicher, daß die Menschen den Pferden unbewußt Botschaften durch ihren Körpergeruch senden. Ängstliche oder aggressive Menschen haben Ausdünstungen, welche die hypersensiblen Pferde riechen — sie werden dann entweder ängstlich oder aggressiv, je nachdem, ob das Tier von Natur aus untertänig oder dominant ist. Gewiefte Reiter schmierten sich früher ihre Hände mit duftenden Ölen ein, wenn sie mit jungen

Gegenseitige Fellpflege (oben)
Die gegenseitige Fellpflege festigt die Beziehung zweier Pferde untereinander. Stuten kraulen ihre Fohlen auf diese Weise, und Hengste benutzen das Fellkraulen als Mittel der sexuellen Stimulierung der Stute.

Herdentrieb (links)
Pferde leben in der Wildnis in Herden, welche sich aus mehreren kleinen Gruppen zusammensetzen. Die Pferde erkennen sich untereinander am Gemeinschaftsgeruch der Gruppe.

🐎 *Kampfspiele*
Junge Pferde kämpfen zwar spielerisch, aber bei diesen Kämpfen geht es auch um die Rangordnung. Normalerweise verlaufen diese Kämpfe unblutig und ohne ernsthafte Verletzungen.

oder schwierigen Pferden zu tun hatten. Der Spruch »Ein mutiger Mann macht mutige Pferde« deutet auf die große Sensibilität von Pferden hin und auf die Verständigung zwischen so verschiedenartigen Wesen wie Mensch und Pferd. Pferde spüren die Art und sogar die Launen ihrer Reiter sehr genau und reagieren dementsprechend.

Geschmack und Gefühl

Pferde verständigen sich untereinander auch durch Geschmack und Gefühl, beispielsweise bei der gegenseitigen Fellpflege, um so eine freundschaftliche Beziehung herzustellen. Die Menschen versuchen ebenfalls, den Kontakt zu Pferden durch Berührung oder durch Streicheln herzustellen. Besser wäre es allerdings, es wie die Pferde zu machen und ihnen in die Nüstern zu blasen. Auch das Putzen dient dem Kontakt zum Pferd und baut oft eine freundschaftliche Beziehung auf.

Signale

Es ist nicht schwer zu verstehen, was ein Pferd tut, wenn es mit eingeknicktem Hinterbein, gesenktem Kopf, entspannten Ohren, herabhängender Unterlippe und halbgeschlossenen Augen dasteht — es döst. Ebenso einfach ist die Drohgebärde zu erkennen. Pferde, die dem Menschen die Hinterhand zudrehen, wenn er in ihre Box kommt, geben damit ein unmißverständliches Signal. Stampfen mit dem Hinterbein, Kopfschütteln und/oder ein unruhig schlagender Schweif sind Zeichen von Irritation.

Die Ohren

Pferdeohren senden ganz eindeutige Botschaften aus. Sie sind enorm beweglich und können, kontrolliert von 13 Muskelpaaren, ganz nach Belieben gedreht werden. Die Position der Ohren zeigt den Gemütszustand der Pferde an. Konzentriert nach vorn gerichtete Ohren zeigen ein starkes Interesse an einem Objekt vor dem Pferd an — und ein geringes Interesse am Reiter. Entspannte oder dösende Pferde lassen die Ohren fallen, sie werden regelrecht schlaff. Eng angelegte Ohren zeigen Mißfallen, Wut und Aggression an. Ist ein Ohr seitwärts gerichtet, hört das Pferd möglicherweise eine Wespe oder eine Fliege. Sich hin und her bewegende Ohren sind für den Reiter ein positives Zeichen, bedeuten sie doch, daß das Pferd aufmerksam ist.

🐎 *Steigen*
Pferde steigen aus verschiedenen Gründen — wenn sie erschrecken, weil sie spielen wollen oder um ihre Dominanz zum Ausdruck zu bringen. Sie steigen auch auf, wenn sie aufgeregt sind, ferner aus lauter Lebensfreude, vor allem, wenn sie längere Zeit eingesperrt waren. Besonders Hengste neigen dazu, aus solchen Gründen zu steigen, aber nur wenige Tiere würden es ohne jeglichen Anlaß tun.

Wie bei einem Puzzlespiel
Es gibt etwa 160 verschiedene Pferderassen und
-typen auf der Welt. Aber wie bei einem Puzzlespiel gehören sie doch alle zusammen. Die einzige
unvermischte Rasse ist der Araber. In allen
anderen Rassen sind vorherrschende Merkmale
erkennbar, wie beispielsweise die des Berbers, des
Spanischen Pferdes und seit etwa zwei
Jahrhunderten des Vollblüters.

Bergponys
Ponyrassen, die aus den Bergen stammen,
haben sich — auch ohne Einfluß des
Menschen — auf natürliche Weise den
örtlichen Gegebenheiten ihrer Umwelt
angepaßt. Sie sind außerordentlich
trittsicher, stark und zäh.

Die Rassen

Wie bei einem Puzzle alle Steine zusammengehören, so sind alle
Pferderassen der Welt untereinander verwandt

Die ersten Pferderassen und -typen entstanden durch Anpassung an ihre jeweilige Umgebung und durch die natürliche Verwandtschaft zwischen einzelnen Pferdegruppen, die in bestimmten Regionen vorkamen. Sobald das Pferd domestiziert war, griff der Mensch ein und beeinflußte die Entwicklung verschiedener Rassen und Typen. Die Praxis der Kastration ermöglichte eine selektive Zucht mit den besten Pferden, wodurch nicht nur die Qualität stieg — die Tiere konnten jetzt auch systematisch für ganz bestimmte Zwecke gezüchtet werden. Bessere Methoden in Land- und Vorratswirtschaft führten zu nahrhafterem Futter; bereits die Wagenpferde der Frühzeit im Mittleren Osten erhielten Körnerfutter. Das Ergebnis war, daß die Pferde größer, stärker und/oder schneller wurden, je nachdem, für welchen Zweck man sie züchtete.

Die Gründerrassen

Es ist unbestritten, daß alle leichten Pferderassen der Welt auf drei östliche Gründerrassen zurückzuführen sind. Die wichtigste ist wohl das heißblütige arabische Pferd, eindeutig als »Urquelle« anerkannt. Eine weitere Gründerrasse ist der nordafrikanische Berber, ebenfalls ein östliches Pferd, das möglicherweise nur in geringem Maße oder gar nicht mit dem Araber verwandt ist. Vom Berber stammt der Dritte im Bunde ab, der Andalusier, das Spanische Pferd. Der Araber war — möglicherweise mit geringer Beteiligung des Berbers und des Spanischen Pferdes — ursprünglich an der Entstehung des Vollblüters beteiligt, dessen Einfluß wiederum auf alle Pferderassen der Welt übergreift.

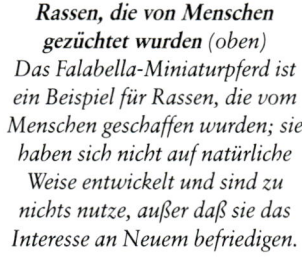

Rassen, die von Menschen gezüchtet wurden (oben)
Das Falabella-Miniaturpferd ist ein Beispiel für Rassen, die vom Menschen geschaffen wurden; sie haben sich nicht auf natürliche Weise entwickelt und sind zu nichts nutze, außer daß sie das Interesse an Neuem befriedigen.

Arabischer und Vollbluteinfluß (links).
Der wichtigste Einfluß in der Entwicklung der Pferde auf der ganzen Welt ging von ihrem Urahn, dem arabischen Pferd, aus. Von ihm stammt der größere und schnellere Vollblüter ab, dessen Einfluß in der heutigen Sportpferdezucht dominierend ist.

Pferde sind vielseitig (links)
Die meisten Pferderassen sind bemerkenswert vielseitig; das trifft besonders für Rassen zu, die als Zug- und Wagenpferde eingesetzt werden. Diese Lipizzaner gehen vor einem Heuwagen, während ihre Vettern in der Spanischen Hofreitschule in Wien die Perfektion der Hohen Schule demonstrieren.

Araber

D as arabische Pferd ist wohl das schönste von allen; Charakter und Erscheinungsbild sind unverwechselbar. Es handelt sich um die älteste Pferderasse der Welt, die über viele tausend Jahre mit großer Sorgfalt gezüchtet wurde.

Einfluß auf andere Rassen

Bei den meisten Pferderassen spielt der Einfluß arabischen Blutes eine bedeutende Rolle. Der Vollblüter geht auf den Araber zurück; er ist größer und schneller als der Araber, hat jedoch nicht dessen Robustheit und Durchhaltevermögen.

Ursprünge

Der genaue Ursprung des arabischen Pferdes ist unklar; Bilder aus der Zeit um 2500 Jahre v. Chr. auf der Arabischen Halbinsel zeigen jedoch schon ein Pferd »arabischen« Typus. Die Beduinen, die mit diesem »Wüstenpferd« am engsten verbunden sind, führen seinen Ursprung jedoch bereits bis ins Jahr 3000 v. Chr. zurück, und zwar auf die Stute Baz und den Hengst Hoshaba. Die Stute Baz wurde ihren Erzählungen nach von dem Ururenkel Noahs, einem Mann namens Bax, dem Zähmer wilder Pferde, im Yemen eingefangen. Die Verbreitung des alles durchdringenden arabischen Blutes in der ganzen Welt setzte mit den Eroberungszügen der Mohammedaner ein, die im 7. Jahrhundert n. Chr. im Namen des Propheten Mohammed begannen. Mit dem grünen Banner des Islam kamen auch die arabischen Pferde über Spanien ins christliche Abendland.

Widerrist
Der Hals ist anmutig gebogen und endet in einem runden Widerrist auf gut angesetzten Schultern.

Hals
Ein charakteristisches Merkmal des arabischen Pferdes ist die »mitbah«, die Winkelung zwischen Kopf und Hals. Durch die große Ganaschenfreiheit ist der Kopf nach allen Richtungen hin frei beweglich.

Mähne
Mähne und Schweif sind von einzigartiger Feinheit und seidiger Struktur.

Maul
Die Haut des kleinen und kurzen Mauls ist sehr weich.

🐴 Kopf
Der Kopf ist unverwechselbar und unvergeßlich. Er ist kurz und sehr fein, die Nasenlinie ist deutlich konkav gewölbt. Nüstern und Augen sind außerordentlich groß; die Augen sind weit geöffnet und niedriger angesetzt als bei anderen Pferderassen. Die Ohren sind klein, fein geformt und manchmal etwas nach innen zueinander gebogen. Den schildförmigen Buckel zwischen den Augen, der von den Ohren bis zum Nasenbein reicht, nennt man »Jibbah«. Es gibt ihn nur bei dieser Rasse.

Größe
Das ideale Stockmaß liegt zwischen 1,49 und 1,54 m.

Einsatzmöglichkeiten

Der moderne Araber brilliert aufgrund seines Knochenbaues, seiner Härte und Ausdauer im Distanzsport, wähend er bei anderen Wettbewerben kaum eingesetzt wird. Dennoch wird er auf der ganzen Welt mit großer Sorgfalt und Hingabe gezüchtet und dient zur Veredelung anderer Pferderassen.

Knochenbau

Das Erscheinungsbild des Arabers ist geprägt durch seinen einzigartigen Knochenbau. Der Araber hat 17 Rippen, 5 Lenden- und 16 Schweifwirbel, uährend bei anderen Pferderassen die Kombination 18-6-18 vorherrscht. Diese Anordnung der Wirbel bewirkt auch das hohe Tragen des Schweifes.

Marengo

Diese Radierung zeigt Kaiser Napoleon auf seinem Lieblingshengst Marengo, den er auch in seiner letzten Schlacht bei Waterloo im Jahre 1815 ritt. Napoleon bevorzugte Schimmel und hatte ein eigenes Schimmelgestüt arabischer Pferde. Er setzte sich stark für den Zuchteinsatz von Arabern zur Veredelung französischer Pferderassen ein.

Rumpf

Der Rücken ist kurz und leicht konkav, die Lende ist fest und die Kruppe lang und geschwungen.

Farben

Füchse, Schimmel, Braune, wie hier auf der Abbildung, und Rappen sind typisch für die Araber.

Schweif

Der Schweif ist ausgesprochen hoch angesetzt und wird in der Bewegung in schönem Bogen frei getragen.

Leistungsvermögen

Das Leistungsvermögen des Arabers ist legendär, seine Stärke liegt in der Ausdauer. Im 19. Jahrhundert wurden oft Wüstenrennen veranstaltet, die bis zu drei Tagen dauern konnten.

Gliedmaßen

Die Gliedmaßen des Arabers sind hart und trocken; die Knochen der Vorhand sollen fein sein, der Röhrbeinumfang eher gering. Die Sehnen sind deutlich sichtbar und die Hufe nahezu vollkommen in Form und Größe. Lange Zeit war die Hinterhand des Arabers seine Schwäche — dennoch ist das Pferd außerordentlich gesund und bemerkenswert schwungvoll in seinen Bewegungen.

Gänge

Der Gang wird als »schwebend« bezeichnet — es ist eine federnde Bewegung. Der Araber ist feurig und mutig, dabei aber von außerordentlich sanftem Wesen.

Berber

Neben dem Araber gilt der Berber als die zweite Gründerrasse für viele Pferderassen der Welt. Er ist wie der Araber ein Wüstenpferd, unterscheidet sich von ihm jedoch erheblich in Erscheinungsbild und Charakter. Sein ursprünglicher Lebensraum ist Marokko. Einer Theorie zufolge sollen die Berber als eine isolierte Gruppe von Wildpferden die Eiszeit überlebt haben. Wenn das stimmt, ist die Rasse genauso alt, wenn nicht älter als der Araber.

Ursprünge

Im Laufe der Geschichte wurden immer wieder Kreuzungen mit Arabern vorgenommen, so daß der heutige Berber einen Gutteil arabisches Blut hat. Einige Fachleute meinen allerdings, daß es sich eher um den Einschlag von Wüstenpferden handelt, welche dem Achal-Tekkiner aus der Zeit kurz vor der Domestikation ähnelten. Wo immer auch die Ursprünge liegen — Tatsache ist, daß die Rasse über eine starke eigene Erbmasse verfügt, denn in dem langen konvexen Profil des Berbers finden sich ebensowenig Anzeichen arabischer Herkunft wie in der schrägen Hinterhand und dem tief angesetzten Schweif.

Einfluß

Der Berber spielte eine bedeutende Rolle bei der Entstehung des Andalusiers (s. S. 32/33) und hatte dadurch Einfluß auf viele weitere Rassen, so auch auf den Vollblüter und ein Dutzend weiterer europäischer Rassen. Dennoch hat der Berber nie dieselbe Anerkennung gefunden wie das arabische Pferd — vermutlich deshalb, weil er seltener und in seiner äußeren Erscheinung auch wesentlich weniger attraktiv ist als der elegante Araber.

⚘ Ein Geschenk für Königin Victoria (links) Diese Radierung aus der *Illustrated* London News *vom April 1850 zeigt einige Berber, die der Sultan von Marokko der Königin Victoria zum Geschenk machte.*

Schweif
Im Gegensatz zum arabischen Pferd ist der Schweif des Berbers tief angesetzt; auch die runde Hinterhand entspricht nicht den Proportionen arabischer Pferde.

Hinterhand
Hinterbeine und Hinterhand sind nicht immer vorbildlich, dennoch ist der Berber sehr schnell auf kurzen Strecken und bekannt wegen seines schier unglaublichen Leistungswillens.

⚘ Spahi-Kavallerie
Der leicht gebaute Berber ist zwar äußerlich nicht sehr attraktiv, nicht groß und nicht immer gut proportioniert — aber er ist ein ungeheuer leistungswilliges, dynamisches Pferd, und diese Eigenschaft machte den Berber zum traditionellen Reitpferd der französischen Spahi-Kavallerie, in der man übrigens nur Hengste ritt.

Gliedmaßen
Die Gliedmaßen sind schlank und nicht immer korrekt, oft stehen sie zeheneng — aber es gibt kein zäheres und dabei genügsameres Pferd als den Berber.

⚘ Marokkanische Fantasia
Marokkanische Reiter bei einer Fantasia. Sie sind Abkommen der Berber, die die moslemischen Eroberungskriege führten, und zeigen ihre Reitkunst mit wildem Gewehrknallen — ein fester Bestandteil jeder nordafrikanischen Fantasia.

Widerrist
Der Widerrist ist ausgesprochen gut gebaut, aber die Schultern sind flach und für ein derart geschmeidiges Pferd oft überraschend steil.

Kopf
Zwar ist der arabische Einfluß auch beim Kopf des Berbers sichtbar, aber er hat auch oft eine Ramsnase.

Stirn
Die leicht gebogene Stirn des Berbers weist noch auf seine primitiven Vorfahren hin.

Rumpf
Der Rücken ist kurz und sehr stark mit oft leicht überbauter Kruppe. Die Brust ist meist tief und breit.

Farben
Ursprünglich war der Berber vermutlich braun oder schwarz, aber die Einkreuzung arabischen Blutes brachte auch viele Schimmel hervor. Dieser Berber ist ein Rappe.

🐎 *Nordafrikanische Krieger*
Jahrhundertelang war der Berber das Kriegspferd der nordafrikanischen Reiterstämme, die Spanien eroberten und durch das fränkische Heer Karl Martells im Jahr 732 bei Poitiers zurückgeschlagen wurden.

🐎 *Gangwerk*
Der Berber ist berühmt für seine Schnelligkeit auf kurzen Strecken. Zwar hat er nicht die herrlich fließenden Gänge des Arabers, er ist jedoch genauso ausdauernd, genauso gesund und genauso zäh.

Stockmaß
Das Stockmaß des Berbers variiert zwischen 1,42 und 1,52 m.

Andalusier

A raber und Berber waren die beiden Rassen, die den größten Einfluß auf die Entstehung und Veredelung anderer Pferderassen hatten. Läßt man den Vollblüter außer acht, den es als Rasse ja erst seit zweihundert Jahren gibt, so ist die dritte prägende Rasse der Andalusier, der heute gemäß den Bestimmungen des spanischen Heeresministeriums, welches als Zuchtverband fungiert, »Caballo de Pura Raza Española«, also »Pferd Reiner Spanischer Rasse« genannt wird.

Herkunft

Das Zentrum der spanischen Pferdezucht liegt im »alten« Spanien, in Jerez de la Frontera, Cordoba und Sevilla. Hier wachten die Kartäusermönche über die Reinheit der Zucht. Der Ursprung der Rasse ist jedoch nicht mehr hundertprozentig festzustellen. Vor der Eiszeit war die heutige Straße von Gibraltar eine Landbrücke zwischen Spanien und Afrika, über die möglicherweise Berberpferde von Afrika nach Spanien wanderten. Während der Araberherrschaft zwischen 711 und 1492 vermischte sich die einheimische Pferderasse, das Sorraia Pony, mit Pferden berberischen Ursprungs. Vermutlich entwickelte sich das Spanische Pferd aus einer Kreuzung der einheimischen Rassen mit den Pferden der Eroberer, den nordafrikanischen Berbern.

Kopf

Der hübsche Kopf hat oft etwas Falkenartiges und ähnelt stark dem des Berbers (s. S. 30/31); er ist ausgesprochen markant.

Farben

Die Pferde sind meist Braune und Schimmel in allen Schattierungen, manchmal mit einem maulbeerfarbenen Schimmer. In den alten spanischen Linien gab es früher auch gesprenkelte Pferde und Schecken. Die Fellfärbung des amerikanischen Appaloosas und der Pintos wurde im 16. Jahrhundert durch spanische Konquistadorenpferde nach Amerika gebracht.

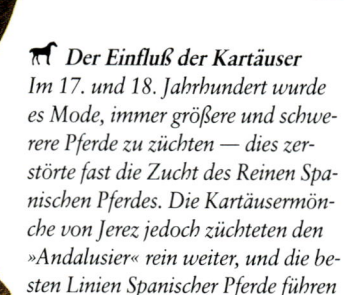

Der Einfluß der Kartäuser
Im 17. und 18. Jahrhundert wurde es Mode, immer größere und schwerere Pferde zu züchten — dies zerstörte fast die Zucht des Reinen Spanischen Pferdes. Die Kartäusermönche von Jerez jedoch züchteten den »Andalusier« rein weiter, und die besten Linien Spanischer Pferde führen heute noch auf die Kartäuser zurück.

Stierkämpfer und Hirten
Das Spanische Pferd, das Pferd der spanischen Stierkämpfer, ist auch ein unentbehrlicher Bestandteil der farbenprächtigen Ferias.

🐎 Einfluß

Der Lipizzaner ist ein direkter Abkomme des Spanischen Pferdes, aber auch andere Rassen wurden von ihm veredelt, wie etwa die Friesen, die Frederiksborger, die Kladruber, Connemara, Cleveland Bay und Welsh Cob. Der portugiesische Alter Real und Lusitano sind seine Blutsbrüder. Auch die meisten amerikanischen Pferderassen stammen vom Spanischen Pferd ab.

🐎 Babieca

Babieca war 20 Jahre lang das Pferd des spanischen Nationalhelden Ruy Diaz, El Cid (ca. 1040—1099). Der Hengst starb mit 40 Jahren und wurde in der Nähe des Klosters San Pedro de Cardena begraben; sein Denkmal steht heute noch dort.

Hinterhand

Die starke Hinterhand und die starke Hankenbiegung der Hinterbeine prädestinieren das Spanische Pferd für die Hohe Schule.

🐎 Sorraia Ponys

Die ersten Pferde in Europa wurden auf der Iberischen Halbinsel domestiziert. Die dort beheimateten Urrassen sind das Sorraia Pony und der etwas feinere portugiesische Garrano. Vermutlich stammt das Sorraia Pony vom Asiatischen Wildpferd und dem Tarpan ab, dem es außerordentlich ähnlich sieht. Die Ponys haben ein Stockmaß von 1,20 bis 1,30 m und sehen nicht sehr attraktiv aus. Die Köpfe sind lang und haben das typische konvexe Profil des Primitivpferdes, die Schultern sind gerade, und der Schweif ist tief angesetzt. Meist ist das Fell grau bis falb mit schwarzen Punkten und hat den charakteristischen Aalstrich auf dem Rücken, vom Widerrist bis zum Schweifansatz; viele Tiere haben auch Zebrastreifen an den Beinen, ebenfalls ein Zeichen primitiver Abstammung. Wie ihre primitiven Vorfahren, so sind auch die Sorraias unglaublich zäh, widerstandsfähig gegen Hitze und Kälte und ausgesprochen leichtfuttrig.

🐎 Gangwerk

Der Andalusier wirkt leicht und stolz in der Bewegung. Der Schritt ist ausdrucksvoll und rhythmisch, der Trab hoch und mit viel Schwung, der langsame Galopp weich und spektakulär anzusehen. Das natürliche Gleichgewicht, die Geschmeidigkeit und das Feuer des Spanischen Pferdes, seine außergewöhnlichen Gänge und sein freundliches Temperament prädestinieren es für die Hohe Schule.

🐎 Stark und ausdauernd

Das Spanische Pferd mit seinem relativ kurzen Rücken, der manchmal runden Kruppe und dem tief angesetzten Schweif ist zwar nicht schnell, aber ausgesprochen stark und ausdauernd.

Schweif

Zur typischen Erscheinung des Spanischen Pferdes gehören der lange, volle und seidige Schweif sowie die lang wallende Mähne, die selten eingeflochten wird.

Stockmaß

Das Spanische Pferd hat ein Stockmaß von 1,52 m.

Vollblüter

Der Vollblüter ist die schnellste und vermutlich wertvollste Pferderasse der Welt, um die sich ein immenses Renn- und Zuchtgeschäft etabliert hat. Die Rasse entstand im 17. und 18. Jahrhundert in England als Ergebnis der Kreuzung importierter Araberhengste mit einheimischen »Rennpferden«.

Ursprünge

Heinrich VIII. und die ihm nachfolgenden Monarchen gründeten königliche Gestüte, auf denen spezielle »Rennpferde« gezüchtet wurden; sie entstanden durch die Kreuzung spanischer und italienischer Importpferde mit den Irish Hobby und den Scottish Galloway, immer wieder auch mit orientalischem Blut veredelt. Einen wichtigen Impuls gab Charles II. nach seiner Wiedereinsetzung im Jahre 1660 — er machte Newmarket zum Zentrum des Pferderennens in England.

Die Rasse hat drei Gründerhengste — Byerley Turk, Darley Arabian und Godolphin Arabian. Byerley Turk wurde in der Schlacht von Buda von Robert Byerley erbeutet und von ihm 1690 in der Schlacht am Boyne geritten. Von diesem Hengst stammen die vier ersten großen Vollblüterlinien ab: Herod, Eclipse, Matchem und Highflyer, Herods Sohn. Der Hengst Darley Arabian kam 1704 aus Aleppo und stand in Yorkshire. Er war der Vater des ersten großen Rennpferdes, Flying Childers, und der Begründer der Eclipse-Linie. Die Matchem-Linie geht auf Godolphin Arabian zurück, der 1728 nach England kam.

Brustumfang
Die tiefe Brust gibt der Lunge genügend Raum, ein unbedingtes Muß für ein Rennpferd.

Vorhand
Der lange anmutige Hals mündet in einen gut ausgeprägten Widerrist und lange schräge Schultern, typische Merkmale des Vollbluts.

Augen
Die Augen sind groß und lebendig.

Nüstern
Die Nüstern sind weit.

Stockmaß
Der durchschnittliche Vollblüter hat ein Stockmaß von 1,60 bis 1,62 m, Abweichungen nach oben und unten sind möglich.

 *Kopf*
Der Kopf des Vollblüters ist klar geschnitten, trocken und mit sehr feiner Haut bedeckt, durch die sich die Adern abzeichnen. Das Profil ist im Gegensatz zu seinen arabischen Vorfahren gerade, die Augen sind groß und wach und die Nüstern weit. Der Hals verfügt über ausreichend Ganaschenfreiheit, die Ohren sind aufmerksam und beweglich.

Fell

Die Feinheit der Erscheinung des Vollblüters liegt in seinem Körperbau und seinem Fell. Beides ist fein, das Fell ist dünn und seidig.

Rumpf

Für den Vollblüter sind lange Linien charakteristisch; sie allein deuten schon auf ein schnelles Pferd hin. Dennoch müssen Rücken, Lendenpartie und Hinterhand stark sein.

🐎 Iroquois (links)

Dieser Kupferstich zeigt Iroquois, den in Amerika gezüchteten Gewinner des Epsom Derby von 1881, mit dem berühmten Jockey Fred Archer im Sattel. Archer, der mit 13 Jahren sein erstes Rennen ritt, war 13 Jahre lang Champion-Jockey und gewann insgesamt 2748 Rennen. Im Jahre 1886 beging er im Alter von 29 Jahren in Newmarket Selbstmord; dort wurde er auch begraben.

Farben

Die meisten Vollblüter sind braun oder dunkelbraun wie das hier abgebildete Pferd, Füchse, Rappen und manchmal Schimmel. Die Schimmelfarbe stammt von dem arabischen Hengst Alcock Arabian, der im 17. Jahrhundert lebte.

🐎 Wesen

Der Vollblüter verfügt sowohl über körperliches als auch psychisches Durchhaltevermögen und ist sehr mutig und leistungswillig; er kämpft weiter, wenn andere weniger edle Pferde schon lange aufgegeben haben. Auf der anderen Seite ist er äußerst sensibel, nervös und kann schwierig sein.

🐎 Frühreife Pferde

Der moderne Vollblüter wird frühreif gezüchtet, die Pferde gehen bereits mit zwei Jahren auf der Rennbahn. Dies ist eine harte Praxis, und viele Jungpferde brechen unter den Anforderungen zusammen. Der Grund für die frühe Forderung der Pferde ist rein wirtschaftlicher Natur.

🐎 Gangwerk

Die Gänge des Vollblüters sind lang, flach und ökonomisch. Die Hinterhand ist von der Hüfte zum Sprunggelenk hin so lang, daß die Hinterhand beim Galopp extrem untertreten kann.

🐎 Second

Second wurde vom Herzog von Devonshire gezüchtet und 1732 geboren. Er war ein Sohn des großen Flying Childers und einer namenlosen Stute von Basto, einem Sohn von Byerley Turk. Second war zwar kein bemerkenswertes Rennpferd, aber er gewann zwei »King's Plates«, siegte auf Strecken von 3,2 und 6,4 km und trug 76 kg! Sein obiges Porträt wurde von James Seymour (1702—1752) gemalt.

Anglo-Araber

Der Anglo-Araber stammt zwar ursprünglich aus England, aber er wird in der ganzen Welt gezüchtet. Besondere Aufmerksamkeit widmet man der Rasse in Frankreich, wo der Anglo-Araber seit über 150 Jahren als Allround-Pferd gezüchtet wird. Sowohl in England als auch in Frankreich ist er als Rasse anerkannt, dennoch wurde bisher noch kein offizieller Standard ausgearbeitet.

Ursprünge

In England gilt die Kreuzung eines Vollbluthengstes und einer arabischen Stute oder umgekehrt mit ihren nachfolgenden Rückkreuzungen als Anglo-Araber. Dies sind die beiden einzigen Rassen in seinem Stammbaum. In Frankreich sind mehrere Variationen möglich, jedoch sind ein Anteil von mindestens 25 Prozent arabischen Blutes sowie Araber, Vollblüter oder Anglo-Araber als Vorfahren Voraussetzung für einen Eintrag im Zuchtbuch.

Der Anglo-Araber soll die Vorzüge des Arabers und des Vollblüters in sich vereinen. Vom Araber soll er die Sanftheit, die Ausdauer und den Leistungswillen haben, vom Vollblüter den Rahmen und die Schnelligkeit, jedoch nicht dessen leicht erregbares Temperament.

Widerrist
Der Widerrist des Anglo-Arabers ist stärker ausgeprägt als der des Arabers; der gut angesetzte Hals ist länger.

Das Zuchtziel ist die Größe
In England kreuzt man normalerweise einen arabischen Hengst und eine Vollblutstute, wenn die Nachkommen größer als ihre Eltern werden sollen. Die Kreuzung zwischen einem Vollbluthengst und einer arabischen Stute wird meist kleiner und ist nicht so wertvoll wie ein rein gezogenes Pferd.

Mähne
Die Mähne ist ebenso wie der Schweif und das Fell fein und seidig.

Anglo-Araberzucht in Frankreich
Die wichtigsten Gestüte in Frankreich sind in Pau (auf dem Bild), in Pompadour, Tarbes und Gelos. Mit der systematischen Anglo-Araberzucht begann man im Jahre 1836, als E. Gayot Leiter des Gestüts in Pompadour war. Die Zucht basiert auf zwei arabischen Hengsten, Massoud und Aslan (ein türkischer Hengst) und den drei Vollblutstuten Dair, Common Mare und Selim Mare.

Kopf
Der Kopf gleicht eher dem des Vollblüters als dem des Arabers. Das Profil ist gerade, die Ohren sind beweglich und die Augen sehr ausdrucksvoll. Obwohl es keinen Rassestandard gibt, tendiert der Anglo-Araber in seinem ganzen Erscheinungsbild eher zum Vollblüter als zum Araber. Die französischen Anglo-Araber aus dem Südwesten Frankreichs sind leichter im Typ; für sie gibt es spezielle Rennen.

⬩ Harte Pferde

Die Anglo-Araber aus Pompadour sind größer und muskulöser und vor allem als ausgezeichnete Springpferde bekannt. Das Zuchtziel ist ein hartes Pferd im besten Reittyp, das Rennen gehen kann, das springt und hervorragend für Geländereiten und Dressur geeignet ist.

Rumpf
Der Rücken des Anglo-Arabers ist im allgemeinen kurz, die Brust tief und die Schulter sehr schräg und kräftig.

Hinterhand
Die Hinterhand ist eher lang und gerade. Sie ist insgesamt kompakter und stärker als die des Vollblüters.

⬩ George IV. auf der Straße nach Brighton

Diese Radierung zeigt George IV., der »Mrs. Q.« in seiner eleganten Privatkutsche auf der Straße nach Brighton fährt (ca. 1800). Die Pferde, die er kutschiert, sind vermutlich Vollblüter, die zu dieser Zeit jedoch einen ausgesprochen orientalischen Einfluß aufwiesen.

Farben
Diese ganz ausgezeichneten Reitpferde haben verschiedene Farben. Füchse, wie das abgebildete Tier, und Braune sind die Regel, aber Dunkelbraune kommen ebenfalls vor.

⬩ Gangwerk

Der Anglo-Araber ist nicht so schnell wie der Vollblüter (s. S. 34/35), aber die besten Anglo-Araber sind außerordentlich geschmeidig und athletisch und bestechen durch ihre korrekten Gänge.

Gliedmaßen
Die Gliedmaßen sind stark und insgesamt gut geformt. Die Leichtigkeit der Knochen wird durch die dichte Knochenstruktur und deren gute Qualität kompensiert.

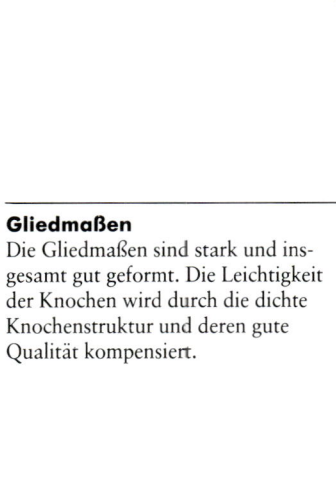

Stockmaß
Der Anglo-Araber hat ein Stockmaß zwischen 1,60 und 1,63 m.

Shagya-Araber

V or seinem Zusammenbruch zu Beginn des 20. Jahrhunderts war Österreich-Ungarn führend in der Pferdezucht Europas. Ende des 19. Jahrhunderts befanden sich dort bis zu zwei Millionen Pferde und einige der größten Gestüte der Welt.

Ungarns ältestes Gestüt, Mezöhegyes, wurde 1785 gegründet, und im Jahre 1789 entstand das Gestüt Bábolna. Ungarn ist für seine erstklassigen arabischen Pferde bekannt, deren Zuchtzentrum Bábolna wurde.

Ursprünge

Nach 1816 konzentrierte sich Bábolna auf die Zucht reiner »Wüsten«-Araber und *Partbreds*, Halbblutaraber, die man arabische Rennpferde nannte. Diese arabischen Rennpferde entstanden durch die Kreuzung reinblütiger Hengste mit Stuten, die durch spanischen, ungarischen und Vollblutanteil ein stark orientalisches Aussehen hatten. Daraus wiederum entstand der Shagya-Araber, wie er heute in Zentral- und Osteuropa sowie in Ungarn gezüchtet wird.

Der Rassebegründer war der arabische Hengst Shagya, ein Pferd aus der Kehil/ Sighlawi-Linie. Der Hengst wurde 1830 in Syrien geboren und 1836 nach Babolna importiert. Er war cremefarben und für einen Araber sehr groß, nämlich 152,5 cm. Shagya wurde der Vater vieler erfolgreicher Hengste und hat sowohl in Babolna als auch in anderen Gestüten Europas direkte Nachkommen.

Der Shagya ist in jeder Hinsicht ein typischer Araber, hat jedoch meist stärkere Knochen und mehr Substanz als beispielsweise der moderne »reine« Araber ägyptischen Typs. Der Shagya ist vielseitig verwendbar, er geht sowohl in allen Disziplinen unter dem Sattel als auch vor der Kutsche.

Farben

Die vorherrschende Farbe ist Weiß wie auf der Abbildung, jedoch kommen alle Farben vor, die auch der Araber aufweist. Der berühmte O'Bajan XIII., die »Schwarze Perle Ungarns«, und auch sein Sohn, beide berühmte Zuchthengste aus Bábolna nach dem Zweiten Weltkrieg, waren Rappen, was bei Arabern sehr selten ist.

Brand

In Europa ist es üblich, das Gestütszeichen auf Schulter oder Hinterhand zu brennen, um die Familie und das Gestüt, aus dem das Pferd kommt, kenntlich zu machen.

Gliedmaßen

Meist unverdient werden dem Araber schwache Hintergliedmaßen nachgesagt. Beim Shagya-Araber ist diese Kritik überhaupt nicht berechtigt — die Hinterbeine sind absolut korrekt.

Stockmaß

Das Stockmaß ist meist um 1,50 m.

Oberlinie
Der Oberlinie des Shagya-
Arabers entspricht der des reinen Arabers und ist unverwechselbar. Der Shagya-Araber ist jedoch größer als
der reine Araber und hat
mehr Rahmen.

Kopf
Der Gründerhengst der Rasse, Shagya, war berühmt für seinen schönen Kopf, und seine Nachkommen haben diese Schönheit geerbt. Das Profil
ist deutlich konkav gewölbt, das Maul ist klein
und die Haut auffallend fein. Das Gesicht wird
von großen Augen beherrscht.

Schultern
Der Shagya-Araber wurde als
Reitpferd gezüchtet. So ist seine
Schulter schräg angesetzt, wodurch er sich frei bewegen kann
und vorn weit herauskommt.
Der Widerrist jedoch ist stärker
ausgeprägt als bei vielen
anderen Arabern.

Rumpf
Wie der reine Araber hat der
Shagya 17 Rippen, 5 Lendenwir-
bel und 16 Schweifwirbel (im
Vergleich zu der 18-6-18-
Kombination anderer Rassen).
Das führt u. a. dazu, daß der
Schweif hoch getragen wird
und der Rücken ausgesprochen
gerade ist.

Knochen
Der Shagya-Araber ist ein ausgesprochen gutes Reitpferd —
der Röhrbeinumfang unter-
halb des Karpalgelenks ist
selten geringer als 19 cm.

🐎 *Gangwerk*
*Die Gänge des Shagya-
Arabers sind wie die Gänge
des reinen Arabers einzigartig schön. Das Pferd geht
frei und elastisch, es
scheint fast zu schweben.*

Hufe
Die Hufe des Shagyas sollten, wie bei
der Mehrzahl arabischer Pferde, nahezu perfekt in Umfang und Form
sein — und sind es in der Regel auch.

🐎 *In Freiheit*
*In der Heimat der Shagyas, in Bábolna, laufen
die Stuten in kleinen Herden, oft von einem
Hengst begleitet, die meiste Zeit des Jahres über
frei; selbstverständlich werden die Herden regelmäßig kontrolliert.*

Lusitano

Der Lusitano ist der portugiesische Verwandte seines berühmten Nachbarn, des Andalusiers, der Pura Raza Española (s. S. 32/33). Sicherlich von gleicher Herkunft wie diese, hat sich der Lusitano jedoch vermutlich durch Einkreuzung von Arabern etwas anders entwickelt; beispielsweise ist er hochbeiniger als seine spanischen Vettern.

Geschichte

Einst war der Lusitano das Pferd der portugiesischen Kavallerie. Er wurde zu leichten Arbeiten in der Landwirtschaft herangezogen, war aber immer auch ein Reit- und Kutschpferd. Das vornehmste Zuchtziel ist jedoch ein Reitpferd für den portugiesischen Stierkämpfer, den »Rejoneadore«.

In Portugal wird der Stier nicht getötet, und es gälte als Mißachtung des Pferdes, würde es beim Stierkampf verletzt. Ausgebildete Stierkampfpferde sind sehr teuer und werden sorgfältig geschult. Es erfordert eine Menge Mut, dem angreifenden Stier gegenüberzutreten und das wütende Tier unter Kontrolle zu halten. So zeichnen den Lusitano großer Mut und außergewöhnliche Geschmeidigkeit aus.

Merkmale

Der Lusitano ist ein sehr menschenbezogenes, intelligentes Pferd, das gern mitarbeitet. Durch diese ausgezeichneten Voraussetzungen eignet es sich gut für die Hohe Schule, so daß die Nachfrage nach Lusitanos als Dressurpferde steigt. Obwohl der Lusitano schnell und geschmeidig sein soll, hat er hohe Gänge, was für seinen Einsatz als Stierkampf- oder Fahrpferd natürlich von Vorteil ist.

Hals
Der Hals ist gut an der ausgesprochen starken Schulter angesetzt und trägt so zum natürlichen Gleichgewicht und zur Wendigkeit des Pferdes bei; manchmal ist er jedoch etwas dick und kurz.

Schultern
Das Gebäude des Lusitanos ist nicht unbedingt als perfekt anzusehen, seine Schultern jedoch sind schön und kraftvoll.

Gliedmaßen
Im Verhältnis zum Oberarm sind die Röhrbeine beim Lusitano fast überlang. Sie lassen ihn ausgesprochen hochbeinig erscheinen.

Stockmaß
Das Stockmaß ist meist zwischen 1,50 und 1,60 m.

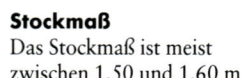 *Der Schweif*
Trotz der vermutlichen Einkreuzung arabischen Blutes hat der Lusitano den vollen welligen Schweif des Spanischen Pferdes geerbt; er ist tiefer angesetzt als beim Araber und wird daher nicht so »arabisch wehend« getragen.

Gurtenlage
Bei vielen Lusitanos ist die Gurtentiefe nicht so ausgeprägt, wie man sie
bei einem kompakten und athletischen
Pferd sonst gern sieht.

Rumpf
Der kurze Rücken, die gute Lendenpartie und die abgerundete Hinterhand machen zusammen mit der hervorragenden Schulter andere Fehler
im Körperbau wett.

Charakter
Im Prinzip ist der Lusitano nichts anderes als ein Pferd
der Pura Raza Española mit einem etwas anderen Ak-
zent, tatsächlich ähnelt es ihm auch im Charakter. Zwar
fehlt ihm manchmal die »noble« Ausstrahlung des Spanischen Pferdes. Dennoch hat es vom Spanier den Mut
und die bemerkenswerte Geschmeidigkeit geerbt.

Farben
Beim Lusitano kommen alle Grundfar-
ben vor, Weiß herrscht jedoch vor. Die
falbe Farbe wie beim abgebildeten
Pferd, wohl ein Erbe seiner spanischen
Vorfahren, ist eher selten.

Kopf
Der Kopf sollte fein und klein sein, ebenfalls die Ohren und die Ganaschen. Der Gesichtsausdruck ähnelt
dem des Spanischen Pferdes, das Profil ist eher gerade
als konkav gebogen wie beim arabischen Pferd.

Altér-Real-Pferde
1784 gründete das Königshaus von Braganza in Vila
de Portel, in der portugiesischen Provinz Alentejo,
ein Gestüt. Dieses Gestüt wurde später nach Altér
verlegt, das einem Zuchtzweig, der sich auf 300 spanische Stuten gründete, seinen Namen gab. Zucht-
zweck war ein Reitpferd der klassischen Hohen
Schule für den Königshof; der Typ des Altér-Real-
Pferdes hat sich bis heute erhalten.

Hispano-Araber
Der Hispano-Araber ist im Grunde ein Anglo-Araber
(s. S. 36/37), der im spanischen Typ steht; das arabische Erbe ist in ihm jedoch stärker als beim üblichen Anglo-Araber. Es basiert auf Kreuzungen zwischen spanischen Arabern und englischem Vollblut,
manchmal wird auch die folgende Generation gekreuzt. Ein spritziges, mutiges und kraftvolles Pferd,
dabei intelligent und leichtrittig. Der Hispano-Araber
wird in allen Sparten des Reitsports eingesetzt, aber
auch zum Hüten und Testen junger Kampfstiere.

Achal-Tekkiner

Unverwechselbar in der Erscheinung, ist der Achal-Tekkiner eines der ungewöhnlichsten Pferde der Welt; darüber hinaus ist die Rasse wohl eine der ältesten überhaupt. Achal-Tekkiner werden in den Oasen der turkmenischen Wüste im Norden des Iran gezogen. Das Zentrum der Zucht ist Ashakbad. Seit 3000 Jahren werden hier Pferde gezüchtet, und der heutige Achal-Tekkiner entspricht fast genau dem Pferdetyp 3 (s. Ursprünge S. 10/11) und hat eine gewisse Ähnlichkeit mit dem arabischen Muniqui-Typ.

Kuban-Kosaken (links)
Die Kuban-Kosaken, unglaublich geschickte Reiter und ebenso ausdauernd wie ihre Pferde, waren oft mit Achal-Tekkinern beritten. Selbst extremen klimatischen Bedingungen trotzend, paßte der leistungsfähige Achal-Tekkiner zu diesen tollkühnen Reitern.

Geschichte

Dieses mysteriöse Pferd ist ohnegleichen. Seine Ausdauer und sein Durchhaltevermögen bei Hitze sind phänomenal. Im Jahre 1935 bewältigten Achal-Tekkiner die Strecke von Ashkabad nach Moskau in nur 84 Tagen — eine Distanz von 4125 Kilometern, von denen fast 1000 Kilometer durch reine Wüste ohne Wasservorkommen führten. Diese Meisterleistung ist nie wieder erreicht worden.

Rennen sind Tradition in Turkmenistan. Die Pferde bekommen ein stark proteinhaltiges Futter aus getrockneter Luzerne, dazu wenn irgend möglich Pellets aus Hammelfett, Eiern, Gerste und »Quatlame«, einem speziellen Trockenkeks. Um sie vor der Eiseskälte der Nacht und der glühenden Mittagssonne zu schützen, tragen die Pferde schwere Filzdecken. Der moderne Achal-Tekkiner wird als Rennpferd, als Distanzpferd und in Rußland auch oft als Dressur- und Springpferd eingesetzt.

Hinterhand
Die Hinterhand ist durchschnittlich und eng gebaut und wäre in einer Schauklasse ein Alptraum, dabei ist sie hager, sehnig, lang und muskulös.

Fell
Das Fell ist außergewöhnlich fein, die Haut sehr dünn — typisch für Wüstenpferde.

Schweif
Der Schweif ist kurz und seidig ebenso wie die Mähne und der Schopf, die bei dem abgebildeten Pferd geschoren sind.

Hinterbeine
Die Hinterbeine stehen oft etwas eng bis kuhhessig, die Sprunggelenke sind weit vom Boden entfernt.

Farben
Es gibt Füchse (wie auf der großen Abbildung), Rappen und Schimmel, am eindrucksvollsten jedoch ist der falbe Ton mit metallischem Goldschimmer (oben), der im Sonnenlicht herrlich leuchtet. Auch silberne Tönungen sind möglich.

Hals
Der lange dünne Hals ist sehr hoch und verläuft fast vertikal zum Rumpf, so daß der Kopf in einem Winkel von 45 Grad zu ihm steht. Durch den langen Hals und die Kopfstellung liegt das Maul oft höher als die gedachte Linie zum Widerrist.

Kopf
Der Kopf ist fein, mit großen ausdrucksvollen Augen. Die Nüstern sind weit, das Profil gerade, und die wunderschön geformten Ohren sitzen weit auseinander.

Charakter
Der Achal-Tekkiner ist oft stur und von schwierigem Charakter; als leicht lenkbares Pferd kann man ihn nicht bezeichnen.

Stuten auf der Weide
Im Gegensatz zu früher sind die Stuten heutzutage tagsüber auf der Weide, nachts im Stall. Auch mit der alten Gewohnheit, die Fohlen bereits mit zwei Monaten zu entwöhnen und Jährlingsrennen zu veranstalten, hat man gebrochen. Die Kreuzung mit Vollblütern verwässert den speziellen Charakter dieser Pferde.

Gebäude
Trotz des hohen Widerristes, der in eine schräge Schulter übergeht, weist der Körperbau des Achal-Tekkiners im konventionellen Sinn fast jeden denkbaren Fehler auf. Der Körper ist röhrenförmig, der Rücken zu lang, die Rippen sind flach und die Lenden schmal.

Gangwerk
Ebenso einzigartig wie das Pferd sind seine Gänge: Das Pferd »gleitet« in fließenden Bewegungen mit fast unbeweglichem Rücken über den Boden.

Vorderbeine
Sie stehen normalerweise zu eng, andererseits sind sie gerade mit langem Oberarm.

Stockmaß
Die durchschnittliche Höhe ist 1,52 m, Stuten können kleiner sein.

Hufe
Die Hufe sind klein, aber regelmäßig, obwohl sie oft wenig Trachten haben.

Lipizzaner

D ie weißen Lipizzaner werden zwar meist mit der Spanischen Hofreitschule in Wien assoziiert, aber sie werden in dem gesamten Gebiet gezüchtet, das früher einmal zu Österreich-Ungarn gehörte. Die Pferde der Hofreitschule wachsen im österreichischen Gestüt Piber in der Nähe von Graz auf, aber auch in Ungarn, Rumänien und in der Tschechoslowakai gibt es Lipizzanergestüte. Natürlich sind die einzelnen Schläge unterschiedlich, und der etwas kleinere Lipizzaner aus Piber ist keineswegs dominierend. In Ungarn wird beispielsweise ein größeres, sehr bewegliches Pferd gezogen, das sich wie viele Lipizzaner ganz ausgezeichnet als Fahrpferd eignet.

Ursprünge

Die Rasse hat ihren Namen von dem Ort Lipizza (Lipica) im jetzigen Kroatien, wo die Rasse entstand und auch heute noch gezüchtet wird. Gestüt und Zucht wurden im Jahre 1580 gegründet, als auf Befehl des Erzherzogs Karl II. 25 spanische Hengste und 24 Stuten von der Iberischen Halbinsel importiert wurden.

Ziel des Erzherzogs war, die Belieferung des herzoglichen Stalles in Graz und des Marstalles in Wien mit ausreichend großen Pferden sicherzustellen. 1572 wurde — direkt neben dem kaiserlichen Palast — in einer Reithalle aus Holz die Spanische Hofreitschule etabliert, um die Adligen im klassischen Reitstil zu unterrichten. Ihren Namen erhielten sie von den Spanischen Pferden, mit denen sie von Beginn an und ausschließlich beritten war. Die jetzige »Winterreitschule« wurde auf Anordnung Karls VI. gebaut und 1735 vollendet.

🐴 Kladruber
Die Kladruber, Fahrpferde spanischen Ursprungs, hatten erheblichen Einfluß auf die Entwicklung der Lipizzaner. Das Gestüt Kladrub in der Tschechoslowakei wurde 1572 gegründet und ist das älteste Europas.

Farbe
Fast alle Lipizzaner sind weiß, obwohl die Fohlen schwarz oder braun zur Welt kommen. Hie und da gibt es braune. Traditionsgemäß steht immer ein brauner Hengst in der Spanischen Hofreitschule.

Hinterhand
Das Pferd ist nicht für Schnelligkeit gebaut, wegen seiner kraftvollen Hinterhand jedoch prädestiniert für die Lektionen der Hohen Schule. Der feine seidene Schweif ist hoch angesetzt.

Gliedmaßen
Kurze, kräftige Gliedmaßen mit flachen Gelenken, guten Knochen und harten Hufen sind die Merkmale der Lipizzaner — sie sind das Erbe des felsigen Kalksteinbodens ihrer Heimat in Lipica.

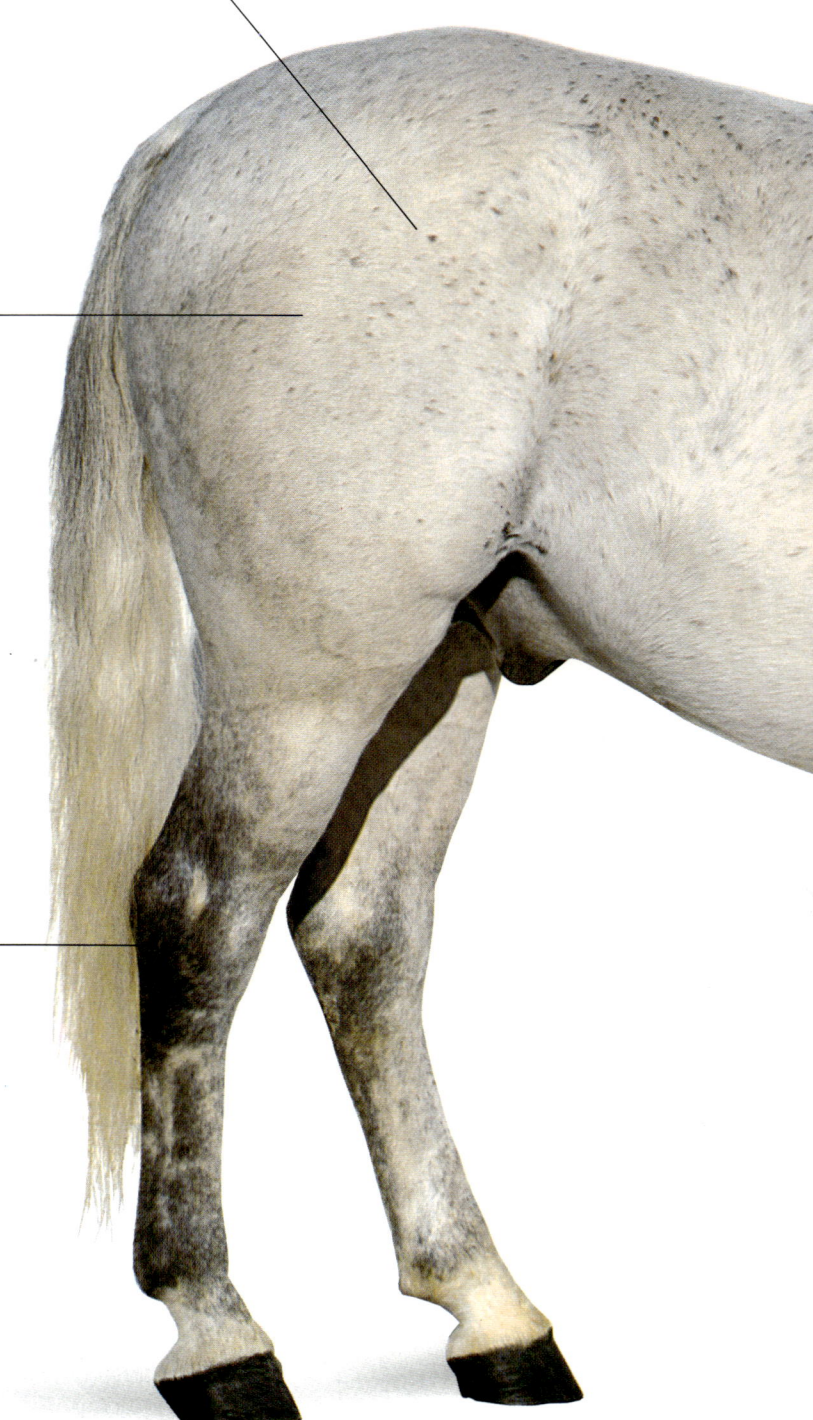

Schultern
Der Widerrist ist oft schwach ausgebildet, die Schulter paßt sich der Form an und ist gleichermaßen für ein Reit- wie für ein Fahrpferd geeignet. Folglich sind die Gänge eher hoch als weit und flach.

Kopf
Der Kopf ist gut geformt. Der arabische Einfluß ist unverkennbar, aber auch der Ramskopf des alten Spanischen Pferdes kommt immer wieder vor.

Rumpf
Der Rumpf ist kompakt und muskulös mit guter Gurtentiefe.

🐎 *Gesamterscheinung*
Das Gebäude aller Lipizzaner, insbesondere aber das der aus Piber, entspricht dem eines vernünftigen kleinen Arbeitspferdes. Im ungarischen Typ ist der Vollbluteinfluß etwas stärker; diese Pferde sind größer und freier in der Bewegung.

🐎 *Langlebig*
Lipizzaner sind spätreif, dafür aber langlebig. Viele der Hengste in der Spanischen Hofreitschule arbeiten noch, wenn sie bereits weit über 20 Jahre alt sind.

🐎 *Fünf Hengste*
Die Rasse basiert auf fünf Gründerhengsten: Pluto (1765), einem weißen spanischen Hengst aus Fredericksborg; auf dem schwarzen Conversano (1767), einem Neapolitaner; dem falben Kladruber Favory (1779); Siglavy (1810), einem weißen Araber, und Maestoso (1819), einer Kreuzung aus Neapolitaner und Spanier. Abkömmlinge aller Linien sind in der Spanischen Hofreitschule vertreten, und in Piber sind noch 14 der ursprünglich 23 Stutenfamilien erhalten.

🐎 *Geschmeidig und athletisch*
Der Lipizzaner ist gleichzeitig geschmeidig und athletisch und durch sein ruhiges Wesen für die Schulreiterei prädestiniert. Die Spanische Hofreitschule und Piber verdanken ihr Überleben im letzten Weltkrieg den amerikanischen Truppen, die sie vor den vorrückenden Russen retteten.

Stockmaß
Das Stockmaß variiert zwischen 1,51 und 1,62 m.

Budjonny

Um 1920 begann man in der Sowjet-
union neue Rassen zu züchten. Der Budjonny, aus vielen Kreuzungen entstanden, ist
ein typisches Ergebnis dieser Bemühungen. Ursprünglich war die Rasse als
ausdauerndes Kavalleriepferd angelegt, heute ist es ein gutes Reitpferd, auch für die Ansprüche in-
ternationaler Spring- und
Dressurprüfungen und für
Hindernisrennen.

Die Zucht

Der Budjonny wurde auf der Basis
von Chernomor- (ähnlich dem Donpferd,
aber kleiner und leichter) und Don-Stuten
in der Kreuzung mit Vollbluthengsten gezüchtet. Auch kasachische und kirgisische
Pferde wurden eingekreuzt, wenn auch
weniger erfolgreich. Die Nachkommen
wurden sorgfältig aufgezogen und systematisch gefüttert und mit zwei bis vier
Jahren leistungsgeprüft. Von 657 ursprünglich für den Zuchtversuch einge-
setzten Stuten waren 359 Anglo-Don-Pfer-
de (eine Vollblutkreuzung), 261 Anglo-
Don x Chernomor und 37 Anglo-Chernomor-Pferde. Diese Stuten wurden Anglo-
Don-Hengsten zugeführt, Halbblütern, die
als Basis der Zucht gelten. Stuten mit nicht
genügend Vollblutausdruck wurden hingegen mit Vollblütern gekreuzt.

Hals und Schultern
Der lange gerade Hals sitzt auf einer gut
schrägen Schulter mit hohem Widerrist.
Die Schulter läßt jedoch eine Länge wie
bei den Vollblütern vermissen.

HAUT
*Der Kopf ist »trocken«,
die Adern sind durch
die feine weiche
Haut deutlich
sichtbar.*

🐴 *Kopf*
*Kopf und Hals sind gut proportioniert; der Kopf
ist gerade oder mit leicht konkav gebogenem Profil.
Er ist hübsch und qualitätsvoll mit deutlichem
Vollbluteinschlag.*

Gliedmaßen
Die Gliedmaßen sind fein und
leicht, allerdings hie und da
in Größe und Qualität der
Gelenke fehlerhaft.

Vorderbeine
Früher standen die Vorderbeine zu
breit auseinander, wodurch der
Gang unbeholfen wirkte. Vor
allem Don-Kasache-Kreuzungen
litten unter diesem Fehler.

Knochen
Die Fesseln sind korrekt gestellt.
Die Knochen erscheinen im Vergleich zum Körper sehr leicht,
aber die mittelgroßen Hufe
sind wohlgeformt.

🐴 *Tersker (rechts)*
*Eine weitere russische Züchtung, der Tersker,
entstand zwischen 1921 und 1950 in den Gestüten Tersk und Stavropol im nördlichen Kaukasus. Die Rasse gründet sich auf den Strelitz-
Araber, ein Partbred, das durch die Kreuzung
arabischer Hengste mit Orlow- und Orlow-
Rastopchin-Stuten entstand. In geringem Maße
waren auch Vollblüter am Strelitz-Araber beteiligt. In den zwanziger Jahren wären die Strelitz-
Araber beinahe ausgestorben. Die restlichen
Tiere transportierte man nach Tersk, wo die neue
Rasse entstand. Das arabische Erbe zeigt sich bei
dem wunderschönen Tersker deutlich in Aussehen und Bewegung.*

🐎 Leistungsvermögen

Der Budjonny wurde auf Rennen und Distanzritten härtesten Tests unterworfen. Ein Budjonny gewann den »Großen Pardubitzer« in der Tschechoslowakei, ein anderer Budjonny-Hengst namens Zanos legte die Strecke von 309 km in 24 Stunden zurück, 20 Stunden davon waren reine Reitzeit.

Körperbau

Ein leichtgebautes Pferd mit vergleichsweise schwerem Rumpf. Der Rücken ist gerade, oft auch breit und flach. Die Lendenpartie ist etwas lang, die Kruppe lang und normalerweise gerade.

Maße

Die angestrebten Maße sind: Rumpflänge 164,4 cm, Brustumfang 191,1 cm und Röhrbeinumfang im Bestfall 20,8 cm.

🐎 Lokaier

Der Lokaier ist eine Kreuzung aus dem südlichen Tadschikistan, einer Republik der GUS in den westlichen Ausläufern des Pamirs. Jahrhundertelang wurden die Pferde Zentralasiens mit den primitiven Steppenpferden gekreuzt. Seit dem 16. Jahrhundert verbesserten die Lokai-Nomaden ihren Pferdebestand durch Kreuzungen mit Achal-Tekkinern, Karabaiern und sogar mit Arabern. In seiner gebirgigen Heimat zwischen 2000 und 4000 Metern Höhe ist der trittsichere Lokaier als Reit- und Packpferd unentbehrlich. Die tadschikischen Reiter benutzen den smarten und geschmeidigen Lokaier bei ihrem nationalen Reiterspiel, dem Kokpar (einem Kampf um eine Ziege); hier werden die kleinen Pferde mit einem Stockmaß von bis zu 1,43 m bevorzugt.

🐎 Temperament

Die Rasse gilt als ruhig und sensibel, besitzt jedoch Leistungsvermögen und Ausdauer.

Farben

80 Prozent der Budjonnys sind Füchse, oft mit einem goldfarbenen Schimmer, ein Erbe der Don- und Chernomor-Pferde. Es gibt jedoch auch braune oder schwarzbraune Tiere. Das abgebildete Tier ist ein Rappe.

Hinterbeine

Obwohl der Budjonny viele positive Qualitäten des Vollblüters geerbt hat, sind die Gebäudefehler der anderen Rassen dieser Zucht mehr oder weniger augenfällig. Der schlimmste dürfte die weiche Struktur der Hinterbeine sein.

Stockmaß

Der Budjonny hat ein durchschnittliches Stockmaß von 1,60 m.

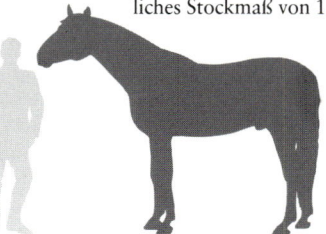

Kabardiner

Der Kabardiner aus dem nördlichen Kaukasus stammt von den Pferden der Steppenvölker ab, gekreuzt mit Karabakh-, persischen und turkmenischen Pferden. Diese Gebirgsrasse ist seit dem 16. Jahrhundert bekannt und kann auch in schwierigem Gelände große Leistungen vollbringen; der Kabardiner scheut weder Schnee noch breite Flüsse, ist gehorsam, ausgesprochen hart und ausdauernd.

🐎 *Arbeitspferd* (links)
Obwohl der Kabardiner vornehmlich als Reitpferd eingesetzt wird, ist er auch gut geeignet für alle möglichen Arbeiten im Geschirr, wie man auf dieser Radierung aus dem 17. Jahrhundert sieht.

Moderner Typ

Nach der Russischen Revolution wurde die Rasse stark von den Gestüten Kabardin-Balkar und Karachew-Tscherkess beeinflußt; Zuchtziel dieser Gestüte war ein stärkerer Pferdetyp zum Reiten und für die Arbeit in der Landwirtschaft. Der Kabardiner ist die wichtigste Rasse in der Republik Kabardin-Balkar und wird auch in Armenien, Aserbaidschan, Dagestan, Georgien und Osetien zur Verbesserung einheimischer Rassen eingesetzt.

Die besten Kabardiner werden in den Gestüten Malo-Karachew und Malkin gezüchtet. Sie leben im Freien, werden aber im Winter zugefüttert und auf der Rennbahn leistungsgeprüft — die Zucht ist berühmt für ihre Ausdauer über lange Distanzen.

Schweif
Wie für die meisten Gebirgspferde ist für den Kabardiner ein üppiger Mähnen- und Schweifwuchs charakteristisch.

Farben
Die vorherrschenden Farben sind Braun bis Dunkelbraun und Schwarz, wie hier abgebildet, ohne weitere Merkmale.

Hinterbeine
Die meisten Gebirgspferde haben keine perfekten Beine, der Kabardiner ist da keine Ausnahme — die Hinterbeine stehen oft kuhhessig.

Hufe
Die Hufe sind normalerweise fest und stark. Selbst auf schlechtestem Untergrund können die Pferde ohne Eisen gehen.

🐎 *Gebirgsheimat*
Der Kabardiner ist im Gebirge zu Hause und durch das Bergland und das harte Klima geprägt. Er ist sehr trittsicher und flink und findet auch in Nebel und Dunkelheit unweigerlich den richtigen Weg.

Hals
Der Hals ist mittellang und gut bemuskelt. Er geht in einen etwas flachen Widerrist über und gibt dadurch der Schulter ein plumpes Aussehen.

Stirn
Die Ohren stehen ausgesprochen eng, der Schopf ist oft ein wenig wirr.

Rücken
Der Rücken ist kurz und gerade und die Hinterhand gut gerundet. Die Lendenpartie ist sehr stark, jedoch oft leicht konkav gebogen.

Schultern
Nach westlichem Standard sind die Schultern etwas schwer und eher gerade — bei einem Gebirgspferd durchaus kein Nachteil, jedoch nicht unbedingt ein Kennzeichen von Schnelligkeit.

Ohren
Die Ohren sind fein, aufmerksam und beweglich.

Gangwerk
Der Kabardiner verfügt über ein gutes Gangwerk und ist ausgesprochen trittsicher. Der Schritt ist ausgeglichen und taktrein, Trab und Galopp sind leicht und geschmeidig. Manche Kabardiner gehen Tölt und Paß.

Kopf
Das abgerundete Pferd hat einen langen Kopf, der zu seinen üblichen Proportionen paßt, wobei die Haut sehr fein ist. Das Profil ist leicht ramsnasig und wirkt wie der Kopf eines Steppenpferdes, dessen Ahnen bei den primitiven asiatischen Wildpferden und dem Tarpan zu suchen sind.

Vorderbeine
Die Vorderbeine sind gut geformt, stark und sauber, mit deutlich sichtbaren Sehnen, guten Gelenken und kurzem starken Röhrbein. Der Röhrbeinumfang von 17 bis 20 cm ist mehr als ausreichend im Vergleich zum Gebäude.

Stockmaß
Hengste haben ein durchschnittliches Stockmaß von 1,52 m, Stuten von 1,50 m.

Anglo-Kabardiner
Der Anglo-Kabardiner entstand durch Kreuzung von Kabardinern und Vollblütern. Anglo-Kabardiner sind größer, schneller und im Gebäude dem Vollblüter ähnlich, jedoch dem Klima des Kaukasus gut angepaßt.

Don

D er Don ist das traditionelle Pferd der Donkosaken. Die Rasse, die auf die Steppenpferde der Nomadenstämme zurückgeht, entwickelte sich im 18. und 19. Jahrhundert. Sie wurde frühzeitig durch Kreuzungen mit mongolischen und Karabakh-Pferden sowie mit persischen Arabern und Turkmenen verbessert.

Geschichte

Die Donpferde waren keineswegs verhätschelt. Sie lebten auf Steppenweiden und waren weitgehend sich selbst überlassen — im Winter scharrten sie den Schnee von dem gefrorenen Gras. Der Don ist kein besonders schönes Pferd, jedoch unglaublich zäh und paßt sich mühelos jeder Witterung an. Die Rasse und ihre Reiter wurden in den Jahren 1812—1814 während des Rußlandfeldzugs Napoleons berühmt, als 60 000 mit Dons berittene Kosaken die napoleonischen Truppen aus Rußland zu vertreiben halfen. Später wurden die Donpferde mit Orlow-Trabern (s. S. 61/62), mit Vollblütern und Strelitz-Arabern, erstklassigen Partbreds aus dem Gestüt Strelitz, veredelt. Seit den zwanziger Jahren dieses Jahrhunderts wurde die Rasse rein gezogen, und zwar hauptsächlich als solides, brauchbares Militärpferd, das bei geringem Futter- und Pflegeaufwand als Reit- und Fahrpferd geeignet ist.

Hals
Der Hals ist mittellang und gewöhnlich gerade.

Kopf
Der Kopf ist mittelgroß mit geradem Profil. Die kurze enge Stirn erschwert die Flexion.

Farbe
Das hier abgebildete Donpferd ist hellbraun, obwohl die dominierenden Farben Fuchs und Dunkelbraun sind, oft mit einem goldenen Schimmer.

Vorderbeine
Die Vorderbeine sind meist gut bemuskelt, stehen manchmal jedoch kuhhessig, d. h. unterhalb des Karpalgelenks sichelförmig gegeneinander.

🐎 Karabakh

Der Karabakh hatte bedeutenden Einfluß auf das Donpferd. Die Rasse entstand bereits im vierten Jahrhundert und geht zurück auf die Karabakh-Pferde in Aserbaidschan. Die besten Tiere stammten aus dem Gestüt Akdam, wo sie mit arabischen Hengsten gekreuzt wurden. Der Karabakh hat ein Stockmaß von etwa 1,40 m, ein ruhiges Wesen und ein gutes Gangwerk. Wie viele der östlichen russischen Pferde ist sein Fell meist falb mit einem Goldschimmer. Er ist bekannt als Leistungspferd bei Rennen und beim Chavgan-Spiel (eine Variante des Polo) sowie beim Surpanakh (einer Art Basketball zu Pferd).

Rumpf
Das moderne Donpferd ist ein vergleichsweise rahmiges Tier mit starkem Knochenbau. Zwar hat es kurze gerade Schultern, die die Gänge einengen, aber die Brust ist gut entwickelt und die Rippenpartie ist lang und gut gerundet.

Rücken
Der Rücken ist gerade und breit, der Widerrist niedrig und die Lendenpartie gerade.

Budjonny-Gestüt
Donpferde werden als Rasse für lange Distanzen gezüchtet, und heute ist das Pferd größer und besser gebaut als früher. Die besten Donpferde stammen aus dem Budjonny-Gestüt, wo das Budjonny-Pferd als Kreuzung des Donpferdes mit Vollblütern entstand.

Hinterhand
Die Kruppe ist abgerundet, die Flanken sind flach, der Schweif ist gelegentlich tief angesetzt.

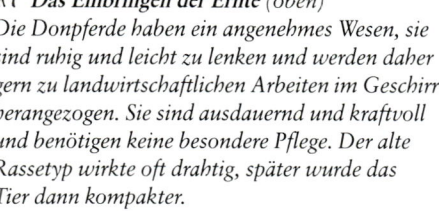

Das Einbringen der Ernte (oben)
Die Donpferde haben ein angenehmes Wesen, sie sind ruhig und leicht zu lenken und werden daher gern zu landwirtschaftlichen Arbeiten im Geschirr herangezogen. Sie sind ausdauernd und kraftvoll und benötigen keine besondere Pflege. Der alte Rassetyp wirkte oft drahtig, später wurde das Tier dann kompakter.

Hinterbeine
Die Hinterbeine sind oft sichelförmig, und beim alten Rassetyp ist das Becken so eng, daß die Bewegung nicht frei genug ist.

Gangwerk
Die Gänge des Donpferdes sind manchmal etwas gebunden und hart. Das resultiert aus den Gebäudefehlern, der steilen Schulter, den fehlerhaften Vordergliedmaßen und den etwas zu steilen Fesseln. Die Gänge sind taktklar, aber weder elegant und elastisch noch unbedingt bequem für den Reiter.

Stockmaß
Das Donpferd hat ein Stockmaß von 1,53 m, manchmal etwas mehr.

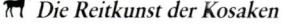
Die Reitkunst der Kosaken
Die Donkosaken beherrschten sämtliche Reiterkunststücke und waren im Krieg gefährliche Gegner, da sie, statt in wohlgeordneten Formationen anzugreifen, oft Zermürbungstaktiken anwandten.

Morgan

Morgan Horses sind Jagdpferde, Spring- und Dressurpferde und werden in den in den USA beliebten »Park Classes« eingesetzt, in denen Schönheit und Geschmeidigkeit unter dem Sattel und vor der eleganten Kutsche bewertet werden. Aber auch als Westernpferd, als Freizeitpferd, als Kutsch- und als Wanderreitpferd ist das Morgan Horse bekannt. Die Morgan Horses gehen zurück auf einen phantastischen Hengst von einmaliger, durchschlagender Erbkraft, Justin Morgan, der unbestritten der Ahnherr der ersten amerikanischen Pferderasse war.

Morgan-Fohlen
Diese stilisierte Darstellung eines Morgan-Fohlens trifft den von der Morgan Horse Association ausgearbeiteten Standard zwar in einigen Punkten, jedoch nicht in allen.

Geschichte

Justin Morgan war ein dunkelbrauner Hengst von nur 140 cm Stockmaß. Er wurde 1789 oder 1793 in West Springfield, Massachusetts, geboren und hieß ursprünglich »Figure«. 1795 kam er in den Besitz des Justin Morgan, nach dem er benannt wurde. 1821 starb der Hengst.

Sein ganzes Leben lang arbeitete der Hengst unglaublich hart vor dem Pflug, beim Roden der Wälder und vor der Kutsche — aber trotz seines harten Lebens voller Entbehrungen wurde er bei Zugwettbewerben, bei Rennen unter dem Sattel oder vor der Kutsche niemals geschlagen.

Alle Morgan Horses gehen über seine drei berühmtesten Söhne, Sherman, Woodbury und Bullrush, auf Justin Morgan zurück. Bei der Entstehung des American Standardbred, des Saddlebred und des Tennessee Walkers spielten Morgan Horses eine bedeutende Rolle, und vor der Zeit des Automobils waren Morgan Horses die erklärten Kavalleriepferde.

Schweif
Zum Show-Morgan gehört der lang fließende Schweif, der bis auf den Boden geht, wenn das Pferd nicht in Bewegung ist.

Hinterhand
Der offizielle Standard der American Morgan Horse Association verlangt eine lange, perfekte Hinterhand und gute Beine — normalerweise sind sie es auch.

Woher kam Justin Morgan?
Die Herkunft von Justin Morgan, dem Gründerhengst, wurde nie geklärt. Manche vermuten, daß ein früher Vollblüter, True Briton, sein Ahnherr gewesen sei. Andere ordnen ihn einem importierten Friesen zu, und die Welsh-Züchter sehen in ihm den Abkommen eines Welsh Cob — auch das wäre nicht unmöglich.

Gliedmaßen
Die Röhrbeine der Morgan Horses sind kurz; trotz der Schlankheit der Gliedmaßen verfügt das Morgan Horse über »viel« Knochen, und die Gelenke sind außerordentlich gut geformt. Die Fesseln sind stark, von mittlerer Länge und nicht zu schräg.

Show-Pferd
Das moderne Morgan Horse mit seinem großen Gangwerk ist ein beliebtes Show-Pferd in den USA. Morgan Horses sind vielseitig einsetzbar und, obwohl gelehrig und willig, in ihrem Auftreten feurig und energisch.

Schultern
Die Schultern sind von guter Schräge und sehr stark ausgebildet. Der Halsansatz ist relativ niedrig.

Hals
Der Hals muß gut geformt und mittellang sein und ausreichend Ganaschenfreiheit haben. Der Widerrist ist klar gezeichnet und leicht höher als der höchste Punkt der Hüfte.

Mähne
Mähne und Schopf sind voll, das Haar ist immer seidenweich, niemals hart.

OHREN
Die Ohren sind gut geformt und stehen weit auseinander.

Rumpf
Der Rumpf ist sehr charakteristisch: ein kurzer breiter und stark bemuskelter Rükken, die Rippenpartie ist gerundet, die Brust weit und tief — ein kompaktes Pferd.

Farben
Morgan Horses sind braun, wie auf der Abbildung, schwarz, dunkelbraun und fuchsfarben. Schimmel und Schecken kommen nicht vor.

Kopf
Der Kopf ist mittelgroß, trocken und verjüngt sich von der Ganasche zum Maul hin. Das Profil ist gerade, manchmal ein wenig gebogen, aber niemals ramsköpfig. Das Maul ist fein, mittelgroß mit kleinen festen Lippen und weiten Nüstern. Die Augen sind groß und leuchtend.

Gangwerk
Der Schritt ist lang, gerade und elastisch; der Trab sehr frei, gerade, gut ausbalanciert und versammelt; der Galopp ist leicht und weich, gerade und im Gleichgewicht.

Stockmaß
Das Stockmaß variiert zwischen 1,41 m und 1,52 m. Auch etwas größere oder kleinere Pferde läßt man durchgehen.

Temperament
Der Morgan ist spritzig und mutig, dabei leichtrittig und intelligent. Er ist ein hartes und vielseitiges Pferd, sehr kraftvoll, in jeder Hinsicht gut proportioniert und mit großem Leistungsvermögen ausgestattet.

Hufe
Die Hufe sind rund, mittelgroß und von geschmeidiger, guter Hornsubstanz.

Quarter Horse

D as American Quarter Horse ist die erste rein amerikanische Züchtung. Unverwechselbar in ihrer Erscheinung, entstand diese Rasse im frühen 17. Jahrhundert in Virginia und den Siedlungen an der Ostküste. Anhänger dieser Rasse bezeichnen das Quarter Horse als »das beliebteste Pferd der Welt«. Dieser Anspruch wird von der Tatsache unterstützt, daß bei der American Quarter Horse Association mittlerweile rund drei Millionen Tiere registriert sind.

🐎 *Old »Bulldog« (oben)*
Der alte »Bulldog«-Typ des Quarter Horses war das Äquivalent zum menschlichen 100-Meter-Sprinter — muskulös und schnell.

Geschichte

Der erste bedeutende Import englischer Pferde kam im Jahre 1611 nach Virginia, lange vor Beginn der Vollblutzucht in England. Die hier importierten Pferde führten also englisches, östliches und spanisches Blut. Aus Kreuzungen mit dem einheimischen Pferdebestand spanischer Herkunft entstand das Quarter Horse, das sich schnell zu einem kompakten Pferd mit stark bemuskelter Hinterhand entwickelte.

Die Siedler setzten das Pferd zur Farmarbeit, zum Viehhüten und Roden, sonntags auch zum Kutschenfahren und Reiten ein. Die sportliebenden englischen Siedler veranstalteten Rennen mit ihm über die Distanz von einer Viertelmeile (quarter mile) — daher der Name Quarter Horse. Dies erklärt auch die Sprintfähigkeit der Rasse auf kurzen Strecken.

Im Westen bewährte sich das Quarter Horse hervorragend beim Rinderhüten. Heutzutage gilt es aufgrund seiner Eigenschaften als ideales Gelände- und Rodeopferd.

Hinterhand
Die schwere, stark bemuskelte Hinterhand mit Tiefe und Weite ist ein charakteristisches Merkmal dieses handlichen Pferdes.

Hinterbeine
Die Hinterbeine sind kräftig und von oben bis unten stark bemuskelt.

Knie
Das Knie ist tief angesetzt. Von hinten betrachtet, steht es unterhalb der Hüfte und oberhalb des Sprunggelenks ab.

Gelenke
Die Röhrbeine sind kurz, das Sprunggelenk ist niedrig angesetzt. Die Gelenke sind so gebaut, daß die Pferde korrekt geradeaus gehen.

Unterlinie
Die Unterlinie, also der Bauch, ist länger als der Rücken und darf zur Flanke hin nicht stark hochgezogen sein, um den Eindruck kompakter Symmetrie nicht zu stören.

🐎 *Gangwerk*
Aufgrund seiner Spurtgeschwindigkeit, seines natürlichen Gleichgewichts und seiner Geschmeidigkeit wurde das Quarter Horse das perfekte Cowboypferd; es entwickelte einen sicheren Instinkt für diese Arbeit und zeigte beim Hüten der Rinder viel Selbständigkeit und »cow sense«. Das Pferd ist so wendig, daß man von ihm sagte, es könne auf einem Zehncentstück umdrehen — und gäbe noch neun Cent heraus …

Widerrist
Die ausgezeichnete Sattellage des Quarter Horses beruht auf dem gut geformten Widerrist, der dem Sattel festen Halt gibt.

Hals
Der Hals soll ziemlich lang und beweglich sein, da das Quarter Horse mit langem Hals und niedriger Kopfhaltung geritten wird. Ein kurzer fester Hals ist unerwünscht.

Farben
Die meisten Quarter Horses sind fuchsfarben, aber alle anderen Grundfarben werden auch anerkannt. Das Pferd auf der Abbildung ist braun.

Ganaschen
Der Winkel vom Kopf zum Hals beträgt 45 Grad. Der Kehlgang sollte nicht zu dick sein, die Ganaschen stehen am Ansatz weit auseinander, so daß die Atmung nicht behindert wird.

Kopf
Der Kopf des Quarter Horses ist nicht so lang wie der des Vollblüters — und braucht es auch nicht zu sein. Er ist im Gegenteil sogar relativ kurz und breit, mit kurzer Maulspalte und kleinem festen Maul.

Gesamterscheinung
Quarter Horses werden meist seitlich von hinten fotografiert, um die massive Hinterhand deutlich zu zeigen. Aber auch von vorn ist dieses handliche Pferd durchaus sehenswert: kraftvolle Vorderbeine, die gut in der breiten schrägen Schulter sitzen, und gute Gurtentiefe. Das Pferd ist relativ weich gefesselt (45 Grad); eine steile Fessel wäre der kraftvollen Bewegung dieser Rasse nicht angemessen.

Stockmaß
Quarter Horses haben ein Stockmaß zwischen 1,43 und 1,60 m.

Hackney

Zweifelsohne ist der brillante Hackney mit seiner hohen Aktion das spektakulärste Fahrpferd der Welt. Heutzutage ist er fast ausschließlich auf Schauveranstaltungen zu sehen, dabei hat er durchaus alle Anlagen dazu, um auch auf Fahrturnieren Ehre zu erlangen. Die frühen Traber, auf denen die Zucht basiert, waren für ihre Schnelligkeit und Ausdauer im Geschirr und unter dem Sattel bekannt. Der Traber Bellfounder lief 3,2 Kilometer in 6 Minuten und 14,5 Kilometer in 30 Minuten.

Ursprünge

Der Ursprung des Wortes Hackney ist unklar; möglicherweise stammt es von dem französischen Wort *haquenée*. Im Altfranzösischen bedeutet das vom spanischen Wort *haca* abstammende *haqué* soviel wie Klepper oder Wallach.

Der Hackney stammt als Pferd und auch als Pony von den englischen Trabern des 18. und 19. Jahrhunderts ab. Bei den Ponys zeigen sich Einflüsse der Fell Ponys, die Christopher Wilson von Kirkby Lonsdale/Cumbria züchtete. Es gab zwei bekannte Traberzuchten, die aus Norfolk und die aus Yorkshire — beide gehen auf einen Sohn der »Hackney«-Stute Blaze zurück, der im Jahre 1755 geboren wurde (Blaze war verwandt mit Messenger, dem Stammhengst des American Standardbred).

🐎 *Omnibus* (oben)
Hackney-Pferde werden meist mit der Pferdedroschke assoziiert. Das Pferd auf der Abbildung zieht einen der früheren »Omnibusse«, ein Vehikel, das ursprünglich aus Paris kam.

Schweif
Der Schweif ist hochangesetzt und wird auch hoch getragen.

Farben
Hackney-Pferde und -Ponys sind meistens dunkelbraun, schwarz, mittelbraun oder wie hier kastanienbraun.

Gliedmaßen
Die Gliedmaßen sollen kurz sein; das Sprunggelenk soll stark sein und nicht zu hoch über dem Boden stehen. Der Hackney steht über viel Boden, d.h., die Vorderbeine sind gerade, die Hinterbeine leicht nach hinten gestellt.

Rumpf
Ohne allzu langen Rücken ist der Rumpf des Hackney kompakt mit ausreichend tiefer Brust.

🐎 *Im Geschirr*
Hackneys vor der Kutsche sind meist die spektakulärste Nummer eines Turniers. Die Kutsche ist gewöhnlich sehr leicht, einsitzig und mit vier Gummirädern ausgestattet.

🐎 *Gangwerk*
Die Brillanz der Aktion ist bei der Beurteilung des Hackney von größter Wichtigkeit. Sie muß hoch und gerade sein, die Beine sollen sich nicht streifen; Bügeln ist unerwünscht.

Schultern
Die Schultern sind kraftvoll, der Widerrist ist niedrig — nicht zu vergleichen mit dem Widerrist eines Reitpferdes.

Kopf
Der Kopf ist klein, das Profil konvex, mit kleinen schlanken Ohren und feinem festen Maul. Die Augen sind groß und ausdrucksvoll.

🐎 *Leistungsvermögen*
Den Mut und das Leistungsvermögen verdankt der moderne Hackney der stark selektiven Zucht seiner Ahnen, deren Leistungsfähigkeit und Durchhaltevermögen sich bei Reiterspielen bewähren mußten.

Hals
Der Hals ist lang und gut geformt; er ist hoch angesetzt und wird hoch getragen.

Kopfhaltung
Der Hackney trägt den Kopf sehr hoch, der Gesichtsausdruck ist wach und feurig.

Fell
Das Fell der Pferde und Ponys ist fein und seidig.

🐎 *Hackney Pony (oben)*
Das Hackney Pony vereint in sich die Brillanz der Hackney-Aktion mit einem echten Ponycharakter. Der Ponyzweig des Hackney wurde von Christopher Wilson geschaffen, der durch Kreuzung von Fell-Ponys mit ausgewählten Trabern und Kutschpferden einen ganz eigenen Ponytyp schuf.

Stockmaß
Das Hackney-Pferd mißt 1,50 bis 1,53 m, Ponys werden nicht größer als 1,40 m.

Französischer Traber

Der Trabersport vor dem Sulky und unter dem Sattel wurde Anfang des 19. Jahrhunderts in Frankreich populär; die erste Trabrennbahn entstand 1836 in Cherbourg. Die Entwicklung einer speziellen Traberrasse, basierend auf einem bereits in der Normandie existierenden Pferdetyp, war allein durch diesen Sport geprägt.

Ursprünge

Die cleveren und vorausschauenden Züchter der Normandie importierten — unterstützt vom Nationalen Zuchtverband — englische Vollblüter und Partbred-Hengste sowie den unvergleichlichen Norfolk Roadster, ein Fahrpferd der Sonderklasse, um aus den heimischen Stuten leichtere Pferde mit mehr Gangwerk zu züchten. Zwei Hengste waren hier prägend: The Norfolk Phenomenon, ein Roadster, und Young Rattler, ein Partbred-Sohn von Rattler. Auch Heir von Linne, ein Vollblüter, wurde eingesetzt. Diese und andere Importhengste schufen fünf Blutlinien, auf welche die meisten modernen französischen Traber zurückgehen.

Der Einfluß des Standardbred

Zu gegebener Zeit wurden amerikanische Standardbreds eingekreuzt, um dem Traber mehr Speed zu geben. Das hatte jedoch keinen Einfluß auf den einzigartigen Charakter des zähen französischen Trabers, der jetzt in der Lage ist, es vor dem Sulky mit den besten Rennpferden der Welt aufzunehmen — und sie zu schlagen. Der gerittene Traber — und rund zehn Prozent aller französischen Rennen sind Rennen unter dem Sattel — ist ohnegleichen auf der Welt. Die Reitpferde sind größer, kräftiger und vielseitig einzusetzen.

Außer als Rennpferd vor dem Sulky spielte der französische Traber eine große Rolle bei der Entstehung der Rasse Selle Français (s. S. 88/89); auch viele berühmte Springpferde gingen aus der Rasse hervor. Der französische Traber wurde 1922 als Rasse anerkannt und das Stutbuch 1937 für nichtfranzösische Pferde geschlossen. Seit kurzem ist jedoch die Aufnahme von ausgesuchten Standardbred-Kreuzungen wieder gestattet.

Schultern
Früher hatte der französische Traber zu steile Schultern. Die Schultern des modernen Trabers sind jedoch wesentlich besser geworden.

KEHLGANG
Der Kehlgang ist weit.

🐎 *Kopf*
Als konsolidierte Rasse hat der französische Traber ein ganz eigenes, charakteristisches Erscheinungsbild. Der Kopf des modernen Trabers ähnelt eher dem des Vollblüters als dem des anglo-normannischen Pferdes, von dem er abstammt, ist jedoch nicht ganz so fein wie der des Vollblüters; das Tier wirkt aber feurig und intelligent.

Rennen

Das wichtigste Trabrennen vor dem Sulky ist der Prix d'Amérique. Die jährliche Europameisterschaft findet in Vincennes über 2650 Meter statt. Das wichtigste Rennen unter dem Sattel ist der Prix de Cornulier über dieselbe Distanz. Ourasi, der berühmteste französische Traber, krönte seinen dritten Sieg in Folge beim Prix d'Amérique 1988 mit einem neuen Kilometerrekord von 1 Minute 15,6 Sekunden.

Hinterhand

Für den modernen Traber, der den früher manchmal etwas grobknochigen Typ ersetzte, ist die kraftvolle Hinterhand kennzeichnend. Gegenüber dem alten Typ ist der heutige Traber entschieden qualitätsvoller.

Rennausrüstung

Etwa um 1890 wurden die früheren großen Räder durch kleinere fahrradähnliche mit Gummireifen ersetzt. Das trug erheblich zu einer Erhöhung der Geschwindigkeit bei. Die heutige Ausrüstung, die von Joe King, einem amerikanischen Flugingenieur verbessert wurde, wird seit den siebziger Jahren gebraucht und führte zu zahlreichen neuen Rekorden.

Farben

Dieser französische Traber ist ein Fuchs. Die vorherrschenden Farben sind Fuchsfarben, Braun und Schwarzbraun. Vereinzelt gibt es auch Fuchsschimmel, während reine Schimmel äußerst selten vorkommen.

Vincennes

Das Hippodrome de Vincennes ist die berühmteste Rennbahn in Frankreich. Diese 2000 Meter lange Strecke wird als Teststrecke für gerittene und gefahrene Traber angesehen. Die Streckenführung verläuft zuerst bergab, dann eben, um auf den letzten 900 Metern wieder steil anzusteigen. Dies ist einzigartig in der Welt und prägte einen ebenso einzigartigen Typ des Trabers.

Schnelligkeit

Im Jahre 1989 wurde die Qualifikation für die Teilnahme an Rennen für vierjährige und ältere Pferde auf 1 Minute 22 Sekunden für 1000 Meter festgesetzt.

Fuchsia

Die erfolgreichste Traberlinie überhaupt ist die des Fuchsia, eines englischen Halbbluts, der 1883 geboren wurde. Von ihm stammen gut 400 Traber ab, und über 100 seiner Söhne waren wiederum Väter von Siegerpferden.

Stockmaß

Der französische Traber hat normalerweise ein Stockmaß um 1,62 m, die größeren Pferde sind die besten Reitpferde.

Orlow-Traber

D er Orlow-Traber ist eine der ältesten und bekanntesten russischen Pferderassen. Ende des 19. Jahrhunderts wurde der arabische Schimmelhengst Smetanka im Gestüt Orlow zum Decken bei holländischen, mecklenburgischen und dänischen Stuten eingesetzt. Er hinterließ nur fünf Nachkommen, darunter aber war Polkan I. aus einer dänischen Stute mit hohem spanischen Blutanteil.

Stammhengst

Polkan I. wurde der Vater des Stammhengstes der Orlow-Rasse; letzterer hieß Bars I. und war aus einer holländischen Stute mit viel Substanz und freien Bewegungen. Bars I. wurde 1784 geboren und auf dem neuen Gestüt Krenow extensiv eingesetzt. Hier begann dann 1788 Fürst Orlow zusammen mit seinem Gestütsleiter V. I. Schischkin mit dem Ausbau der Orlow-Zucht. Bars I. deckte arabische, dänische und holländische Stuten ebenso wie englische. Halbblüter und Araber/Mecklenburger-Kreuzungen. Anschließend wurde auf Bars und seine Söhne zurückgezüchtet, um den gewünschten Typ zu erhalten. Die Stammbäume aller Orlow-Traber zeigen die enge Verbindung zum Stammhengst.

Seit 1834 wurden in Moskau Trainingsprogramme und Rennen durchgeführt. Orlow und Schischkin taten viel für den Aufbau und die Verbesserung der Zucht sowie für die Anhebung des Leistungsniveaus.

Droschky (oben)
Eine russische Droschky, ein Geschenk an den Prinzgemahl der Königin Victoria, Prinz Albert. Das Fahrzeug wird von einem Orlow-Traber in typisch russischer Anspannung gezogen; dazu gehört auch der Bogen, die Duga.

Gesamterscheinung
Der ideale Orlow-Traber vereint Höhe mit einem leichten kraftvollen Körperbau; durch seine guten Proportionen wirkt er sehr elegant. Die Beine sind fein und straff und stark bemuskelt.

Farben
Die vorherrschende Farbe ist Weiß, wohl ein Erbe des arabischen Einflusses. Dieser Orlow-Traber ist grau geäpfelt. Rappen und Schimmel sind häufig vertreten, Füchse gibt es nur selten.

Verschiedene Typen
Von dieser Rasse gibt es verschiedene Grundtypen; die Unterschiede resultieren aus den verschiedenartigen Zuchtzielen der Gestüte. Die besten Pferde stehen im Krenow-Typ, die man im allgemeinen als den klassischen Orlow-Typ betrachtet. Andere Pferde geringerer Qualität stammen aus Dubrow, Novotominkow, Perm und Tula.

Troika
Die Troika ist eine russische Anspannung, bei der drei Pferde nebeneinander gehen. Das Mittelpferd geht im schnellen Trab. Die Außenpferde sind seitwärts ausgebunden und müssen galoppieren, um mit dem mittleren Pferd mithalten zu können.

Rücken
Der Rücken ist lang und gerade, wie es sich für einen Traber gehört, aber die Lendenpartie ist muskulös und die Kruppe breit und kraftvoll.

Hals
Charakteristisch für den Orlow-Traber ist der lange Schwanenhals, der hoch an der Schulter ansetzt.

Holländischer Einfluß
Der starke holländische Einfluß wirkte sich nicht immer positiv auf die Gliedmaßen aus, die manchmal zu lang wurden, hinzu kommen weiche Sehnen und sogar Knochendeformationen. Diese Fehler konnten beim modernen Orlow-Traber weitgehend behoben werden.

Gliedmaßen
Einige Pferde haben überlange Beine und stehen zu hoch über dem Boden; hinzu kommt oft eine ungenügende Gurtentiefe. In der Zeit von 1325 bis 1340 wurden viele Kreuzungen mit holländischen Stuten vorgenommen, wodurch die überlangen Beine entstanden, insbesondere zu lange und zu weiche Röhrbeine.

Kopf
Der Kopf des Orlow-Trabers ist normalerweise ziemlich klein, aber trotz des arabischen Einflusses oft ein wenig grob. Der Ohrenansatz und die breite Stirn zeigen jedoch deutlich das arabische Erbe.

Knochen
Der Rassestandard schreibt einen Röhrbeinumfang von mindestens 20 cm vor, obwohl dies nicht bei allen Pferden erreicht wird.

Erhaltung und Verbesserung
Der moderne Orlow-Traber wird oft zur Verbesserung anderer Zuchten eingesetzt. Zu diesem Zweck wird viel Wert auf die Höhe, das kraftvolle leichte Gebäude, die starke Lendenpartie, die elegante Erscheinung und natürlich auf die Schnelligkeit im Trab gelegt.

Stockmaß
Orlow-Traber haben normalerweise ein Stockmaß von 1,60 m, Stuten können 2 cm kleiner sein.

Standardbred

Trabrennen haben in Amerika mehr als 30 Millionen Anhänger. In vielen europäischen Ländern, auch in Skandinavien und Rußland, sind Trabrennen populärer als Galopprennen. Das beste Trabrennpferd ist zweifelsohne das American Standardbred, das 1,6 Kilometer in rund 1,55 Minuten schafft. Manche Pferde sind sogar noch schneller.

Geschichte

Die Bezeichnung Standardbred entstand 1879 und bezieht sich auf den Schnelligkeitsstandard, der für die Eintragung ins Zuchtregister festgesetzt wurde. Für die normalen diagonalen Traber gab es ebenso Rennen wie Paßrennen für die Pferde mit lateralen Gängen. Dem schnelleren Passer, der seltener umspringt, wird in Amerika der Vorzug gegeben, während in Europa die Traber zahlreicher sind.

Das Standardbred gründet sich auf Messenger, einen Vollbluthengst, der 1788 aus England importiert wurde. Er ging zwar keine Rennen vor dem Sulky, hatte aber, wie früher alle Vollblüter, Norfolk-Roadster-Blut. Der Stammvater der Zucht ist der auf Messenger zurückgezogene Hengst Hambletonian 10, der 1849 geboren wurde. Auch er ging nie im Rennen, aber er vererbte sein überragendes Gebäude und hat so seinen Anteil als Stammvater dieser Rennpferderasse. Er maß 153,5 cm an der Kruppe und 151,25 cm am Widerrist, eine Konstellation, die der Hinterhand enorme Schubkraft verleiht.

Vorfahr (oben)
Der unvergleichliche Norfolk Roadster war einer der frühesten Vorfahren des Standardbred. Das Reitergewicht war damals mit 77 kg festgesetzt, die Durchschnittsgeschwindigkeit betrug 24 bis 27 km/h.

Rumpf
Der Standardbred ist länger und tiefer als der Vollblüter, er hat auch nicht seine Qualität und Feinheit. Die Kruppe dieses kraftvoll gebauten Pferdes ist immer hoch.

Hinterhand
Die Hinterhand ist ausgesprochen kraftvoll und bringt beim Rennen ein Maximum an Vorwärts.

Sprunggelenke
Die Hinterhand insgesamt und die Sprunggelenke im besonderen müssen beim Leistungspferd absolut korrekt sein.

Red Mile Raceway
Trabrennen auf dem berühmten Red Mile Raceway in Lexington/Kentucky. In Amerika gibt es über 50 Bahnen, auf denen jeweils mindestens 50 Rennen im Jahr gelaufen werden. Alle Rennen werden auf der linken Hand ausgetragen; die abendlichen Rennen finden unter Flutlicht statt.

Immer schneller …
Der wichtigste Beitrag einer höheren Geschwindigkeit war die Einführung eines leichten Sulkys mit fahrradähnlichen Gummirädern im Jahre 1892 — eine englische Erfindung. Der Hengst Star Pointer lief bereits fünf Jahre später eine Meile (1600 m) in einer Zeit unter 2 Minuten

Widerrist
Der Widerrist ist gut ausgebildet, kann aber niedriger als die die Kruppe sein.

Schultern
Die Rasse ist bekannt für ihre kräftigen Schultern, zu denen der Hals perfekt paßt.

Farben
Die vorherrschenden Farben sind Braun wie hier, Schwarzbraun, Schwarz und Fuchsfarben.

Kopf
Robust ist die richtige Beschreibung für den muskulösen, leistungsbereiten Standardbred. Ähnliches gilt für den Kopf, im Vergleich zum Vollblüter ist er etwas gröber, dennoch wirkt er vornehm.

Gliedmaßen
Eisenharte Beine, sehr gute Hufe und weite Gänge sind notwendig, damit sich das Pferd beim Rennen in Höchstgeschwindigkeit keine Verletzungen zuzieht.

Stockmaß
Der Standardbred hat ein durchschnittliches Stockmaß von 1,52 cm.

Friesen

Im Gegensatz zur landläufigen Meinung ist der Friese kein Kaltblut, sondern ein Warmblutpferd. Er stammt aus Ostfriesland in den Niederlanden, wird aber seit einigen Jahren auch in Deutschland intensiv und qualitätsvoll gezüchtet. Überall, wo die »Schwarzen Perlen« auftauchen, erregen sie durch ihre Erscheinung Aufmerksamkeit und Bewunderung.

Geschichte

Schon die Römer schätzten friesische Pferde als kraftvolle Arbeitstiere, auch wenn sie ihrer Ansicht nach häßlich waren. Tausend Jahre später sahen die Friesen besser aus und bewiesen ihre Kraft, ihre Freundlichkeit im Umgang mit Menschen und ihr Durchhaltevermögen in den Kreuzzügen. Kontakt mit östlichem Blut verbesserte die Rasse weiterhin, ebenso die Einkreuzung von Andalusiern (s. S. 32/33), als die Spanier die Niederlande während des Achtzigjährigen Krieges besetzten.

Der Friese, der im Geschirr, unter dem Sattel und als Arbeitspferd in der Landwirtschaft überzeugte, hatte großen Einfluß auf die benachbarten Zuchten. So haben beispielsweise die Oldenburger (s. S. 102/103) und einige englische Ponyrassen einen guten Schuß friesischen Blutes. Durch ihre Nachkommen, die Old English Black, hatten die Friesen auch Einfluß auf die Entstehung des »Great Horse«, das man jetzt Shire nennt (s. S. 164/165).

Oberlinie
Der relativ kleine Friese hat eine beeindruckende Oberlinie, die von dem gebogenen und stolz getragenen Hals gekrönt wird.

Kopf
Der Kopf mit den kurzen Ohren ist relativ lang, dabei aber fein gezeichnet und hat einen wachen Gesichtsausdruck, der die Freundlichkeit und den liebenswürdigen Charakter der Rasse widerspiegelt.

Stockmaß
Friesen haben ein Stockmaß um 1,55 m.

🐎 *Ein exzellentes Fahrpferd*
Durch seine schönen Bewegungen und sein Temperament ist der Friese ein gutes Reitpferd. Aber auch als Fahrpferde brillieren die Friesen, denn sie sind phantastisch ausbalanciert und haben einen energischen, dabei aber hohen Trab. Traditionell wird der Friese in der hochrädrigen Friesenkutsche gefahren.

Beisetzungen (links)
Ein Kupferstich von der Beisetzung des Herzogs von Wellington. Schwarze Pferde ziehen den Sarg durch Londons Straßen. Aufgrund ihrer schwarzen Farbe, ihres auffallenden Erscheinungsbildes und ihrer schönen Gänge waren die Friesen als »Beerdigungspferde« gefragt. Dieselben Attribute, verbunden mit großer Gelehrigkeit, trugen aber auch dazu bei, daß man sie oft im Zirkus sah.

Døle Gudbrandsdal (oben)
Das Døle-Gudbrandsdal-Pferd aus dem norwegischen Gudbrandstal stammt, wie beispielsweise das englische Fell Pony und das Dales Pony, von den Nachbarn der schwarzen Friesen, den Westfriesen ab. Durch den engen Kontakt zu Norwegen und England wurden die Westfriesen in beide Länder exportiert.

Farbe
Alle Friesen sind Rappen, andersfarbige Pferde werden nicht eingetragen.

Schweif
Schweif und Mähne des Friesen sind voll und üppig, sie werden weder geschoren noch eingeflochten.

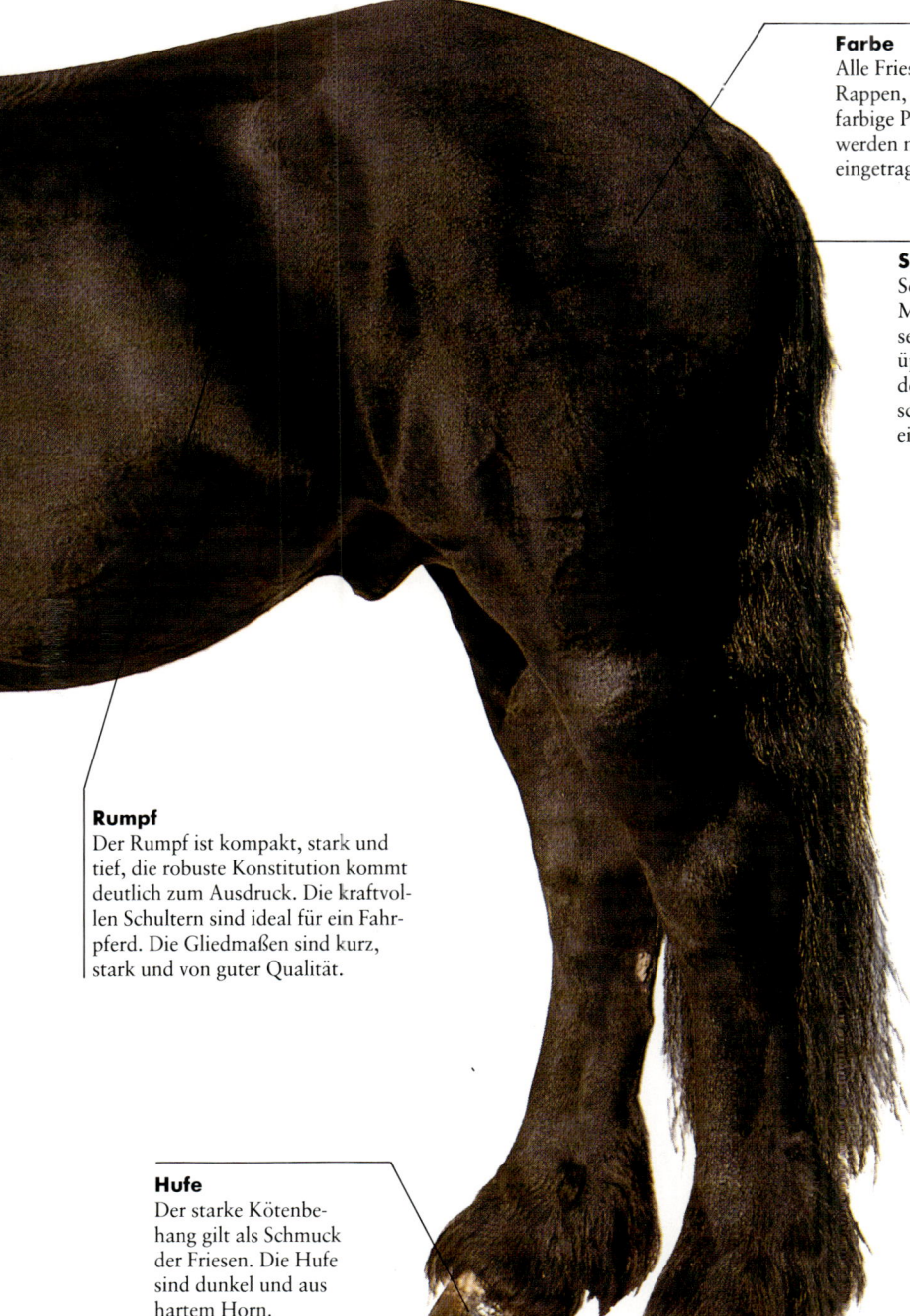

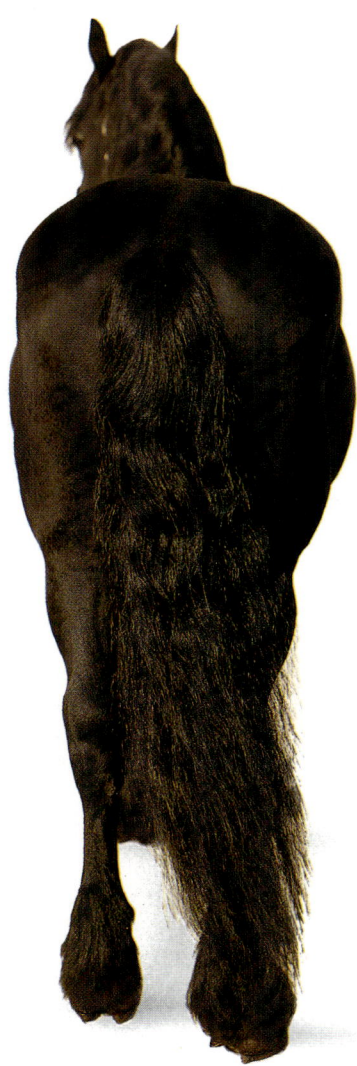

Rumpf
Der Rumpf ist kompakt, stark und tief, die robuste Konstitution kommt deutlich zum Ausdruck. Die kraftvollen Schultern sind ideal für ein Fahrpferd. Die Gliedmaßen sind kurz, stark und von guter Qualität.

Hufe
Der starke Kötenbehang gilt als Schmuck der Friesen. Die Hufe sind dunkel und aus hartem Horn.

Von hinten gesehen
Die Hinterhand ist gerundet, mit tief angesetztem Schweif, wie beispielsweise beim Dales Pony, das vielleicht von demselben Vorfahren abstammt. Die Hinterhand ist zwar ausgesprochen stark, aber nicht so massiv wie bei Kaltblutpferden.

American Saddlebred

Der American Saddlebred, ursprünglich Kentucky Saddlebred genannt, entwickelte sich im 19. Jahrhundert in den Südstaaten Amerikas. Er war ein vielseitiges Pferd von großer Eleganz, wurde bei der Farmarbeit eingesetzt, war ein ausgesprochen bequemes Reitpferd, auch in schlechtem Gelände und über große Strecken, und brillierte als smartes Kutschpferd.

Ursprünge

Der American Saddlebred entstand aus zwei Gangpferderassen, dem Canadian Pacer und dem Narragansett Pacer (dem Arbeitspferd der Plantagenbesitzer von Rhode Island). Zur Typverbesserung wurden Morgan Horses und Vollblüter eingekreuzt.

Der moderne American Saddlebred, ein Drei- oder Fünfgänger, ist eine brillante Erscheinung, ein Show Pferd, ähnlich dem englischen Hackney (s. S. 56/57). Es wird als exzellentes Fahrpferd auf Turnieren vorgeführt und mit normal langen Hufen als Freizeit- und Geländepferd genutzt. Es eignet sich auch zum Rinderhüten und ist ein begabtes Spring- und Dressurpferd. Trotz seiner Vielseitigkeit ist es aber laut der American Saddlebred Association »die meistverkannte« Rasse, was damit zusammenhängt, wie man das Pferd auf Schauen präsentiert: mit künstlich hochgestelltem Schweif, überlangen Hufen und teilweise sehr dubiosen Trainingshilfen.

🐎 *Schön, schnell und feurig*
Der besonders akzentuierte Gang ist ein Erbe der frühen spanischen Tölt- und Paßpferde; das Feuer, die Schnelligkeit und Schönheit hat der American Saddlebred vom Vollblüter geerbt.

🐎 *Drei- und Fünfgänger*
Der dreigängige American Saddlebred geht Schritt, Trab und Galopp. Die Gänge haben eine hohe Aktion und sind gemessen und versammelt. Der Fünfgänger hat noch zwei weitere Gänge, den »slow gait«, einen Viertakt, und den extravaganten spektakulären »rack«, ein Viertakt mit hoher Aktion, der in schnellem Tempo geritten wird.

Hinterhand
Die Hinterhand ist bis zum Sprunggelenk gut bemuskelt, wodurch die brillante hohe Aktion entsteht. Die Kruppe sollte gerade sein, der Schweif hoch angesetzt.

Schweif
Dreigänger werden mit kurzer Mähne und sauber geschnittenem Schweif präsentiert. Der extravagante Fünfgänger erscheint mit langer Mähne und langem Schweif. Modebedingt wird an der Unterseite des Schweifes ein kleiner chirurgischer Schnitt vorgenommen — so wird der Schweif noch höher getragen. (Dies wird in Deutschland jedoch strikt abgelehnt. — Anm. d. Übers.)

Gliedmaßen
Die starken Beine, die jedoch niemals schwer erscheinen, sind charakteristisch für die Rassen.

Unterlinie
Der Rumpf entspricht fast dem des englischen Hackney, doch dem vom Reitpferdetypus. Die Rippen sind gut gerundet, und die Oberlinie ist elegant — selbst wenn das Pferd wie hier in Showhaltung steht.

Hals
Der Hals ist lang und gebogen, mit großer Ganaschenfreiheit. Er sitzt auf einem ausgeprägten Widerrist, wodurch der Kopf besonders hoch getragen wird — eines der Charakteristika der Rasse.

Widerrist
Der Widerrist ist klar gezeichnet und wesentlich höher als beim reinen Fahrpferd. Der Rücken ist kurz und stark.

Kopf
Der Kopf weist nur positive Merkmale auf — die Augen stehen weit auseinander, die Ohren sind klein und beweglich, das Maul gut geformt und die Nüstern weit und offen.

Schultern
Der American Saddlebred hat eine ausgesprochen gute, schräge Schulterlage. Die Schulterblätter liegen am Widerrist eng zusammen, dadurch sind die Gänge sehr frei.

Farben
Beim American Saddlebred ist die ganze Farbskala erlaubt. Braun wie das nebenstehende Pferd und Fuchsfarben sind die häufigsten Farben, aber Rappen, Schimmel und Palominos kommen ebenso vor wie hie und da Rotschimmel. Das Fell ist sehr fein und seidenweich.

🐎 *Höchste Eleganz*
Ein Champion in voller Freiheit — er bewegt sich mit großer natürlicher Eleganz und Harmonie. Charakteristisch sind der hochgetragene Kopf und Schweif, was der Rasse ein unverwechselbares, attraktives Aussehen gibt.

🐎 *Exzellente Fahrpferde*
Der American Saddlebred ist ein brillantes Fahrpferd. Auf Turnieren werden Prüfungen im Schritt und in dem verhalten akzentuierten »park trot«, einem spektakulären langsamen Trab, durchgeführt.

🐎 *Huf*
Um die Gänge noch spektakulärer zu machen, läßt man die Hufe unnatürlich lang wachsen und beschlägt sie mit Gewichtseisen. Die Fesseln sind lang und schräg und geben dem Pferd einen leichten, schwebenden Gang, der für den Reiter außerordentlich angenehm ist.

Stockmaß
Das Stockmaß ist zwischen 1,50 und 1,60 m, manchmal ein bißchen höher.

Missouri Foxtrotter

D er Missouri Foxtrotter ist eines der drei nordamerikanischen Gangpferde. Die Rasse entstand um 1820, das erste Stutbuch wurde jedoch erst 1948 veröffentlicht. Die Rasse entstand in den Ozarkbergen von Missouri und Arkansas, als die dortigen frühen Siedler Morgan Horses, Vollblüter und Pferde mit viel spanischem Blut kreuzten.

Geschichte

Das Zuchtziel der damaligen Siedler war ein ausdauerndes, handliches Gebrauchspferd, das den Reiter mit gleichbleibender »kilometerfressender« Geschwindigkeit bequem über lange Strecken auch in schlechtem Gelände tragen kann. Nach späteren Einkreuzungen von American-Saddlebred- und Tennessee-Walker-Blut entstand ein kompaktes Pferd mit freundlichem Wesen, das trittsicher und sehr weich in einer eigenartig gebrochenen Gangart geht. Das Pferd geht mit den Vorderbeinen Schritt, während die Hinterbeine traben; die Hinterbeine scheinen in die Spuren der Vorderbeine zu gleiten. Durch diesen gleitenden Gang spürt der Reiter kaum eine Erschütterung und hat das Gefühl zu »schweben«. Diese Gangart kann das Pferd über lange Strecken durchhalten; die Normalgeschwindigkeit ist 8 bis 13 km/h, über kürzere Strecken erreicht das Pferd auch 16 km/h. Bei diesem »Foxtrott«, so wird die Gangart genannt, bewegt sich das Pferd leicht und anmutig in perfektem Takt und mit mäßiger Versammlung.

🐎 *Der moderne Foxtrotter*
Der moderne Missouri-Foxtrotter ist ein vielseitig brauchbares Freizeitpferd, dessen spezielle Gänge auf hiesigen Turnieren allerdings nicht bewertet werden. Obwohl das Stutbuch erst 1948 geöffnet wurde, gibt es heute mehr als 15 000 eingetragene Pferde. Die Pferde werden meistens mit Westernausrüstung geritten.

Schweif und Hinterhand
Der Schweif ist meist niedrig angesetzt, die Hinterhand und die Hinterbeine sind muskulös und kraftvoll.

Gliedmaßen
Die Pferde sind gut bemuskelt, haben genügend Tiefe und sind relativ kompakt. Die Gliedmaßen sind muskulös, die Hinterbeine kräftig gebaut.

🐎 *Cayuse-Indianerpony (links)*
Das Cayuse-Indianerpony entstand aus spanischen Mustangs; zwar wird der Name manchmal auch für das Indianerpony des amerikanischen Westens gebraucht — aber diese waren oft von minderer Qualität, wohingegen der Cayuse für seine Schnelligkeit, Härte und Ausdauer bekannt war. Möglicherweise gehört er zu den Vorfahren der Foxtrotter.

Oberlinie
Im Vergleich zu den Walkern und Saddlebreds mit ihrem hoch getragenen Hals hat der Foxtrotter eine niedrige Oberlinie, auch die Gänge sind niedriger. Die Züchtervereinigung verbietet Manipulationen, die die Gänge spektakulärer machen sollen.

 *Show Classes*
Bei den Show Classes werden zu 40 Prozent der Foxtrott bewertet, zu 20 Prozent der normale Schritt und zu je 20 Prozent Galopp und Gebäude.

Farben
Es gibt alle Farben. Füchse in allen Schattierungen wie auf der Abbildung sind jedoch am häufigsten; hie und da kommen auch Rotschimmel vor.

 *Gangwerk*
Der Schritt ist ein klarer Viertakt, wobei die Hinterhand gut untertritt. Der Galopp bewegt sich zwischen dem langsamen Reining-Lope des Westernpferdes und dem hohen »slow gait« der Walker und Saddlebreds. Jedoch hat der Foxtrotter nicht die hohe Knieaktion des Saddlebred und Walkers; entsprechende Manipulationen im Training werden von der Züchtervereinigung abgelehnt.

Brust
Die Brust ist tief und breit, die Bewegung kommt aus der Schulter heraus. zu hohe Knieaktion ist unerwünscht.

Gelenke
Im allgemeinen sind die Gelenke flach und ausreichend groß, obwohl die Knochensubstanz nicht immer befriedigt.

Kopf
Der Standard schreibt einen intelligenten Kopf vor, hübsch und trocken mit feinem Maul und gut geformten Ohren. Es ist üblich, hinter den Ohren die Mähne etwa eine Handbreit abzuscheren, eine in Amerika sehr verbreitete Praxis.

Hufe
Die Rasse ist für gute Hufe und Trittsicherheit berühmt.

Stockmaß
Das Stockmaß variiert zwischen 1,40 und 1,60 m.

Tennessee Walker

Der Tennessee Walker gehört zu der einzigartigen Gruppe der amerikanischen Gangpferde. Wie der Saddlebred und der Missouri Foxtrotter (s. S. 66—69) stammt er aus den Südstaaten und, ebenso wie die beiden anderen Rassen, von den ersten nach Amerika gebrachten spanischen Pferden ab. Der Walker entwickelte sich im Tennessee des 19. Jahrhunderts als ein praktisches Gebrauchspferd, das seinen Reiter bequem stundenlang tragen konnte, wenn er den Fruchtstand auf den Plantagen kontrollierte.

Geschichte

Die Rasse läßt sich zurückführen auf den alten Narragansett Pacer von Rhode Island. Sie ist das Resultat der Kreuzung von Standardbreds, Vollblütern, Morgan Horses und Saddlebreds. Als Gründerhengst gilt der Standardbred Black Allan, der väterlicherseits aus einer Traberlinie (keine Passer) kam; seine Mutter war eine Morgan-Stute. Als Rennpferd war Black Allan aufgrund seines seltsamen Gangwerks kein Erfolg — jetzt ist dieser Gang das Markenzeichen der Tennessee Walker.

Beim Walker werden drei außergewöhnliche Gänge beurteilt; der »flat walk«, der berühmte »running walk« (er prägt das Bild des Pferdes) und der hohe, weiche »Schaukelstuhl«-Galopp. Alle Gänge sollen weich und ohne Schwebephase sein, darüber hinaus sind die Pferde äußerst liebenswürdig und für einen Reitanfänger oder einen ängstlichen Reiter eine Art »Lebensversicherung«.

🐴 Bereit für den Showring
So wird der Tennessee Walker im Showring präsentiert. Der künstlich hochgestellte Schweif ist Tradition. Durch die überlangen Hufe wird die hohe Knieaktion noch spektakulärer; sie ist rassetypisch und kann anderen Pferden nicht beigebracht werden. Die Glocken an den Hufen schützen vor Verletzungen.

Hinterhand
Der Schweif ist normalerweise lang; bei Showpferden wird die Schweifrübe unten durch einen chirurgischen Eingriff eingeschnitten und der Schweif hochgebunden. (Dies wird in Deutschland strikt abgelehnt — Anm. d. Übers.) Die Hinterhand ist stark und setzt bei der Bewegung gut unter den Körper.

🐴 Werbung
Die Züchtervereinigung wurde 1935 in Lewisburg, Tennessee, gegründet. In ihrer Werbung verspricht sie: »Wenn Sie heute einen Tennessee Walker reiten, werden Sie morgen einen kaufen.«

Gliedmaßen
Die Gliedmaßen sind kräftig, jedoch nicht immer korrekt.

🐴 Temperament
Der Walker hat einen ganz ausgezeichneten Charakter: Er ist ein sanftes und zuverlässiges Pferd, das man jedem Anfänger anvertrauen kann. Diese Zuverlässigkeit und seine unvergleichlich bequemen Gänge machten ihn zum beliebten Familienpferd. Er wird als das Pferd mit dem angenehmsten Temperament und den bequemsten Gängen der Welt gepriesen.

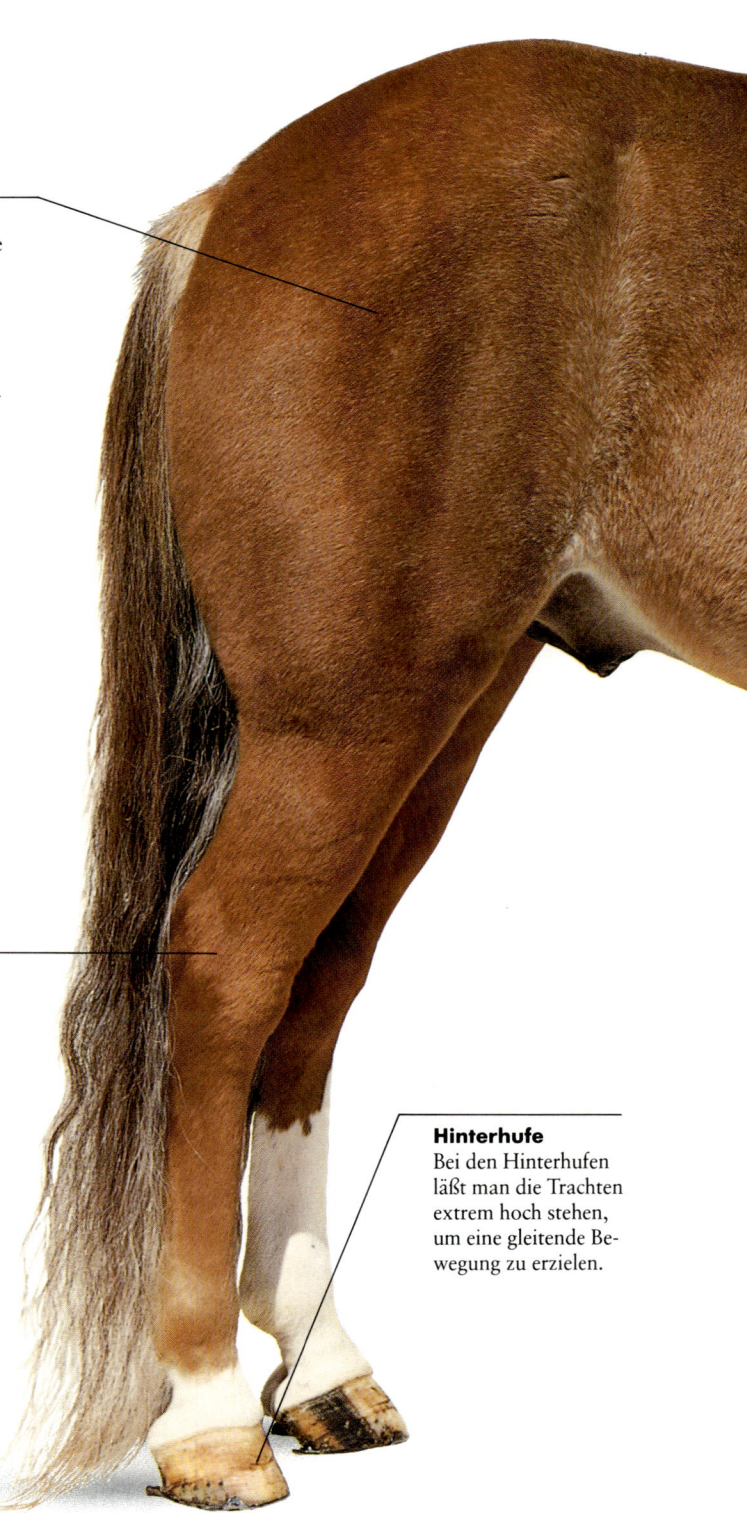

Hinterhufe
Bei den Hinterhufen läßt man die Trachten extrem hoch stehen, um eine gleitende Bewegung zu erzielen.

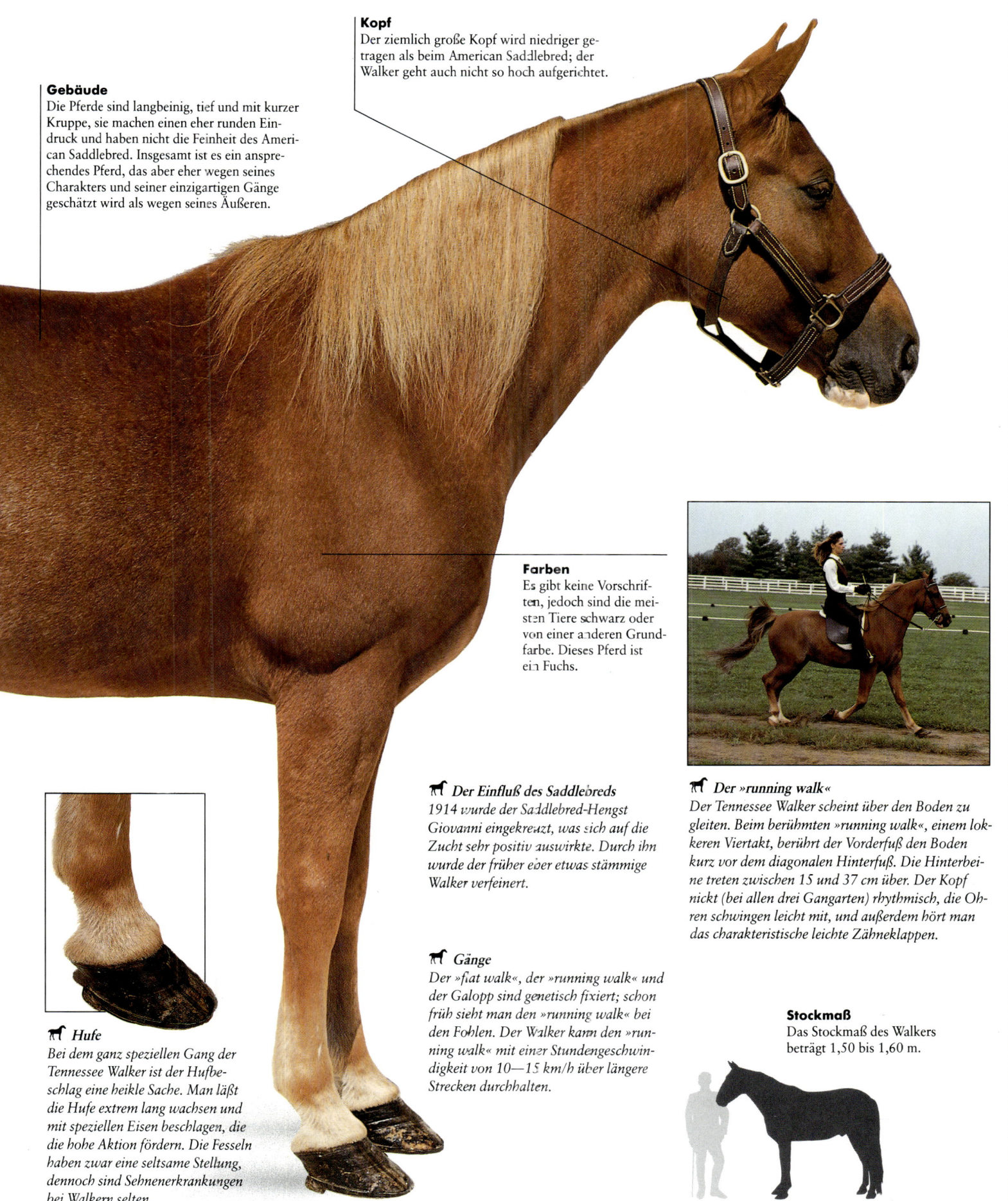

Kopf
Der ziemlich große Kopf wird niedriger getragen als beim American Saddlebred; der Walker geht auch nicht so hoch aufgerichtet.

Gebäude
Die Pferde sind langbeinig, tief und mit kurzer Kruppe, sie machen einen eher runden Eindruck und haben nicht die Feinheit des American Saddlebred. Insgesamt ist es ein ansprechendes Pferd, das aber eher wegen seines Charakters und seiner einzigartigen Gänge geschätzt wird als wegen seines Äußeren.

Farben
Es gibt keine Vorschriften, jedoch sind die meisten Tiere schwarz oder von einer anderen Grundfarbe. Dieses Pferd ist ein Fuchs.

🐎 Hufe
Bei dem ganz speziellen Gang der Tennessee Walker ist der Hufbeschlag eine heikle Sache. Man läßt die Hufe extrem lang wachsen und mit speziellen Eisen beschlagen, die die hohe Aktion fördern. Die Fesseln haben zwar eine seltsame Stellung, dennoch sind Sehnenerkrankungen bei Walkern selten.

🐎 Der Einfluß des Saddlebreds
1914 wurde der Saddlebred-Hengst Giovanni eingekreuzt, was sich auf die Zucht sehr positiv auswirkte. Durch ihn wurde der früher eher etwas stämmige Walker verfeinert.

🐎 Gänge
Der »flat walk«, der »running walk« und der Galopp sind genetisch fixiert; schon früh sieht man den »running walk« bei den Fohlen. Der Walker kann den »running walk« mit einer Stundengeschwindigkeit von 10—15 km/h über längere Strecken durchhalten.

🐎 Der »running walk«
Der Tennessee Walker scheint über den Boden zu gleiten. Beim berühmten »running walk«, einem lockeren Viertakt, berührt der Vorderfuß den Boden kurz vor dem diagonalen Hinterfuß. Die Hinterbeine treten zwischen 15 und 37 cm über. Der Kopf nickt (bei allen drei Gangarten) rhythmisch, die Ohren schwingen leicht mit, und außerdem hört man das charakteristische leichte Zähneklappen.

Stockmaß
Das Stockmaß des Walkers beträgt 1,50 bis 1,60 m.

Peruanischer Paso

Der südamerikanische Paso — das Wort bedeutet »Schritt« — hat seinen Ursprung in Peru und wird auch immer mit diesem Land in Verbindung gebracht. Die Rasse wird aber auch in Kolumbien und vor allem in den USA gezüchtet, wo sie sehr verbreitet ist.

Geschichte

Der spanische Eroberer Francisco Pizarro (ca. 1478—1541) brachte die ersten Pferde nach Peru; die Rasse entstand aus Marismenos, Garranos, Sorraias, Asturcones, Berbern u. a. Sie entwickelte im Laufe der Jahrhunderte eine laterale Gangart ähnlich dem Tölt der spanischen Geneten. Diese Gangart ist genetisch fixiert und so ausgeprägt, daß sie mittlerweile als Charakteristikum dieser Rasse gilt und den Paso von den anderen Landrassen Südamerikas unterscheidet. Der Paso hält seine spezielle Gangart, die für den Reiter sehr bequem ist, in jedem Gelände über lange Strecken durch. Jahrhundertelang wurde dieses kleine, sehr spezialisierte Reitpferd selektiv gezüchtet — das Ergebnis ist ein Pferd mit charakteristischen Merkmalen und großer Ausdauer. Der Paso gilt als der »Triumph der peruanischen Pferdezucht«.

🐎 *Die Gänge des Paso*
Angestrebt wird der reine Viertakt, der Paso Llano. Wird das Pferd schneller, so geht es im Sobreandando, das ist eine leichte Verschiebung zum Paß hin und typisch für den Paso. Er kann eine Geschwindigkeit von bis zu 26 km/h erreichen und ist für den Reiter auch dann noch äußerst bequem.

🐎 *Gesamterscheinung*
Der Paso ist kompakt gebaut und muskulös, breit und mit genügender Tiefe und steht auf kurzen starken Beinen.

Schweif
Der lange üppige Schweif aus feinem Haar ist in der runden Hinterhand gut angesetzt. Das Fell ist fein und schimmernd.

Sprunggelenke
Die Sprunggelenke sind groß und gut geformt; nur mit solch soliden Sprunggelenken kann der Paso seine spezielle Gangart auch über lange Strecken durchhalten.

Hinterbeine
Die Hinterbeine sind solide und außerordentlich stark und werden in der Bewegung gut unter den Körper gesetzt.

Gliedmaßen
Ein gutes Reitpferd muß harte Gliedmaßen haben. Der Paso hat solide und gut gebaute Beine mit außergewöhnlich langen Fesseln.

Hufe
Die Hufe des Paso sind stark und hart; das Pferd ist von Natur aus geschmeidig und trittsicher.

Hals
Der gebogene, muskulöse Hals ist entsprechend dem Rahmen des Pferdes ziemlich kurz. Er sitzt gut auf dem Widerrist und der breiten, tiefen Brust.

Farben
Braune und Füchse wie auf der Abbildung sind am häufigsten, aber auch andere Farben kommen vor. Alle Abzeichen sollten möglichst klein sein, Schecken sind unerwünscht.

Schultern
Die Schulter ist stark und hat gerade die richtige Schräge, um die erwünschten erhabenen Gänge der Vorhand zu ermöglichen. Der Paso kann auch Galopp gehen, zieht aber seine natürlichen Gänge vor, zu denen der Galopp nicht gehört.

Die Gangart Paso
Der Paso ist ein lateraler Gang im Viertakt, wobei die Vorhand wie die Arme eines Schwimmers seitwärts geschwungen wird. Diese Seitwärtsbewegung heißt »Termino« und kommt aus der Schulter heraus. Sie hat nichts mit dem als fehlerhaft anzusehenden »Bügeln« zu tun, sondern ist erwünscht. Die Hinterbeine treten sehr weit unter, wobei sich die Hinterhand senkt, die Sprunggelenke kommen unter den Körper. Der Paso wird in drei deutlich verschiedene Geschwindigkeiten unterteilt und ist mit dem normalen Schritt anderer Rassen nicht zu vergleichen. Die Kombination der lockeren, fliegenden Bewegung der Vorderbeine mit dem kraftvollen Schub aus der Hinterhand ergibt eine äußerst geschmeidige Gangart, die das Pferd über lange Strecken durchhalten kann.

Kopf
Der flache breite Kopf paßt ausgezeichnet zu der Gesamterscheinung des Paso, die Augen sind strahlend und sehr ausdrucksvoll; Maul und Kieferknochen sind fein, obwohl der Kehlgang oft etwas dicker ist. Der Paso ist intelligent, freundlich und äußerst angenehm im Umgang.

Stockmaß
Der Paso hat ein Stockmaß zwischen 1,40 und 1,50 m.

Mustang

Das Wort »Mustang« stammt vom spanischen »mesteña« ab, was soviel wie Pferdeherde bedeutet. Heute bezeichnet der Begriff die »wilden« Pferde Amerikas. Mustangs waren die Pferde der Indianer und der Weißen. Von den Mustangs, die einen starken spanischen Einschlag haben, stammen viele amerikanische Pferderassen ab.

Ursprünge

Als die spanischen Konquistadoren in Amerika landeten, war das Pferd auf diesem riesigen Kontinent bereits seit einigen zehntausend Jahren ausgestorben. Die Spanier brachten zwei wichtige Tierarten in die Neue Welt mit: Pferde und Rinder. Diese Rinder waren der Grundstock für die großen Rinderherden, die im 19. Jahrhundert aufgebaut wurden.

Als sich die Spanier nach der Unterwerfung bzw. Ausrottung der Azteken und anderer indianischer Völker niederließen, verwilderten viele der ehemaligen Kriegspferde, die in den Schlachten verlorengegangen waren. Es handelte sich dabei um Pferde der hervorragenden spanischen Zuchten (s. S. 32/33), die ihresgleichen kaum in Europa fanden. Sie bildeten den Kern der großen Herden halbwilder Pferde, die von Mexiko aus bis weit in den Westen der heutigen Vereinigten Staaten zogen. Zu Beginn dieses Jahrhunderts schätzte man die Mustangherden im Westen der USA auf etwa eine Million Tiere. Bis 1970 hatte sich ihre Zahl drastisch reduziert: Sie wurden gejagt und getötet und zu Hundefutter verarbeitet, aber auch für den menschlichen Verzehr gebraucht. Jetzt steht der Mustang unter Naturschutz und wird von Organisationen wie z. B. dem Wild Horse Research Center in Porterville, Kalifornien, geschützt.

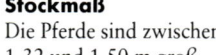 **In der Prärie** (oben)
Sowohl Indianer — wie in dieser Abbildung — als auch weiße Siedler gebrauchten den geschmeidigen, harten und überraschend schnellen Mustang.

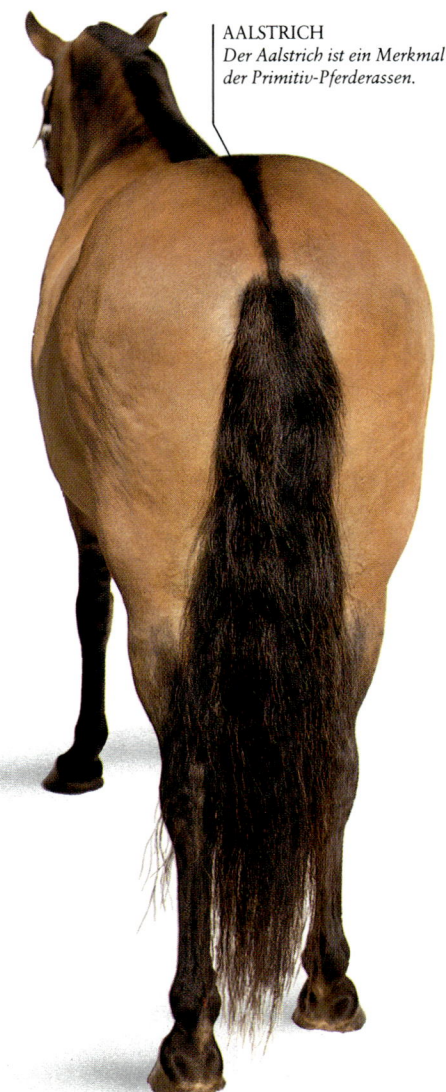

AALSTRICH
Der Aalstrich ist ein Merkmal der Primitiv-Pferderassen.

Stockmaß
Die Pferde sind zwischen 1,32 und 1,50 m groß.

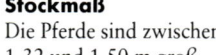 *Von hinten gesehen*
Dieser Mustang, der in Amerika unter der Bezeichnung »Spanisch/Berber« oder »Reiner Berber« laufen würde, ist ein herrliches Exemplar — weit entfernt von dem degenerierten, struppigen »Mustang« früherer Zeiten. Die Fellfarbe und der volle Schweif weisen auf seine spanische Abstammung hin. Von Pferden wie diesem stammt das Chickasaw Indian Pony ab, das einen gewissen Einfluß auf die Quarter-Horse-Zucht hatte (s. S. 54/55).

Farben
J. Frank Dobie, Autor von »The Mustangs« (1952) nennt folgende Farben: »Braune und Kastanienbraune, Hellbraune und Dunkelgraue, Rotschimmel, Falbe und Graue, hie und da Rappen, Schimmel und Schecken.« Im Prinzip also alle Farben.

Oberlinie
Die Oberlinie dieses Pferdes — überhaupt sein ganzes Erscheinungsbild — ist ausgesprochen spanisch: Stärke kombiniert mit Gleichgewicht und Leistungswillen.

Profil
Dieses Pferd hat ein klassisches spanisches Profil, der starke, gebogene Hals mit der vollen Mähne ist auch für das heutige Spanische Pferd noch typisch. Der Mustang früherer Zeiten war oft weniger attraktiv, hatte häufig auch einen groben und schweren Kopf.

Vorhand
Dies ist eine kraftvolle Schulter und ein gutes, starkes Vorderbein. Der Widerrist ist niedrig und weist auf spanische Abstammung hin.

🐎 Härte
Nur wenige wilde Mustangs sehen so harmonisch aus wie dieses Pferd. Aber die halbwilden Pferde sind unglaublich hart, ein Erbe ihrer spanischen Vorfahren.

Gliedmaßen
Die Beine und Hufe des Mustang (der übrigens keinen Beschlag braucht), sind hart und strapazierfähig; die Pferde können auch auf schlechtestem Boden gehen, ohne daß die Hufe übermäßig abgenutzt oder krank würden.

🐎 Neue Zuchtlinien
Seit geraumer Zeit bemüht man sich, die letzten halbwilden Pferde Amerikas zu retten; als Ergebnis dieser Arbeit bilden sich einige interessante neue Zuchtlinien heraus. Eines davon ist das Cayuse Indian Pony, ein Pferd mit möglicherweise normannischem Einschlag, ein anderes das Rocky Mountain Pony sowie Linien mit spanisch/berberischem Einschlag.

Irish Draught

Zweifelsohne gehören die Irischen Hunter zu den besten Geländepferden der Welt. Die Rasse entstand aus einer Mischung zwischen Vollblütern und Landpferden. Der Irish Draught ist ein vielseitiges Pferd, das für alle Arbeiten eingesetzt wird.

Ursprünge

Schon sehr früh in der Zuchtgeschichte wurden einheimische Pferde Irlands mit den weit verbreiteten spanischen Pferden veredelt. Größe und Charakter stammten von den schweren europäischen Pferden, meist französischen und holländischen, die bei der Invasion der Anglo-Normannen 1172 nach Irland gekommen waren.

Diesen etwas groben Stuten wurde östliches und spanisches/andalusisches Blut zugeführt. Die Nachkommen wurden auf den kleinen irischen Höfen für sämtliche landwirtschaftliche Arbeiten eingesetzt, sie gingen unter dem Sattel und im Geschirr.

Die kalkhaltigen Weiden und das milde Klima brachten starkknochige, große Pferde mit viel Substanz hervor, und die jagdfreudigen Iren schätzten bei ihren Pferden darüber hinaus ihre unglaubliche Geschicklichkeit, auch schwieriges Gelände und selbst die schwersten Hürden zu meistern.

Die Kreuzung mit dem Englischen Vollblut gab dem Pferd Adel, mehr Rahmen und Schnelligkeit, ohne daß die speziellen Eigenschaften des ursprünglichen Jagdpferdes dabei verlorengingen.

Farben
Das abgebildete Pferd ist ein Apfelschimmel. Es gibt alle Grundfarben in dieser Rasse.

Schultern
Die Schultern des alten Typs waren oft recht gerade, der Hals kurz. Diese Gebäudefehler wurden beim modernen Irish Draught zuchtmäßig korrigiert.

Vorhand
Der Irish Draught hat eine tiefe Brust; durch die ausgeprägte Schulter sind die Vorderbeine gut angesetzt und ermöglichen einen langen Schritt.

Stockmaß
Das Stockmaß liegt bei etwa 1,60 m, Hengste erreichen oft 1,70 m.

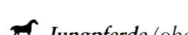 *Jungpferde* (oben)
An diesem Fohlen, das neben seiner Mutter steht, erkennt man deutlich die Substanz, gute Knochen und Gelenke und ein insgesamt ansprechendes Exterieur. Die Nachkommen der Irish Draught, meist das Ergebnis einer Kreuzung mit Vollblütern, sind starke, gut gewachsene Tiere, die auch immer größere Erfolge im Turniersport verzeichnen.

Rücken

Insgesamt gesehen vereint der Irish Draught viel Substanz mit Qualität. Der Rücken ist zwar manchmal etwas lang, die Hinterhand zu schräg — dennoch hat man bei dem Pferd immer den Eindruck von großer Kraft.

🐴 *Temperament und Charakter*

Der moderne Irish Draught ist ein Springpferd von Natur aus: äußerst geschmeidig und geschickt, athletisch und mutig. Die meisten der bei der Irish Draught Horse Society of Great Britain registrierten Hengste werden regelmäßig als Jagd- oder Springpferde eingesetzt. Die Pferde haben ein ausgeglichenes Wesen, sind kooperativ und leicht zu halten.

🐴 *Kopf*

Der Kopf des Irish Draught ist im Vergleich zum Körper klein und intelligent, mit einem fast wissenden Ausdruck. Die Augen sind freundlich und ehrlich — alles in allem ein gutes, ehrliches Leistungspferd.

Körper

Der Rumpf ist tief, das Fell auffallend fein. Der Widerrist ist gut geformt und der Rippenbogen oval. Runde Pferde sind unerwünscht.

Gliedmaßen

Die Gliedmaßen des Irish Draught sind kräftig mit korrekten Knochen. Die Pferde haben nur wenig Kötenbehang. Der alte Fehler der zehenengen Stellung an den Vordergliedmaßen wurde zuchtmäßig korrigiert und kommt nicht mehr vor.

🐴 *Von hinten gesehen*

Ein charakteristisches Merkmal des Irish Draught ist die starke sprungkräftige Hinterhand. Die Gänge sind gerade, ausreichend hoch und ausbalanciert. Das Gangwerk ist nicht überragend, aber kraftvoll und »deckt den Boden«.

Normannischer Cob

Die Normandie ist eines der größten Pferdezuchtgebiete der Welt. Jahrhundertelang wurden in den berühmten Gestüten von Le Pin und Sainte Lô Pferde für die verschiedensten Zwecke gezüchtet. Aus der Normandie stammen die französischen Traber, die Percherons, die Vollblüter, Anglo-Normannen und Boulonnais; auf beiden Gestüten werden aber auch die weniger bekannten und dennoch sehr beliebten Normannischen Cobs gezüchtet.

Die Ursprünge

Im Jahre 1665 gründete Ludwig XIV. Le Pin als königliches Gestüt; die ersten Hengste wurden 1730 eingestellt. Sainte Lô wurde per königlichem Dekret im Jahre 1806 gegründet, im Jahre 1912 standen hier 422 Hengste.

Anfang des 20. Jahrhunderts unterschieden die Warmblutzüchter zwischen den Kavalleriepferden und dem etwas schwereren Typ, der als leichtes Zugpferd eingesetzt wurde. Die Schweife der Zugpferde wurden kupiert, und bald bürgerte sich für diesen Pferdetyp der Name »Cob« ein, weil er dem englischen Namensvetter ähnelte. Es gibt kein Stutbuch, obwohl viele Cob-Hengste in staatlichen Gestüten stehen; von den Jungpferden wird jedoch eine Leistungsprüfung verlangt, und die Zucht ist natürlich dokumentiert.

Die Region La Manche gilt als das Cob-Gebiet der Normandie, hier wird mit den Cobs auch regelmäßig gearbeitet. Hauptsächlich werden sie für leichte landwirtschaftliche Arbeiten eingesetzt. Um die an ihn gestellten Anforderungen zu erfüllen, wurde der Normannische Cob im Laufe der Jahre immer schwerer. Jedoch verlor er nie seinen kraftvollen Gang und sein freundliches Wesen.

Hals
Ein gut gewölbter Hals und ein feiner Kopf sind für den Normannischen Cob typisch.

Körperbau
Der Normannische Cob ist ein stämmiges Pferd, kräftig und stark in seiner ganzen Erscheinung. Er ist jedoch kein Kaltblutpferd und weist auch nicht dessen massiven Rahmen und die typischen, etwas schweren Körperlinien auf. Tatsächlich ist es ein sehr bewegungsfreudiges und energiegeladenes Pferd.

Packpferde
Die Normandie war immer ein Pferdeland, und seine Bewohner haben die Tiere für jeden erdenklichen Zweck eingesetzt. In dem reichen Agrarland arbeiteten die Pferde in der Landwirtschaft, sie trugen die Waren zum Markt und dienten allgemein als Transportmittel. Hier transportieren die Packpferde geschnittenes Holz in speziellen Packgestellen, und eines trägt die Frau des Holzfällers.

Körper
Ähnlich dem leichteren englischen Reitcob ist der Normannische Cob kompakt gebaut; der Rücken ist kurz und stark und geht in eine ausgesprochen kraftvolle Hinterhand über. Der Rumpf ist tief und rund, die starke Schulter schräg angesetzt.

Farben
Die typische Fellfarbe des Normannischen Cob ist Fuchsfarben, Braun oder Kastanienbraun, wie auf der Abbildung. Hie und da kommen auch Schimmel und Rotschimmel vor, selten jedoch andere Farben.

Postkutsche
Die Vorfahren des Normannischen Cob waren die typischen Postkutschenpferde des 19. Jahrhunderts. Sie waren stark genug, die schwere Kutsche auf den meist schlechten Straßen zu ziehen, und hielten ihren gleichmäßigen Trab über lange Strecken durch.

Schweif
Anfang des 20. Jahrhunderts kam die Mode auf, die Schweife der Normannischen Cobs zu kupieren. In Frankreich wird dies auch heute noch praktiziert, in Deutschland ist es verboten.

Gangwerk
Der moderne Normannische Cob ist schwerer als seine Vorfahren, die eher im Reittyp standen und meist für militärische Zwecke gezüchtet wurden. Aber er hat noch viel von der Gehfreude und dem harmonischen Gangwerk behalten; das kommt besonders im Trab zum Ausdruck, dem Arbeitstempo dieses leichten Fahrpferdes.

Gliedmaßen
Die Gliedmaßen des Normannischen Cob sind kurz und sehr muskulös, jedoch leichter als die der Kaltblüter und mit nur geringem Kötenbehang. Dennoch ist der Röhrbeinumfang der Vorderbeine äußerst beachtlich.

Stockmaß
Der Normannische Cob ist größer als sein britischer Vetter und hat ein Stockmaß zwischen 1,53 und 1,63 m.

Cleveland Bay

Bereits im Mittelalter wurde in North Riding, dem nordöstlichen Teil Yorkshires, der auch den Bezirk Cleveland umfaßt, ein braunes Packpferd gezüchtet. Es war damals unter dem Namen Chapman Horse bekannt, da es die Waren der »chapmen«, der fahrenden Händler jener Tage, zog.

Ursprünge

Diese Pferde der fahrenden Kaufleute waren die Vorfahren des heutigen Cleveland Bay, der später noch mit spanischem Blut veredelt wurde. Ende des 17. Jahrhunderts gab es in Nordostengland viele spanische Pferde und auch Berber, denn zwischen den Küsten Nordafrikas und den nordöstlichen Seehäfen bestand ein reger Handelsverkehr.

Aus dieser Mischung entstand ohne weitere Einkreuzungen, beispielsweise von Vollblütern, ein kraftvolles Pferd mit trockenen Beinen, das wie kein anderes auf den schweren Lehmböden arbeiten und beträchtliche Lasten ziehen konnte; ein Pferd, das in der Lage war, auf der Jagd auch schwere Reiter zu tragen, und das über ein bemerkenswertes Springvermögen verfügte. Darüber hinaus war es bis zum Zeitalter Georges II. als Kutschpferd unübertroffen.

Als allerdings ein Netz geschotterter Straßen entstand, wurde der Cleveland Bay für die Kutschen, die damals mit einer Geschwindigkeit von 12 bis 16 km/h fuhren, zu langsam. Als sein Nachfolger kam das Yorkshire Coach Horse, eine Mischung aus Cleveland Bay und Vollblütern, in Mode. Das Yorkshire-Coach-Horse-Stutbuch wurde 1936 geschlossen, als die Rasse trotz aller Bemühungen ausstarb.

Hals
Der moderne Cleveland ist zwar leichter als seine Vorfahren, aber er weist immer noch deren kraftvolle Hals- und Schulterpartie auf.

Farben
Clevelands sind ausschließlich braun mit schwarzen Punkten.

🐎 Kopf
Der Kopf des Cleveland Bay weist noch einige Charakteristika auf, die an seine andalusischen Vorfahren (s. S. 32/33) erinnern. Merkmale, die jedoch weniger für den heutigen Andalusier typisch sind als vielmehr für die spanischen Pferde der Renaissance. Das manchmal konvexe Profil, das man früher als »Ramsnase« oder »Adlerprofil« bezeichnete, ist typisch für spanische Pferde.

Stockmaß
Die meisten Clevelands haben ein Stockmaß zwischen 1,60 und 1,62 m.

Mulgrave Supreme

1962 gab es nur noch vier Cleveland-Hengste in Großbritannien. Die Rasse überlebte nur dadurch, daß Königin Elisabeth II. den Hengst Mulgrave Supreme, der ursprünglich nach Amerika verkauft werden sollte, der einheimischen Zucht zur Verfügung stellte. Er war so erfolgreich, daß es im Jahre 1977 bereits wieder 17 Deckhengste gab, die fast alle von ihm abstammten.

Konstitution

Clevelands werden mit Vollblütern gekreuzt, das gibt hervorragende Spring- und Jagdpferde und natürlich herrliche Fahrpferde. Der Cleveland vererbt Größe, Knochen, gute Gesundheit, Leistungswillen und Kraft. Clevelands sind ausgesprochen langlebig und fruchtbar.

Königliche Favoriten

Clevelands zogen immer die königlichen Kutschen. Pferde aus der Zucht des Herzogs von Edinburgh, und zwar Clevelands und Cleveland-Partbreds, waren bei internationalen Fahrturnieren sehr erfolgreich.

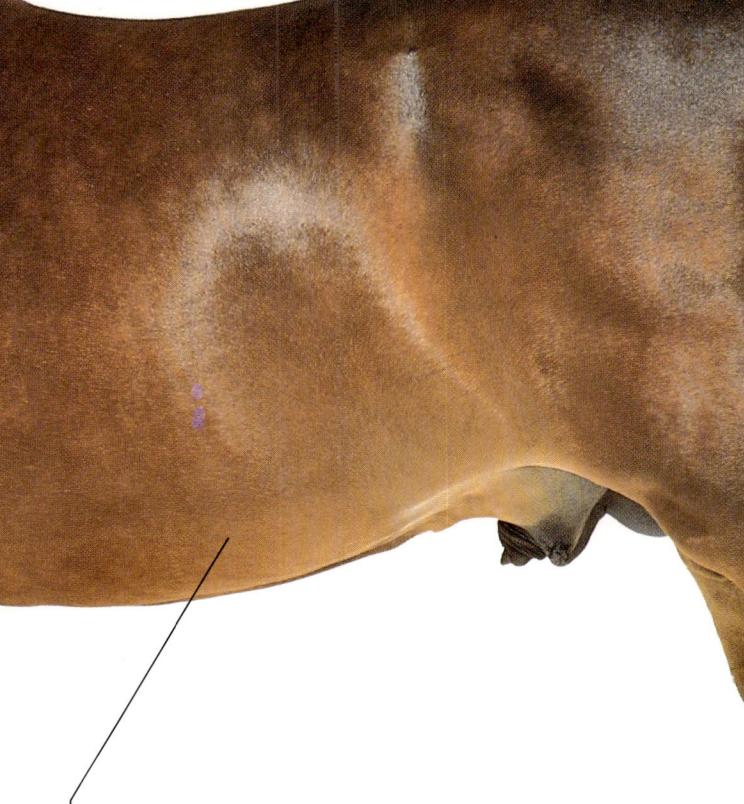

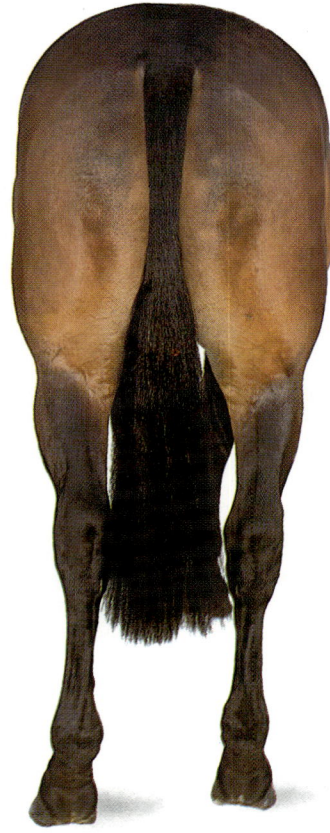

Körper

Obwohl der Cleveland Bay ein sehr kraftvolles Pferd ist, ist es doch beweglich. Der Röhrbeinumfang liegt bei 22 cm oder mehr. Bei erwachsenen Pferden (also im Alter ab sechs oder sieben Jahren) ist der Abstand zwischen Widerrist und Ellenbogen gleich oder noch größer als der zwischen Ellenbogen und dem Boden.

Beine

Trockene Beine ohne Kötenbehang sind typisch für den Cleveland Bay. Dadurch können die Pferde auf den schweren Lehmböden von Nordostengland arbeiten und auf Reitjagden auch bei tiefem Boden in diesem schwierigsten Jagdgelände Englands springen.

Von hinten gesehen

Die Hinterhand ist stabil genug, auch mit schwergewichtigen Reitern »Häuser zu springen«; kräftige Oberschenkel, gute Sprung- und Fesselgelenke machen dieses schwere Jagdpferd zu einem der besten der Welt.

Gelderländer

Die Züchter der niederländischen Provinz Geldern waren schon immer innovativ und am Markt orientiert. Sie züchteten Pferde zwar in erster Linie für den Eigenbedarf, aber doch auch immer mit einem Auge auf eventuelle Nachfrage ihrer Nachbarn. Seit hundert Jahren werden Gelderländer systematisch gezüchtet. Das Zuchtziel war ein Kutschpferd mit guter Aufrichtung, wach und mit viel Aktion, das leichte Arbeitswagen ziehen, aber auch als schweres Reitpferd genutzt werden kann.

Geschichte

Um ein Pferd mit diesem Exterieur und dabei sanftem Charakter zu erhalten, kreuzte man die schwerfälligen und eher groben Landstuten mit Hengsten aus England, Ägypten, Ungarn, Deutschland, Polen und Rußland. Die jeweils besten Nachkommen wurden dann untereinander gekreuzt, bis der gewünschte Typ erreicht war. Später kamen noch einige Oldenburger und Friesen hinzu. Gegen 1900 benutzte man dann noch einen Hackney, um die Rasse etwas spritziger zu machen. Seitdem wurden nur hie und da einige französische Anglonormannen eingekreuzt.

Viel später wiederum wurde der Gelderländer mit seiner hohen Aufrichtung und seiner guten Vorhand zusammen mit seinem Nachbarn, dem Groninger Pferd, als Begründer des modernen und erfolgreichen Holländischen Warmbluts benutzt (s. S. 84/85). Der moderne Gelderländer ist immer noch ein erstklassiges Kutschpferd, aber auch unter dem Reiter zeigt er beachtliche Erfolge im Springsport.

🐎 Freie Bewegungen

Gelderländer bei einem Galopp um die Weide. Als gute Kutschpferde verfügen sie über das fürs Fahren notwendige Gangwerk, aber sie haben auch gute Schultern und bewegen sich geschmeidig und frei.

Hals

Der Hals ist stark und typisch für Kutschpferde. Der Widerrist ist relativ niedrig, wie es für Fahrpferde charakteristisch ist.

Schultern

Der Gelderländer ist kein schnelles Pferd, aber er hat eine gute Schulter, die er auch der von ihm abstammenden Rasse, dem Holländischen Warmblut, vererbt.

🐎 Kopf

Der Kopf ist der eines Kutschpferdes — gerade und fein, ohne sonderlichen Anspruch auf Schönheit. Hie und da ist das Profil etwas konvex. Der Gesichtsausdruck ist wie die Rasse selbst freundlich und ruhig.

Gliedmaßen

Die Beine sind bemerkenswert kurz und stark; kräftige »harte« Beine, wie man sie für Kutschpferde braucht. Die Röhrbeine sind kurz, die Fesseln gut, der Knochenumfang adäquat.

Teamarbeit

Ein eindrucksvoller Viererzug mit kraftvollen Gelderländern auf der Weltmeisterschaft im Viererzugfahren. Dies ist die Domäne der Gelderländer.

Rücken

Wie man es für Fahrpferde wünscht, ist der Rücken länger als beim Reitpferd. Er ist stark, die Lendenpartie kräftig.

Hinterhand

Die Kruppe ist gerade, der Schweif hoch angesetzt, wie es für viele europäische Warmblutpferde charakteristisch ist. Die Hinterhand ist auf Kraft gezüchtet, nicht auf Schnelligkeit.

Pferdeschlitten auf dem Eis

Eine Pferdeschlittenszene mit einem holländischen Pferd. Die holländischen Züchter — besonders die aus Geldern, Friesland und Groningen — züchteten immer gemäß den Markterfordernissen.

Silhouette

Der Umriß des Gelderländers ist der eines perfekten Fahrpferdes. Stärke, eine stolze Haltung und ein leichter, taktreiner Gang vervollständigen das Bild dieses attraktiven Pferdes.

Körper

Die tiefe Brust weist auf Leistungs- und Durchhaltevermögen hin. Die Hinterhand ist schön geformt und in ihren Proportionen korrekt — für ein Kutschpferd nahezu ideal.

Farben

Die vorherrschende Farbe, die man meist auch mit dieser Rasse assoziiert, ist die dunkle Fuchsfarbe, oft mit weißen Beinabzeichen wie hier; aber es gibt auch Schimmel, und früher gab es sogar einmal einen oder zwei Schecken.

Hufe

Die Hufe sind gut. Der alte Gelderländer-Typ hatte einen stärkeren Kötenbehang, der moderne nahezu keinen mehr.

Stockmaß

Das Stockmaß liegt zwischen 1,52 und 1,62 m.

Holländisches Warmblut

F ür keine europäische Warmblutrasse wurde so geschickt Werbung gemacht wie für das Holländische Warmblut. Jedoch muß man auch sagen, daß es ebenso geschickt gezüchtet wurde. Es gibt einige herausragende Leistungspferde, wie zum Beispiel das Springpferd Calypso und den unvergeßlichen Marius, den Vater von Milton, der eine große Ausstrahlung hat. Auch Dressurpferde wie Dutch Courage stehen im klassischen Warmbluttyp.

Ursprünge

Das Holländische Warmblut ist das Produkt zweier einheimischer Pferderassen — des Gelderländers (s. S. 82/83) und des schwereren Groninger Pferdes. Hinzu kamen ein Schuß Vollblut und hie und da nach Bedarf ein Spritzer französischen oder deutschen Warmbluts. Der Gelderländer wurde im vergangenen Jahrhundert von den marktorientierten Züchtern der Provinz Geldern kreiert.

Das schwerere Groninger Pferd stammt vom Friesen und Oldenburger ab. Es hatte eine kraftvolle Hinterhand, aber die Vorhand war nicht so gut wie die des Gelderländers. Beide zusammen ergaben bei sorgfältiger Mischung ein gutes Turnierpferd. Die Kutschpferd-Gänge und der lange Rücken, der eher ins Geschirr als unter den Sattel paßte, wurden durch die Einkreuzung von Vollblütern wunschgemäß verändert und das dann teilweise überschäumende Temperament durch die Hereinnahme von Warmblutpferden in leichter lenkbare Bahnen geleitet.

Geschmeidige Pferde (oben)
Die holländischen Züchter produzierten Pferde nach der jeweiligen Nachfrage des Marktes. Diese elegante Kutsche, typisch für das 19. Jahrhundert, wird von einem überraschend geschmeidigen kleinen Pferd gezogen.

Hinterhand
Die kraftvolle Kutschpferd-Hinterhand des schweren Groninger Pferdes wurde durch intensive Einkreuzung von Vollblütern verfeinert.

Farbe
Jede Farbe ist zugelassen, jedoch sind Braune wie auf der Abbildung und Dunkelbraune am häufigsten (früher gab es bei den Gelderländern einen Zuchtzweig mit Schecken, der beim Holländischen Warmblut jedoch nicht erscheint).

Gliedmaßen
Es gelang den holländischen Züchtern, ein Pferd mit starken Gliedmaßen und Hufen zu züchten; das Pferd hat viel Substanz. Ein wichtiges Merkmal ist das kurze Röhrbein.

Dutch Courage
Eine große Werbung für das Holländische Warmblutpferd ist Jennie Loriston-Clarke, die britische Dressurreiterin, die Dutch Courage so erfolgreich ritt. Ihre Vorstellungen am langen Zügel wie hier und unter dem Sattel begründeten den Ruf der Rasse in Großbritannien.

Wettbewerbe
Das Holländische Warmblutpferd wurde erfolgreich in Springen und in der Dressur eingesetzt; wie viele Warmblüter ist es jedoch als Vielseitigkeitspferd nicht so erfolgreich. Der Gelderländer, von dem es teilweise abstammt, ist ein ausgezeichnetes Fahrpferd, das den internationalen Fahrsport prägte.

Rücken

Der lange Kutschpferde-
rücken des einheimischen
Holländischen Pferdes
wurde durch die Einkreu-
zung von Vollblütern
kürzer und kräftiger,
was der Rasse ausge-
zeichnet bekam.

Hals

Der Hals ist so lang, wie
er für ein gutes Reitpferd
sein muß; im Gegensatz
dazu steht der eher kurze
Hals des leichten Fahr-
pferdes.

Vorhand

Der Gelderländer ist
zwar ein Fahrpferd,
aber er hat eine gute
Schulter und eine
gute Vorhand, die er
auch dem Holländi-
schen Warmblut
vererbte.

Ohren

Aufmerksame, bewegli-
che Ohren und ein
freundlicher Gesichts-
ausdruck sind das
Erbe der
Vollblüter.

Starke Selektion

*Die Zucht des Holländischen Warm-
blutpferdes unterliegt einer strengen Selektion, wodurch wirklich nur Tiere in
die Zucht kommen, die von der äußeren Erscheinung, vom Gangwerk und
vom Temperament her dem Zuchtziel
entsprechen. Der zuständige Zuchtverband ist das Warmbloed Paarden-
stamboek Nederland.*

Kopf

*Der Kopf des Holländischen Warmblutpferdes ist
vom Kopf des Vollblüters, der die Rasse prägte,
fast nicht zu unterscheiden. Das wichtigste
Kriterium in der Zucht ist ein gutes Reitpferde-
Exterieur, genauso wichtig sind aber ein freundliches Wesen und Intelligenz.*

Stockmaß

Das Stockmaß liegt um
oder über 1,60 m.

Hufe

Gute Hufe und gesun-
de Gliedmaßen, die
leider nicht bei allen
Warmblutrassen anzu-
treffen sind, zeichnen
das Holländische
Warmblut aus.

Frederiksborger

Im 16. Jahrhundert war Dänemark einer der Hauptpferdelieferanten für die Fürstenhöfe Europas. Dänemarks Pferde waren die Frederiksborger, die aus einem Gestüt stammten, welches König Frederik II. 1592 gründete. Das Gestüt züchtete elegante Pferde mit leichten Gängen, die sowohl für die Dressurlektionen der *manège* geeignet waren als auch für die Anforderungen der Kavallerie.

Ursprünge

Der Grundstock der Rasse liegt im spanischen Pferd, dem zur damaligen Zeit und in den nachfolgenden Jahrhunderten bevorzugten Reitpferd Europas. Später importierte man Neapolitaner, die mit dem spanischen Pferd eng verwandt sind. Im 19. Jahrhundert kreuzte man östliche und englische Halbbluthengste ein. Das Ergebnis war ein lebhaftes Reitpferd von ansprechendem Äußeren mit genug Rahmen und ausgezeichnetem kraftvollen Gangwerk. Der Frederiksborger wurde in ganz Europa bewundert, wie es auch von Wrangel in »Die Rassen des Pferdes« (1908/1909) beschrieb: »Eine elegante Erscheinung, lebhaftes, freundliches Wesen und kraftvolle schwungvolle und hohe Gänge.«

Die Rasse diente auch als Veredler anderer Rassen, wie etwa des Jütländers, um seinen Schwung zu steigern. Ein Frederiksborger aus dem Königlich Dänischen Gestüt, der Schimmel Pluto, der 1765 geboren wurde, begründete die wichtige Lipizzanerlinie, die auch heute noch existiert. Die Beliebtheit des Frederiksborgers führte schließlich zu seinem Verderben: Der Export hatte derartige Ausmaße erreicht, daß der alte Zuchtbestand weitgehend dezimiert wurde und sich das Gestüt 1839 der Vollblutzucht zuwandte. Die Privatzüchter aber züchteten den Frederiksborger weiterhin als leichtes Wagenpferd. In jüngster Zeit wurden vermehrt Vollblüter eingekreuzt, um die Pferde den Anforderungen des Turniersports anzupassen, und es ist unwahrscheinlich, daß noch viele Pferde des alten Frederiksborger Typs existieren.

🐎 Kutschpferd

Das Äußere des Frederiksborgers ist das eines erstklassigen Fahrpferdes mit viel Aufrichtung und der Ausstrahlung von Kraft und Stärke. Nach der Schließung des Königlichen Gestüts wurde der Frederiksborger vermehrt als Fahrpferd eingesetzt.

Vorhand

Die Pferde haben eine breite Brust, einen relativ kurzen, hoch angesetzten Hals und einen geraden, intelligenten Kopf. Die Schultern sind kraftvoll, aber etwas steil und eher fürs Fahren als fürs Reiten geeignet.

🐎 Reisekutsche

Diese typische dänische Reisekutsche des vorigen Jahrhunderts wird von einem Paar starker runder Pferde gezogen, die vermutlich mit dem Frederiksborger verwandt sind. Sicherlich sind sie nicht rein gezogen, denn man kann sie schwerlich als elegant bezeichnen.

Rücken

Der Rücken ist stark, und der Hals endet in einem ziemlich flachen Widerrist, wie man ihn für Fahrpferde wünscht.

Farben

Die charakteristische Farbe des Frederiksborgers ist Fuchsfarben wie hier. Andere Farben gibt es selten.

Hinterhand

Die Hinterhand ist nicht auf Schnelligkeit gezüchtet. Die Kruppe ist gerade mit hoch angesetztem und schön getragenem Schweif.

🐎 *Einfluß auf andere Rassen*

Bodenständige Stuten mit Frederiksborger Exterieur waren der Grundstock für das Dänische Warmblut (siehe S. 90/91). Ferner wurden die Pferde mit vielen europäischen Warmblutrassen und mit Vollblütern und dänischen Halbblutpferden gekreuzt.

🐎 *Eine schöne Erscheinung*

Der Frederiksborger ist ein ausgesprochen schönes Pferd. Der kraftvolle Rahmen des Pferdes macht die Rasse zu einer guten Zuchtbasis für die Kreuzung mit Pferden wie Vollblütern oder Trakehnern, die beide an der Entwicklung des Dänischen Warmblutpferdes beteiligt waren.

Körper

Der Rumpf des Frederiksborgers ist manchmal etwas lang; und da die Gurtentiefe adäquat ist, scheint das Pferd über viel Boden zu stehen. Die Gelenke sind akzeptabel.

Gangwerk

Die Gänge sind korrekt und hoch, wie man es bei einem Fahrpferd gern sieht. Die beste Gangart des Frederiksborgers ist der Trab.

Stockmaß

Der Frederiksborger hat ein Stockmaß zwischen 1,53 und 1,60 m.

Hufe

Die Hufe des Frederiksborgers sind hart und gut geformt, sie sind ein Pluspunkt für diese Rasse.

Selle Français

Seit 1958 heißt das französische Warmblutpferd offiziell Selle Français. Es ist so vielseitig wie der Trakehner (s. S. 92/93), und es gibt kaum härtere und geschicktere Pferde als sie. Wie alle Warmblüter ist der Selle Français eine Mischung verschiedener Rassen, enthält aber im Gegensatz zu den anderen einen hohen Anteil an Traberblut.

Ursprünge

Die geschickten Züchter der Normandie importierten im 19. Jahrhundert englische Vollblut- und Halbbluthengste und veredelten damit ihre einfachen, aber vielseitig einsetzbaren normannischen Landpferde. Viele der Halbbluthengste stammten von den robusten Norfolk Roadstern ab. Das Ergebnis waren zwei Kreuzungen — ein schnelles Fahrpferd, aus dem sich später der französische Traber entwickelte (s. Seite 58/59) und der Anglo-Normanne, bei dem man zwischen dem Reit- und dem Fahrtyp unterschied. Der erste war der Prototyp des Selle Français.

Nach dem Zweiten Weltkrieg strebte man ein Reitpferd an, das Schnelligkeit, Durchhaltevermögen und Geschicklichkeit in sich vereinte. In erster Linie legte man Wert auf ein Springpferd, aber es wird auch für andere Zwecke gezüchtet; so nehmen viele Selle Français an Hindernisrennen und Vielseitigkeitsprüfungen teil.

Der jetzige Bestand stammt zu 33 Prozent von Vollbluthengsten, zu 20 Prozent von Anglo-Araber-Hengsten, 2 Prozent von Französischen Traberhengsten und 45 Prozent von Selle-Français-Hengsten ab, einige haben Traberanlagen.

Stockmaß
Mittelschwere kleine: bis 1,53 m, mittelschwere 1,53–1,61 m; große über 1,61 m. Schwere kleine unter 1,60 m, große über 1,60 m.

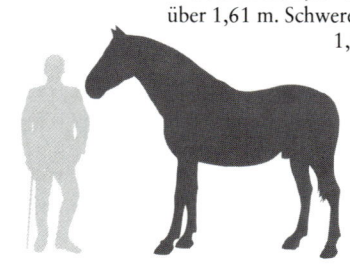

Hals
Ein langer eleganter Hals, anmutiger als der des Französischen Trabers, ist für den Selle Français typisch.

Schultern
Den früheren Anglo-Normannen, besonders denen mit Traberveranlagung, sagte man eine zu steile Schulter nach; dieser Fehler wurde beim Selle Français korrigiert.

KEHLGANG
Der Kehlgang ist fein und fleischlos.

Kopf
Der Kopf hat nicht mehr die Grobheit seiner normannischen Vorfahren. Diese Verfeinerung kommt durch den Vollblutanteil und den arabischen Einfluß. Trotz höherer Qualität erinnert der Kopf des Selle Français immer noch an den Französischen Traber.

Knochen
Der Röhrbeinumfang sollte stark sein, 20 cm sind in jedem Fall erwünscht. Das Karpalgelenk war früher oft zu klein, das wurde jedoch korrigiert.

Silhouette
Die Silhouette ist die eines
Vollblüters, jedoch ist der
Einfluß des Trabers bei dem
gröberen Knochenbau und bei
den Gliedmaßen insgesamt
unverkennbar.

Hinterhand
Wie beim Französischen Traber
ist die Hinterhand breit und
fürs Springen gemacht.

🐎 *Le Pin und Sainte Lô*
Die Selle Français stammen aus den großen Gestü-
ten Le Pin, hier abgebildet, und Sainte Lô. Die er-
sten Hengste kamen im Jahre 1730 nach Le Pin,
Sainte Lô wurde im Jahr 1806 gegründet. Das
historische Gestüt Sainte Lô wurde im Jahr
1944 bei einem Bombenangriff zerstört.

Farben
Alle Farben sind erlaubt,
am häufigsten sind jedoch
Füchse wie das abgebildete
Pferd.

🐎 *Furioso*
Einer der erfolgreichsten Hengste nach
dem Zweiten Weltkrieg war der aus
England stammende Vollbluthengst
Furioso. Er machte eine brillante Kar-
riere, war zehn Jahre lang wohl der
teuerste Deckhengst und wurde Vater
vieler international erfolgreicher
Springpferde.

Gliedmaßen
Durch die Traberveranlagung sind die Gliedmaßen außerordentlich stark mit einer besonders
kräftigen Vorhand — dies zeichnet sowohl die
Reitpferde aus als auch die Traber. Die Gelenke
sollen klar, gut entwickelt und korrekt sein.

🐎 *Kreuzungen*
Weitere Kreuzungen, die unter dem Namen Selle
Français laufen, sind: Vollblüter/Französischer
Traber, Araber oder Anglo-Araber/Französischer
Traber und Vollblüter/Anglo-Araber (mit weniger
als 25 Prozent reinem Araberblut).

🐎 *Gangwerk*
Die Bewegung ist kraftvoll, lang
und ausgesprochen geschmeidig.
Die Pferde haben ein ausgepräg-
tes Springvermögen und sind
meist spritziger als andere Warm-
blutpferde.

Dänisches Warmblut

In Dänemark hat die Pferdezucht eine lange Tradition. Anfang des 14. Jahrhunderts gründeten die Zisterzienserklöster von Holstein (das bis 1864 dänisches Herzogtum war) Gestüte, auf denen sie die großen norddeutschen Pferde mit den besten spanischen Hengsten, derer sie habhaft wurden, kreuzten. Der moderne Holsteiner und viele dänische Rassen wie auch der Frederiksborger, gingen aus dieser frühen Zuchtpolitik hervor.

Ursprünge

Dennoch waren die Dänen im Turniersport Spätstarter. Zwar wurde im Jahre 1918 eine Nationale Reitervereinigung gegründet, aber erst in den sechziger Jahren eröffnete man ein Stutbuch für ein eigenes dänisches Sportpferd. Dieses Pferd nannte man zuerst Dänisches Sportpferd, später Dänisches Warmblut.

Die Rasse entstand durch Kreuzung bodenständiger Stuten mit hochkarätigen Hengsten mehrerer Rassen aus verschiedenen Ländern. Die Stuten waren Halbblüter, meist Frederiksborger/Vollblut; sie bildeten eine gesunde Basis für die Zucht eines guten Allround-Sportpferdes, nach dem eine steigende Nachfrage zu verzeichnen war. Die Hengste, die man einkreuzte, waren Anglo-Normannen, Vollblüter und Trakehner sowie polnische Pferde, wie etwa Malapolski und Wielkopolski. Allerdings gibt es kaum Hannoveraner-Einfluß bei dieser Rasse, die jetzt als eigenständige dänische Rasse gilt.

🐎 *Modernes Turnierpferd*
Das Dänische Warmblut ist eines der besten Beispiele für ein modernes Turnierpferd, wie es derzeit in Europa gezüchtet wird. Es hat ein ausgezeichnetes Temperament, ist dabei spritzig und mutig.

Farben
Beim Dänischen Warmblut kommen alle Farben vor, obwohl Kastanienbraune wie auf der Abbildung am häufigsten sind.

Gesamterscheinung
Diese Pferde weisen keine Fehler auf, sie haben alle wünschenswerten Attribute eines guten Turnierpferdes. Das Dänische Warmblutpferd ist ein hervorragendes, gut ausbalanciertes Dressurpferd; ebenso leistungsfähig ist es als Vielseitigkeitspferd. Das abgebildete Pferd würde im Turnier eine gute Figur machen.

Hufe
Die Schräge der Hufe und die Neigung der Fesseln sind bei diesem ausgezeichneten Exemplar eines modernen Reitpferdes genau richtig.

🐎 *Schwedisches Warmblut*
Das Schwedische Warmblut entstand vor gut 300 Jahren auf dem Königlichen Gestüt in Flyinge; 1874 wurde ein Stutbuch eröffnet. Es basierte auf einer Vielzahl verschiedenartiger importierter Pferde. In diesem Jahrhundert wurden vermehrt Trakehner, Vollblüter und Hannoveraner eingekreuzt; daraus entstanden erstklassige Vielseitigkeits- und Dressurpferde.

Widerrist
Der Widerrist ist gut plaziert und ausgebildet, er geht in die schräge Reitpfer-
de-Schulter über und läßt den Sattel
genau auf der richtigen Stelle liegen.

Hals
Das abgebildete Pferd hat einen ein-
drucksvollen Hals von genau der
richtigen Länge, wie man sie
beim Reitpferd gern sieht.

KEHLGANG
*Der Kehlgang ist klar
und fleischlos.*

Gliedmaßen
Die Gliedmaßen sind kraftvoll, die Gelenke groß und
gut geformt; die Knochen
sind kräftig und können das
eigene Körpergewicht und
den Reiter gut tragen. Die
Vorderbeine sind gut. Der
Oberarm ist lang und mus-
kulös, die Karpalgelenke
sind groß, breit und trocken.

🐎 *Kopf*
*Hier ist der Vollbluteinfluß dominant.
Der Gesichtsausdruck ist freundlich, intelligent, mutig und offen — ein ausgesprochen
schöner Kopf.*

Stockmaß
Das Stockmaß variiert zwischen
1,61 und 1,62 m.

Trakehner

Die Trakehner-Rasse ist sehr alt. Von allen Warmblutrassen kommt der Trakehner dem Ideal des modernen Turnierpferdes am nächsten. Trakehnerblut wird oft zur Veredelung anderer Rassen eingekreuzt.

Ursprünge

Die Trakehner stammen aus Ostpreußen, das jetzt zu Polen gehört. Im frühen 13. Jahrhundert wurde die Provinz vom Deutschen Ritterorden kolonisiert. Sie gründeten die Trakehnergestüte, indem sie die einheimischen Schweiken als Zuchtbasis benutzten. Diese Ponys waren rund und oft recht grob, aber sie waren auch hart und zäh. Die Schweiken Ponys stammen vom Konik Pony ab, einem direkten Nachkommen des primitiven Tarpans, dessen außerordentliche natürliche Kraft und Durchhaltevermögen sie geerbt haben.

1732 gründete Friedrich Wilhelm I. von Preußen die Königliche Gestütsverwaltung. Dieses Gestüt war für Preußen die Hauptquelle aller Hengste, und bald erwarb es sich den Ruf, hochelegante Fahrpferde zu züchten. Nach 50 Jahren lag der Schwerpunkt der Zucht auf Militärpferden und Remonten, deren Qualität in Europa unübertroffen war. Danach wurden mehr und mehr Englische Vollblüter und Araber eingekreuzt, die dem Pferd mehr Temperament und Ausstrahlung gaben.

Bis etwa 1913 waren die meisten Trakehnerhengste Vollblüter. Den größten Einfluß hatte Perfectionist, der Sohn von Persimmon, der im Jahre 1896 das Englische Derby und das St. Leger gewann. Sein bester Sohn, Tempelhüter, begründete eine kraftvolle Linie, die als die Basis des modernen Trakehners angesehen wird.

Hals
Der Hals ist lang und elegant.

Schultern
Der ideale Trakehner hat eine gute, schräge Schulter.

🐎 *Temperament*
Durch den Vollbluteinfluß ist der Trakehner ein ausgesprochen mutiges Pferd, und eine sorgfältige Zuchtauswahl hat den Erhalt des großen Leistungswillens und des Durchhaltevermögens sowie eines ansprechenden Äußeren gesichert.

OHREN
Die aufmerksamen, beweglichen Ohren stehen immer aufrecht.

AUGEN
Die ausdrucksvollen Augen stehen weit auseinander.

Stockmaß
Das Stockmaß liegt zwischen 1,60 und 1,65 m.

🐎 *Kopf*
Der feine Kopf des Trakehners spiegelt den Einfluß der Vollblüter und Araber wider. Er ist ausdrucksvoll und schön und wird gern als »nobel« bezeichnet — ein Ausdruck, der gern verwendet wird zur Beschreibung von Europas vielleicht edelstem Warmblüter. Das Gesicht hat viel Ausdruck und Ausstrahlung, was bei Warmblütern sonst ja oft nicht so gegeben ist.

Gliedmaßen
Gute, starke Gliedmaßen und Gelenke zeichnen den Trakehner aus. Mit relativ kurzen Röhrbeinen steht er gerade auf dem Boden.

Erfolge

Trakehner weisen bemerkenswerte Erfolge im internationalen Turniersport auf. Bei den Olympischen Spielen in Berlin 1936 dominierten Trakehner im deutschen Team, welches sämtliche Medaillen gewann. Seitdem gibt es im Springen, in der Dressur und in der Military viele erfolgreiche Trakehner.

Tempelhüter

Als der berühmte Tempelhüter 1932 in Trakehnen starb, hinterließ er 54 gekörte Söhne und 60 Zuchtstuten. Die andere berühmte Trakehnerlinie von Dingo geht auf Tempelhüter-Töchter zurück.

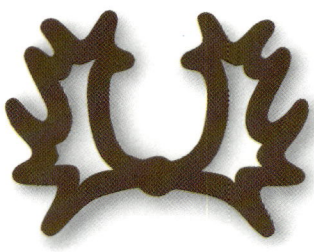

Elchschaufel-Brand

Der Elchschaufel-Brand ist der traditionelle Brand der Trakehner, die man früher auch »Ostpreußen« nannte. Das Pferd wird auf der Hinterhand gebrannt, auch das Zaumzeug wird mit Elchschaufeln verziert.

Hinterhand

Die Hinterhand ist besonders kräftig — es ist interessant, daß das Starterfeld beim großen Pardubize-Hindernisrennen in der CSFR zum großen Teil aus Trakehnern besteht.

Farben

Bei den Trakehnern kommen alle Grundfarben vor; das abgebildete Pferd ist kastanienbraun.

Gesamterscheinung

Der Trakehner ist eine blendende Erscheinung, die insgesamt der eines Vollblüters von Substanz gleichkommt. Er ist wunderbar ausbalanciert, athletisch, geschmeidig und hat ausgesprochen harmonische, freie Gänge.

Hufe

Im Vergleich zu einigen anderen Warmblutrassen bemerkenswert gute harte Hufe.

Auf der Weide

Diese Stuten genießen die Freiheit auf der Weide. Vor fast einem halben Jahrhundert zogen Stuten wie diese teils mit Fohlen rund 1450 Kilometer durch das vom Krieg heimgesuchte Europa, um den russischen Truppen zu entkommen. Von den eingetragenen 25 000 Pferden überlebten nur 1200. Auf ihnen basiert die Zucht des modernen Trakehners in Deutschland, die vom 1947 gegründeten Trakehner-Zuchtverband betreut wird.

Hannoveraner

D er Hannoveraner ist wohl das erfolgreichste europäische Warmblutpferd
und weltweit als Spring- und Dressurpferd anerkannt. Er ist das Ergebnis
einer sorgfältigen Kreuzung vieler
zueinander passender Rassen,
unterstützt von einem strengen
Selektionsprozeß.

Ursprünge

Die Zucht des Hannoveraners wurde
1735 im Gestüt Celle von Georg II.,
Kurfürst von Hannover und König von
England, gegründet. Das Zuchtziel war ein
Kern kraftvoller Hengste, die bei der Kreuzung mit den schweren einheimischen
Stuten ein Pferd hervorbringen würden,
welches für alle Arbeiten in der Landwirtschaft eingesetzt werden konnte. Ursprünglich standen in Celle 14 Holsteiner-
Hengste. Es waren kraftvolle Kutschpferde, die aus der Kreuzung einheimischer
Stuten mit östlichen, spanischen und neapolitanischen Pferden entstanden waren.
Später wurde Vollblut eingekreuzt, welches zur damaligen Zeit orientalischer im
Charakter war als heute. Das Ergebnis war
ein leichteres, besseres Pferd, das im Geschirr ging, aber auch als Kavalleriepferd
genutzt und in der Landwirtschaft eingesetzt werden konnte. Die Vollblut-Ein-
kreuzung wurde fortgesetzt, aber man
ging vorsichtig vor, denn der Hannoveraner sollte nicht zu leicht werden.

Im Jahre 1924 standen 500 Hengste in
Celle. Nach dem Zweiten Weltkrieg ging
die Zuchtpolitik in Richtung Sportpferd.
Auch Trakehner — Flüchtlinge aus Ostpreußen — wurden in die Zucht mit hin-
eingenommen. In Celle stehen immer
einige Trakehner und Vollblüter zur Blut-
auffrischung.

Charakteristika

Die Selektion geschieht durch kontrollierte
Leistungsprüfung und unter Berücksichti-
gung der individuellen Eigenarten jedes
Pferdes. Es wird sorgfältig auf ein ausgeglichenes Temperament und Verläßlichkeit
geachtet — Eigenschaften, auf die besonders viel Wert gelegt wird.

Hals
Der Hals des Hannoveraners ist bemerkenswert
lang und fein. Er mündet in gute schräge Schultern und einen ausgeprägten Widerrist.

Farben
Dieser Hannoveraner ist hellbraun. Es kommen
alle Grundfarben vor, keine Farbe ist vorherrschend. Die ursprünglichen Holsteiner-Heng-
ste, die den Grundstein zu dieser Rasse legten,
waren Rappen.

Kopf
*Die Einkreuzung von Vollblut gab dem vorher
schweren und manchmal etwas groben Kopf
des Hannoveraner Arbeitspferdes Adel.
Moderne Hannoveraner haben einen feineren,
mittelgroßen Kopf, der klar geschnitten und
ausdrucksvoll ist. Die Augen sind groß
und freundlich.*

Brand (links)
Seit der Gründung des Celler Gestütes durch Georg II. im Jahre 1735 ist das stilisierte, aus zwei Pferdeköpfen gebildete »H« der Hannoveraner-Brand. Schätzungsweise werden jedes Jahr etwa 8000 Stuten von Hannoveraner-Hengsten gedeckt.

Rücken
Der Rücken ist mittellang und stark; die kraftvolle Lendenpartie weist das Springpferd aus.

Hinterhand
Die Hinterhand ist ausgesprochen muskulös, an der Kruppe sind manchmal charakteristische Ausbuchtungen zu sehen.

Schweif
Der Schweif ist meist sehr hoch angesetzt.

Hannoveraner Fohlen
Dieses kraftvolle Rappfohlen wurde in England aus importierten Pferden und englischem Warmblut gezogen. Die Farbe ist eine Reminiszenz an die alten Holsteiner Rapphengste, die das Gestüt in Celle begründeten.

Westfalen
Obwohl der Hannoveraner nach Celle gehört, wird er auch bei der Zucht einer anderen Warmblutrasse, nämlich der Westfalen, hauptsächlich in Warendorf, eingesetzt. Der Westfale ist im Grunde ein Hannoveraner, der in Westfalen gezogen wird.

Körper
Eine tiefe Brust und eine gut ausgebildete Rippenpartie sind die Kennzeichen des Hannoveraners. Der Rumpf ist kräftig, aber nicht auf Schnelligkeit gezüchtet.

Gangwerk
Die Gänge des Hannoveraners sind beeindruckend. Sie sind korrekt, sehr energisch und ausgesprochen schwungvoll. Die Pferde haben fast keine »Knieaktion«, dafür aber einen sehr langen Schritt.

Gliedmaßen
Kraftvolle, symmetrische Gliedmaßen mit großen, gut ausgebildeten Gelenken, kurzen Röhrbeinen und einem angemessenen Knochenumfang werden erwartet.

Stockmaß
Hannoveraner haben ein Stockmaß zwischen 1,60 und 1,70 m.

Hufe
Der moderne Hannoveraner sollte harte, gut geformte Hufe haben. Die früher oft vorkommenden schlechten Hufe wurden weitgehend verbessert.

Holsteiner

Der Holsteiner, eine Mischung aus deutschen, neapolitanischen, spanischen und orientalischen Pferden, erfreute sich bei seinen europäischen Nachbarn einer regen Nachfrage. Die Pferde wurden geschätzt, weil sie hart und kraftvoll, dabei aber nicht unelegant sind und gleichermaßen als Fahrpferd wie als starkes Reitpferd eingesetzt werden können.

Geschichte

Englische Vollblüter und Yorkshire Coach Horses hatten den größten Einfluß bei der Entstehung dieser Rasse. Die Vollblüter gaben den einfachen ramsnasigen Holsteiner Pferden mehr Adel und verbesserten ihren Galopp, während das Yorkshire Coach Horse der Rasse die typische hohe und weite Aktion und ein ausgezeichnetes Wesen vererbte. Bekannt als kraftvolles Reitpferd, wurde der Holsteiner mehr und mehr als Armeepferd eingesetzt. Nach dem Zweiten Weltkrieg kreuzte man verstärkt Vollblüter ein, um ein leichteres Turnierpferd zu züchten, das schneller und leistungsfähiger sein sollte. Der moderne Holsteiner ist ein qualitätsvolles Jagdpferd, ein erfolgreiches Spring- und Dressurpferd und wird auch in der Military eingesetzt.

Vorhand

Die Brust ist weit und tief, aber die schräge Schulter des modernen Holsteiners und der lange, leicht gebogene Hals weisen ihn eindeutig als Reitpferd aus; das Erbe der Kutschpferde ist kaum mehr zu erkennen.

AUGEN

Große, strahlende Augen sind für den Holsteiner charakteristisch.

🐎 Dressurpferd

Sein Wesen und seine taktreinen Gänge prädestinieren den Holsteiner zum Dressurpferd. Die Holsteiner gehören zu den erfolgreichsten deutschen Turnierpferden und haben einige der besten Springpferde der Nachkriegszeit, wie Fritz Thiedemanns »Meteor«, hervorgebracht.

🐎 Kopf

Der frühere Holsteinerschlag hatte eine grobe, schwere Kopfpartie und oft ein konvexes Profil. Durch den Vollbluteinfluß bekam der Kopf des modernen Holsteiners mehr Feinheit; er ähnelt jetzt dem eines Hunters — ausdrucksvoll, mit großen, strahlenden Augen und gut plazierten Ohren. Der früher manchmal etwas schwere Unterkiefer kommt beim heutigen Holsteiner kaum mehr vor.

Knochen

Die Fesseln entsprechen der schrägen Schulter, der Röhrbeinumfang soll zwischen 20 und 24 cm liegen.

🐎 Die Gänge

Dem qualitätsvollen Gangwerk wird große Bedeutung zugemessen. Der Schritt ist lang, frei, elastisch und ganz gerade. Der Trab ist aktiv, sehr ausgeglichen und rhythmisch sowie weit ausgreifend; eine geringe Knieaktion (das Erbe der früheren Kutschpferde) ist erlaubt. Der Galopp ist weich, gerade und in gutem Gleichgewicht.

Körper

Die Struktur des Rumpfes ist stark und qualitätsvoll. Der Widerrist ist gut ausgebildet, wie es bei einem Reitpferd sein soll, die Brust tief und der Rücken und die Lendenpartie stark und muskulös.

Farben

Alle Farben sind erlaubt. Am häufigsten kommen Kastanienbraune mit schwarzen Flecken und Braune wie auf der Abbildung vor. Es gibt viele Schimmel, selten jedoch Füchse.

🐎 Tandem-Fahren

Im 19. Jahrhundert wurden Holsteiner überwiegend als Fahrpferde verwendet. Diese Zeichnung zeigt zwei Holsteiner in Tandem-Anspannung. Der Holsteiner war ein starkes und aufmerksames Kutschpferd, das sich gut handhaben ließ. Die betont hohe Aktion der Vorhand wurde beim modernen Holsteiner in eine geschmeidige Vorwärtsbewegung umgeformt, auch die typische Kutschpferdeschulter ist verschwunden.

Gliedmaßen

Die Gliedmaßen sind ausgezeichnet und mit einem flachen Knie, gut geformtem Sprunggelenk und kurzen Röhrbeinen ausgestattet. Die Vorderbeine sind weit genug auseinander, die Ellenbogen gut vom Körper abgesetzt.

Hinterhand

Der Schweif wird schön getragen, jedoch ist er nicht sehr hoch an der kraftvollen Hinterhand angesetzt; Flanken, Oberschenkel und Unterschenkel sind stark und muskulös.

Hufe

Der Vollbluteinfluß verbesserte die Hufe, die früher wie die vieler europäischer Fahrpferde an Qualität zu wünschen übrig ließen. Die Holsteiner-Züchter legen großen Wert auf korrekte Größe, Form und die Hornbeschaffenheit.

Stockmaß

Holsteiner haben ein Stockmaß von 1,60 bis 1,70 m (3jährige Stutfohlen sollten bei der Eintragung 1,60 m messen; zweijährige angehende Deckhengste sollten 1,61–1,62 m haben).

Maremma

Die Maremmapferde werden in der toskanischen Maremma gezüchtet. Zwar ging der Pferdebestand in Italien in den letzten 50 Jahren stark zurück, aber in der Maremma, im Po-Delta, auf Sizilien und auf Sardinien werden noch immer gute Reitpferde gezüchtet.

Geschichte

Ursprünglich gab es wahrscheinlich keine einheimischen Pferde oder Ponys in Italien, die ersten Pferde wurden vermutlich aus Spanien, Persien und Noricum, einer römischen Provinz im Ostalpenraum, importiert. Dennoch waren Italien und seine Pferdezucht 2000 Jahre lang von großer Bedeutung. Im 17. Jahrhundert war Italien eines der führenden europäischen Länder in der Pferdezucht. Die berühmteste Rasse war der Neapolitaner, der aus spanischen, berberischen und arabischen Pferden entstanden war. Später wurden in Italien einige der besten Vollblüter der Welt gezüchtet. Auch einige erstklassige Traber stammen von hier, wo der Trabrennsport sehr populär war.

Die Abstammung des Maremmapferdes ist wegen der vielen Einkreuzungen nicht mehr zu definieren; jedoch handelt es sich weder um ein einheimisches Pferd noch um einen genau festgelegten Typ. Im 19. Jahrhundert veredelte man bodenständige Pferde mit englischen Pferden, namentlich dem Norfolk Roadster. Ebenso wurde neapolitanisches Blut zugeführt. Das Ergebnis war ein »bäuerliches« Pferd. Solide und nicht unbedingt hübsch, ist es jedoch stark, ausdauernd und umgänglich. Das Maremmapferd wird für leichte landwirtschaftliche Arbeiten benutzt und dient bei der Armee und der Polizei als Reitpferd. Auch wird es von den »butteri«, den einheimischen Rinderhirten, zum Viehhüten gebraucht.

Stockmaß
Die Höhe ist ziemlich unterschiedlich; Durchschnitt ist jedoch ein Stockmaß von 1,52–1,53 m.

🐎 Erscheinungsbild
»Bäuerlich« ist eine treffende Bezeichnung für das Maremmapferd. Wie sein Vorfahr, der bedeutende, aber nicht unbedingt schöne Neapolitaner, ist er in seiner Erscheinung eher gewöhnlich.

Farben
Bei diesen Pferden mit der buntgemischten Abstammung sind alle Farben erlaubt, und keine ist dominant. Dieses Pferd ist braun.

🐎 Von hinten gesehen
Die Hinterhand ist nicht auf Schnelligkeit gezüchtet, aber sie ist stark und zweckmäßig, die Sprunggelenke sind gut geformt. Bei diesem Pferd ist die Linie der Hinterhand besser als bei den meisten Maremmapferden. Im allgemeinen ist sie etwas grob, auch mit ziemlich tief angesetztem Schweif.

Widerrist
Der Widerrist ist oft flach, was zusammen mit anderen Faktoren zu einem etwas gebundenen Gang führt, jedoch ist die Struktur an sich stark.

Hals
Der Hals entspricht dem Körperbau und paßt zu dem flachen Widerrist und der nicht ausreichend schrägen Schulter.

Kopf
Der alte Schlag der Maremmapferde hatte einen groben, oft direkt häßlichen Kopf. Pferde vom hier gezeigten Typ haben dazu beigetragen, die früher eher etwas sturen Pferde zu verfeinern und die offensichtlichen Exterieurmängel zu beseitigen.

Das Wesen
Zwar wurde das Maremmapferd niemals auf bestimmte Eigenschaften hin gezüchtet, aber es ist leicht zu halten, ruhig und gleichmäßig im Wesen, freundlich und willig — Qualitäten, die es als Fahr- und Reitpferd geeignet machen.

Gliedmaßen
Die Knochen sind recht gut. Durch den Einsatz besserer Deckhengste wurde die korrekte Stellung der Gliedmaßen verbessert.

Italienischer Cowboy
Das Maremmapferd ist das traditionelle Pferd der »butteri«, der italienischen Rinderhirten, die zum Hüten und Treiben der Herden diese Rasse wegen ihrer Ausdauer und ihres ausgeglichenen Wesens bevorzugen.

Murgese

Der starke Vollbluteinfluß in Italien und der Bestand an ausgezeichneten Trabern führten dazu, daß die Zucht von Reit- und leichten Fahrpferden etwas vernachlässigt wurde. Dennoch gibt es einige sehr typische italienische Rassen, die den Anforderungen der Gegenden, aus denen sie stammen, gut angepaßt sind. Neben dem Avelignese und soliden Reitpferden wie dem Salerno, dem weniger attraktiven San Fratello und einigen noch eher zu akzeptierenden Anglo-Arabern gibt es die Zucht von Murge, einem Landstrich bei Puglia, der einst für seine qualitativ hochwertigen Pferde bekannt war.

Geschichte

Die Murge ist eine trockene Hügelregion, in der Tiere mit guten Knochen und harten Hufen gedeihen. Im 15. und frühen 16. Jahrhundert war der Murgese als Kavalleriepferd sehr gefragt. Später ging jedoch das Interesse am Murgese verloren, typisch für die italienische Geschichte der Pferdezucht.

Die heutigen Pferde

Der alte Murgese-Typ — wie immer er auch ausgesehen haben mag — ist jetzt ausgestorben, und der neue Typ, der in den zwanziger Jahren dieses Jahrhunderts begründet wurde, ist ihm vermutlich wenig ähnlich. Der heutige Murgese ist in erster Linie ein leichtes Fahrpferd, eine etwas einfachere Ausgabe des Irish Draught. Die Zucht ist wenig konsolidiert, aber die besten Exemplare sind durchaus akzeptabel und können vielseitig eingesetzt werden. Der Murgese ist ein brauchbares Pferd für landwirtschaftliche Arbeiten und kann darüber hinaus als Basis für Kreuzungen dienen. Gute Reitpferde können durch die Kreuzung von Murgeser Stuten mit Vollblut- oder guten Halbbluthengsten entstehen. Die Nachkommen können als leichte Zugpferde, Reitpferde und gute Allround-Pferde eingesetzt werden. Die Murgeser Stuten dienen ebenfalls als Mütter starker Maultiere, die in der italienischen Landwirtschaft und im ländlichen Transportwesen noch eine wichtige Rolle spielen.

Bergpferd
Der Murgese ist kein ausgeprägter Typ. Am besten eignet er sich als leichtes Zugpferd. Er kann auch geritten werden, ist jedoch besser einsetzbar als Basis für Kreuzungen. Seine Heimat ist eine karge felsige Gegend, und so ähnelt er eher einem Berg- als einem massiven Zugpferd.

AUGEN
Die Augen liegen weit auseinander.

Kopf
Der Kopf ist einfach und ohne besondere Merkmale, aber der Gesichtsausdruck ist ehrlich und freundlich. Der Kehlgang ist ausgefüllt, die Augen stehen etwas seitlich. Der Kopf erinnert an einen Kaltblüter, was durch selektive Einkreuzung verbessert werden könnte. Dennoch wirkt das Pferd wach und energisch, es ist von angenehmem Wesen, leicht zu halten und entspricht den Anforderungen der Region.

Gliedmaßen
Die Beine sind gerade, aber die Karpalgelenke sind oft zu klein und zu rund.

Knochen
Die Röhrbeine sind sehr unterschiedlich, wie man es bei Pferden nicht konsolidierter Rassen findet. Die Fesseln sind beim Murgese oft etwas steil.

Jährliche Leistungsprüfung

Die Zucht des Murgese unterliegt keiner strengen Kontrolle oder irgendwelchen Zuchtvorschriften. Eine Zeitlang gab es jedoch in der Stadt Martina Franca eine jährliche Leistungsprüfung für angehende junge Deckhengste.

Gangwerk

Der Murgese hat ein gutes Vorwärts, jedoch sind die Schritte kurz, und die Hinterhand setzt, durch den Körperbau bedingt, wenig unter. Beim Fahren ist das jedoch nicht als ernsthafter Nachteil anzusehen.

Salerno

Der Salerno wurde auf dem Gestüt in Persano entwickelt, das 1763 von Karl III., König von Neapel und Sizilien (und später von Spanien), gegründet wurde. Die Gründerrasse war der Neapolitaner mit einem gewaltigen Schuß Andalusierblut. Die spätere Einkreuzung von Arabern und speziell von Vollblütern, brachte qualitätsvolle Reitpferde mit hervorragendem Springvermögen hervor. Der Salerno ist vermutlich das beste italienische Reitpferd und wurde früher sehr oft als Kavalleriepferd genutzt. Die Gesamterscheinung ist im allgemeinen gut. Der Kopf ist qualitätsvoll, die Schulter von guter Schräge, wie man sie bei Reitpferden wünscht, die Hinterhand ist kraftvoll, und die Gliedmaßen sind ausgesprochen korrekt. Alle Grundfarben sind erlaubt, das Stockmaß ist rund 1,60 m.

Widerrist

Der Widerrist ist oft von Muskeln überlagert, was die freie Bewegung einschränkt, aber der Rücken ist stark; der früher zu lange Rücken wurde weggezüchtet.

Hinterhand

Die Hinterhand des Murgese ist nicht immer gut, der Schweif oft niedrig angesetzt, und bei manchen Pferden ist die Oberschenkelpartie nicht ausreichend bemuskelt.

Farben

Das abgebildete Pferd ist ein Rappe, vorherrschend ist jedoch die Fuchsfarbe, wie auch beim Abelignese.

Hufe

Die Hufe des Murgese sollen hart und gut geformt sein.

Stockmaß

Der Murgese hat ein Stockmaß zwischen 1,50 und 1,60 m.

Oldenburger

D er Oldenburger ist die schwerste deutsche Warmblutrasse und wurde im 17. Jahrhundert hauptsächlich durch die Bemühungen des Grafen Anton Gunther von Oldenburg (1607 bis 1667) begründet. Hierzu benutzte er den Halbbluthengst Kranich und eine Basis von Friesenpferden.

Geschichte

Die Friesen wurden mit spanischen Pferden, Berbern, Neapolitanern und englischen Halbblutpferden gekreuzt; im 19. Jahrhundert führten die Züchter vermehrt Vollblüter, Cleveland Bays, Hannoveraner und Normannen zu. Das Ergebnis war ein schwer gebautes Kutschpferd, ein »Karossierpferd«, von etwa 1,70 Meter Stockmaß. Trotz seiner Größe und seines Rahmens war es ein frühreifes Pferd. Als die Nachfrage nach schweren Kutschpferden nachließ, züchtete man den Oldenburger als Pferd, das für alle Arbeiten in der Landwirtschaft eingesetzt werden konnte. Als sich die Nachfrage nach 1945 wiederum änderte, kreuzte man mehr Vollblüter und Normannen ein, um einen besseren Reittyp zu erhalten. Heute ist der Oldenburger ein Reitpferd, das für alle Sparten der Reiterei brauchbar ist, immer noch groß und stark und wie seine Vorfahren mit hoher Aktion, aber mit wesentlich freieren Gängen als die früheren Oldenburger.

🐎 Beeindruckend und vielseitig
Der moderne Oldenburger ist leichter als seine Vorfahren und hat freiere Gänge. Er ist ein großes, eindrucksvolles Pferd, das wegen seines taktklaren Ganges und seines ausgeglichenen Temperaments gern als Dressurpferd verwendet wird, aber auch immer noch als kraftvolles Fahrpferd vor der Kutsche geht.

Hals
Der Hals ist lang und sehr stark und kann die Kutschpferdeabstammung nicht verleugnen.

🐎 Kopf
Der Kopf ist einfach, aber ehrlich. Das Profil ist gerade, hie und da mit einer leichten Ramsnase. Die Ganaschenpartie ist manchmal etwas dick. Der Gesichtsausdruck ist jedoch ausgesprochen freundlich und liebenswürdig mit ausdrucksvollen Augen.

Gliedmaßen
Dem großen Rahmen entsprechend sind die Gliedmaßen stark und kurz mit großen, gut entwickelten Gelenken, kurzen Röhrbeinen und einem Röhrbeinumfang von mindestens 23 cm. Die Winkelung des Oberarmknochens zum Schulterblatt bedingt eine relativ hohe Knieaktion.

Hufe
Bei der Hengstleistungsprüfung wird den Hufen besondere Aufmerksamkeit gewidmet. Bei solch einem großen Pferd müssen sie im Trachtenbereich weit genug sein; die Proportionen sollen dem Pferd entsprechen und die Hufe von guter Konsistenz sein.

Gebäude

Das Oldenburger Pferd hat das kraftvollste Gebäude aller Warmblut-Reitpferderassen. Die Brust ist ausgesprochen tief, was die Aktion fördert. Die Schulter entspricht in Länge und Form nicht der des Vollblüters und ist in Verbindung mit der Weite der Brust nicht für Schnelligkeit gemacht. Die Gänge sind jedoch taktklar und elastisch, das Pferd bewegt sich sehr korrekt.

Hinterhand

Die Hinterhand und die hinteren Gliedmaßen sind sehr kräftig. Zwar ist der Oldenburger nicht auf Schnelligkeit gezüchtet, aber er ist als kraftvolles Springpferd sowie als Leistungspferd in der Dressur bekannt.

Schweif

Der Schweif ist hoch angesetzt und wird schön getragen, die Hinterhand ist stark.

🐎 *Das Groninger Pferd*
Ein Zweig des Oldenburgers, der holländische Groninger, trug zur Entwicklung des Holländischen Warmbluts bei. Es entstand durch die Kreuzung von Oldenburgern und den unverwechselbaren Friesen mit schweren holländischen Stuten. Der Groninger war ein starkes, ausdauerndes Fahrpferd mit einer guten Hinterhand, das sowohl zur Landarbeit als auch als ein nützliches, wenn auch mittelmäßiges und schweres Reitpferd benutzt wurde. Der alte reine Typ, der dem Oldenburger sehr ähnlich sah, existiert nicht mehr.

🐎 *Züchtervereinigung*
1819 eingerichtet und in den Jahren 1897 und 1923 ergänzt, liegt die Verantwortung für die Zucht und die Zulassung von Hengsten beim Verband der Züchter des Oldenburger Pferdes. Der Verband verfolgt eine sorgfältige Selektionspolitik mit dem Ziel eines einheitlichen Pferdetyps.

🐎 *Besondere Merkmale*
Durch den Einsatz von Vollblütern wurden die speziellen Merkmale des ehemaligen Kutschpferdes, besonders die steile Schulter und der lange Rükken, beim modernen Oldenburger weitgehend verändert. Trotz der Vollbluteinkreuzung legen die deutschen Züchter großen Wert auf ein im Wesen ausgeglichenes Pferd.

Farben

Die häufigsten Farben sind Braun, Schwarz und Kastanienbraun wie auf der Abbildung. Füchse und Schimmel sind ungewöhnlich, wenn es überhaupt welche geben sollte.

Stockmaß

Das Stockmaß liegt zwischen 1,62 und 1,72 m.

103

Camarguepferd

Die Camarguepferde stammen aus dem Rhônedelta in Südfrankreich und haben große Ähnlichkeit mit den Pferden auf den Höhlenzeichnungen von Lascaux, welche um 15 000 v. Chr. entstanden. Man nimmt auch an, daß die noch viel älteren Überreste prähistorischer Pferde, die im vorigen Jahrhundert bei Solutré gefunden wurden, von Vorfahren der jetzigen Camarguepferde stammen könnten.

Einflüsse

Das einheimische Pferd wurde von Berbern (s. S. 30/31) beeinflußt, welche die maurischen Invasoren mitgebracht hatten. Seitdem sind aufgrund der isolierten Lage der Camargue die »manades«, die wilden Herden weißen Pferden, unberührt von fremdem Blut.

Die unwirtliche Umgebung ist verantwortlich für die unglaubliche Härte der Pferde, die sich nur von den Gräsern ernähren, die auf den Schilfgrasinseln des Deltas zu finden sind. Die Gegend und das Klima sind extrem lebensfeindlich: heiß im Sommer, den Rest des Jahres von kaltem Salzwasser überspült. Die Landschaft ist geprägt vom Mistral, dem salzigen Wind, der nur eine dürftige Vegetation zuläßt. Aber die Bewohner hängen an ihrem Erbe und nennen es »das edelste von Menschen eroberte Land«.

Die Pferde der Stierhirten der Camargue, der Gardians, werden »die weißen Pferde aus dem Meer« genannt und seit Jahrhunderten in vielen Gedichten und Geschichten besungen.

Vorhand
Der Hals ist im allgemeinen kurz und geht in eine ziemlich gerade, steile Schulter über, welche den Eindruck des Primitivpferdes verstärkt, mit Anklängen an den nordafrikanischen Berber. Die Vorhand und der Ansatz der Vorderbeine an der Schulter prägen die ganz eigene Gangart dieser Rasse.

🐎 Kopf
Der Kopf des Camarguepferdes mit dem typischen Strickhalfter, das meist aus gedrehtem Pferdehaar gefertigt ist, entspricht wenig den romantischen Vorstellungen und Legenden. Zwar ist der nordafrikanische Einfluß sichtbar, aber der Kopf ist normalerweise grob und schwer und erinnert eher an die Vorfahren aus prähistorischer Zeit. Dabei ist das Camarguepferd intelligent und von freundlichem Naturell.

Hufe
In Anpassung an den sumpfigen Boden seines Ursprungslandes sind die Hufe des Camarguepferdes breit, aber sie sind auch unglaublich hart und stark, so daß nur wenige Camarguepferde beschlagen werden müssen.

🐎 Reiten durch die Sümpfe
An der traditionellen Ausrüstung des Gardian-Pferdes sieht man noch deutlich den maurischen Einfluß auf das Rhônedelta.

🐎 Temperament
Das Camarguepferd hat einen unabhängigen Charakter, ist aber unter dem Sattel feurig und sehr mutig. Die Pferde sind geschmeidig und trittsicher und haben einen natürlichen Instinkt für die Arbeit mit den schwarzen Stieren der Camargue.

🐎 Gänge
Die Rasse hat unverkennbar eigene Gänge. Der Schritt ist aktiv — lange Schritte mit hoher Aktion. Der Trab wird selten geritten, er ist kurz, staksig und hart. Der langsame Canter und der schnelle Galopp hingegen sind herrlich frei.

Farbe
Die Farbe ist der schönste Schmuck des Camarguepferdes. Das Fell ist weiß wie Meerschaum und hat einen seltsamen, silbrigen Glanz.

Schweif
Mähne und Schweif sind herrlich voll.

🐎 Steigender Tourismus
Das wilde Brachland der Camargue, in welchem die »manades«, die wilden Pferdeherden, Schutz fanden, ist im Begriff auszutrocknen. Dafür wächst der Tourismus; die Reisenden können jetzt auf den »Pferden aus dem Meer« das Naturschutzgebiet entdecken.

Hinterhand
Die Kruppe ist oft schräg mit tief angesetztem Schweif, aber sie ist immer gut bemuskelt und stark. Die Flanken, auf denen der Brand meist deutlich zu sehen ist, sind im allgemeinen kräftig.

Körper
Zum Ausgleich für andere Gebäudefehler hat das Camarguepferd eine gute Gurtentiefe und trotz des relativ flachen Widerristes einen unglaublich starken Rücken und eine ebensolche Lendenpartie. Auch die Gliedmaßen sind gut geformt, und der Knochenumfang ist gut.

🐎 Jährliche Inspektion
Die meiste Zeit des Jahres leben die Camarguepferde halb wild; jeder Hengst hat eine eigene Herde mit Stuten und Jungpferden. Einmal im Jahr jedoch wird die Herde zur Inspektion und zum Brennen eingefangen und hereingebracht.

🐎 Außerordentlich langlebig
Das Camarguepferd entwickelt sich langsam und ist erst mit fünf bis sieben Jahren voll ausgewachsen, aber es ist außerordentlich ausdauernd und besonders langlebig.

Stockmaß
Unterschiedlich, aber meistens zwischen 1,31 und 1,40 m.

Rocky Mountain Pony

D as Rocky Mountain Pony zeigt die Begabung der Amerikaner für Innovation und Anpassung. Die Zucht entwickelte sich innerhalb bemerkenswert kurzer Zeit und hat sich noch nicht so mit festen einheitlichen Merkmalen konsolidiert, daß man sie als echte Rasse bezeichnen könnte. Ein Stutbuch wurde im Jahre 1986 eröffnet, jetzt umfaßt die Zucht einige hundert Tiere.

Ursprünge

Die Ursprünge dieser Zucht liegen, ebenso wie die so vieler anderer amerikanischer Pferde, in den ersten Importen spanischer Pferde und den daraus entstandenen Mustangherden. Der Verdienst der Gründung dieser Zucht gebührt jedoch Sam Tuttle aus Stout Springs, Kentucky, der im Natural Bridge State Resort Park einen Reitbetrieb hatte. Mr. Tuttle besaß einen Hengst, Old Tobe, welcher der Liebling aller Reiter und ideal für das rauhe Hügelland der Appalachen war. Old Tobe war mit 37 Jahren noch aktiv und ein bewährter Deckhengst, der an seine Nachfahren sein gutes Temperament, seine Trittsicherheit und seinen natürlichen Tölt, das Erbe seiner spanischen Vorfahren, vererbte.

Das Rocky Mountain Pony wird hauptsächlich nach der Qualität seiner Gänge beurteilt; er erreicht als Gelände- und Trekkingpferd eine Geschwindigkeit von rund elf Stundenkilometern, auf kürzeren Strecken und glattem Boden sogar 26 Kilometer in der Stunde. Die Ponys sind robust und können die kalten Winter in den Bergen gut überstehen.

🐎 *Spanischer Ursprung*
Die mittlere Größe und die Oberlinie lassen die spanische Abstammung erkennen, das seltsame Schokoladenbraun des Fells gab es bei den spanischen Pferden allerdings nicht.

Oberlinie
Die Oberlinie des Rocky Mountain Ponys ist schön gerundet und durchgehend gut proportioniert.

🐎 *Gänge*
Der normale und natürliche Gang des Rocky Mountain Ponys ist ein leichter, sehr angenehmer Tölt — eine laterale Gangart, die nicht mit dem Trab zu verwechseln ist. Spanische Pferde verfügten früher oft über diese Gangart, die seit dem Mittelalter als die komfortabelste Gangart für lange Reisen galt.

🐎 *Von hinten gesehen*
Ein voller heller Schweif und eine ebensolche Mähne sind das Markenzeichen des Rocky Mountain Ponys und passen wunderbar zu dem ungewöhnlich schokoladenfarbenen Fell. Dieser Braunton ist bei Pferden sehr selten.

Kopf
Der Kopf ist hübsch und sitzt auf einem anmutigen Hals, der länger ist, als man erwarten könnte. Dies trägt zu dem natürlichen Gleichgewicht des Pferdes bei.

Widerrist
Der Widerrist ist nicht stark ausgeprägt, aber die Struktur des Rückens und die leicht ansteigende Kruppe sind bemerkenswert gut.

Temperament
Man sagt dem Rocky Mountain Pony ein ruhiges und freundliches Wesen nach; dennoch ist das Pony spritzig und bewegt sich auch behende in rauhem Gelände.

Aktion
Die natürliche Gangart in gemäßigtem Tempo ist der Tölt mit einer Stundengeschwindigkeit von etwa elf Kilometern. In dieser erschütterungsfreien Bewegungsart kann der Reiter lange Strecken reiten, ohne zu ermüden.

Gliedmaßen
Die Gliedmaßen sind gut, die Hufe hart und gut geformt. Das Rocky Mountain Pony ist bekannt für seine Trittsicherheit und die Leichtigkeit, mit der es sich bewegt.

Allround-Pony
In Amerika ist es üblich, Pferde mit nach hinten weggestreckter Hinterhand zu präsentieren, weil dadurch der Fluchtreflex blockiert ist und sie leichter stillstehen; in Europa wird diese Haltung als zu künstlich abgelehnt. Das Rocky Mountain Pony arbeitet in der Landwirtschaft und als Fahrpferd und ist ein gutes Turnierpferd unter dem Sattel.

Stockmaß
Es ist nicht vorgeschrieben, liegt jedoch bei 1,42 bis 1,43 m.

Furioso

D ie Furioso-Rasse ist eine der vielen Rassen, die während der Zeit entstanden, als Österreich-Ungarn die vorherrschende Macht in Europa war. Das Gestüt Mezöhegyes, 1785 von Kaiser Joseph II. gegründet, wurde zuerst das Zentrum der Nonius-(s. S. 110/111), später der Furioso-Zucht.

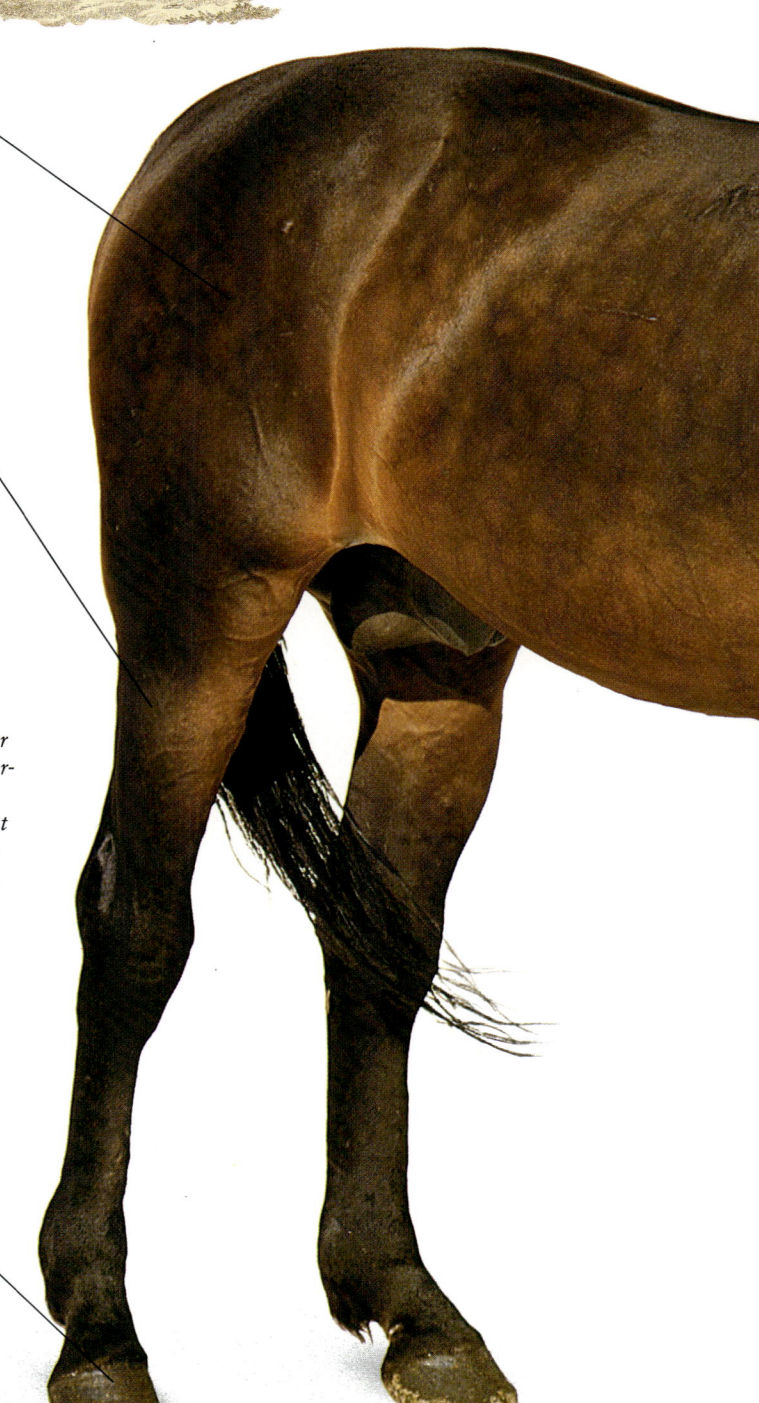

Ursprünge

Die Furioso-Rasse entstand aus zwei englischen Importhengsten. Sie hießen Furioso und North Star. Beide Hengste wurden mit Nonius-Stuten gekreuzt. Der Begründer der Nonius-Rasse war Nonius senior, der von einem englischen Halbbluthengst und einer normannischen Stute abstammte.

Furioso, ein englischer Vollblüter, wurde um 1840 vom Grafen Karolyi importiert. In Mezöhegyes zeugte er nicht weniger als 95 Hengste. Diese wurden auf viele der kaiserlichen Gestüte verteilt. North Star wurde drei Jahre später importiert. Er stammte von einem Norfolk Roadster ab und war der Sohn von Touchstone, dem Gewinner des St. Leger 1834 und zweimaligen Gewinner des Ascot Gold Cup. North Star wurde der Vater vieler guter Rennpferde, genauso wie sein Vorfahr Waxy, der Gewinner des Derbys 1793. Später wurde der Furioso-Rasse mehr Vollblut eingekreuzt, meist über Buccaneer, dem Vater von Kisber, dem ungarisch gezogenen Gewinner des Derbys 1876.

Ursprünglich hielt man die Furioso- und die North-Star-Linien getrennt. 1885 kreuzte man sie jedoch untereinander, und die Furioso-Linie wurde dominierend.

Erscheinung (links)
Bei diesem hübschen Kavalleriepferd kommt der orientalische Einfluß in der ungarischen Pferdezucht deutlich zum Ausdruck. Die ungarischen »leichten Reiter« gehörten zu den besten der Welt.

Hinterhand
Obwohl der Furioso ein gutes Reitpferd ist, fällt die Hinterhand leicht ab, ein Erbe des eher plebejischen Nonius-Pferdes.

Hinterbeine
Die Hinterbeine sind stark, die Sprunggelenke tief am Boden, aber sie sind nicht auf Schnelligkeit und weites Untertreten gezüchtet.

Charakter
Der Furioso ist intelligent und sehr eifrig und gehorsam. Er ist außerordentlich vielseitig, ein gutes Allround-Reitpferd, das aber auch gut im Geschirr geht und in allen Turnierdisziplinen einschließlich Hindernisrennen erfolgreich ist.

Stockmaß
Das Stockmaß liegt um 1,60 m oder etwas darüber.

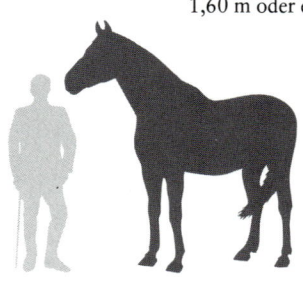

Hufe
Die Hufe sind gut und besser als die vieler berühmter Warmblutrassen.

Schultern
Die Schultern und der Widerrist sind eindeutig die eines Reitpferdes; dennoch leidet die Aktion manchmal unter dem ausgeprägten Kutschpferde-Erbe der Nonius-Vorfahren.

Kopf
Der Kopf ist meist der eines Vollblüters, die Ohren sind allerdings etwas kleiner. Der Gesichtsausdruck ist intelligent und freundlich. Charakteristisch ist ein ziemlich gerades Profil.

Maul
Der Furioso hat ein manchmal etwas eckiges Maul und große Nüstern.

Farben
Fast alle Farben sind erlaubt, aber die häufigsten sind Schwarz, Dunkelbraun oder Dunkelkastanienbraun wie hier. Weiße Abzeichen sind selten.

Halfter
Das traditionelle Halfter bei diesem Furioso weist auf den asiatischen Einfluß in der ungarischen Pferdezucht hin. Die Magyaren waren Steppenbewohner, Nachfahren der Hunnen, die vor 1000 Jahren am Rande der Karpaten seßhaft wurden. Sie hatten eine Pferdekultur geerbt, die vor 6000 Jahren in Zentralasien begann; als Husaren des Habsburger Kaiserhauses waren sie als beste leichte Kavallerie aller Zeiten bekannt.

Das Kutschpferde-Erbe
Zwar ist der Vollbluteinfluß beim Furioso dominant, doch das Kutschpferde-Erbe ist nicht zu leugnen.

Gliedmaßen
Die Gliedmaßen sind gut und die Gelenke sauber, groß und gut ausgeprägt. Vielleicht sind die Fesseln etwas zu steil, ein Erbe der Kutschpferde-Vorfahren.

Österreichisch-ungarische Dominanz
Nirgends auf der Welt gab es Gestüte, die sich in Größe und zweckgebundener Architektur mit denen vergleichen konnten, welche die österreichisch-ungarischen Kaiser errichteten. Auch heute noch leben auf den ungarischen Gestüten riesige Pferdeherden unter der Obhut der Czikos, der berittenen Hirten, in der Puszta. Furiosos wurden zuerst in Mezöhegyes gezüchtet, heute gibt es sie überall zwischen Österreich und Polen. Die Zucht des ungarischen Furiosos wird jetzt ausschließlich auf dem Gestüt Apajpuzsta zwischen den Flüssen Donau und Theiß betrieben.

Nonius

Widerrist
Der Widerrist ist gut ausgeprägt, die Schulter weist eine ausreichende Schräge auf.

G egen Ende des 19. Jahrhunderts verfügte Ungarn über mehr als zwei Millionen Pferde und belieferte die Kavallerien von ganz Europa mit Remonten. Es gab hier einige der größten Gestüte der Welt, unter anderem das von Kaiser Joseph II. im Jahre 1785 gegründete Gestüt Mezöhegyes, in dem zeitweise über 12 000 Pferde standen.

Geschichte

Mezöhegyes war das Zentrum der Nonius-Zucht und der des mit ihm verwandten Furioso (s. S. 108/109). Die Nonius-Rasse wurde mit dem Hengst Nonius senior begründet. Er wurde 1810 in Calvados in der Normandie geboren und 1813 — nach Napoleons Niederlage in der Völkerschlacht bei Leipzig — im Gestüt Rosières von der ungarischen Kavallerie erbeutet.

Nach den Unterlagen war Nonius senior der Sohn einer einfachen normannischen Stute und des englischen Halbbluthengstes Orion, der zweifelsohne Roadster-Blut hatte. Nonius senior war keineswegs ein schönes Pferd. Er maß etwa 1,61 Meter und hatte der Beschreibung nach einen groben, schweren Kopf mit kleinen Augen und langen »Eselsohren«. Seine weiteren Merkmale waren ein kurzer Hals, ein langer Rücken, eine enge Beckenpartie und ein niedrig angesetzter Schweif. Dennoch war Nonius senior ein produktiver und bald auch ein sehr erfolgreicher Hengst. Er deckte viele verschiedenartige Stuten und zeugte gute Fohlen, die sein eigenes Exterieur und seine Gänge weit übertrafen. Nonius senior hinterließ nicht weniger als 15 hervorragende Hengste.

Charakteristika

Um 1860 wurden verstärkt Vollblüter eingekreuzt, um die äußere Erscheinung zu verbessern. Zu dieser Zeit unterteilte man auch die Rasse in zwei Typen, einen großen und einen kleineren. Ersterer ist ein Fahrpferd und wird vornehmlich in der Landwirtschaft eingesetzt, letzterer hat einen höheren Anteil arabischen Blutes und zeichnet sich als ein Allround-Pferd aus, das gleichermaßen gut unter dem Sattel wie im Geschirr geht. Werden Nonius-Stuten mit Vollblütern rückgekreuzt, bringen sie qualitätsvolle Turnierpferde mit gutem Springvermögen.

Hals
Zwar ist der Hals nicht lang und elegant, aber er ist gut geformt und paßt zum Rahmen.

🐎 *Fohlen*
Dieses langbeinige Nonius-Fohlen wird erst mit sechs Jahren erwachsen sein, dafür ist es aber auch ausgesprochen langlebig. Heute wird die Nonius-Zucht in Ungarn nur noch auf dem Gestüt Hortobagy betrieben; das Zuchtzentrum der Tschechoslowakei ist Topolcianky.

Rücken
Die Oberlinie, besonders der starke Rücken, entspricht dem Typ eines guten, mittelgewichtigen Jagdpferdes oder eines ausdauernden, gut vorwärtsgehenden Kutschpferdes.

Hinterhand
Die Hinterhand ist immer stark, obwohl die Kruppe manchmal stark abfällt. Dennoch ist die Hinterhand zum Reiten und zum Fahren geeignet.

🐎 *Kopf*
Trotz des Vollbluteinflusses ist der Kopf der eines anständigen Halbblutpferdes. Das ruhige, ehrliche Aussehen des Nonius spiegelt seine willige Natur und sein angenehmes Temperament wider, welche hervorragende Merkmale dieser zähen und freundlichen Allround-Pferde sind.

Farben
Die häufigste Farbe ist Kastanienbraun, aber es gibt auch, wie auf der Abbildung Dunkelbraune und einige kastanienbraune Schattierungen.

🐎 *Sorgfältige Zucht*
Den unverwechselbaren Nonius-Typ erreichte man durch sorgfältig selektierte Rückkreuzung der Nonius-senior-Nachkommen aus Arabern, Lipizzanern, Normannen und englischen Halbblütern auf ihren Vater. Nonius senior starb 1832; im Jahre 1870 waren 2800 Hengste und 3200 Stuten als seine Nachkommen registriert. Zur Verfeinerung und zur Korrektur von Fehlern in der Gesamterscheinung kreuzte man Vollblüter ein.

Körper
Der Nonius ist ein sehr gesundes Pferd mit kurzen Gliedmaßen, guten Hufen und beachtlich straffen Proportionen. Die Gelenke sind korrekt, die Knochen mehr als zufriedenstellend, und die Pferde verfügen über eine gute Gurtentiefe.

🐎 *Gangwerk*
Das herausragende Merkmal dieser Rasse ist nicht unbedingt Schnelligkeit, aber sie genügt den Ansprüchen eines Allround-Reit- und Fahrpferdes. Das Pferd hat viel Vorwärts und bewegt sich frei.

Stockmaß
Der große Typus hat ein Stockmaß zwischen 1,53 und 1,65 m, der kleine ein Stockmaß um 1,53 m.

Knabstrupper

Dänemark war einst berühmt für seine Frederiksborger, die im Königlich Dänischen Gestüt gezüchtet wurden, und für seine auffallenden, getupften Knabstrupper. In ihrer alten Form gibt es beide nicht mehr. Knabstrupper waren früher weiß mit braunen oder schwarzen Tupfen von unterschiedlicher Größe, die sich über den ganzen Körper und die Beine verteilten. Der moderne Knabstrupper sieht eher wie der amerikanische Appaloosa (s. S. 120/121) aus.

Ursprünge

Die Knabstrupper-Rasse entstand in der Zeit der Napoleonischen Kriege und basiert auf einer getupften Stute namens Flaebehoppen, die spanischen Ursprungs war. Bis zum 19. Jahrhundert war das getupfte Fell bei spanischen Pferden recht häufig. Ein Metzger namens Flaebe (daher der Name Flaebehoppen = Flaebes Pferd) kaufte die Stute einem spanischen Offizier ab und veräußerte sie seinerseits an Richter Lunn, den man als den Begründer dieser Rasse bezeichnen kann.

Flaebehoppen war berühmt für ihre Schnelligkeit und Ausdauer, und Richter Lunn ließ sie auf seinem Gut Knabstrup in Dänemark von Frederiksborger-Hengsten decken. Sie begründete eine Linie getupfter Pferde, die zwar nicht so viel Substanz hatten wie der Frederiksborger, die aber wegen ihrer Farbe und ihres Leistungsvermögens gefragt waren. Ihr Enkel Mikkel gilt als einer der Gründerhengste der Rasse.

Gebäude

Die Knabstrupper waren zwar grobknochige Pferde, aber hart, gesund und gut zu handhaben. Sie lernten schnell, so daß auch bei den Zirkusunternehmen eine große Nachfrage nach ihnen bestand. Aufgrund einer sehr unklugen Selektion rein auf Farbe verschlechterte sich die Rasse Ende des letzten Jahrhunderts erheblich. Die heutigen Knabstrupper haben zwar nur noch wenig Ähnlichkeit mit dem ehemaligen Pferd, sind jedoch wieder wesentlich besser geworden. Sie haben Substanz, mehr Qualität und eine größere Farbenvielfalt.

Stockmaß
Der Knabstrupper ist um 1,55 m groß.

🐎 *In der Antike verehrt*
Von jeher waren getupfte Pferde — weil selten — begehrt. In der Antike waren sie die Pferde der Herrschenden — und standen ihrem Reiter oft so nahe, daß sie bei dessen Tod auch sterben mußten und mit ihm bestattet wurden.

🐎 *Von hinten gesehen*
Die dünne Mähne und der dürftige Schweif scheinen ein typisches Merkmal der getupften Pferde zu sein — man findet sie beim Appaloosa ebenso wie beim früheren und heutigen Knabstrupper. Die besten Pferde der Rasse haben eine gut geformte, runde, stark bemuskelte Hinterhand. Der alte Typ hatte eine eher etwas knochige Hüftpartie.

Verbesserungen des Exterieurs

Der moderne Knabstrupper-Hengst hat mehr Substanz und insgesamt ein besseres Exterieur als die Pferde dieser Rasse vor 50 Jahren. Diese hatten unter Degenerationserscheinungen zu leiden und hätten nie die Qualität der heutigen, attraktiven Pferde erreicht.

Oberlinie

Die Linie des Rückens und der Widerrist scheinen für den Knabstrupper und einige Appaloosa-Linien typisch zu sein.

Mähne

Die Mähne ist spärlich. Diese ist eingeflochten.

Kopf

Der freundliche Kopf des Knabstruppers verrät die Intelligenz der Rasse. Alle getupften Pferde sind sehr umgänglich und kooperativ und lernen schnell. Diese Fähigkeiten, und darüber hinaus natürlich die spektakuläre Färbung, begründeten die Popularität der Rasse als Zirkuspferd.

Gliedmaßen

Das getupfte Fell reicht auch über die Beine bis hinunter zu den Hufen. Die Gebäudefehler, die früher durch die reine Farbzucht entstanden, sind weitgehend ausgemerzt.

Farbe

Die ursprüngliche Farbe des Knabstruppers war weiß mit braunen oder schwarzen Tupfen am ganzen Körper. Die Rotschimmelfarbe wie hier gibt es erst seit relativ kurzer Zeit.

Hufe

Der Huf hat oft vertikale Streifen.

Der alte Typ

Der alte Typ des Knabstruppers war stark und stand eher im Kutschpferde-Typ, was sich besonders in der Schulter und in dem kurzen Hals zeigte. Er hatte den Ruf eines harten und ausdauernden Pferdes, und die Gründerstute Flaebehoppen galt als ausgesprochenes Leistungspferd. Der Knabstrupper war dennoch in vieler Hinsicht ein grobes Pferd und abgesehen von seiner Farbe eher mittelmäßig.

Pinto

D er Pinto stammt von spanischen Pferden ab, welche im 16. Jahrhundert nach Amerika kamen (s. auch Mustang S. 74/75). Der Pinto ist eine reine Farbzucht, die es in der ganzen Welt gibt.

Typen

Die Pinto Horse Association wurde 1956 in Ellington, Connecticut, gegründet, und seit 1963 ist der Pinto als eigenständige Rasse anerkannt. In Deutschland gibt es zwei Interessenvertretungen der Pintos, den Deutschen Pinto-Zuchtverein und das Pinto-Zentralregister.

Die Pinto Association, deren Regeln auch in Deutschland gelten, schreibt vier Typen bunter Pferde vor: 1. Stocktype, 2. Hunter, 3. Pleasure-type und 4. Saddle-type. Bei bunten Ponys gibt es entsprechende Einteilungen.

Färbung

Die Indianer bevorzugten die bunten Pferde wegen ihrer außergewöhnlichen Färbung, aber auch, weil das gefleckte Fell eine natürliche Tarnung war. Auch bei den amerikanischen Cowboys war der Pinto beliebt.

Es gibt zwei Farbtypen: Overo und Tobiano. Der erste ist ein rezessiver Erbfaktor, den es hauptsächlich in Südamerika gibt; der zweite ist ein dominanter Erbfaktor, den man vorzugsweise in Nordamerika findet. Der Overo hat eine dunkle Grundfarbe mit großen, unregelmäßigen, weißen Flecken, der Tobiano hat große, unregelmäßig farbige Flecken auf weißem Grund.

Oberlinie
Die ausgesprochen harmonische Oberlinie — gleichermaßen anmutig und symmetrisch — ist ein attraktives Merkmal der Pintos.

 **Tarnung**
Tupfen, Streifen, gestreifte Beine und helle Flekken auf dunklem Grund gehören zum ureigenen Tarnsystem der Natur. Viele Primitivpferderassen haben diese gebrochenen Farben als Schutz gegen ihre Feinde. Auch das »Morgenrötepferdchen«, der Eohippus, der vor 60 Millionen Jahren lebte, hatte ein ähnlich geflecktes Fell. Die Indianer erkannten schnell diesen Vorteil.

Farben
Dieser Pinto ist ein Overo, die Farben sind Fuchsfarben mit Weiß.

Stockmaß
Da der Pinto eine Farbzucht ist, gibt es keine Vorschriften für das Stockmaß.

Kopf
Dies ist ein schöner sensibler Kopf, wie man ihn bei den allerbesten Indianerponys findet. Da es bei den Pintos einen gewissen Vollbluteinschlag gibt, sind viele von ihnen gute Allround-Pferde, die den von den Indianern so geliebten Tieren ähneln.

Gliedmaßen
Die heutigen Pintos haben gute Beine. Die Pintos wurden besonders sorgfältig im Hinblick auf Korrektheit der unteren Gliedmaßen und der Hufe gezüchtet.

Exterieur

Dieser Pinto ist ein gutes Beispiel für den Stockhorse-type und hat das entsprechende Erscheinungsbild: ein kraftvolles Pferd mit starker Hinterhand und guten Proportionen.

🐎 Gangwerk

Die meisten Pintos des hier abgebildeten Typs sind für ihre leichten und bequemen Gänge bekannt, die sie über lange Strecken durchhalten können — in früheren Tagen ein wichtiges Kriterium bei der Auswahl eines Pferdes.

🐎 Das ideale Indianerpferd (oben)

Ebenso wie die Bewohner der asiatischen Steppe, mit denen sie auch ansonsten viel gemeinsam hatten, liebten die Indianer Amerikas Farben und Schmuck. Sie bemalten ihre Körper und selbst ihre Pferde, wenn diese nicht von Natur aus bunt waren. Dieses Bild spiegelt das Ideal des Indianers und seine Beziehung zu dem harten, intelligenten und dennoch anmutigen Pinto-Pony wider, das zu einem Bestandteil des indianischen Lebens wurde.

Schweif

Der spärliche Schweif ist für den Pinto ebenso charakteristisch wie für den Appaloosa (s. S. 120/121). Diese Art von Schweif wurde durch selektive Zucht noch weiter herausgebildet, da er sich nicht im Unterholz oder Gebüsch verfangen sollte.

🐎 Cowboy

Der Cowboy, der ein wenig Schmuck an seiner Kleidung und Ausrüstung keineswegs abgeneigt war, bevorzugte ein buntes Pferd, das ihn von seinen weniger spektakulär berittenen Kollegen abhob.

🐎 Ponys of the Americas

Das erste »Pony of the Americas« wurde 1954 geboren und war das Produkt einer Kreuzung zwischen einem Shetland-Hengst und einer Appaloosa-Stute. Mittlerweile gibt es Standards für ein kleines Pferd mit Appaloosa-Färbung und -Charakter, dessen Exterieur jedoch eine Mischung zwischen Quarter Horse und Araber ist. Das Stockmaß variiert zwischen 1,12 und 1,32 m.

Palomino

Die auffällige, goldene Fellfarbe, bekannt unter dem Namen Palomino, findet sich bereits auf frühzeitlichen Kunstgegenständen und Werkzeugen Europas und Asiens und war besonders vorherrschend in japanischer und chinesischer Kunst vor der Qin-Dynastie (221–206 v. Chr.). Diese Farbe kommt bei vielen Pferde- und Ponyrassen vor. Aus diesem Grund ist Palomino eher eine Farbbezeichnung und keine »Rasse« im eigentlichen Sinn.

Zucht

In Amerika wird der Palomino systematisch gezüchtet; dort gibt es auch die Palomino Horse Association Inc., die 1936 gegründet wurde. Ihr Ziel ist »die Erhaltung und Verbesserung des Palominos durch Erfassung bestimmter Blutlinien und Registrierung der qualifizierten Pferde«. Die Gesellschaft legt in einem offiziellen Standard auch die wünschenswerten Merkmale, wie beispielsweise ein Stockmaß zwischen 1,41 und 1,60 Meter, fest.

Die von den Spaniern mitgeführten Pferde brachten auch die Palominofarbe in die Neue Welt, die man jetzt bei vielen amerikanischen Pferderassen und -typen findet. Sie ist recht häufig beim Quarter Horse und Saddlebred, kommt bei reingezogenen Arabern und Vollblütern jedoch nicht vor.

Palominos sind bei Westernreitern sehr gefragt — und nicht nur als prächtige »Paradepferde«. Man sieht sie auf Westernturnieren, in der »pleasure« und bei »trail rides«, und natürlich sind palominofarbene Quarter Horses eine besondere Attraktion auf Rodeos.

Stockmaß
Die American Palomino Horse Association legt das Stockmaß auf zwischen 1,41 und 1,60 m fest.

Isabella
In Spanien nennt man die Palominofarbe manchmal auch Isabella.

Gebäude
Das Gebäude ist jeweils typisch für das des dominanten Kreuzungspartners und kann ebenso zum etwas kräftigeren Gebrauchspferd als auch wie auf der Abbildung zum feineren Reitpferd hin tendieren.

Eintragung
Der amerikanische Zuchtverband verlangt, daß ein Elternteil Papiere hat, der andere von Quarter Horses, Arabern oder Vollblütern abstammt.

Kopf
Ob das Pferd im Typ zum Quarter Horse, zum Araber oder zum Vollblüter tendiert, der Kopf muß in jedem Fall qualitätsvoll sein. Die Augen sollten dunkel oder haselnußbraun sein und beide dieselbe Farbe haben. Als weiße Kopfabzeichen sind lediglich eine Blesse, eine Schnippe oder ein Stern zugelassen.

Farbe

Das Fell soll die Farbe einer frisch geprägten Gold-
münze haben, darf höchstens drei Schattierungen
heller oder dunkler sein. Mähne und Schweif müssen
weiß sein und dürfen nicht mehr als 15 Prozent
dunkle Haare enthalten. Flecken oder Flocken im
Fell sind unerwünscht.

🐎 Beurteilungskriterien

*Zwar ist die Palominofarbe die unbedingte Vor-
aussetzung für die Anerkennung als Palomino,
dennoch wird auch ein korrektes Exterieur
verlangt.*

🐎 Kreuzung mit Arabern

*Zwar sind Vollblutaraber niemals Palo-
minos, aber sie werden doch oft zur
Erzeugung von Kreuzungsprodukten in
dieser Farbe eingesetzt.*

🐎 Farbe und fließende Bewegung

*Die Kombination von Farbe und fließender Bewe-
gung macht den Palomino so unwiderstehlich
attraktiv. Die häufigste Kreuzung zur Erreichung der
Palominofarbe, die auch den schönsten Ton ergibt,
ist Fuchsfarben × Palomino. Die Fuchsfarbe kann
man auch mit cremefarbenen Pferden oder Albinos
kreuzen.*

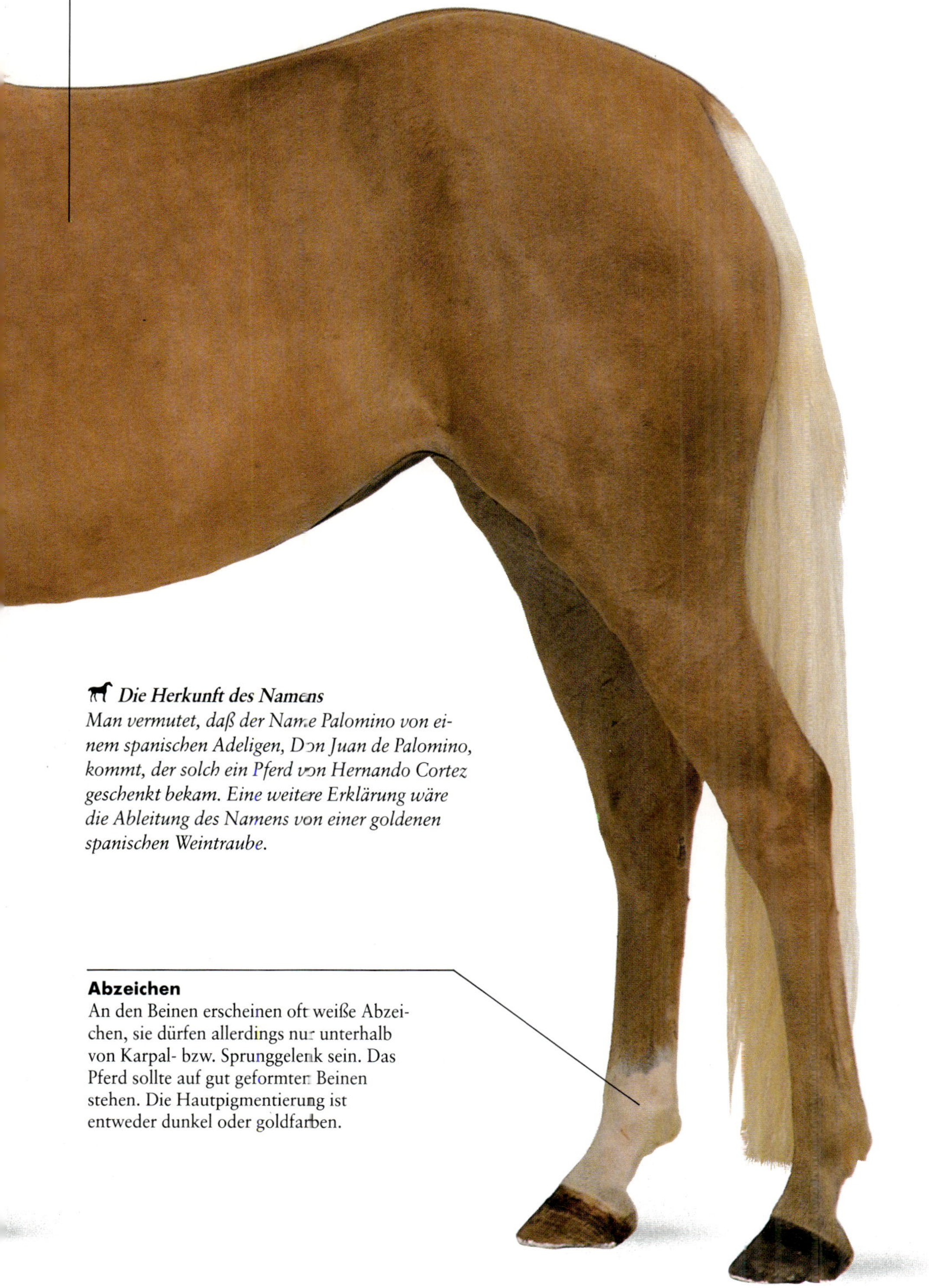

🐎 Die Herkunft des Namens

*Man vermutet, daß der Name Palomino von ei-
nem spanischen Adeligen, Don Juan de Palomino,
kommt, der solch ein Pferd von Hernando Cortez
geschenkt bekam. Eine weitere Erklärung wäre
die Ableitung des Namens von einer goldenen
spanischen Weintraube.*

Abzeichen

An den Beinen erscheinen oft weiße Abzeichen, sie dürfen allerdings nur unterhalb
von Karpal- bzw. Sprunggelenk sein. Das
Pferd sollte auf gut geformten Beinen
stehen. Die Hautpigmentierung ist
entweder dunkel oder goldfarben.

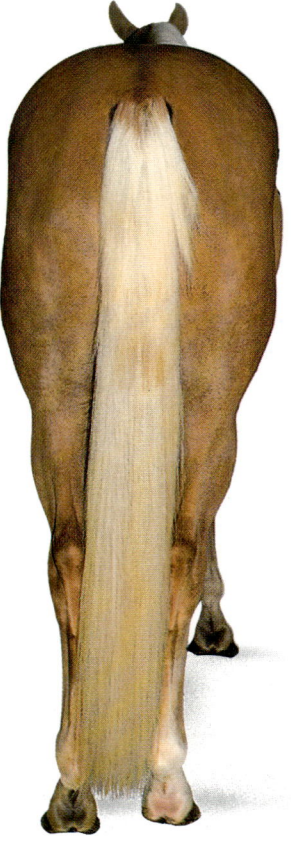

🐎 Von hinten gesehen

*Der Schweif soll voll und weiß sein; Aalstriche wie
bei Falben sind ebenso abzulehnen wie Zebrastreifen an den Beinen, welche deutliche Zeichen
des Primitivpferdes sind.*

Australian Stock Horse

V or etwa zweihundert Jahren wurden die ersten Pferde in die besiedelten Distrikte von
New South Wales importiert. Sie kamen zu-
nächst aus Südafrika, dann nach und nach
aus Europa, wobei Vollblüter und Araber
am beliebtesten waren. Die einheimische
Zucht wurde bis vor kurzem noch nach
dem Landstrich New South Wales
»Waler« benannt.

Geschichte

Während und nach dem Ersten Weltkrieg galten die Waler als die besten
Kavalleriepferde der Welt, denn sie waren
gesund und ausdauernd und ausgesprochen gute und kräftige Packpferde — kein
anderes Pferd konnte soviel leisten. Trotz
ihrer Verdienste kamen viele Waler nicht
mehr nach Australien zurück; auf Anordnung der australischen Regierung wurden
sie getötet. Das Pferd, das man jetzt als
Australian Stock Horse bezeichnet, basiert
auf dem Waler. Es ist im Grunde ein
Anglo-Araber mit Percheron-, Quarter-
Horse- und sogar ein bißchen Ponyblut.

Das Australian Stock Horse wird meist
bei der Arbeit mit Rindern gebraucht,
hauptsächlich wegen seiner Ausdauer. Es
ist zwar nicht schnell, aber ein bemerkenswert gutes Allround-Pferd mit großem
Durchhaltevermögen. Die Australian
Stock Horse Society bemüht sich um För-
derung und Standardisierung dieser
Rasse, da sie bisher in sich noch sehr unterschiedlich ist und die einzelnen Pferde sehr stark variieren.
Deshalb gibt es noch keinen
Rassestandard, aber der Vollbluttyp wird deutlich
bevorzugt.

⬤ Gangwerk
*Der Galopp durch den Busch hinter
Schafen oder Rindern erfordert ein
Pferd in gutem Gleichgewicht, mit
einem wohlproportionierten Hals
und einer ebensolchen Schulter.*

Kopf
Der Kopf ähnelt dem eines Vollblüters, oft
aber sieht man auch Ähnlichkeit mit dem
gedrungeneren, dickeren und quadrati-
scheren Quarter Horse.

Schultern und Brust
Die Schulter ist ausreichend schräg, die
Brust von genügender Tiefe, wie man es
bei einem guten Reitpferd gern sieht.

Stockmaß
Das Australian Stock Horse hat ein
Stockmaß zwischen 1,50 und 1,62 m.

⬤ Reitpferde
*Die Australier haben immer mit Erfolg bewundens-
werte Reitpferde gezüchtet, die nicht nur hart arbeiten, sondern auch auf den riesigen Schaffarmen für
jede Arbeit eingesetzt werden konnten. Sie waren
zäh, hart und wiesen viele Vorzüge auf.*

 Transporte im 19. Jahrhundert (oben)
*Die Firma Cobb und Co. unterhielt in den achtziger
Jahren des vorigen Jahrhunderts ein Transportnetz
von mehr als 6000 Meilen in New South Wales und
Queensland. Als Kutschpferde setzte man Waler ein,
oft in Siebener-Anspannung vor dem berühmten
Concord-Coaches.*

 Ein perfektes Kavalleriepferd
*Würden heute noch Kavalleriepferde gebraucht,
wäre das Australian Stock Horse sicherlich sehr
gefragt: Es ist ein guter Lastenträger, ausdauernd
und von Natur aus hart; darüber hinaus hat es
ein ausgeglichenes Wesen.*

Farbe
Das Australian Stock Horse ist
normalerweise kastanienbraun, aber es
gibt auch andere Farben; nur Schimmel
sind selten. Dieses Pferd ist ein Rappe.

 Australiens Brumbies
*Nach dem großen australischen Goldrausch um
1850 wurden viele Pferde freigelassen und in den
Busch getrieben — sie waren die Vorfahren der
Walers und Stock Horses. Diese Pferde verwilderten
im Laufe der Jahre, und die Herden wurden immer
größer, während die Pferde in Typ und Qualität
degenerierten. Diese Brumbies, die australischen
Gegenstücke zu den amerikanischen Mustangs,
wurden so zahlreich, daß es in den sechziger Jahren
notwendig wurde, sie systematisch zu dezimieren.
Die angewandten Methoden waren jedoch oft
inhuman und so abstoßend, daß Australien weltweit
dafür geächtet wurde. Auf dem Foto gräbt ein Pferd
in einem ausgetrockneten Flußbett im dürren
Norden Australiens nach Wasser — eine schon fast
geniale Handlung für ein Pferd.*

Körper
Die besten Pferde des Australian Stock Horse, wenn
es auch im Typ noch nicht einheitlich ist, sind gut proportionierte Tiere. Häufig wurde die Ähnlichkeit des
alten Walers mit dem besten Anglo-Araber-Typ
hervorgehoben; dieselbe Beschreibung trifft auf das
moderne Australian Stock Horse zu, obwohl der
Quarter-Horse-Einfluß nicht zu übersehen ist.

 **Ausdauer**
*Wie seine Vorfahren ist auch das Australian Stock
Horse sehr ausdauernd, obwohl es dabei natürlich
nicht an die Schnelligkeit der Vollblüter heranreicht.
1917 legte die berittene Einheit Allenbys Mounted
Corps 270 Kilometer in vier Tagen zurück, und das
bei Temperaturen von 37,8 Grad Celsius. Auch
heute noch legen die berittenen Arbeiter der Schaffarmen lange Strecken unter der heißen Sonne
Australiens zurück.*

Gliedmaßen
Australische Pferde sind schon seit jeher
für ihre ausgezeichneten Beine und Hufe
sowie für ihre Ausdauer und ihr ausgeglichenes Wesen bekannt.

Appaloosa

D er Appaloosa ist die amerikanische Version des getupften Pferdes und in den USA eine konsolidierte und anerkannte Rasse. Dennoch — die Erbmasse für das gesprenkelte Fell ist so alt wie die Spezies Pferd selbst.

Geschichte

Auf den Höhlenzeichnungen der Cro-Magnon-Menschen wurden bereits vor 20 000 Jahren Pferde mit getupftem Fell dargestellt. Getupfte Pferde gab es immer unter den verschiedensten Bezeichnungen, und sie waren in Europa und in Asien hochgeschätzt. In Dänemark gab es den Knabstrupper (s. S. 112/113), in Frankreich nannte man die gefleckten Pferde »Tiger«. In Großbritannien, wo man sie einst auf einem königlichen Gestüt züchtete, waren sie unter den Namen Blagdon oder Chubbarie, einem Zigeunernamen, bekannt. In Großbritannien gibt es einen Appaloosa-Zuchtverband, der sich steigender Mitgliederzahlen erfreut, aber die Pferde haben noch keinen Rassestatus.

Die amerikanische Appaloosa-Rasse entstand im 18. Jahrhundert durch die Nez-Percé-Indianer, welche die Rasse aus spanischen Pferden entwickelten, die von den Konquistadoren ins Land gebracht worden waren und von denen einige die charakteristische Färbung vererbten.

Die Nez Percé lebten im Nordosten Oregons, und ihr Land umfaßte auch reiche Flußtäler, von denen das wichtigste das des Palouse River war — Appaloosa ist eine Verballhornung dieses Namens. Die Indianer waren sehr sorgfältige Pferdezüchter und selektierten stark. Das Ergebnis war ein unverwechselbares, vielseitig verwendbares Arbeitspferd mit einer charakteristischen Färbung.

1876 wurden die Indianer samt ihren Pferden so gut wie ausgelöscht, als US-Truppen ihr Land besetzten. 1938 wurde die Zucht durch den in Moscow, Idaho, neu gegründeten Appaloosa Horse Club wieder aufgenommen.

Mähne
Die Mähne ist dünn und kurz.

Augen
Der Rassestandard schreibt beim Appaloosa einen weißen Ring um die Iris vor — das sogenannte »Menschenauge«.

Haut
Die Haut auf der Nase und besonders um die Nüstern ist oft mit unregelmäßigen weißen und schwarzen Flecken gesprenkelt. Dieselbe Färbung findet man auch um die Genitalien.

Stockmaß
Normalerweise zwischen 1,42 und 1,52 m; in Europa manchmal höher.

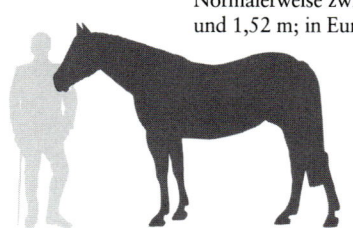

🐴 *Farbmuster*
Dieses Pferd tendiert zu einem sogenannten Blanket. Es gibt fünf verschiedene Farbmuster: Leopard — weiß über Lenden und Hüften mit ovalen Sprenkeln; Snowflake — Tupfen über dem ganzen Körper, besonders dominant aber auf der Hüftpartie; Blanket — weiß auf der Hüftpartie ohne dunkle Tupfen im Weiß; Marble — kleine Sprenkel auf dem ganzen Körper; »Frost« — weiße Flecken auf dunklem Grund.

Unterschiedliche Typen

Zwischen dem Appaloosa in Amerika und
dem in Europa bestehen gewisse Unterschiede. Dennoch sollten die besten wie ein gut
gebautes »Cow-Pony« aussehen, kompakt
und mit guten Linien.

Hinterhand

In den USA hat man die Appaloosas mit
Quarter Horses gekreuzt, und so haben viele
Tiere die stark entwickelte Hinterhand des
Quarter Horse. Bei europäischen Appaloosas,
wie dem Pferd auf der Abbildung, ist das
natürlich nicht der Fall.

Athletisch und geschmeidig

Der Appaloosa wird als Geländepferd benutzt, als
Freizeitpferd, für Shows und im Turniersport als
Spring- und Rennpferd. Er ist nicht nur athletisch
und geschmeidig, sondern auch leistungswillig.

Schweif

Der klassische Appaloosa-Schweif ist
dünn und kurz. Für die Nez-Percé-
Indianer war dies praktisch, verfing
sich der Schweif doch nicht in den
scharfdornigen, dicht wachsenden
Sträuchern und Dickichten.

Appaloosa Horse Club

Der Appaloosa Horse Club wurde im
Jahre 1938 mit einigen Nachkommen der
Nez-Percé-Pferde gegründet. Ziel war die
Erhaltung der Rasse. Jetzt ist das Stut-
buch mit 65 000 registrierten Pferden das
drittgrößte der Welt.

Temperament

Die Nez-Percé-Indianer züchteten
praktische, harte und vielseitige Pferde
für den Krieg und die Jagd. Andererseits liebten sie sensible Pferde mit
freundlichem Wesen. Darüber hinaus
ist der Appaloosa äußerst leistungswillig und ausdauernd.

Hufe

Die Hufe sind bemerkenswert gut
und hart und oft mit vertikalen
schwarzen und weißen Streifen versehen. Die Appaloosas der Nez
Percé wurden niemals beschlagen.

Baschkir

Der Baschkir oder Baschkirsky entstand vor einigen hundert Jahren in Baschkirien südlich des Urals. Dort wurde die Rasse als Pack-, Zug- und Reitpferd gezüchtet und lieferte darüber hinaus auch Fleisch, Milch und Kleidung. In einer sieben bis acht Monate dauernden Laktationsperiode liefert eine Stute 1500 bis 1600 Liter Milch. Außerdem kann das dicke wollige Unterhaar der Pferde gesponnen und somit als Kleidung verwertet werden.

Charakteristika

Der harte Baschkir wird robust gehalten, kann im Winter Temperaturen von minus 30 bis minus 40 Grad aushalten und findet noch unter einem Meter hohen Schnee Nahrung. Man sagt, ein Gespann Baschkirs kann einen Schlitten in 24 Stunden — ohne Fütterungspausen — 120 bis 140 Kilometer ziehen.

Typen

In der ehemaligen UdSSR wurden zwei Typen entwickelt: ein Berg- und ein Steppenpferd. Ersteres wurde mit Donpferden und Budjonnys gekreuzt, das letztere, ein Kutschpferd, mit Traber- und Ardennerhengsten. Die Amerikaner nennen die Baschkirs »Curly« (= Locke) wegen ihres lockigen Fells. Das abgebildete Pony ist eines der 1100 in Amerika registrierten Baschkirs. Es wurde behauptet, daß die Pferde über eine Landbrücke, die jetzige Beringstraße, nach Amerika kamen. Diese Annahme trägt jedoch nicht der Tatsache Rechnung, daß die Spezies *Equus* nach der Eiszeit, die die Landbrücke zwischen den Kontinenten wegschwemmte, auf dem amerikanischen Kontinent ausgestorben war; erst die spanischen Konquistadoren brachten einige 10 000 Jahre später wieder Pferde nach Amerika.

Stockmaß
Der Baschkir hat ein Stockmaß von 1,40 m.

Fell
Ein wesentliches Merkmal des Baschkirs, der als sanft und intelligent gilt, ist das dicke lockige Winterfell, das ihm das Überleben auch bei kältesten Temperaturen ermöglicht.

Farben
Die Hauptfarben sind Fuchsrot, wie beim abgebildeten Pferd, Kastanien- und Hellbraun.

Hufe
In ihrer natürlichen Umgebung brauchen die Pferde keinen Beschlag, die harten Hufe können auch bei schlechten Bodenverhältnissen unbeschlagen bleiben.

Mähne
Mähne und Schweif des Baschkirs sollten außerordentlich dick sein.

Kopf
Der Kopf des russischen Baschkirs ist massiv und sitzt auf einem kurzen fleischigen Hals, der in einen flachen Widerrist übergeht. Der amerikanische Typ wurde in diesen Punkten verbessert, und in den letzten Jahren wurde durch selektive Kreuzungen auch die Qualität der in der ehemaligen UdSSR gezüchteten Pferde angehoben.

Körper
Der Baschkir wird im offiziellen Rassestandard als klein mit breitem Körper und flachem geraden Rücken beschrieben. Der Brustumfang bei Hengsten liegt bei 180 cm.

🐎 *Der amerikanische Baschkir*
Die meisten Baschkir-Ponys findet man im Nordwesten der USA. Man sagt, daß sie bei den Indianern genauso beliebt waren wie bei den Baschkiren am Ural. Die ersten halbwilden Ponys wurden um 1800 gesichtet.

Gliedmaßen
Die Gliedmaßen dieses soliden kleinen Pferdes sind verhältnismäßig kurz; der offizielle russische Rassestandard schreibt einen Röhrbeinumfang von 20 cm vor.

🐎 *Ein Luxusleben*
Die Pferde finden ihr Futter selbst unter schwierigsten klimatischen Bedingungen und gehören zu den genügsamsten der Welt. Dieser amerikanische Baschkir allerdings schwelgt im Überfluß einer Kentucky-Weide.

Poney des Landes

Die »Poneys des Landes« waren ursprünglich halbwilde Ponys, die in der dichtbewaldeten Region Landes lebten, die sich südlich von Bordeaux in Richtung Côte d'Argent und Biarritz bis zu den Pyrenäen erstreckt. Möglicherweise stammen sie vom Tarpan ab, was auch für die größeren Landais, die man Barthais nennt, zutreffen könnte, die man früher meist in der Ebene von Chalosse fand.

Einflüsse

Im 19. Jahrhundert kreuzte man Araberblut ein und wiederholte dies im Jahre 1913; damals gab es etwa 200 Ponys in der Region. Nach dem Zweiten Weltkrieg war der Landais fast ausgestorben, zeitweise existierten nur noch 150 Ponys. Um eine Inzucht zu vermeiden, kreuzten engagierte Züchter Welsh-Hengste Sektion B sowie Araberhengste ein.

Der um 1970 gegründete französische Ponyclub ermutigte die Zucht des Poney des Landes als Kinderreitpony. Auf dieser Zucht basiert auch das französische Reitpony (Poney Français de Selle).

Das heutige Landais Pony ist von guter Qualität, mit arabischem Ausdruck und den fein gezeichneten Ohren der Welsh Ponys. Die Rasse ist hart und paßt sich leicht den unterschiedlichsten Temperaturen an. Der Landais ist leicht zu halten, er ist anhänglich und intelligent.

Oberlinie

Die Oberlinie des Ponys ist im Hinblick auf den ausreichend langen Hals akzeptabel. Dies gleicht bis zu einem gewissen Grad die schlechte Schulter aus.

Hals

Der Hals ist relativ lang; er wird im unteren Teil dick und mündet in eine etwas überladene Schulter.

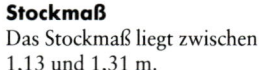

Kopf

Der Kopf des Landais ist klein, trocken und fein geschnitten; der arabische Einfluß ist unverkennbar. Die kurzen spitzen Ohren sind eindeutig Welsh-Erbe, die Augen stehen weit auseinander. Das Profil ist gerade, aber der Gesamteindruck nicht unattraktiv. Im allgemeinen geht der Kopf sanft in den Hals über, die Ganaschenpartie ist relativ fleischlos.

Stockmaß

Das Stockmaß liegt zwischen 1,13 und 1,31 m.

Rücken

Der Rücken ist meistens sehr gerade, und zusammen mit dem flachen Widerrist ergibt das oft eine schlechte Sattellage. Durch diesen Körperbau tendiert das Pony dazu, auf der Vorhand zu gehen.

Farben

Vorherrschend sind Dunkelbraun, Braun, Schwarz und Fuchsfarben. Dieses Pony ist ein Dunkelfuchs.

Hinterhand

Die Flanken fallen schräg ab und sind nicht lang genug, dies soll durch Selektion verbessert werden. Der Schweif wird in der Bewegung hoch getragen.

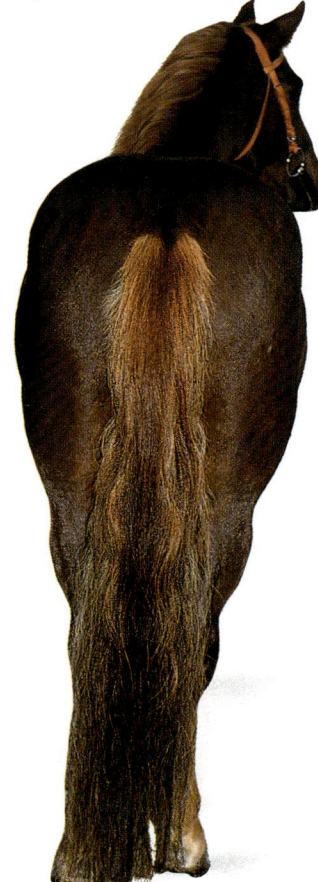

🐎 *Pottock (oben)*
Das halbwilde Pottock Pony lebt in der baskischen Bergregion. Es ist eines der wenigen einheimischen französischen Ponys. Durch Einkreuzung von Welsh-B-Hengsten und Arabern wurde die Rasse veredelt. Es gibt drei Typen: das normale Pony und Schecken, die zwischen 1,11 und 1,30 m hoch sind, und das Doppel-Pottock-Pony, ein etwas größeres Pony mit einem Stockmaß von 1,22 bis 1,42 m. Das Pottock Pony ist nicht so fein wie der Landais, aber sehr zäh.

Gliedmaßen

Das Pony scheint sehr leichte Gliedmaßen zu haben, obwohl der Rassestandard einen Röhrbeinumfang von 16,5 bis 18 cm als wünschenswert angibt. Die Ellenbogen sind manchmal etwas eingezogen und behindern dadurch die freie Bewegung.

Hufe

Die Hufe weisen noch auf die primitive Abstammung hin — sie sind hart und gut geformt.

🐎 *Von hinten gesehen*
Dicke Mähnen und Schweife und ein Silberschimmer über dem Fell sind die Markenzeichen der Poneys des Landes; die Schweife sind oft sehr lang. Die Hinterhand ist manchmal etwas weich, die Hinterbeine zeigen oft die nicht so positiven Merkmale der arabischen Ahnen.

Mérens-Pferd

D as Mérens-Pferd stammt aus den östlichen Pyrenäen, der Gebirgskette, die Frankreich von Spanien trennt. Den alten Typ des Mérens-Pferdes — bereits in Cäsars »De Bello Gallico« genau beschrieben — gibt es nur noch in einzelnen Hochtälern an der spanischen Grenze zu Andorra.

Geschichte

Die 30 000 Jahre alten Wandmalereien von Niaux im südfranzösischen Departement Ariège, zeigen das schwarze Bergpferd im Winterfell und mit seinem charakteristischen »Bart«. Später wurde es möglicherweise mit den schweren römischen Packpferden und vielleicht auch orientalischen Pferden gekreuzt.

Ursprünglich ein Packpferd, wird das Mérens-Pferd heute auf Bergbauernhöfen eingesetzt, um die steilen Hänge zu kultivieren, wo man nicht mit Traktoren arbeiten kann. Und als der Schmuggel noch eine verbreitete Beschäftigung an der spanischen Grenze war, wurden die trittsicheren Mérens-Pferde gern als Transportmittel für die Konterbande benutzt.

Silhouette
Die Silhouette ist einfach und ähnelt der des britischen Dales Ponys. Der Rücken ist lang und stark, wie man es für ein Tragpferd wünscht. Die Kruppe ist meist abgeschlagen, wodurch der Schweif tief ansetzt.

Schweif
Wie die meisten Bergpferde hat auch das Mérens-Pferd eine dicke feste Mähne und einen ebensolchen Schweif als Schutz gegen das kalte Winterwetter.

Gliedmaßen
Die Gliedmaßen sind weniger massiv, als man erwartet; es gibt eine gewisse Tendenz zur kuhhessigen Stellung, wie es für viele Bergpferde typisch ist.

Hufe
Diese Pferde sind außerordentlich trittsicher und bewegen sich auch auf steilen und vereisten Bergpfaden ohne jede Schwierigkeit. Das Hufhorn ist äußerst dicht und macht Hufbeschlag überflüssig.

🐎 *Unempfindlich gegen Kälte*
Das Mérens-Pferd ist unempfindlich gegen die Winterkälte und fühlt sich in der kargen Berglandschaft wohl. Hitze verträgt es hingegen nicht gut, und es braucht Schutz vor der Sommersonne.

Hals
Der Hals ist ziemlich kurz und in keiner Weise elegant.

Mähne
Die Mähne ist außerordentlich schwer und gibt dem Kopf einen etwas groben Ausdruck.

Körper
Die Brust ist tief, die Schultern gerade und steil und der Widerrist flach mit beträchtlicher Weite zwischen der Schulter — aber das Mérens-Pferd verfügt über eine gute Gurtentiefe.

Farben
Das Fell ist rabenschwarz mit manchmal rötlichem Schimmer im Winterfell. Es gibt kaum Abzeichen; nur an den Flanken sieht man manchmal helle Stichelhaare.

Kopf
Der Kopf ist manchmal etwas grob, aber dennoch von leichtem Knochenbau und sehr ausdrucksvoll. Die Stirn ist flach, die Ohren sind kurz und mit vielen Haaren besetzt, und das Profil ist gerade. Die Augen sind strahlend und aufmerksam mit freundlichem Ausdruck. Im Winter wächst der lange »Bart« am Unterkiefer.

Stockmaß
Das Stockmaß des Mérens variiert zwischen 1,31 und 1,43 m. Letzteres erreichen die Pferde aber nur auf den niedriger gelegenen und damit futterreicheren Weiden.

Harte Pferde
Die Pferde sind vielseitig, einfach zu halten und äußerst hart. Auch bei wenig Futter von geringer Qualität kann dieses Pferd noch arbeiten.

Haflinger

Die Heimat des Haflingers ist Tirol, ursprünglich das Dorf Hafling in den Etschtaler Alpen. Das wichtigste Gestüt ist Ebbs. Dieses starke und trittsichere Pony hat eine angeborene Fähigkeit, an steilen Berghängen zu arbeiten, und wird sowohl zum Reiten als auch zum Fahren eingesetzt.

Ursprünge

Der Haflinger ist ein kleines hartes Bergpferd, das — obwohl ein Kaltblut — durch den Araberhengst El Bedhavi XXII veredelt wurde. Auf ihn gehen alle reingezogenen Haflinger zurück. Auf der anderen Seite basiert die Zucht auf dem einheimischen, heute ausgestorbenen alpinen Kaltblut und einer verwandten Ponyrasse. Später beeinflußten noch kleinere Noriker-, Huzulen-, Bosniaken- und Konikponys den Haflinger, die alle einen ähnlichen genetischen Hintergrund haben.

Charakter

Die Haflinger sind eine sehr konsolidierte Rasse, die Heimat in den Bergen formte Pferde von einheitlichem Typ und unverwechselbarem Äußeren. Die Pferde sind äußerst gesund und hart, die Jungpferde werden (zumindest in Österreich) auf Almen aufgezogen, wo die dünne Luft Herz und Lungen stärkt.

Kopf

Die großen Augen, die weitgeöffneten Nüstern und die kleinen Mauseohren geben dem Haflinger einen lebendigen und intelligenten Ausdruck und spiegeln sein freundliches Wesen wider.

Farbe

Alle Haflinger sind Füchse mit manchmal goldenem Schimmer; Mähne und Schweif sind weiß. Diese Farbkombination macht den Haflinger zu einem der attraktivsten Ponys der Welt.

Avelignese (links)
Der Avelignese ist die italienische Version des Haflingers und meist größer als sein Vetter von jenseits der Berge (bis zu 1,43 m). Avelignese und Haflinger haben dieselbe Abstammung, nämlich über El Bedhavi XXII, dieselbe Zuchtbasis und ein ähnliches Erscheinungsbild. Der Avelignese wird in den nördlichen, zentralen und südlichen Bergregionen Italiens als Zug- und Packpferd gezüchtet.

Der Edelweiß-Brand (rechts)
Die österreichischen Haflinger tragen den traditionellen Edelweiß-Brand; er wird auch in einigen deutschen Bundesländern verwandt, während die Haflinger in anderen Bundesländern mit dem jeweiligen Ponybrand gekennzeichnet werden.

Rücken
Der Haflinger ist kräftig und bemerkenswert muskulös. Der Rücken ist manchmal etwas lang, wie man es bei Ponys hat, die zum Tragen gezüchtet werden.

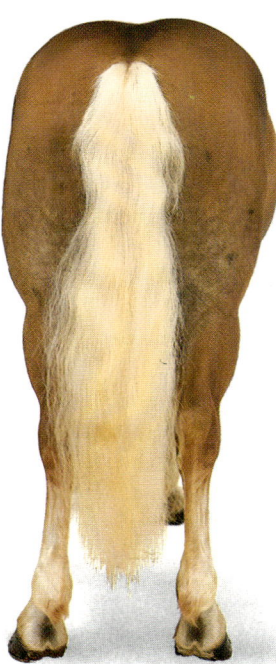

Arbeitswillige Pferde
Der Haflinger ist vielseitig und arbeitswillig. Er zieht Schlitten und Kutschen, wird zur Forstarbeit und in der Landwirtschaft eingesetzt. Da die Pferde spätreif sind, sollten sie vor vier Jahren nicht zur Arbeit herangezogen werden; dafür werden sie aber auch alt, teilweise sind sie mit 40 Jahren noch ziemlich fit.

Körper
Der Haflinger ist kraftvoll gebaut, die Lendenpartie und die gut geformte Hinterhand sind außerordentlich stark; die Pferde haben einen tiefen Rumpf.

Gangwerk
Die Pferde gehen sehr frei; der Schritt ist lang, selbst in unwegsamem Gelände und an steilen Berghängen.

Von hinten gesehen
Der volle und wellige helle Schweif sitzt gut an der kraftvollen Hinterhand und ist ein Markenzeichen dieses harten kleinen Pferdes.

Hufe
Die Gliedmaßen dieses ausgesprochen harten Ponys sind gut geformt, die Hufe von ausgezeichneter Qualität. Die Pferde wachsen in schwierigstem Gelände auf und sind dementsprechend trittsicher.

Stockmaß
Haflinger haben ein Stockmaß ab 1,35 m, tendieren allerdings zu einem Stockmaß von über 1,40 m.

Italienisches Kaltblut

Das bekannteste Kaltblutpferd in Italien ist das Schwere Zugpferd. Ein Drittel aller italienischen Deckhengste, die auf Gestüten stehen, sind von dieser Rasse. Sie wird in Nord- und Mittelitalien gezüchtet, hauptsächlich jedoch in der Gegend um Venedig. Die Pferde sind frühreif — ein wichtiger wirtschaftlicher Faktor, da sie sowohl als Schlacht- als auch als Arbeitspferde gezüchtet werden.

Geschichte

Italien importierte früher die schweren belgischen Kaltblüter — die Brabanter — zur Verbesserung heimischer Zuchten. Später versuchte man dies mit den agileren Boulonnais und Percherons, aber die Nachfrage nach einem kleineren Kaltblutpferd mit besseren Bewegungen konnte auch dadurch nicht gestillt werden. Erst durch die Kreuzung mit Bretonen (s. S. 174/175) mit ihren trockeneren Gliedmaßen wurde das Ergebnis zufriedenstellend. Der Bretone ist mit dem Norfolk Trotter oder Roadster verwandt und für seinen schnellen Trab bekannt; er war in Italien das ideale Pferd für leichte landwirtschaftliche Arbeit und wurde mit den einfacheren einheimischen Stuten gekreuzt. Die Abkommen waren kraftvolle Pferde mit freundlichem, sanften Wesen, bekannt für ihre schnellen Gänge. Daher bekamen sie den Namen »Tiro Pesante Rapido« — schnelles Kaltblut-Zugpferd.

🐴 *Gesamterscheinung*
Das Italienische Kaltblut ist vom Erscheinungsbild her zwar nicht so attraktiv wie der Bretone, von dem es abstammt, aber es ist ein kompaktes, gut proportioniertes Pferd mit den positiven Merkmalen seiner bretonischen Vorfahren.

Vorhand

Gleich dem Bretonen hat das Pferd eine außerordentlich tiefe Brust, die Vorderbeine stehen weit genug auseinander. Manchmal sind die Pferde etwas grob, das ist das Erbe der einheimischen, meist qualitativ nicht so guten Stuten.

Gliedmaßen

Die Gliedmaßen sind gut bemuskelt, aber die Gelenke oft etwas schwammig: ein weiteres Merkmal der minderen Qualität der Vorfahren der Rasse.

🐴 *Bardigiano (links)*
Der Bardigiano ist ein kleines Bergpferd aus dem nördlichen Apennin. Er verdankt einige seiner Charakteristika den schwereren Bergpferden, andere dem Avelignese, einem dem Haflinger sehr ähnlichen Pony (s. S. 128/129). Ein ausgeprägter orientalischer Einschlag ist unverkennbar. Es ist ein starkes, gut gebautes Pony mit gutem Charakter, hart und schnell. Trotz der etwas unorthodoxen Abstammung hat man der Zucht offensichtlich mehr Sorgfalt gewidmet, als es sonst in Italien üblich war, außer beim Traber, Vollblut und Salerno. Der Bardigiano ist eines der attraktivsten italienischen Pferde.

Farben

Ein hervorstechendes Merkmal des schweren italienischen Kaltblut-Zugpferdes ist die Farbe. Die meisten sind Dunkelfüchse mit hellen Mähnen und Schweifen, eine Reminiszenz ihres Aveligneser-Erbes; aber es gibt auch Rotschimmel wie das abgebildete Pferd und helle Füchse.

Gebäude

Der Rücken ist kurz und breit, der Rumpf sehr tief, der Hals kurz und stark und bemerkenswert gewölbt.

Hinterhand

Die Hinterhand ist gut geformt, rund und ausgesprochen kraftvoll. Der Schweif wird höher getragen, als man erwartet. Die Pferde haben einen deutlich sichtbaren Brand.

Kopf

Der Kopf des Pferdes ist überraschend fein im Verhältnis zu dem ansonsten etwas klobigen Körper. Er ist schön lang, läuft spitz zu und hat einen aufmerksamen Ausdruck. Die Rasse ist als ausgesprochen freundlich, willig und gehfreudig bekannt.

Gliedmaßen

Die Röhrbeine sind manchmal etwas zu lang und leichter, als es wünschenswert wäre; aber die Gliedmaßen, insbesondere die Hinterbeine, sind akzeptabel. Im Gegensatz zum Bretonen und zum Avelignese, die keinen Kötenbehang haben, hat das Italienische Kaltblut einen kurzen derben Fesselbehang.

Aveligneser-Einfluß

Die Gesamterscheinung zeigt deutlich den bretonischen Einfluß; aber auch die Abstammung vom kleineren und leichteren Avelignese (s. S. 128/129), der bei der Gründung der Rasse eine Rolle spielte, läßt sich nicht verleugnen.

Gangwerk

Die Pferde sind arbeitswillig und gehen gut voran, der lange Schritt und der energische Trab machen das Italienische Kaltblut zu einem attraktiven Arbeitspferd.

Hufe

Die Hufe sind nicht besonders gut, oft etwas eng.

Stockmaß

Das Stockmaß liegt zwischen 1,50 und 1,60 m.

Fjordpferd

Keines der heutigen Pferde erinnert so stark an die asiatischen Wildpferde wie das norwegische Fjordpferd. Möglicherweise besteht auch eine Verbindung zum Tarpan, denn es hat sowohl die Fellfarbe als auch das typische Erscheinungsbild der Primitivpferderassen. Das Fjordpferd war das Pferd der Wikinger und ist auf vielen norwegischen Runenzeichnungen abgebildet; häufig sind kämpfende Hengste dargestellt, möglicherweise eine frühe Art der Selektion. Fjordpferde waren in den Langschiffen der Krieger, als diese die westlichen Inseln Schottlands überfielen; der Einfluß beim schottischen Highland-Pony und beim Islandpferd ist unverkennbar.

Charakteristika

In seiner Heimat wird das kraftvolle Fjordpferd für jede Arbeit eingesetzt, und auf den Bergbauernhöfen ersetzt es oft genug den Traktor. Es zieht den Pflug ebenso, wie es als Packpferd durch Flüsse und an den steilsten Berghängen geht. Es ist ein gutes Reitpferd und bei Distanzritten für seinen Mut und sein Durchhaltevermögen bekannt, geht hervorragend im Geschirr und ist im Turniersport erprobt.

In Skandinavien gibt es mehrere Fjordpferde-Typen, die aber im Prinzip alle aus Norwegen stammen. Viele Pferde wurden nach Deutschland, Dänemark und in andere europäische Länder exportiert, wo sie wegen ihrer Qualitäten schnell beliebt wurden.

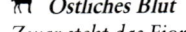
Östliches Blut
Zwar steht das Fjordpferd im Primitivpferde-Typus, aber die selektive Zucht brachte doch ein Pferd mit östlichem Erscheinungsbild, starken Knochen und viel Substanz hervor.

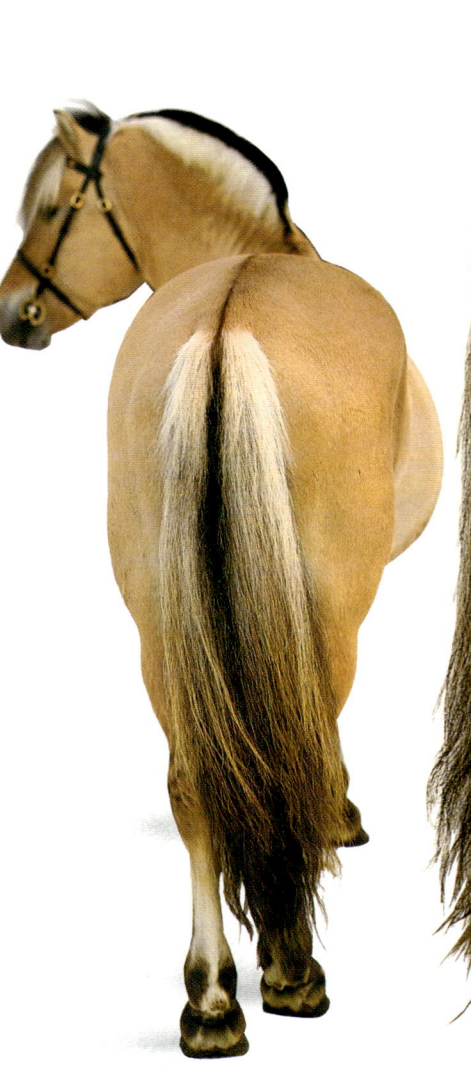
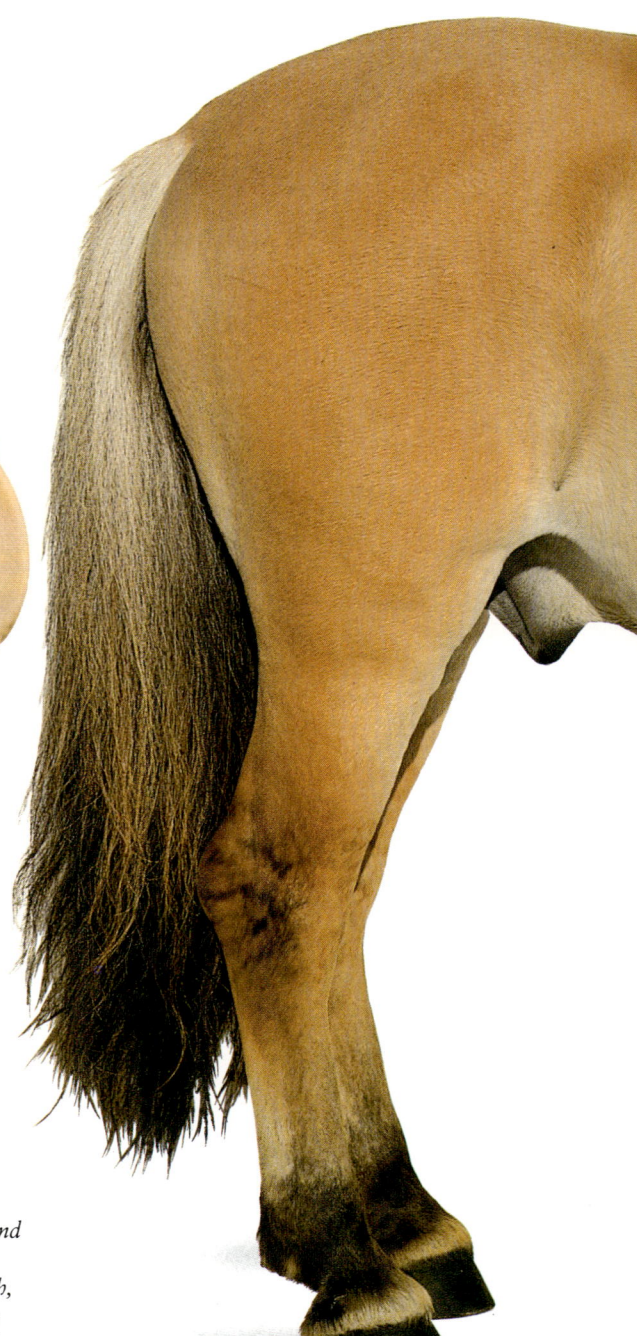

Gotland-Pony
Seit der Steinzeit gibt es auf der schwedischen Insel Gotland in der Ostsee das Gotland-Pony, wahrscheinlich die älteste skandinavische Ponyrasse. Früher liefen die halbwilden Pferde frei herum, eine halbwilde Herde existiert noch im Lojsta-Gebiet. Wie das Fjordpferd stammt auch das Gotland-Pony möglicherweise vom Tarpan ab.

Von hinten gesehen
Der Schweif ist oft silberfarben; er ist dick und voll und gelegentlich tief angesetzt. Typisch für die Rasse ist der schwarzbraune Aalstrich, ein Merkmal aller Primitivpferderassen. Die Hinterhand ist kurz, kompakt und stark, wie überhaupt das ganze Pony. Die Fesseln zeigen einen leichten Kötenbehang.

Mähne
Die Sitte, die störrische Mähne kurz zu schneiden, so daß sie aufrecht steht, stammt bereits aus Wikingerzeiten; dies gibt dem Hals ein gewölbtes Aussehen. Die Mähne wird so geschnitten, daß das schwarze Innenhaar etwas höher als das helle Außenhaar ist.

Kopf
Der Kopf ist breit und ponyhaft mit kleinen scharfgeschnittenen Ohren. Manche Fjordpferde haben Ganaschenschwierigkeiten, aber das Profil ist niemals konvex.

Farbe
Fjordpferde sind falbfarben in allen Schattierungen; typisch ist der Aalstrich, der vom Widerrist bis zum Schweifansatz reicht. Die Beine weisen oft Zebrastreifen auf, wie auch bei dem abgebildeten Pferd.

Gliedmaßen
Die Gliedmaßen des Fjordpferdes sind ein großer Pluspunkt der Rasse — kraftvoll, kurz und gerade mit ganz ausgezeichneten Gelenken. Eine selektive Zucht erbrachte eine gute Knochensubstanz mit dicken und kurzen Röhrbeinen.

Körper
Der Körper ist rund, der Rumpf gut bemuskelt. Typisch ist die kraftvolle breite Brust. Der Widerrist ist wenig ausgeprägt, die Schulter weist nur eine geringe Schräge auf.

🐎 *Bei der Arbeit*
Das Fjordpferd ist als trittsicheres und ausdauerndes Arbeitspferd selbst in schwierigstem Gelände und bei extremen Temperaturen bekannt. Es ist ein ausgezeichnetes Kutschpferd, das auf den Bergbauernhöfen als Zug- und Packpferd eingesetzt wird.

🐎 *Ein eigenwilliges Pferd*
Das Fjordpferd ist leichtfuttrig, zäh, hart und langbeinig. Es ist arbeitswillig und mutig, aber durchaus auch eigenwillig.

Hufe
Die Hufe sind in jeder Beziehung beispielhaft; sie sind gesund, hart und gut geformt.

Stockmaß
Das Stockmaß liegt zwischen 1,35 und 1,49 m.

Islandpferd

Obwohl das Islandpferd nicht größer als 1,40 Meter wird, wurde es von den Isländern niemals als Pony angesehen. Norwegische Einwanderer, die in der Zeit von 860 bis 935 diese Vulkaninsel besiedelten, hatten die Pferde in ihren Langschiffen mitgebracht, und seit nun mehr als tausend Jahren hat dieses Pferd eine zentrale Rolle im Leben der Isländer gespielt.

Geschichte

Die Rasse der Islandpferde wird seit mehr als tausend Jahren rein gezogen, denn seit der Zeit kam kein fremdes Pferd mehr auf die Insel. Der Althing, das älteste Parlament der Welt, verbot den Import von Pferden bereits im Jahre 930 n. Chr.

Es scheint so, daß schon früh mit selektiver Zucht begonnen wurde, indem man Hengstkämpfe als Mittel der Auslese benutzte. Selektive Zucht unter modernen Gesichtspunkten begann im Jahre 1879 in einem der bekanntesten Zuchtgebiete, in Skagafjördur in Nordisland. Die Zuchtprogramme waren weitgehend auf die Gangveranlagung abgestimmt. Viele Gestüte betrieben auch reine Farbzuchten; es gibt 15 Grundfarben und mehrere Kombinationen.

Das Islandpferd wird oft halbwild gehalten und für jegliche Arbeit herangezogen. Auch Sport ist von Bedeutung. Es gibt regelmäßig Turniere inklusive Tölt- und Paßrennen, Geländeritte und sogar Dressurwettbewerbe. Da Rinder die eisigen Winter in Island nicht im Freien überstehen, die Islandpferde dies aber können, werden sie auch als Fleischlieferanten gebraucht; Pferdefleisch spielte in der isländischen Ernährung immer eine wichtige Rolle.

Stockmaß
Das Stockmaß des Islandpferdes liegt zwischen 1,30 und 1,40 m.

Mähne
Mähne und Schweif sind lang und üppig.

Kopf
Der Kopf ist unverkennbar, aber einfach und im Verhältnis zu den kurzen Proportionen des stämmigen Körpers relativ groß.

Vorhand
Die Schulter ist meist ziemlich gerade. Der Hals ist kurz und wird gut getragen, jedoch ist die Ganaschenpartie oft relativ schwer.

🐎 *Halbwilde Pferde*
Etwa die Hälfte der isländischen Pferde lebt das ganze Jahr über halbwild im Freien ohne weiteres Zufutter, das ihnen beispielsweise über die harten Winter helfen würde. Manchmal bekommen sie jedoch den nahrhaften Hering aus der Isländischen See.

Farben

Farben spielen in der Islandpferdezucht eine wichtige Rolle; es gibt 15 anerkannte Farben. Sehr häufig sind Füchse mit hellem Behang, wie das abgebildete Pferd. Es gibt aber auch falbe, kastanienbraune, weiße und schwarze Pferde. Hie und da kommen auch Palominos und Schecken vor; Albinos und getupfte Pferde sind unerwünscht.

Körper

Die Brust ist tief, der Rücken lang.

Hinterhand

Die Hinterhand des Islandpferdes ist ausgesprochen keilförmig und abfallend, dennoch aber sehr stark und muskulös. Islandpferde sind dafür bekannt, daß sie besonders weit untertreten.

🐎 *Tölt*

Tölt, oben auf dem Foto zu sehen, ist ein Viertakt (etwa die Schrittfolge der Gangart Schritt), den die Islandpferde einsetzen, um auf schlechtem Gelände sehr schnell gehen zu können. Er ist ein »Gang, den das Pferd in unveränderter Fußfolge von langsamem Tempo bis zu höchster Geschwindigkeit gehen kann«.

🐎 *Pferde mit fünf Gängen*

Die fünf Gänge des Islandpferdes sind: fetgangur (Schritt), den Packpferde gehen; brokk (Trab) auf schlechtem Gelände; stökk (Galopp) und die beiden besonderen Gänge Tölt, ein Viertakt, und skeid (Paß), der im Renntempo geritten wird.

Gliedmaßen

Islandpferde sind zwar von kleiner Statur, aber sie können einen ausgewachsenen Mann auch in schlechtem Gelände mühelos mit großer Geschwindigkeit über lange Strecken tragen. Der kompakte Körper wird von starken Beinen getragen, die Röhrbeine sind bemerkenswert kurz und die Sprunggelenke äußerst stark.

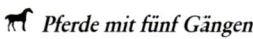

Hufe

Die Hufe sind ausgezeichnet; die Rasse ist bekannt für ihre Geschicklichkeit und Trittsicherheit auch in schlechtestem Gelände.

🐎 *Rennen und Turniere*

Das erste moderne Rennen wurde im Jahre 1874 in Akureyri veranstaltet. Heute finden die Rennen an unterschiedlichen Austragungsorten zwischen April und Juni statt. Das wichtigste Turnier für Island ist das alle vier Jahre ausgetragene Landsmôt, auf dem sich alle isländischen Züchter und aus aller Welt Reiter treffen.

Kaspisches Pony

(s. Ursprünge S. 10/11)

Es war von immenser wissenschaftlicher wie historischer Bedeutung, als Louise L. Firouz in Amol an der Küste des Kaspischen Meeres im Jahr 1965 das »Kaspische Miniaturpferd« entdeckte. Aufgrund seiner Größe heute als »Pony« bezeichnet, ist es sicherlich die älteste noch existierende Pferderasse.

Geschichte

Vor der Domestizierung des Pferdes gab es vier verschiedene Spezies (s. Ursprünge S. 10/11), zwei Pony- und zwei Pferdearten; der letzte Typ, Nr. 4, war der kleinste mit einem Stockmaß von nicht mehr als 90 Zentimeter, in seinen Proportionen jedoch eindeutig ein Pferd. Es war der feinste der vier Typen, hatte einen hoch angesetzten Schweif und ein konkaves Profil. Er lebte im westlichen Teil Asiens und gilt als der Vorläufer des arabischen Pferdes. Das dreisprachige Siegel von Darius dem Großen (ca. 500 v. Chr.) zeigt sehr kleine Pferde, die den königlichen Wagen ziehen; und ägyptische Kunstwerke, die noch 1000 Jahre vor Darius' Herrschaft entstanden, zeigen ähnliche Pferde von zwar kleiner, aber sehr guter Statur.

Forschungen ergaben, daß das Kaspische Pony möglicherweise vor rund 3000 Jahren der Vorfahr des arabischen Pferdes war. Es hat die typischen physischen Merkmale, die es von anderen Pferden eindeutig unterscheiden. Das sind zum Beispiel ein weiterer Molar im Oberkiefer, die ausgesprochene Schräge im Schulterblatt und eine andere Formation des Scheitelbeins des Kopfes.

Mittlerweile gibt es erfolgreiche Zuchtverbände für das Kaspische Pony in Großbritannien, Australien, Neuseeland und den USA. Im Iran gibt es sogar spezielle Gestüte.

Hals

Der Hals ist gebogen und anmutig und mündet in einen scharf gezeichneten Widerrist.

Schultern

Das Kaspische Pony hat sehr gute schräge Schultern und einen gut ausgeprägten Widerrist. Die Schräge des Schulterblattes entspricht eher der eines Pferdes als der eines Ponys. Dadurch hat das Tier einen längeren Schritt und ist folglich für seine Größe relativ schnell.

OHREN
Der Zuchtstandard schreibt sehr kurze Ohren vor.

Gliedmaßen

Das Kaspische Pony hat schlanke, leichte Beine, die fast zerbrechlich wirken, aber sie sind hart und stark.

Knochen

Die Knochensubstanz ist hart und fest; die Ponys haben nur wenig oder gar keinen Kötenbehang.

Stockmaß

Das Stockmaß liegt zwischen 1,00 und 1,20 m, das antike Pony war kleiner.

Kopf

Der Kopf des Kaspischen Ponys ist unverkennbar. Er ist kurz und mit feiner dünner Haut bedeckt. Die Stirn ist gewölbt, und die Augen sind groß und gazellenartig, während das Maul klein und spitz mit niedrig sitzenden sehr weiten Nüstern ist. Der Zuchtstandard schreibt sehr kurze Ohren vor; sie sollten nicht länger als 11,4 cm sein.

Wesen
Das Kaspische Pony ist freundlich, hochintelligent und arbeitswillig. Es ist spritzig, aber immer gut zu handhaben; selbst Hengste können von kleinen Kindern geritten werden.

Farben
Die Fellfarben sind Kastanienbraun wie hier; manchmal kommen auch Schimmel und Füchse, Rappen und cremefarbene Pferde vor. Am Kopf und an den Beinen erscheinen gelegentlich weiße Abzeichen.

Rücken
Der Rücken ist gerade, und der Schweif wird meistens hoch getragen, wie es auch die Araber tun.

Der Prototyp des Arabers (oben)
Das arabische Pferd mit seinen schönen Proportionen stammt möglicherweise vom Kaspischen Pony ab; zumindest hat es viele Merkmale des letzteren. Das Kaspische Pony ist ähnlich symmetrisch und eher ein Miniaturpferd als ein Pony. Obwohl die arabische Rasse sehr alt ist, vermutet man doch, daß das Kaspische Pony ein Vorläufer des Arabers sein könnte.

Körper
Der Körper ist schlank und schmal, ohne jede Schwere. Durch den schmalen Körperbau ist das Pony als Kinderreitpony geeignet.

Gangwerk
Die Gänge sind natürlich und fließend. Schritt und Trab sind lang, der Galopp ist weich und kann zu erheblichem Tempo gesteigert werden. Trotz seines kleinen Körperbaus kann es das Kaspische Pony in allen Gangarten, außer dem vollen Galopp, durchaus mit einem normalen Pferd aufnehmen. Es hat eine gute Springveranlagung und ist außerordentlich gelenkig und geschmeidig.

Hufe
Die Hufe sind hart, klein und von ovaler Form. Sie brauchen selbst auf schwierigstem Boden keinen Hufbeschlag.

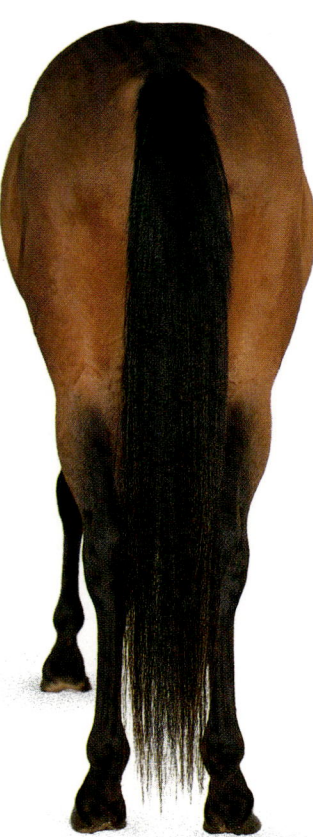

Von hinten gesehen
Schmal und leicht, ist das Kaspische Pony für Schnelligkeit gebaut, geht aber auch gut im Geschirr. Die Pferde haben eine volle fließende Mähne und einen ebensolchen Schweif, der hoch getragen wird.

Falabella

Miniaturpferde wurden zu den verschiedensten Zeiten als Haustiere und als Rarität gezüchtet; das bekannteste ist der Falabella. Trotz seiner geringen Größe ist es kein Pony, sondern ein Miniaturpferd mit den typischen Merkmalen und Proportionen eines Pferdes. Die »Rasse« ist nach der Familie Falabella benannt, welche die kleinen Tiere auf ihrer Ranch Recreo de Roca in der Nähe von Buenos Aires, Argentinien, entwickelte.

Ursprünge

Die Basis der Rasse waren das Shetland Pony und vermutlich früher einmal eine sehr kleine Vollblut-Mutation. Der Falabella-Typ entstand durch Paarung der jeweils kleinsten Tiere und später sogar durch konsequente Inzucht. Dabei gingen Stärke und Ausdruck sowie die sprichwörtliche Härte und Zähigkeit des Shetland Ponys verloren.

Falabellas sind in Amerika sehr populär; sie werden auch in England gezüchtet und überallhin exportiert. Man kann sie zwar eventuell als Kutschpferde benutzen, zum Reiten sind sie jedoch gänzlich ungeeignet.

Julio Cesar Falabella
Julio Cesar Falabella ist ein Mitglied der Familie, die als erste die »Miniatur-Rasse« schuf. Auf dem Foto sieht man ihn mit einer Stute und einem Fohlen, die noch einige Shetland-Pony-Merkmale haben.

Hinterhand
Dies ist ein gutes Beispiel für ein Miniaturpferd, obwohl die Hinterhand und die Hinterbeine nicht korrekt und stark genug sind. Das Zuchtziel ist ein fast perfektes Miniaturpferd.

Farben
Es kommen fast alle Farben vor, einschließlich Kastanienbraun, Schwarz, Braun, Weiß und Gescheckt, aber der getupfte Appaloosa-Typ ist am meisten gefragt.

Sprunggelenke
Die Sprunggelenke sind manchmal etwas weich und eng, also kuhhessig.

Schweif
Mähne und Schweif sind meistens üppig.

Falabella-Fohlen
Diese Falabella-Fohlen wirken sehr ansprechend, aber die Praxis des Immer-kleiner-Züchtens brachte doch eine erhebliche Weichheit selbst bei diesen so sorgfältig gezüchteten Tieren mit sich. Die Züchter müssen großen Wert auf eine gute Konstitution legen und erheblichen Verlusten an Ausdruck und Kraft entgegenwirken.

Sugar-Dumpling
Ein renommierter Züchter von Zwergpferden war Smith McCoy aus Roderfields, West Virginia. Sein kleinstes Pferd war die Stute Sugar-Dumpling. Sie wog ganze 13,5 kg und war 51 cm groß.

Haustiere
Der Falabella hat zwar keinen praktischen Nutzwert, kann aber als attraktives und liebenswertes Haustier angesehen werden, denn es ist meist von freundlichem Wesen und intelligent. Der Kopf und der Gesamteindruck sind sehr gut.

Fell
Das Fell ist oft lang und seidig, hat aber nicht die Dichte des Shetland-Pony-Fells und kein warmes Unterfell, weshalb der Falabella nicht über die gleiche Härte und kräftige Konstitution verfügt.

Kopf
Dieser Falabella-Kopf ist dem des Shetland Ponys, auf das die Zucht zurückgeht, nicht unähnlich. Bei den besten Exemplaren ist der Kopf den Körperproportionen angemessen, bei den weniger guten ist er im Verhältnis zum Körper zu groß.

Gliedmaßen
Die Gliedmaßen sind nicht immer die besten; häufige Fehler sind ungenügende Knochensubstanz und durchgebogene Vorderbeine — Defizite, die die Züchter zu eliminieren suchen.

Hufe
Die Hufe sind in bezug auf Größe und Form akzeptabel, aber teilweise etwas eng.

Stockmaß
Das Stockmaß darf nicht höher als 76 cm sein.

Exmoor Pony

Das Exmoor Pony ist das älteste der britischen Berg- und Moorponys; abgesehen von »Primitivrassen« wie dem Tarpan, ist es vermutlich doch eine der ältesten Rassen. Es hat Merkmale bewahrt, die auch bei seinem Hauptvorfahren, dem Pony-Typ 1 (s. Ursprünge S. 10/11), gefunden wurden — zum Beispiel eine besondere Kieferform mit einem siebten Molar, was heutzutage bei keinem anderen Pferd zu finden ist.

Ursprünge

Die Rasse bekam ihren Namen von dem hochgelegenen wilden Moorgebiet in Südwestengland, wo sie jahrhundertelang relativ isoliert lebte. Es ist eine harte, unwirtliche Gegend, die auch den besonderen Charakter des unglaublich starken und harten Exmoor Ponys prägte. Zwar gab es im neunzehnten Jahrhundert Bestrebungen, die Rasse zu »veredeln«, jedoch mit mäßigem Erfolg. Vermutlich wurde nach 1815 durch eine Art »Geisterpferd«, das unter dem Namen Katerfelto bekannt wurde und wild im Moor lebte, spanisches Blut eingekreuzt. Dieser Hengst wurde wohl gefangen, jedoch konnte seine Herkunft nie geklärt werden. Er wurde als falbes Pferd mit schwarzen Punkten und deutlichem Aalstrich beschrieben. Im Gebiet Exmoor gibt es noch Herden, deren Reinheit und Qualität von der Exmoor Pony Society sorgfältig überwacht werden. Es gibt solche Zuchten zwar auch außerhalb des eigentlichen Moorgebietes, aber die Ponys, die nicht im Moor aufwachsen, verlieren leicht an Typ, so daß die Züchter zur Erhaltung des Originalcharakters immer wieder auf die einheimischen Herden zurückgreifen müssen.

🐎 Stärke

Das Exmoor ist außergewöhnlich stark, gut ausbalanciert und in der Lage, ein weit größeres Gewicht zu tragen, als seine Größe vermuten läßt. Es soll sogar einen ganzen Tag einen Mann auf der Jagd tragen können.

Hals

Bronzezeitliches Zuggeschirr war so konstruiert, daß Wagenpferde ihre Last hauptsächlich mit dem Hals zogen, wodurch sich ein sehr muskulöser Unterhals entwickelte. Diese Besonderheit blieb beim Exmoor, das ursprünglich als Zugpferd eingesetzt wurde, über viele Generationen erhalten.

Stockmaß

Das Exmoor Pony hat ein Stockmaß zwischen 1,22 und 1,23 m.

🐎 Kopf

Der Kopf des Exmoor Ponys ist unverkennbar. Das Maul ist mehlfarben, die Nüstern weit. Die Ohren sind kurz, dick und spitz; die Stirn ist breit, und die Augen sind groß und beherrschen das Gesicht. Man bezeichnet diese Augen auch als Krötenaugen, weil sie schwere Lider haben, die die Augen gegen Witterungsunbilden schützen. Der Kopf ist etwas größer als der anderer Rassen, und zwar durch den relativ langen Nasenbereich, in welchem die Luft vor dem Einatmen erwärmt wird.

Brand (links)

Die Fohlen, die dem Inspektor bei der jährlichen Überprüfung im Herbst vorgeführt werden, erhalten einen Brand mit Stern auf der Schulter; das weist sie als reine Exmoor Ponys aus. Neben dem Stern wird die Nummer der Herde eingebrannt und auf die linke Flanke die eigene Nummer des Ponys innerhalb der Herde. So kann man jedes Pony an seinem Brand identifizieren.

Farben

Die Färbung des Exmoor Ponys ist unverwechselbar. Die Ponys sind kastanienbraun, braun oder fehlfarben mit schwarzen Flecken. Sie haben ein »Mehlmaul« und mehlfarbene Ringe um die Augen; auch die Innenseite der Oberschenkel und die Bauchunterseite sind mehlfarben. Weiße Abzeichen sind unerwünscht.

Gangwerk

Die Gänge sind gerade, weich und gut ausbalanciert, ohne besondere Knieaktion. Exmoors sind für ihren guten Galopp und ihr Springvermögen bekannt.

In Exmoor

Bereits vor der Eiszeit haben Ponys in Exmoor gelebt, ihr Wesen wurde geformt von den rauhen Umweltbedingungen. In gewisser Weise sind die Exmoor-Herden auch heute noch wild. Zwar werden sie einmal jährlich zur Kontrolle hereingeholt, aber sie reagieren im Umgang mit Menschen doch recht nervös. Auch auf Hunde reagieren sie nervös, wahrscheinlich rufen diese atavistische Erinnerungen an Angriffe von Wölfen hervor.

Silhouette

Die Silhouette des Exmoor Ponys ist einfach und symmetrisch. Sie ist zwischen und hinter der Vorhand sehr tief und breit, die Rippenpartie ist schön gebogen. Der Rücken ist über der Lendenpartie bemerkenswert eben und breit. Die Schultern sind kraftvoll und gut zurückgenommen, der Widerrist gut gezeichnet.

Gliedmaßen

Merkmale der Rasse sind insgesamt kurze Gliedmaßen und gut geformte Vorderbeine, die gerade am Körper ansetzen. Die Hinterbeine sind schön abgesetzt, Sprunggelenk und Fessel bilden eine gerade Linie, und das Sprunggelenk steht wiederum in einer Linie zum Hüftknochen.

Hufe und Knochen

Kurze Sprunggelenke, gute Knochen und harte, sauber geformte Hufe zeichnen die Rasse aus.

Von hinten gesehen

In der Natur ist der Schweif des Exmoor Ponys dick und am Schweifansatz fächerförmig. Dieser »Eis«-Schweif schützt die inneren Organe vor Regen und Schnee. Auch das Fell ist von doppelter Dicke und wasserdicht. Im Winter wächst es dick, rauh und gleichzeitig elastisch. Im Sommer wird es dicht und hart mit einem besonderen metallischen Schimmer.

Dartmoor Pony

I n Dartmoor gibt es eine Ponyrasse, welche man dort sehr schätzt; sie ist trittsicher, hart und in bewundernswerter Weise dafür gemacht, auf den ungepflasterten Straßen zu laufen und über die eintönigen Hügel zu klettern. Das Dartmoor Pony ist größer als das Exmoor Pony und, wenn überhaupt möglich, noch häßlicher.« So schrieb William Youatt, ein Pferdekenner, im Jahre 1820.

Charakteristika

Fünfzig Jahre später schrieb man in der Zeitschrift »The Field Magazine« über das Springvermögen der Ponys: »Sie springen so gut wie die Moorschafe und auf dieselbe Weise.« Heute ist das Dartmoor immer noch ein gutes Springpony. Youatt wäre erstaunt über die Veränderung, die mit dem früheren Dartmoor Pony vorgegangen ist. Heute ist es eines der elegantesten Reitponys der Welt, weit entfernt von dem Erscheinungsbild seiner Vorfahren.

Ursprünge

Die Zucht hat ihren Ursprung in dem rauhen Moorland des Dartmoor Forest zwischen den Flüssen Dart, Taw und Tavy. Heutzutage werden nur noch wenige Ponys im Moor gezüchtet.

Das Dartmoor wurde von verschiedenen anderen Rassen beeinflußt. Eine frühe Verbindung existiert zum Old Devon Pack Horse, das sowohl vom Exmoor als auch vom Dartmoor Pony abstammt, und dem Cornish Goonhilly Pony. Beide Rassen sind inzwischen ausgestorben. Möglicherweise wurden schon im 12. Jahrhundert orientalische Pferde eingekreuzt. Unter den vielen im 19. Jahrhundert eingekreuzten Rassen waren die trabenden Roadsters, Welsh Ponys und Cobs, Araber, kleine Vollblüter und einige Exmoors. Es gab auch einen Zuchtversuch mit Shetland Ponys, um Grubenpferde für den Untertagebau zu erhalten, der allerdings gründlich fehlschlug. Während des Zweiten Weltkriegs starben die Dartmoors beinahe aus. Zwischen 1941 und 1943 wurden nur zwei männliche und zwölf weibliche Tiere registriert. Die Zucht wurde durch die Pony and Riding Society (jetzt National Pony Society) gerettet.

Hals
Der Hals des Dartmoor Ponys ist stark, hat aber die Länge eines Reitponyhalses.

Schultern
Dartmoors sind für ihre ausgezeichnete Schulterpartie bekannt, die eine sehr gute Schräge hat und dem Pony Reitpferdegänge gibt.

🐎 *Kopf*
Der Kopf sitzt anmutig auf dem Hals und ist ein richtiger Ponykopf: klein, qualitätsvoll und mit kleinen und sehr aufmerksamen Ohren. Dartmoors haben einen ausgezeichneten Charakter und sind damit die idealen Kinderreitponys, nicht zuletzt wegen ihrer Sanftmut und ihrer einzigartigen Gänge.

»The Leat«

Der größte Faktor in der Entwicklung der Rasse in England war der Hengst The Leat, der Sylvia Galmady-Hamlyn gehörte. Sie war 32 Jahre lang ehrenamtlich als Geschäftsführerin der Dartmoor Pony Society in England tätig. The Leat, ein Partbred-Hengst, war 1,22 m hoch und wurde als »traumhaftes Pony« beschrieben. Sein Vater war der Vollblut-Araber Dwarka, seine Mutter die schwarze 1,30 m hohe Dartmoor-Stute Blackdown von Confident George.

Konstitution

Wie alle britischen Ponyrassen ist das Dartmoor Pony hart und außerordentlich gesund.

Lendenpartie

Lendenpartie und Hinterhand sind ausgesprochen korrekt. Das Gebäude ist erstklassig — ein im natürlichen Gleichgewicht stehendes Pony.

Reitpony-Champions

In England dominiert das Dartmoor Pony neben den Welsh Ponys die Reitpony-Klassen auf Turnieren und hat viel zu dem herrlichen britischen Reitpony beigetragen. Es wird dort gern mit Vollblütern oder mit Arabern gekreuzt.

Farben

Dieses Dartmoor Pony ist kastanienbraun, es gibt aber auch Rappen und Braune, getupfte Pferde und Schecken; weiße Abzeichen sind unerwünscht.

Gliedmaßen

Die Gliedmaßen und Hufe könnten nicht besser sein. Die Röhrbeine sind kurz, und ihr Umfang ist mehr als angemessen.

Gangwerk

Die Gänge des Dartmoor Ponys sind wegen der fehlenden hohen Aktion untypisch für Ponys. Sie sind niedrig, lang und ökonomisch — typische Reit- und Fahrpferdegänge.

Stockmaß

Das Stockmaß darf 1,22 m nicht übersteigen.

Welsh Mountain Pony

D as Stutbuch der Welsh Pony and Cob Society wurde 1902 eröffnet und in vier Sektionen unterteilt; zwei für Ponys und zwei für Cobs. Unbestreitbar ist die Sektion des Welsh Mountain Pony die Basis für die gesamte Rasse, das ist die Sektion A im Stutbuch. Von ihm stammen das Welsh Pony (Sektion B), das Welsh Pony im Cob-Typ (Sektion C) und der kraftvolle Welsh Cob (Sektion D) ab.

Ursprünge

Die Römer waren die ersten Zuchtveredler der einheimischen walisischen Ponys. Sie brachten östliches Blut mit, das später noch mehrfach eingekreuzt wurde.

Die erste belegte wichtige Einkreuzung war der Vollbluthengst Merlin, ein direkter Nachkomme von Darley Arabian, der im achtzehnten Jahrhundert auf den Ruabon Hills in Clwyd eingesetzt wurde. Auch Apricot, ein Merioneth-Hengst, war von Bedeutung für die Zucht. Er wurde als Araber-Berber-Mischung aus einer einheimischen Stute beschrieben.
Der Stammvater des modernen Mountain Ponys ist jedoch Dyoll Starlight, der 1894 geboren wurde und dessen Mutter ein »Miniatur-Araber« gewesen sein soll. Nach Dyoll Starlight folgte dann Coad Coch Glyndwr, dessen Mutter Starlights Enkelin war.

Charakter

Das moderne Welsh Pony ist möglicherweise das schönste aller Ponys, aber es hat immer noch die wichtigen Ponyeigenschaften wie Härte, Kraft und eine robuste Gesundheit sowie die der Rasse eigene Klugheit. Das Mountain Pony ist ein ausgezeichnetes Kinderpferd, ein brillantes Turnierpferd im Geschirr und unübertroffen als Zuchtbasis für größere Ponys und Pferde.

Stockmaß
Das Stockmaß liegt nicht über 1,20 m.

Dyoll Starlight
Dyoll Starlight markiert die Grenze zwischen der alten Rasse und dem modernen Pony. Der Name Dyoll ist der Name seines Züchters Meuric Lloyd — rückwärts gelesen. Lady Wentworth, Besitzerin des berühmten Arabergestüts Crabbet, übernahm Starlight, als Lloyd todkrank war, unter der Bedingung, daß das Pony nicht verkauft werden durfte. Sie brach diese Vereinbarung und verkaufte ihn 1925 nach Spanien, wo er 1929 starb.

Stuten und Fohlen
Die heutigen Mountain Ponys verdanken viel dem zweiten Stammvater der Zucht, dem Hengst Coed Coch Glyndwr. Er war der Gründerhengst des berühmten und einflußreichen Welsh-Gestüts Coed Coch, das 1924 von M. Brodrick in Dolwen, Abergele/ North Wales, gegründet wurde. Coed Coch Glyndwrs Großvater war der Cobhengst Eiddwen Flyer.

🐎 *Auf den Bergen*
Gangwerk, äußere Erscheinung und Härte sind die Merkmale des Welsh Mountain Ponys — sie sind das Ergebnis seiner Umgebung. Das wilde Gelände, das karge Futter und die schwierigen klimatischen Bedingungen machten das Pony auch bemerkenswert leichtfuttrig — es kommt mit minimalen Futterrationen aus.

Körper

Der Körper ist bemerkenswert kompakt mit einer tiefen Brust, die viel Platz für die kraftvolle Lunge hat und ein Herz, das im Verhältnis zu der kleinen Statur des Ponys ziemlich groß ist. Die kurze kraftvolle Lendenpartie ist ein weiteres besonderes Merkmal.

Farben

Dyoll Starlight war ausschlaggebend für die vielen Schimmel in der Sektion A, aber auch Kastanienbraune wie das abgebildete Pony und Füchse kommen vor; es gibt sogar Linien mit Palominos.

🐎 Gangwerk

Die Gänge des Mountain Ponys sind bestimmt durch die kraftvolle Hinterhand und die ausgezeichneten Sprunggelenke, die gut unter dem Körper plaziert sind. Die Bewegung aus der Schulter heraus ist bemerkenswert frei und zusammen mit der hohen Aktion gerade für schlechtes Gelände ausgezeichnet geeignet.

Hufe

Die Hufe sind wie bei den meisten Bergpferden aus dichtem dunklen Horn und außerordentlich hart.

Ohren

Sehr kleine, scharfgeschnittene Ohren gehören wie bei allen Ponyrassen auch zum Welsh Mountain Pony.

🐎 Kopf

Der Kopf des Welsh Mountain Ponys wird von den großen leuchtenden Augen beherrscht, die die Zierde aller Welsh-Rassen sind. Die Augen und die weit offenen Nüstern sowie das leicht gebogene Profil weisen deutlich auf den starken Einfluß östlichen Blutes in diesem mutigen und spritzigen Pony hin, das zu den schönsten der Welt gehört.

Welsh Pony

Im Rassestandard wird das Welsh Pony, Sektion B, beschrieben als »ein qualitätsvolles Reitpony mit Reitpferdegängen, guten Knochen, Substanz, Härte, guter Konstitution und Pony-Charakter«. Das heutige Pony steht manchmal zu stark im Vollbluttyp des Reitponys (s. S. 190/191); das liegt an der Anpassung an die Nachfrage nach einem Turnier- und Showpony.

Ursprünge

Die ehemaligen Ponys des alten Schlages waren oft das Resultat aus Kreuzungen zwischen Bergstuten und kleinen Welsh-Cob-Hengsten, manchmal verbessert durch Araber oder kleine Vollblüter. Sie lebten in der Bergregion, und viele trugen ihre Reiter sowohl beim Schafehüten als auch bei der Jagd. Die heutigen Ponys sind in Qualität, Leistung und Gangwerk entschieden besser. Sie sind als Reitponys weltweit unerreicht und haben dennoch weitgehend ihre charakteristischen Eigenschaften wie Härte und die typischen Ponyqualitäten behalten.

Einflüsse

Der Stammvater der Sektion B war Tan-y-Bwlch Berwyn, dessen Sohn Tan-y-Bwlch Berwynfa der Begründer der berühmten Coed-Coch-Section-B-Herde war. Berwyn war, ebenso wie die Welsh Ponys im allgemeinen, von östlichem Blut geprägt, welches die einheimische Rasse eindeutig verbessert hatte. Er wurde 1924 geboren als Sohn von Sahara, einem Berber (oder wahrscheinlicher einem Araber), der 1913 in Gibraltar gekauft wurde. Seine Mutter war eine Enkelin des Welsh-Mountain-Pony-Hengstes Dyoll Starlight.

Criban Victor, ein äußerst bemerkenswerter Hengst, trat zwanzig Jahre später in Erscheinung. Auch er war eng mit den Welsh Mountain Ponys verwandt. Sein Vater war Coed Coch Glyndwrs Sohn Criban Winston, seine Mutter war eine Tochter des berühmten Welsh-Cob-Hengstes Mathrafal Broadcast, einer wahrhaft klassischen Mischung verschiedener Sektionen des Stutbuches. Wichtig ist auch der starke Einfluß östlichen Blutes, der durch die Linien einfloß, die von dem World Champion Skowronek und dem berühmten Raseem abstammten.

Charakter
Das größere Welsh Pony hat zwar andere Proportionen als das Mountain Pony, aber der spritzige Ponycharakter, den alle Welsh-Rassen haben, ist auch ihm eigen.

Schultern
Die Sektion B legt größeren Wert auf einen längeren Hals, als man es beim Mountain Pony tut. Die Schulter ist schräger, der Widerrist ausgeprägter.

Ohren
Kleine, spitze Ponyohren.

Kopf
Der Kopf des Welsh Ponys ähnelt stark dem des Welsh Mountain Ponys, Sektion A. Man legt Wert auf die kleinen, spitzen Ponyohren; lange »Pferdeohren« werden nicht toleriert. Der Kopf ist trocken und ausgesprochen fein.

🐎 Aktion

Die Gänge des Welsh Ponys sind durch die schräge Schulter geprägt, sie sind lang und niedrig mit geringer Aktion. Bei der Hinterhand sorgen die starken Sprunggelenke für einen kraftvollen Gang. Das Pferd geht ganz gerade.

Hinterhand

Eine starke Hinterhand sowie erstklassige Gelenke an den Hinterbeinen sind charakteristische Merkmale dieser Rasse.

Schweif

Der Schweif ist hoch angesetzt und wird hoch getragen.

🐎 Australisches Pony

Das Australische Pony ist mit den Welsh Ponys, Sektion A und B, verwandt; diese wurden Anfang des neunzehnten Jahrhunderts nach Australien exportiert. Der erste bekannte Ponyimport wurde 1803 in Sydney registriert. Seit 1920 entwickelte sich das Australische Pony als eigener und fixierter Typ; die Australian Pony Stud Book Society wurde 1929 gegründet. Ihr Ziel war, ein »einheimisches« Reitpony von hoher Qualität zu züchten, und das Australische Pony erfüllt diesen Anspruch mittlerweile. Die Ponys haben ein Stockmaß zwischen 1,20 und 1,40 m.

Körper

Das Welsh Pony ist für seinen gut geformten Rumpf bekannt; die tiefe Brust ist typisch für alle Welsh-Rassen. Ein weiteres bemerkenswertes Merkmal ist die kraftvolle Lendenpartie.

Farben

Dieses Pony ist ein Schimmel. Es werden alle Farben außer getupften Pferden oder Schecken akzeptiert.

Gliedmaßen

Zwar sind die Körperlinien der Sektion-B-Ponys lang, aber die Röhrbeine sind kurz mit genügend »Knochen« in der Vorhand.

Hufe

Wie bei allen Welsh-Rassen sind die Hufe ausgezeichnet und geben selten Anlaß zu Beanstandung.

Stockmaß

Nicht höher als 1,32 m.

Welsh Cob

Der Welsh Cob ist zäh, ausdauernd und von Natur aus gesund. Er ist ein vielseitiges Pferd für die ganze Familie und trotz seines Temperaments leicht zu handhaben und zu halten. Das Ursprungsland des Cob ist Cardiganshire, wo er heute noch in der Landwirtschaft eingesetzt wird.

Ursprünge

Der Welsh Cob, der im Stutbuch mit Sektion D bezeichnet wird, stammt ursprünglich aus einer Kreuzung von Welsh Mountain Ponys mit römischen Importpferden. Im elften und zwölften Jahrhundert kreuzte man spanische Pferde im Berbertyp ein. Dadurch entstanden die Powys Cob — die Pferde der englischen Kavallerie ab dem zwölften Jahrhundert — und das Welsh Cart Horse, ein kleineres, aber kraftvolles, heute jedoch ausgestorbenes Pferd.

Der moderne Cob

Der moderne Welsh Cob entstammt einer Mischung der Powys Cobs mit Norfolk Roadstern und Yorkshire Coach Horses im achtzehnten und neunzehnten Jahrhundert. Alle vier Cob-Linien gehen auf diese Pferde unter Zumischung arabischen Blutes zurück. Dennoch bleibt der Cob eine perfekte größere Version der ursprünglichen Basisrasse, des Welsh Mountain Ponys.

In früheren Zeiten waren die Cobs bei der Armee als Zug- und Reitpferde gefragt. Darüber hinaus wurden sie in den Städten gern als Kutschpferde für Molkereien und Bäckereien eingesetzt. Der heutige Cob brilliert im Geschirr und ist ein mutiges und trittsicheres Jagdpferd.

Vollblut-Kreuzungen
Die Vollblut-Kreuzung mit Cobs, besonders eine zweite Rückkreuzung auf Vollblüter, bringt erstklassige Turnierpferde hervor, bei denen Größe, Rahmen und Schnelligkeit stimmen.

Stockmaß
Im Prinzip alles über 1,32 m, in der Praxis aber meistens zwischen 1,42 und 1,52 m.

Kopf
Der auffallende, gut geformte Kopf des Welsh Cob zeigt deutlich das Erbe des Welsh Mountain Ponys. Wie beim Mountain Pony (s. S. 144/145) ist das Profil leicht gebogen, die Augen sind groß und die Nüstern weit.

🐎 Rennen

Bevor ein Hengst die Deckerlaubnis bekam, wurde er oft über eine vorgegebene Distanz getestet, meist 56 km. Die Strecke begann oberhalb von Dowlais und ging bis nach Cardiff und mußte in einer Zeit unter drei Stunden geschafft werden.

Erscheinungsbild

Das Erscheinungsbild des Welsh Cob ist identisch mit dem des Welsh Mountain Pony.

🐎 Gründerhengste

Die Gründerhengste der Sektion D waren: Trotting Comet (1840), der von Welsh-Cart-Horse- gemischt mit Norfolk-Roadster-Blut abstammte; True Briton (1830) von einem Yorkshire Coach Horse aus einer berühmten Araberstute; Cymro Llwyd (1850) von Bailey Arab vom Crawshay-Gestüt aus einer Welsh-Stute; und Alonzo der Mutige (1866), ein Norfolk Roadster.

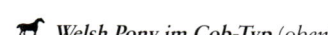

🐎 Welsh Pony im Cob-Typ (oben)

Das kleine Welsh Pony im Cob-Typ der Sektion C im Stutbuch (Stockmaß 1,32 m), ist ein hervorragendes Fahrpferd, ideal zum Wanderreiten und als Reit- und Jagdpony für Jugendliche und kleine Erwachsene. Es ist das Ergebnis einer Kreuzung zwischen Mountain-Stuten und kleineren trabenden Cobs. Dieses Pony, das man oft »Farm-Pony« nennt, wird für alle Arbeiten in bergigem Gelände eingesetzt und war das typische Zugpony für die Schiefertransporte von North Wales zu den Seehäfen. Als diese Linie 1949 auszusterben drohte, gab man ihr eine besondere Sektion im Stutbuch. Zwar ist die Linie wieder konsolidiert, aber der Einfluß des Welsh Mountain Ponys ist doch sehr stark.

Farben

Alle Farben sind zugelassen — mit Ausnahme von getupften Pferden und Schecken. Rappen, Braune, Füchse und Palominos überwiegen, aber es gibt auch cremefarbene und falbe Pferde. Dieser Welsh Cob ist ein Dunkelfuchs. Cymro Llwyd war ein Falbe oder Palomino und hat diese Färbung auch an die heutigen Welsh Cobs weitergegeben. Schimmel sind bei dieser Rasse selten.

🐎 Fahren

Welsh Cobs sind aufgrund ihres Gangwerks, ihres Leistungsvermögens und ihres Mutes ideale Fahrpferde im Turniersport. Eine Vollbluteinkreuzung bringt zwar größere und schnellere Pferde, aber der Cob ist im Grunde der Nachfolger der großen Trabertradition der Norfolk Roadster und ist auch ohne Einkreuzung veredelten Blutes ein überragendes Fahrpferd.

Fesselbehang

Ein feiner seidiger Kötenbehang ist erlaubt, aber das Haar darf nicht derb oder drahtig aussehen.

🐎 Gangwerk

Der Welsh Cob geht frei und kraftvoll vorwärts. Die Vorhand wird aus der Schulter heraus gehoben und voll ausgestreckt, bevor der Huf wieder den Boden berührt.

Dales Pony

Das Dales Pony stammt aus den Hochtälern von Tyne, Allen, Wear und Tees in North Yorkshire. Es ist größer und von schwererem Körperbau als sein Nachbar, das Fell Pony (s. S. 152/153), aber es hat dieselbe Abstammung. Die kräftigen Dales Ponys arbeiteten in den Bleiminen von Allendale und Alston Moor, wurden unter Tage in den horizontalen Stollen eingesetzt und transportierten das schwere Bleierz zu den Seehäfen an der Mündung des Tyne. Auch in den Kohleminen, in der Landwirtschaft und als Packpferd wurden sie gern verwendet. Sie können Lasten tragen, die in keinem Verhältnis zu ihrer Größe stehen und bis zu zwei Zentnern wiegen.

Ursprünge

Früher waren die Dales Ponys die besten Trabpferde im Geschirr oder unter dem Sattel und konnten mit beträchtlichem Gewicht beladen eine Meile (1600 Meter) in drei Minuten zurücklegen. Zur Verbesserung des Trabes kreuzte man im neunzehnten Jahrhundert Welsh-Cob-Blut ein, besonders durch den Traberhengst Comet. Später wurde teilweise derart viel Clydesdale-Blut eingekreuzt, daß man 1917 das Dales Pony als ein Pony mit zwei Dritteln Clydesdale-Blut ansah. Dennoch war es wegen seiner Stärke und seiner erstklassigen Hufe, Beine und Knochen »für die Armee geeignet wie kein anderes Pferd im Lande«.

Merkmale

Auch das heutige Dales Pony hat noch die gleichen wunderbaren Knochen und Gliedmaßen sowie die harten dunklen Hufe. Es ist ungeheuer stark und kann große Lasten tragen, seine Verwandtschaft mit dem Clydesdale ist in seiner äußeren Erscheinung aber nicht mehr erkennbar. Es ist ein ausgesprochenes Leistungspferd vor der Kutsche, wird aber auch mehr und mehr als Reitpony benutzt. Im Dales Pony vereinen sich Mut und Ausdauer mit einem sanften Wesen. Es ist leicht zu halten, hat eine ausgezeichnete Konstitution und ist selten krank. Aufgrund dieser Qualitäten ist es auch als Trekking-Pony beliebt.

Farben
Als einziges Pferd englischer Rasse ist dieses Pony meistens schwarz. Manchmal kommen kastanienbraune oder rein braune Ponys vor wie das dunkelbraune auf der Abbildung; viel seltener sind Schimmel — möglicherweise ein Erbteil der Clydesdale-Vorfahren.

Maul
Das Maul soll mittelgroß und fein sein.

🐎 *Kopf*
Der Kopf des Dales Pony zeigt nichts mehr von dem Clydesdale-Einfluß vergangener Zeiten. Die Stirn zwischen den strahlenden und freundlichen Augen ist breit, und die kleinen Ponyohren sind aufmerksam und beweglich. Der Ausdruck ist ausgesprochen intelligent.

Rücken
Das Dales Pony ist äußerst stark, es hat einen kurzen Rücken und insgesamt ein gutes Gebäude. Dadurch ist es ein ausgezeichneter Gewichtsträger und hat saubere, kraftvolle Gänge; besonders der Trab ist hervorragend.

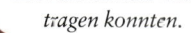 *Brot für London*
Auf dieser Radierung aus dem Jahre 1840 sind die Dales Ponys, die Nahrungsmittel nach London tragen, nicht ganz exakt dargestellt, aber das Bild zeigt doch, welch enorme Lasten die Packpferde über die damals unwegsamen Straßen tragen konnten.

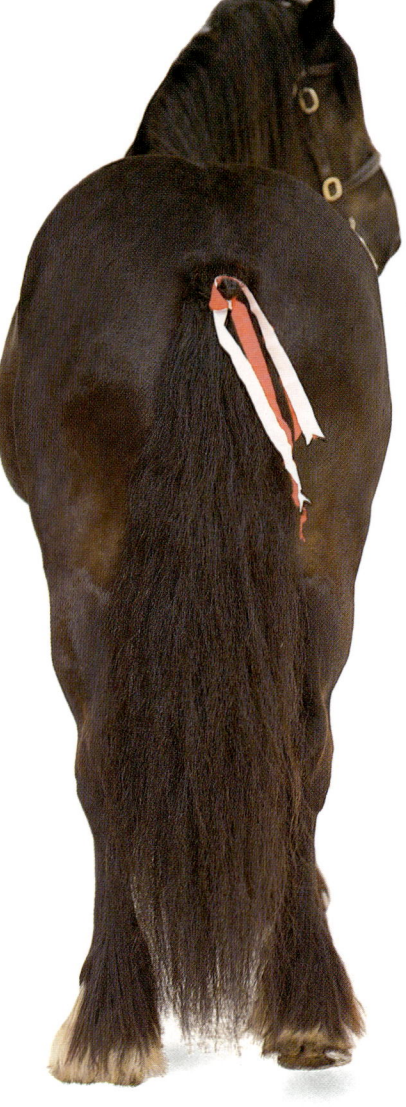

Gurtentiefe
Der Rassestandard schreibt eine gute Gurtentiefe verbunden mit gut gerundetem Rippenbogen vor.

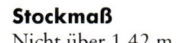 *Von hinten gesehen*
Sieht man ein Dales Pony von hinten, hat man den Eindruck von großer Kraft, die in einer kompakten Form gebündelt ist. Das Pferd hat außerordentlich energische Bewegungen und geht mit viel Vorwärts und viel Schub aus der starken Hinterhand ganz geradeaus.

Hufe
Jahrhundertelang waren die Dales Ponys für ihre ausgezeichneten und harten Hufe berühmt, die mit einem seidigen Kötenbehang geschmückt sind.

Stockmaß
Nicht über 1,42 m.

Fell Pony

Das Fell Pony lebte immer am nördlichen Rand der englischen Bergkette der Penninen in den wilden Mooren von Westmorland und Cumberland, während sein Nachbar und Verwandter, das Dales Pony (s. S. 150/151), auf der anderen Seite der Penninen in North Yorkshire, Northumberland und Durham beheimatet war. Beide Ponyrassen haben dieselben Wurzeln und haben sich gemäß den an sie gestellten Anforderungen entwickelt.

Ursprünge

Mit ziemlicher Sicherheit hatte der schwarze Friese (s. S. 64/65), der von den primitiven europäischen Waldpferden abstammt, in früheren Jahrhunderten Einfluß auf diese nördlichen Rassen. Die Friesen mit ihren schwarzen Pferden bildeten eine Hilfskavallerie bei den römischen Legionen, die in Nordeuropa stationiert waren.

Den größten Einfluß hatte jedoch das starke und schnelle Galloway-Pferd, dessen Einfluß im heutigen Fell Pony noch deutlich zu sehen ist. Der Galloway war das Pferd der Küstenräuber und später der schottischen Viehtreiber. Es wurde zwischen Nithsdale und dem Mull of the Galloway gezüchtet; und obwohl es seit dem neunzehnten Jahrhundert ausgestorben ist, lebt sein qualitätsvolles Erbgut noch in verschiedenen englischen Pferderassen weiter. Der Galloway hatte ein Stockmaß zwischen 1,30 und 1,40 Meter. Er war hart, trittsicher, besaß große Ausdauer und war unter dem Sattel und im Geschirr sehr schnell. Möglicherweise bildete diese Rasse auch die Grundlage der »Rennpferde«, welche wiederum im siebzehnten und achtzehnten Jahrhundert durch östliche Pferde veredelt wurden und aus denen später der Vollblüter entstand.

Merkmale

Einst war das Fell Pony ebenso wie sein Nachbar, das Dales Pony, ein Packpferd. Vermutlich wurde es aber, da es leichter als das Dales Pony und ein bemerkenswerter Traber war, in dem rauhen Stockmoor auch viel unter dem Sattel und im Geschirr gebraucht. Heutzutage dient es beiden Zwecken und gilt darüber hinaus als ausgezeichnete Zuchtbasis für die Kreuzung mit anderen Rassen, wodurch gute Turnierponys entstehen. Durch das Wilson Pony beispielsweise ist das Fell Pony die Basis des modernen Hackney Ponys (s. S. 56/57).

Schultern

Die Schulter ist ein äußerst wichtiger Teil des Gebäudes. Beim Fell Pony liegt sie gut zurück und ist von guter Schräge, wodurch diese Rasse als Reitpony geeignet ist; der Widerrist ist nicht zu fein.

Ohren

Das Fell Pony hat kleine, gut geformte Ohren.

Ganaschen

Die Ponys haben eine feine Ganaschenpartie.

Gliedmaßen

Ein wichtiges Merkmal der Rasse sind die flachen, starken Röhrbeine. Der Rassestandard schreibt einen Röhrbeinumfang von mindestens 20 cm vor.

🐴 *Profil*

Das Fell Pony ist für seinen kleinen, qualitätsvollen Kopf bekannt — eine breite Stirn, ein feines Maul und große, weit offene Nüstern. Die strahlenden Augen beherrschen das Gesicht und geben ihm einen intelligenten Ausdruck; sie spiegeln das gleichmäßige Temperament der Rasse wider.

»Hart wie Eisen«

Der Rassestandard schreibt vor, die Konstitution des Fell Ponys müsse »hart wie Eisen« sein. Im achtzehnten Jahrhundert wurden die Fell Ponys als Packponys benutzt und trugen eine Last von etwa 95 kg und legten in der Woche rund 400 km zurück.

»Lingcropper«

»Lingcropper« war der berühmteste Fell-Hengst. Er lebte im achtzehnten Jahrhundert und war vielleicht ein Galloway-Pferd. Er wurde während der Jacobiter-Aufstände in Stainmore, Westmorland, gefunden — er fraß Heidekraut (= cropping the ling), trug aber noch seinen Sattel.

Kutschefahren

Der schnelle gleichmäßige Trab des Fell Ponys in Verbindung mit seinem Mut, seiner Ausdauer und seinem Leistungswillen machen es zum idealen Fahrpony. Der Herzog von Edinburgh fuhr Fell Ponys auf Turnieren.

Farben

Die Fellfarben sind Schwarz, Braun wie hier, Kastanienbraun und Weiß. Weiße Abzeichen sind unerwünscht, nur einen Stern sieht man hie und da.

Schweif

Die volle Mähne und den vollen Schweif des Fell Ponys läßt man lang wachsen.

Persönlichkeit

Der Gesamteindruck des Fell Ponys ist der von Stärke in Verbindung mit Qualität und großer Wachheit.

Gangwerk

Die Bewegung wird als »smart und sauber« mit guter Aktion der Vor- sowie der Hinterhand beschrieben; das Pony geht aus der Schulter heraus, die Sprunggelenke sind elastisch. Es ist schnell und ausdauernd.

Sprunggelenke

Die Sprunggelenke sind stark und beweglich und geben dem Pony einen kraftvollen Schub aus der Hinterhand.

Hufe

Die Hufe sind bemerkenswert hart, von dunklem Horn, rund, gut geformt und in der Lage, auf den hohen steinigen Pässen der Hochmoore zu laufen. Ein weiteres Merkmal ist der volle feine Kötenbehang.

Stockmaß

Das Stockmaß geht nicht über 1,40 m.

Highland Pony

D as heutige Highland Pony ist das Resultat zahlreicher Kreuzungen, obwohl die Ursprünge der Rasse sehr alt sind. In Nordschottland und auf den schottischen Inseln gab es bereits kurz nach der Eiszeit Ponys, und das Highland Pony zeigt eindeutig Ähnlichkeit mit jenen Tieren, die vor 15 000 bis 20 000 Jahren auf den Höhlenzeichnungen in Lascaux in Frankreich dargestellt wurden.

Ursprünge

Um 1535 schenkte König Ludwig XII. von Frankreich Jakob V., König von Schottland, einige Pferde — einen Percherontyp —, welche zur Verbesserung der einheimischen Pferde eingesetzt wurden, wie man es später im siebzehnten und achtzehnten Jahrhundert denn auch mit spanischen Pferden handhabte. Die Herzöge von Athol, die ersten unter den alten Highland-Züchtern, kreuzten im sechzehnten Jahrhundert noch orientalisches Blut zu; und John Munro-Mackenzie gründete im neunzehnten Jahrhundert mit dem berühmten Araber Syrian auf der Insel Mull die berühmte Calgary-Line. Stammvater der Highland-Rasse war Herd Laddie von Highland Laddie, 1881 geboren und 1887 vom Gestüt Athol angekauft.

Merkmale

Das starke Highland Pony war Schottlands ureigenes Allzweck-Pferd und hat sich diese Vielfalt bewahrt. Highlands sind erstklassige Reitponys und Lastenträger und auch unter schwierigsten Bedingungen trittsicher. Hunderte von ihnen werden in Schottland beim Trekking eingesetzt. Sie arbeiten im Geschirr und in der Forstwirtschaft, tragen Lasten auf Jagden und sind stark und ruhig genug, um erlegtes Rotwild zu transportieren, das bis zu 125 kg wiegen kann.

Hals
Der Hals ist stark, aber niemals kurz, der Kehlgang ist klar gezeichnet.

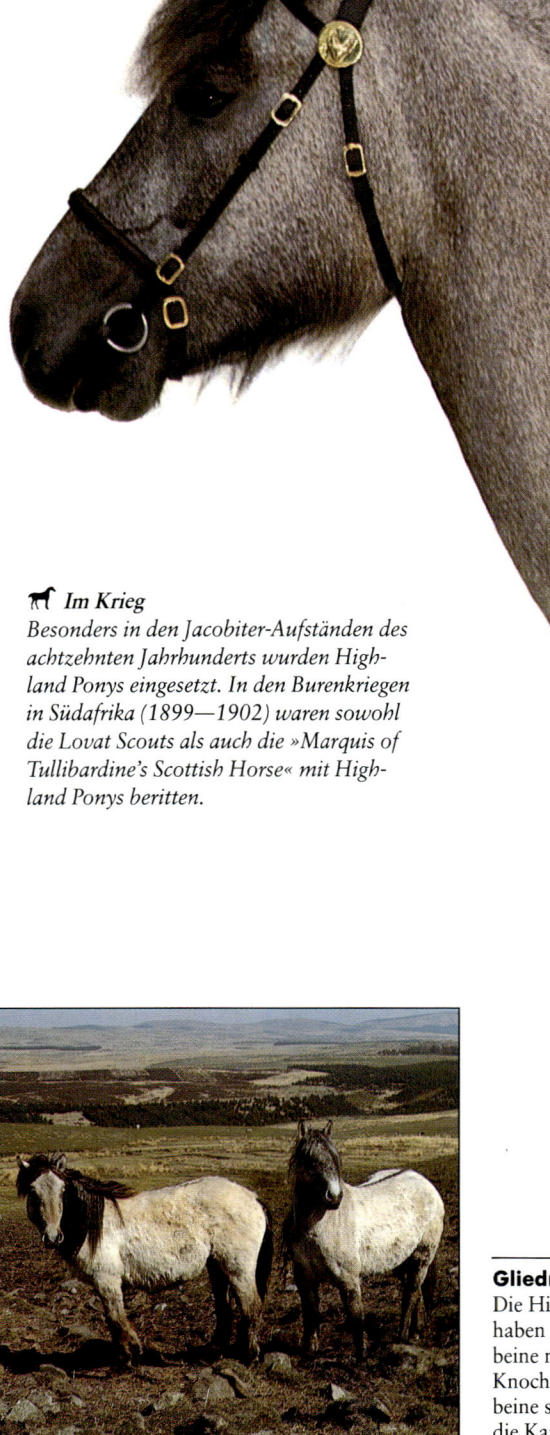

🐎 *Im Krieg*
Besonders in den Jacobiter-Aufständen des achtzehnten Jahrhunderts wurden Highland Ponys eingesetzt. In den Burenkriegen in Südafrika (1899—1902) waren sowohl die Lovat Scouts als auch die »Marquis of Tullibardine's Scottish Horse« mit Highland Ponys beritten.

Gliedmaßen
Die Highland Ponys haben kurze Röhrbeine mit trockenen Knochen; die Vorderbeine sind sehr stark, die Karpalgelenke groß und sauber. Die Ponys haben einen feinen seidigen Kötenbehang.

Stockmaß
Das Stockmaß geht nicht über 1,42 m hinaus.

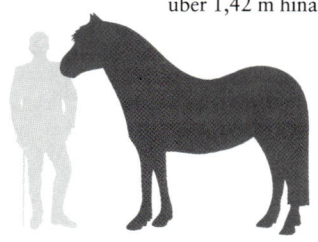

🐎 *In den Highlands*
Highland Ponys sind leicht zu halten, sie können auf rauhen Weiden leben und brauchen kaum Zufutter. Sie gehen beherzt auch durch Sümpfe und sind außerordentlich trittsicher. Sie haben eine robuste Gesundheit, sind frei von Erbkrankheiten und besonders langlebig. Außerdem ist das Highland Pony sanft und dem Menschen zugetan, aber nicht langweilig.

Farben
Wenige Rassen haben eine solche Farbenvielfalt wie
die Highlands. Es gibt Falbe mit Grauton wie hier,
Mausfarbene, Gelbe, Goldfarbene, Creme- und
Fuchsfarbene. Auch Schimmel, Braune, Rappen,
schimmernd Kastanienfarbene und manchmal auch
Dunkelfüchse mit silbernen Mähnen und Schweifen
kommen vor. Die meisten haben einen Aalstrich und
manche Zebrastreifen an den Beinen. Morelle, der erste im Jahre 1853 registrierte Hengst auf dem Athol-
Gestüt, war ein Schecke — eine Färbung, die heute
nicht mehr zugelassen ist.

Aalstrich
Der Aalstrich ist auf dem
Rücken dieses Highland
Ponys deutlich sichtbar.

Nüstern
Die Nüstern sind wohl-
geformt und weit.

🐎 *Kopf*
*Ein guter Highland-Kopf zeigt nichts mehr von
dem früheren Clydesdale-Einfluß. Die Stirn ist
breit, zwischen Augen und Maul ist der Kopf kurz,
und die Nüstern sind weit. Das Gesicht hat einen
freundlichen Ausdruck.*

🐎 *Gesamterscheinung*
*Das kompakte Gebäude des Highland sowie
sein ausgeglichenes Wesen sind die besten Voraussetzungen für eine Kreuzung mit Vollblütern. Das erste Kreuzungsprodukt sind sensible
Hunter, das zweite meist gute Turnierpferde.*

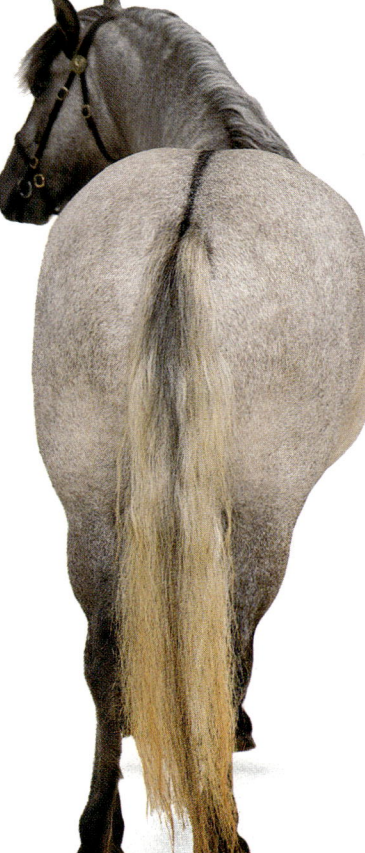

Hufe
Außerordentlich gute Hufe reduzieren Erkrankungen in diesem Bereich
auf ein Minimum, solange die Ponys
nicht auf zu gute Weiden kommen
bzw. überfüttert werden.

🐎 *Von hinten gesehen*
*Die Oberschenkelpartie ist ausgesprochen gut ent-
wickelt. Der Schweif ist meist hoch angesetzt und
wie die Mähne und der Kötenbehang fein und seidig, niemals derb. Der Kötenbehang endet an der
Fessel in einem regelrechten Federbusch.*

Shetland Pony

Die Heimat des kleinsten britischen Ponys sind die Shetland-
Inseln, etwa 185 Kilometer nordöst-
lich von Schottland, ein ödes, sturm-
gepeitschtes Land. Es gibt dort keine
Bäume, dafür aber Steine im Überfluß, und der Boden ist oft nur mit
einer dünnen Schicht Erde bedeckt,
die nur wenig hartes Gras und küm-
merliches Heidekraut trägt. So waren
Heidekraut, diese harten Gräser, sowie mineralstoffreiche Algen früher
das Futter der Shetland Ponys. All
dies in Verbindung mit einer unwirt-
lichen Umgebung hat den Charakter
des Ponys geprägt und seine kleine
Statur bewirkt.

Ursprünge

Wahrscheinlich kamen die Ponys
vor mehr als 10 000 Jahren, bevor sich die Eisdecke zurückge-
bildet hatte, von Skandinavien
her auf die Shetland-Inseln. Diese
ersten Ponys standen vermutlich
deutlich im Tundra-Typ (s. Ursprünge S. 10/11). Das Shetland
Pony hat noch heute die auffällig
lange Nasenpartie, in der es die
kalte Luft vorwärmt, bevor es sie
in die Lungen einatmet — allgemein eine Besonderheit nordi-
scher Pferde.

Merkmale

Shetland Ponys sind von Natur
aus widerstandsfähig. Sie haben
einen schnellen freien Gang,
gehen sehr eifrig und haben
als Erbe ihrer Vorfahren,
die in felsigem rauhen Gelände gehen mußten, eine
relativ hohe Aktion.

Kopf
Der Kopf ist gut geformt und
sensibel; die Ohren sind klein
und schön geformt, die Stirn
breit — ein Zeichen von
Intelligenz.

Schultern
Die Schultern sind stark, gut
plaziert und von guter Schräge,
nicht zu gerade oder überla-
den. Die Ponys haben eine gute
Gurtentiefe.

Hals
Der Hals ist schön gebogen, besonders bei Hengsten. Er ist stark,
muskulös und den Körperproportionen angemessen.

Brust
Die Brust ist zwischen den
Vorderbeinen von guter
Breite — niemals eng.

Stockmaß
Shetland Ponys haben ein durchschnittliches Stockmaß von 101 cm,
jedoch sind die am
besten gebauten oft
2 bis 5 cm kleiner.

Torfsammeln
Auf den Shetland-Inseln wurden die Ponys zu allen
Arbeiten herangezogen, so mußten sie auch Algen
oder Torf fürs Feuer transportieren. Im Verhältnis zu
ihrer geringen Körpergröße gehören sie zu den stärksten Pferden der Welt — leichtfüßig tragen sie einen
ausgewachsenen Mann auch in schwierigem Gelände und transportieren schwerste Lasten.

Farben
Es sind viele Farben zugelassen. Rappen wie auf der Abbildung gehören zu den Grundfarben, aber es gibt auch Braune, Füchse und Schimmel sowie Schecken und getupfte Ponys.

Körper
Ein kurzer Rücken mit außerordentlich muskulöser Lendenpartie ist kennzeichnend für das Shetland Pony. Es hat einen runden, tiefgerippten Rumpf, welcher den Eindruck von Kraft vermittelt.

Hinterhand
Der Schweif ist gut plaziert, die Hinterbeine sind muskulös.

Miniatur-Shetlands (oben)
Vor einigen Jahren setzte der Trend ein, Miniatur-Shetlands zu züchten, die noch kleiner waren als im Rassestandard gewünscht. Diese Ponys haben zwar einen gewissen Seltenheitswert, aber sie verlieren doch oft an Typ.

Schweif
Mähne und Schweif sind außerordentlich voll und ein guter Witterungsschutz.

Fell
Das Fell wechselt im Lauf des Jahres. Im Sommer ist es weich, aber im Winter wächst ein dickes, borstiges Fell mit warmer Unterwolle.

Gliedmaßen
Die Gliedmaßen sind kurz und gut angesetzt. Sie haben große, gut geformte Gelenke und starke, saubere Knochen.

Populär und vielseitig
Außerhalb der Shetland-Inseln sind die Shetlands als Kinderponys beliebt, sie gehen gut vor der Kutsche und sind als Zirkuspferde gefragt. Früher sah man sie oft in öffentlichen und privaten Parks; außerdem wurden sie gern als Grubenponys eingesetzt.

Hufe
Shetland Ponys haben runde harte Hufe aus dunklem Horn. Die Fesseln sind von guter Schräge und nicht zu gerade.

Connemara

Der Connemara ist nach dem wilden öden Teil Irlands westlich von Loughs Corrib und Mask benannt. Er ist das einzige »einheimische« irische Pferd. Um das heutige exzellente Pony zu züchten, wurden viele verschiedene Rassen eingekreuzt.

Ursprünge

Im sechzehnten und siebzehnten Jahrhundert ergaben Kreuzungen mit Berbern und spanischen Pferden den berühmten Irish Hobby. Der Hobby, Vorgänger des Connemara, war ein hartes, flinkes Pferd, das ähnlich wie das Galloway-Pferd in der Entwicklung des Vollblüters eine gewisse Rolle spielte. Im neunzehnten Jahrhundert wurden dann Araber importiert, und viele der staatlichen Zuchten kreuzten Welsh Cobs, Vollblüter, Roadster oder Hackneys und auch den weniger wünschenswerten Clydesdale ein, um eine Degeneration der einheimischen Pferde zu verhindern. Darüber hinaus gab es Irish-Draught-Hengste ebenso wie eine direkte Linie zum berühmten reinen Araberhengst Naseel. Das bekannte Springpferd Dundrum stammt von dem Vollbluthengst Little Heaven und kam aus der Carna-Dun-Linie.

Stutbuch

Die Connemara Pony Breeders' Society wurde 1923 gegründet, die English Connemara Society im Jahre 1947. Der erste ins Stutbuch aufgenommene Hengst war Cannon Ball, der 1904 geboren war. Er gewann sechzehn Jahre lang hintereinander das Bauernrennen in Oughterard. Auch die Hengste Rebel, geboren 1922, und Golden Gleam, ein Jahrzehnt später geboren, prägten die Rasse entscheidend.

Merkmale

Das Endprodukt ist wohl das beste Turnierpony überhaupt. Der Connemara ist schnell, mutig, sensibel und hat ein bemerkenswertes Springvermögen. Seiner natürlichen Umgebung in Connemara verdankt das Pony Härte, Ausdauer und seinen besonderen Charakter.

Hals
Der Connemara hat einen schönen langen Reitpferdehals.

Schultern
Gute Reitpferdeschultern führen zu einer »bemerkenswerten natürlichen Vorliebe fürs Springen« — das Markenzeichen des modernen Ponys.

Vorhand
Die gut proportionierte Vorhand ist ein typisches Merkmal des Connemara.

Knochen
Ein Röhrbeinumfang von 17 bis 20 cm ist nicht unüblich.

Hufe
Wie bei allen einheimischen englischen Rassen sind auch die Hufe des Connemara ausgezeichnet; das Pony ist trittsicher.

🐎 *Kopf*
Der Kopf des Connemara ist klein und trocken und spiegelt den orientalischen Einfluß wider. Trotz der vielen verschiedenen Kreuzungen wurde ein Pony von fixiertem Typ erreicht. Der Connemara kann sowohl von Erwachsenen als auch von Kindern geritten werden, es ist also ein ausgesprochen vielseitiges und umgängliches Pferd.

Erstklassige Pferde
Kreuzt man den Connemara mit Vollblütern, so erhält man erstklassige Turnierpferde.

Typ
»… ein extrem harter, widerstandsfähiger Ponytyp mit starkem Berber- und/oder Arabereinschlag.« Beschreibung von Mr. Ussher C. B. für die Königliche Kommission im Jahre 1897.

Gebäude
Eleganz, verbunden mit Substanz, guten Proportionen, einem angenehmen Äußeren und guten Reiteigenschaften — das sind die Qualitäten dieses brillanten Leistungsponys. Der kompakte Rumpf ist bemerkenswert tief.

Arbeit in der Landwirtschaft
Im fernen Galway wurden die Connemaras früher für sämtliche Arbeiten in der Landwirtschaft herangezogen und auch als Packpferde benutzt, um Algen, Kartoffeln, Torf und Getreide zu transportieren. Über den alten falbfarbenen Connemara-Schlag schrieb Professor Cossor Ewart: »Sie überleben selbst dort, wo alle anderen außer wilden Ponys verhungern würden … stark und hart wie Maultiere, fruchtbar und ohne jede Erbkrankheiten — wäre ihr Aussterben ein nationaler Verlust« (Royal Commission Report Congested Districts Boards, 1897).

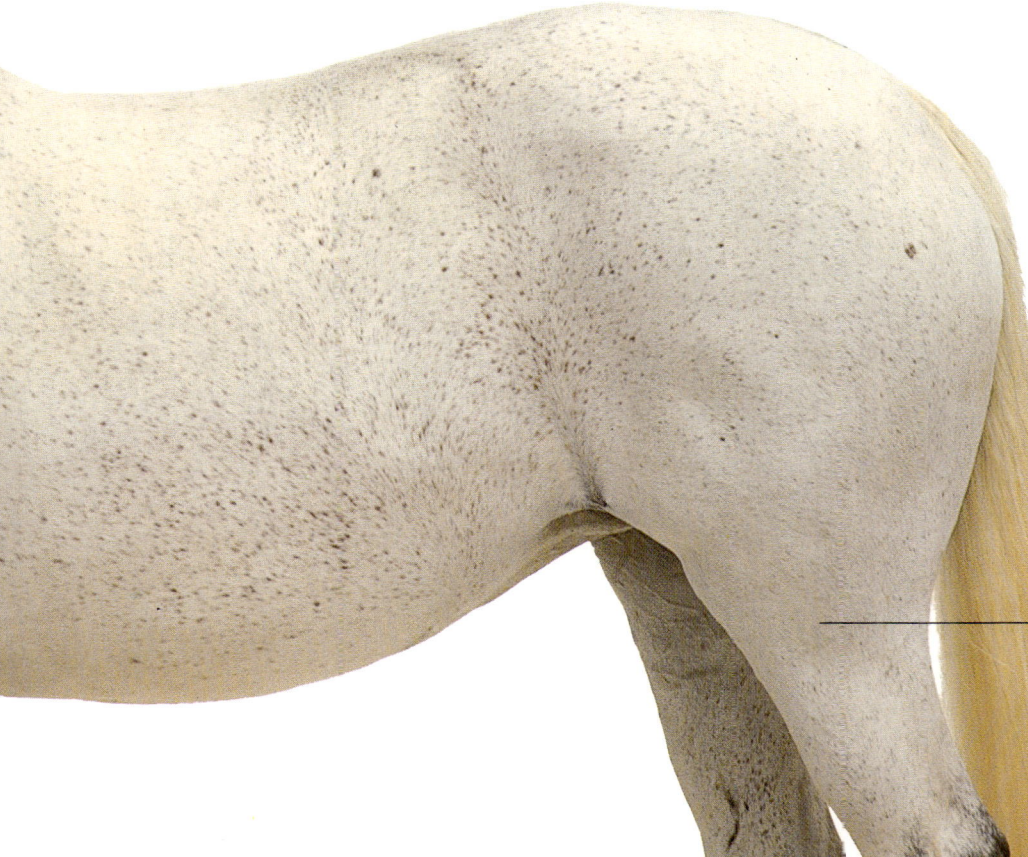

Farben
Die Fellfarben sind Weiß wie hier, Falb, Schwarz, Kastanienbraun und Braun und manchmal auch Rotschimmel- oder Fuchsfarben. Gescheckte und getupfte Pferde sind nicht erwünscht.

Ideales Turnierpferd
Connemara Ponys wurden in großer Zahl auf den Kontinent exportiert, wo sie weitergezüchtet wurden. Sie gelten als ideales Turnierpferd für Jugendliche und unterliegen in Deutschland einer strengen Zuchtprüfung.

Stockmaß
Der Connemara hat ein Stockmaß zwischen 1,30 und 1,47 m.

New Forest Pony

Jahrhundertelang wurde das New Forest Pony von seiner Umgebung in einem Waldgebiet im Südwesten von Hampshire geprägt, durch das die wichtigsten Straßen nach Westen führen.

Ursprünge

Seit dem Erlaß von Canutes »Forest Law« im Jahre 1016 gab es immer wieder Bestrebungen, die Rasse zu verbessern. 1208 beispielsweise wurden Welsh-Stuten ins Zuchtgebiet gebracht; im achtzehnten Jahrhundert deckte der Vollbluthengst Marske für kurze Zeit Forest-Stuten, und im neunzehnten Jahrhundert lieh Königin Victoria Berber- und Araberhengste aus. Dennoch waren im Grunde Lord Cecil und Lord Lucas die beiden großen, vielleicht sogar innovatorischen »Verbesserer« der Rasse. Gemeinsam führten sie Highlands, Fells, Dales, Dartmoors, Exmoors und Welsh Ponys ein. Lord Lucas brachte sogar ein Basuto Pony aus dem Burenkrieg mit. Erstaunlicherweise entstand aus diesem Rassengemisch ein unverwechselbarer Typ.

Merkmale

Das heutige, auch unter wirtschaftlichen Aspekten rentable New Forest Pony ist meist ein Produkt der Gestüte, hat aber noch den besonderen Charakter und das Gangwerk, die durch seine natürliche Umgebung geprägt sind. Die Ponys haben Reitpferdeschultern und typische lange, flache Gänge, was besonders beim langsamen Galopp, der besten Gangart des »Foresters«, zum Ausdruck kommt. An das Zusammensein mit Menschen gewöhnt, sind die Ponys leicht zu handhaben und nicht so aufgeweckt und gerissen wie andere einheimische Ponyrassen. Sie sind ausgezeichnete Leistungspferde und sehr stark, die größeren unter ihnen tragen mühelos Erwachsene.

Stockmaß
Die Obergrenze liegt bei 1,42 m; Ponys, die nicht auf Gestüten gezüchtet werden, sind oft kleiner.

Vollblüter (links)
Der Vater von Eclipse, dem möglicherweise besten Rennpferd aller Zeiten, war Marske, der ab 1765 für eine kurze Zeit auch Forest-Stuten deckte. Als der Ruf von Eclipse gefestigt war, kehrte Marske ins Gestüt nach Yorkshire zurück.

Stammväter
Stammväter sind Denny Danny, der durch Dyoll Starlight eine Verbindung zum Welsh Pony hatte; Goodenough und Brookside David, beide waren mit Field Marshall verwandt; Brooming Slipon und Knightwood Spitfire, Enkel des Highland-Hengstes Clansman.

Polopony-Blut
Einen entscheidenden Einfluß auf die Zucht der Forester hatte der Polopony-Hengst Field Marshall aus einer Welsh-Stute. Er stand 1918/1919 in Forest.

Gliedmaßen
Gute starke Gliedmaßen. Die Gänge sind frei, lang und flach, die beste Gangart ist der Galopp. Foresters sind wunderbare Geländeponys.

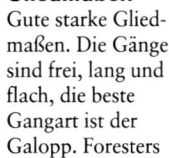
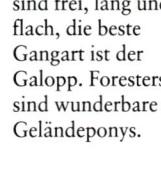

Schultern
Die Schultern sind lang und schräg — richtige Reitponyschultern.

🐎 *Zuchtverband*
Der Zuchtverband ist die New Forest Pony Breeding and Cattle Society, die 1938 aus einer Zusammenlegung verschiedener früherer Züchtervereinigungen entstand. Das eigene Stutbuch wurde 1960 erstellt.

Kopf
Das New Forest Pony variiert im Typ und hat manchmal fast einen »Pferdekopf«. Der Gesamteindruck ist der von Intelligenz, die Ponys lernen schnell.

Farben
Es gibt alle Farben außer getupften und gescheckten Pferden und cremefarbenen mit blauen Augen. Kastanienbraune, wie auf der Abbildung, und Braune sind am häufigsten.

🐎 *Futter*
Im Forest gezogene Pferde leben auf den Moorhügeln im Sumpf und lieben besonders die Spitzen des Stechginsters.

Körper
Der Forester ist ein Allround-Reitpony und hat einen guten tiefen Rumpf.

Hufe
Wie die meisten Ponyrassen ist auch diese sehr trittsicher.

🐎 *Durch die Umgebung geprägt*
Der Forest mit seinem ausreichenden, um nicht zu sagen üppigen Futterangebot hat den besonderen Charakter und die Bewegungen des vielseitigen und trittsicheren New Forest Ponys geprägt. Trotz der Einkreuzung so vieler verschiedener Rassen brachte der Forest das hervor, was Lord Cecil als »die geheime Macht der Natur« bezeichnete, »die alles zerschleift und alle diese verschiedenen Rassen zu dem Typ verschmelzen läßt, der dem Land am besten angepaßt ist«.

Amerikanisches Shetland Pony

Das mit Abstand populärste Pony in Amerika ist das Shetland Pony, das von den Shetland-Inseln vor der schottischen Küste stammt. Die ersten Importe von Shetland Ponys nach Amerika gab es im Jahre 1885. Bereits drei Jahre später wurde der American Shetland Pony Club gegründet, und heute gibt es etwa 50 000 Shetland Ponys in den USA. Auch in Europa, besonders in Holland, ist das Shetland Pony verbreitet. Jedoch wurde es außer in Amerika nirgends systematisch mit anderen Rassen gekreuzt.

Ursprünge

Nur noch wenige Shetland Ponys in Amerika haben Ähnlichkeit mit den harten Ponys der Shetland-Inseln, deren Wesen von der kargen Landschaft geformt wurde, in der die Winter so hart sind und in denen es wenig nahrhaftes Futter für die Tiere gibt. Das Amerikanische Shetland Pony ist ein rein vom Menschen geformtes Produkt, und obwohl behauptet wird, das Pony habe die Härte und gesunde Konstitution des reinen Shetland Ponys, ist dies höchst unwahrscheinlich, und Zweifel sind angebracht. Die »Rasse« basiert auf der Selektion aus immer zierlicheren Shetland Ponys, später kreuzte man sie mit Hackney Ponys und krönte die Mischung dann noch mit der Einkreuzung von Arabern und kleinen Vollblütern.

Das so entstandene Amerikanische Shetland Pony ist in erster Linie ein Fahrpferd mit ausgesprochenem Hackney-Charakter und oft denselben spektakulären Gängen. Außerdem gibt es auch Kutschenrennen, und der sogenannte »Hunter«-Typ geht unter dem Sattel und soll auch Springveranlagung vorweisen können.

Hufe
Die Hufe läßt man überlang wachsen und beschlägt sie mit Gewichtseisen, um eine höhere Trabaktion zu bekommen.

Harte Vorfahren
Das kleine Pony von den Shetland-Inseln kann extreme Nässe und Kälte aushalten und bei kargstem Futter leben. Es sind kraftvolle Ponys, denen das Amerikanische Shetland Pony in keiner Weise mehr ähnelt.

Fast ein Hackney
Im Grunde ist das Amerikanische Shetland Pony nur die amerikanische Version des Hackney Ponys. Dabei soll es intelligent, anpassungsfähig und von angenehmem Wesen sein. Die Gänge sind hoch, extravagant und schnell.

Hinterbeine
Durch Einkreuzung von Hackney Ponys, Arabern und kleinen Vollblütern erzielte man eine längere Hinterhand.

Rahmen
Der Rahmen des Amerikanischen Shetland Ponys ist länger und enger als der des breiten, kurzbeinigen Original-Shetland-Ponys, und das Amerikanische Shetland Pony ist eindeutig edler, mit feineren Linien.

Schweif
Das üppige Wachstum von Schweif und Mähne sind Reminiszenzen des echten Shetland Ponys. Die Fahrponys werden mit künstlich hochgebundenem Schweif präsentiert.

Widerrist
Für ein Pony ist der Widerrist ungewöhnlich stark ausgeprägt. Er geht in einen kurzen guten Rücken mit guter Lendenpartie und einer schönen schrägen Schulter über.

Hals
Der Hals ist lang und anmutig; er geht gut in die Schulter über, der Kopf ist gut angesetzt.

Kopf
Der Kopf ist relativ lang, das Profil ist gerade oder leicht gebogen. Der Pony-Ausdruck ist weitgehend verlorengegangen.

Vorhand
Die Brust ist breit, und die Vorhand hat zwar keinen echten Shetland-Pony-Charakter mehr, ist aber korrekt gebaut.

Körper
Der Rumpf ist von ausreichender Tiefe, und die Beine sind lang und schlank. Die Gelenke kommen in bezug auf Größe oder Kraft nicht an die des Original-Shetland-Ponys heran. Die künstliche Streckhaltung wie bei dem Pony auf der Abbildung ist typisch für Fahrpferde in Amerika.

Farben
Beim Amerikanischen Shetland Pony kommen alle Farben vor: Braun wie auf der Abbildung, Schwarz, Kastanienbraun, Fuchsfarben, Rotschimmel, Creme- und Falbfarben sowie Schimmel.

Spektakuläre Gänge
Amerikanische Shetland Ponys werden meistens in Fahrklassen präsentiert, wo man höchsten Wert auf Stil und möglichst spektakuläre Gänge legt — sie werden aber auch in einfacheren Fahrprüfungen vorgestellt, in denen auch weniger ausgeprägte Gänge erlaubt sind. Die Gänge werden durch Beschlagsmanipulationen »unterstützt«.

Stockmaß
Das durchschnittliche Stockmaß liegt um 103 cm, es gibt aber auch kleinere Exemplare.

Shire

D as Shire Horse ist so englisch wie die britische Bull-
dogge und wird vielfach als die
schönste schwere Zugpferderasse
angesehen. Die Rasse heißt
»Shire«, weil sie in den Midland
»Shires« (= Grafschaften) Lin-
coln-, Leicester-, Stafford- und
Derbyshire gezüchtet wurde.

Ursprünge
Die Zucht geht auf das mittelalterliche
Schlachtroß Englands zurück, das Große
Pferd. Oliver Cromwell bezeichnete es als
»English Black«, und unter diesem Namen
wurde es auch bekannt in der kurzen Zeit,
als England ein Großreich war.

Der bedeutendste Einfluß in der Entwicklung des massiven modernen Shires kam von
seiten des schweren flämischen oder flandrischen Pferdes. Im sechzehnten und siebzehnten Jahrhundert brachten die Hollän-
der, die die englischen Moore trockenlegen
sollten, ihre kraftvollen holländischen Pferde
mit. Diese wurden mit den einheimischen
Pferden gekreuzt. Eine weitere Verbesserung
kam durch die Einkreuzung von Friesen
(s. S. 64/65), wodurch das English Black
bessere Bewegungen bekam. Während der
Regierungszeit von Charles II. war die
Königliche Hofgarde mit Old English Blacks
beritten.

Abstammung
Als Gründerhengst für die Shire-Zucht gilt
The Packington Blind Horse, der zwischen
1755 und 1770 in Ashby-de-la-Zouche
stand. Er wurde erstmals im 1878 veröffent-
lichten Stutbuch erwähnt. Der Name Shire
kam erst ab 1884 in Gebrauch, als die Shire
Horse Society an die Stelle der English Cart
Horse Society trat.

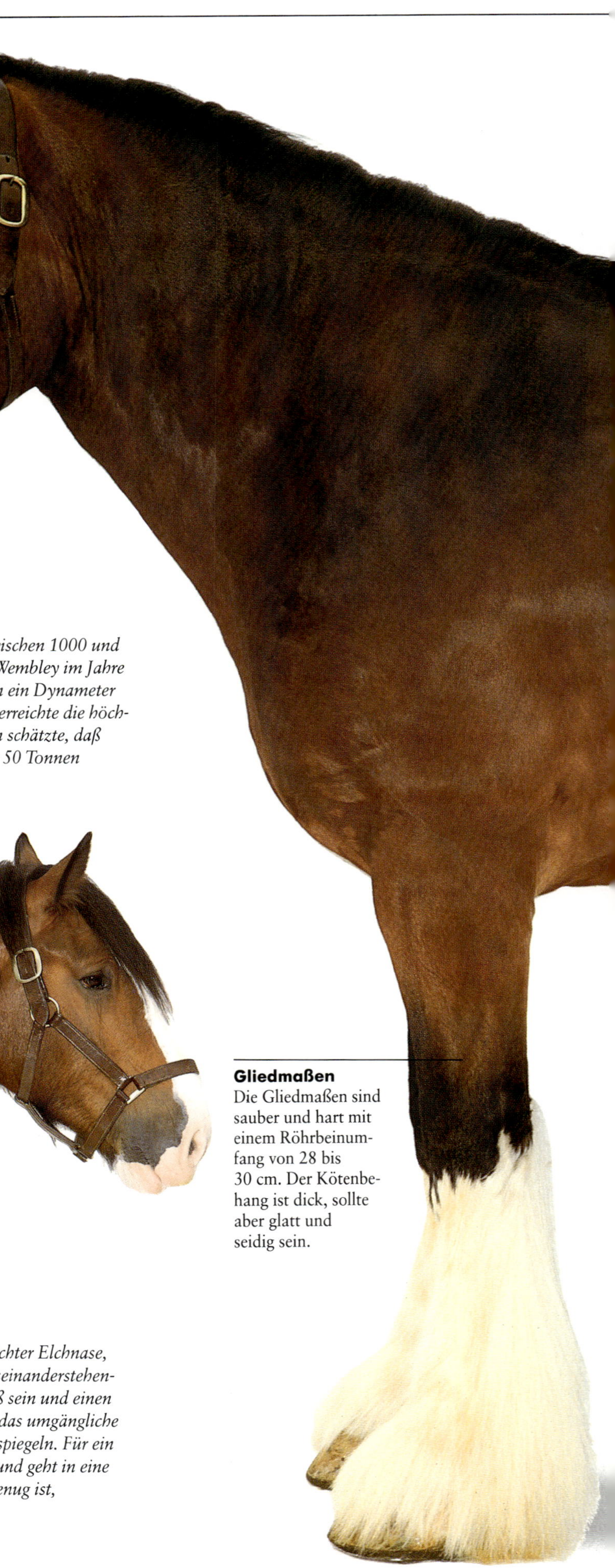

Kraft
Der massiv gebaute Shire wiegt zwischen 1000 und 1200 kg. Bei einer Ausstellung in Wembley im Jahre 1924 zog ein Gespann Shires gegen ein Dynameter (ein Gerät zur Kraftmessung) und erreichte die höchste Anzeige auf der Meßskala. Man schätzte, daß die Pferde dabei eine Zugkraft von 50 Tonnen bewiesen hatten.

Gliedmaßen
Die Gliedmaßen sind sauber und hart mit einem Röhrbeinumfang von 28 bis 30 cm. Der Kötenbehang ist dick, sollte aber glatt und seidig sein.

Stockmaß
Der Shire hat ein Stockmaß zwischen 1,62 und 1,72 m, im Durchschnitt 1,70 m.

Kopf
Der Kopf ist mittelgroß, oft mit leichter Elchnase, d.h. konvexem Profil und weit auseinanderstehenden Augen. Die Augen sollten groß sein und einen freundlichen Ausdruck haben, die das umgängliche Wesen der »sanften Riesen« widerspiegeln. Für ein Zugpferd ist der Hals relativ lang und geht in eine tiefe gute Schulter über, die breit genug ist, um ein Kummet zu tragen.

Brustumfang

Der durchschnittliche Brustumfang für Hengste ist 180 bis 240 cm, das ist eine breite kraftvolle Brust. Dies sind Voraussetzungen für eine gute Konstitution.

Körper

Der kurze Rücken ist dick, kraftvoll und besonders in der Lendenpartie muskulös. Die breite mächtige Hinterhand vermittelt den Eindruck von Stärke kombiniert mit Gewicht, der unerläßlichen Voraussetzung für ein Zugpferd.

Farben

Die bekannteste Farbe des Shire ist das traditionelle Schwarz seiner Vorfahren mit hellem Kötenbehang. Kastanienbraune wie auf der Abbildung und Braune werden akzeptiert, es gibt auch des öfteren Schimmel.

🐎 *Wettpflügen*

Der Shire spielt zwar keine wichtige Rolle mehr in der Landwirtschaft, aber das Wettpflügen ist sehr populär und wird relativ oft veranstaltet. In der Stadt sieht man Shires noch vor den schweren Brauereiwagen. Die Brauereien sind die bedeutendsten Förderer der Rasse.

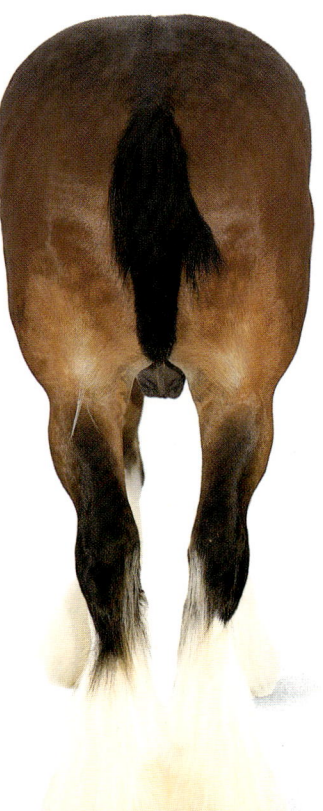

🐎 *Kriegspferde*

Das English Great Horse wurde im mittelalterlichen England so gezüchtet, daß es stark genug war, einen Ritter in voller Rüstung und mit schweren Waffen zu tragen und sich dennoch im Kampf gewandt zu bewegen. Der Ritter stieg erst kurz vor der Schlacht auf das Pferd, ansonsten wurde es auf seiner rechten Seite vom Knappen geführt. Daher auch der Name Destrier für Kampfpferde (aus dem Lateinischen Dextrarius — die rechte Seite).

🐎 *Von hinten gesehen*

Die wichtigsten Gebäudeteile des Zugpferdes sind die Hufe und die Sprunggelenke. Die Hufe müssen breit genug, sehr solide und perfekt geformt sein; die Schräge muß der der Fesseln entsprechen. Die Sprunggelenke sollen breit und flach sein, in korrektem Winkel ansetzen und nahe beieinander stehen. Die Bewegung ist absolut gerade.

Suffolk Punch

Der Suffolk Punch aus East Anglia ist die älteste schwere englische Zugpferderasse und vielleicht die liebenswerteste. Das englische Lexikon definiert den Punch als eine Unterart des englischen Pferdes mit kurzen Beinen und einem tonnenförmigen Rumpf, »ein kurzer fetter Bengel«, und das trifft exakt zu. Ein wichtiges Merkmal dieser reingezogenen Rasse ist, daß sämtliche Linien auf einen Hengst, nämlich Thomas Crisps Hengst Horse of Ufford (Orford) zurückgehen, der 1768 geboren wurde. Er war ein Fuchs wie alle Suffolks.

Ursprünge

Die Ursprünge der Rasse liegen im dunkeln, aber es ist schier undenkbar, daß die stark trabveranlagten Roadster, die ab dem sechzehnten Jahrhundert in East Anglia entstanden, und die schwereren flandrischen Stuten nicht an der Entwicklung dieser Rasse beteiligt gewesen sein sollten. Beide hatten dieselbe Farbe wie der heutige Suffolk, und die flandrischen Pferde waren robuste Traber.

Der Suffolk Punch wurde für die Arbeit in der Landwirtschaft gezüchtet. Er hat keinen Kötenbehang und ist so besonders gut für die schweren Lehmböden geeignet. Er hat enorme Zugkraft und war früher ein gefragtes Zugpferd für die Arbeiten in Groß- und Kleinstädten.

Die Pferde sind frühreif und langlebig und damit wirtschaftlich. Sie können unglaublich hart arbeiten und sind äußerst stark, brauchen dabei aber weniger Futter als andere Kaltblutrassen. Auf den typischen Höfen in East Anglia wurden sie früher um 4.30 Uhr morgens gefüttert. Zwei Stunden später gingen sie aufs Feld und arbeiteten dort mit nur kurzen Pausen bis 14.30 Uhr. Andere Kaltblutrassen mußten vormittags nochmals gefüttert werden und zur Verdauung ausruhen, der Suffolk Punch nicht.

Stockmaß
Das Stockmaß liegt bei 1,60 bis 1,63 m.

🐎 *Bei der Landarbeit*
Auf dieser Radierung aus dem achtzehnten Jahrhundert zieht ein Gespann von Suffolks die übliche Bauernkutsche. Suffolks können wegen ihrer Beweglichkeit und ihrer großen Kraft für alle Arten schwerer Zugarbeit eingesetzt werden.

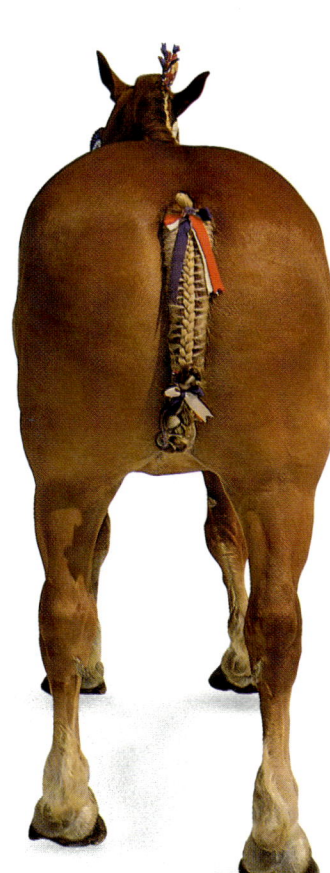

🐎 *Von hinten gesehen*
Die Hinterhand ist ausgesprochen kraftvoll, aber die Hinterbeine müssen relativ eng stehen, damit das Pferd in der normalerweise 25 cm breiten Furche gehen kann, sonst »zertritt es mehr, als es hackt«, wenn es in den Zuckerrübenfeldern arbeitet. Der lange Schweif wird bei der Arbeit traditionsgemäß hochgebunden und eingeflochten.

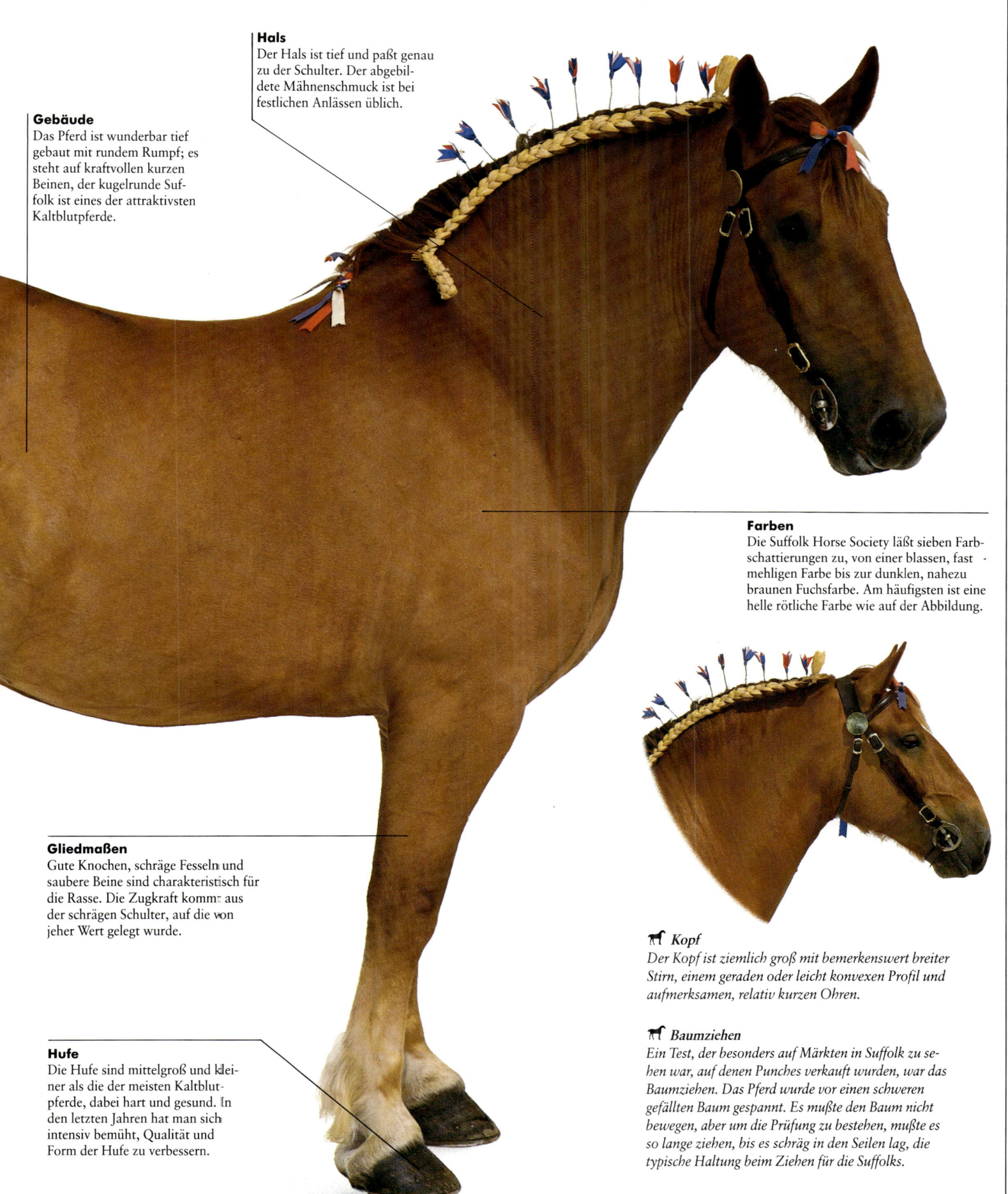

Hals
Der Hals ist tief und paßt genau zu der Schulter. Der abgebildete Mähnenschmuck ist bei festlichen Anlässen üblich.

Gebäude
Das Pferd ist wunderbar tief gebaut mit rundem Rumpf; es steht auf kraftvollen kurzen Beinen, der kugelrunde Suffolk ist eines der attraktivsten Kaltblutpferde.

Farben
Die Suffolk Horse Society läßt sieben Farbschattierungen zu, von einer blassen, fast mehligen Farbe bis zur dunklen, nahezu braunen Fuchsfarbe. Am häufigsten ist eine helle rötliche Farbe wie auf der Abbildung.

Gliedmaßen
Gute Knochen, schräge Fesseln und saubere Beine sind charakteristisch für die Rasse. Die Zugkraft kommt aus der schrägen Schulter, auf die von jeher Wert gelegt wurde.

Kopf
Der Kopf ist ziemlich groß mit bemerkenswert breiter Stirn, einem geraden oder leicht konvexen Profil und aufmerksamen, relativ kurzen Ohren.

Baumziehen
Ein Test, der besonders auf Märkten in Suffolk zu sehen war, auf denen Punches verkauft wurden, war das Baumziehen. Das Pferd wurde vor einen schweren gefällten Baum gespannt. Es mußte den Baum nicht bewegen, aber um die Prüfung zu bestehen, mußte es so lange ziehen, bis es schräg in den Seilen lag, die typische Haltung beim Ziehen für die Suffolks.

Hufe
Die Hufe sind mittelgroß und kleiner als die der meisten Kaltblutpferde, dabei hart und gesund. In den letzten Jahren hat man sich intensiv bemüht, Qualität und Form der Hufe zu verbessern.

167

Clydesdale

Die Rasse der Clydesdale ist im Verhältnis zu der Geschichte der Pferdezucht noch recht jung, sie wurde erst in den letzten 150 Jahren entwickelt. Aber sie ist außer den Percherons (s. S. 170/171) wohl die erfolgreichste Kaltblutrasse im Hinblick auf weltweite Exporte. Clydesdales gibt es in Deutschland, Rußland, Japan und Südafrika, aber auch in den USA, Kanada, Australien und Neuseeland.

Ursprünge

Die Rasse hat ihren Ursprung in den flämischen Pferden, die im achtzehnten Jahrhundert ins Clyde Valley, Lanarkshire, importiert wurden. Der Einfluß der Shires ist ebenfalls sehr stark. Zwei Clydesdale-Züchter des neunzehnten Jahrhunderts, Lawrenc Drew und sein Freund David Riddell, waren der Meinung, daß die Clydesdales und die Shires zwei Linien derselben Rasse seien.

Merkmale

Der Clydesdale ist weniger massiv gebaut als der Shire und hat nicht das kugelige Aussehen des Suffolks, aber er hat von diesen drei Rassen die besten Bewegungen und geht sehr eifrig. Die Clydesdale Horse Society, deren erstes Stutbuch 1878 erschien, beschreibt die Gänge folgendermaßen: »Ein extravaganter Stil, ein auffallendes, temperamentvolles Wesen und hohe Aktion zeichnen dieses einmalig elegante Tier unter den Zugpferden aus.«

Die Clydesdale Horse Society wurde 1877 gegründet, und bereits im ersten offiziellen Stutbuch waren 1000 Hengste verzeichnet. Die American Clydesdale Society wurde im folgenden Jahr gegründet, und die Rasse war in den USA und in Kanada bald etabliert.

Stockmaß
Das durchschnittliche Stockmaß liegt bei 1,62 m, Hengste können aber 1,70 m und mehr messen.

🐴 *Schweif*
Außerordentlich aufwendig geschmückte Schweife sind eines der Merkmale des schweren Show-Pferdes. Bei der Royal Highland Show wird immer auch in einem eigenen Wettbewerb das am besten dekorierte Pferd gekürt.

Sprunggelenke
Für die Rasse ist die kuhhessige Stellung, also eng beieinanderstehende Sprunggelenke, charakteristisch. Dies wird nicht als Fehler angesehen.

Hufe
Die Beine haben einen schweren seidigen Behang; die Hufe sind zwar etwas flach, aber gut geformt und stark.

🐴 *Weltweit beliebt*
Clydesdales wurden in die ganze Welt exportiert. Im Jahre 1990 verkaufte das Fairways Heavy Horse Center in Perth, Schottland, ein Jungpferd mit einem Stockmaß von 1,82 m für 20 000 Pfund nach Japan. Der frühere Rekord lag bei 9500 Pfund im Jahre 1911.

Hals
Der Hals ist proportional
länger als der des Shire.

🐎 *Kopf*
Der Kopf des Clydesdale ist eleganter als der
der meisten Kaltblüter. Im Gegensatz zum
Shire, der ein deutlich konvexes Profil hat, ist
der Kopf des Clydesdale ganz gerade, was ihm
ein qualitätsvolles Aussehen gibt.

Schulter
Die Schulter ist schräg, und der Widerrist, der wie bei jedem guten Zugpferd
höher als die Kruppe liegt, ist gut
ausgebildet.

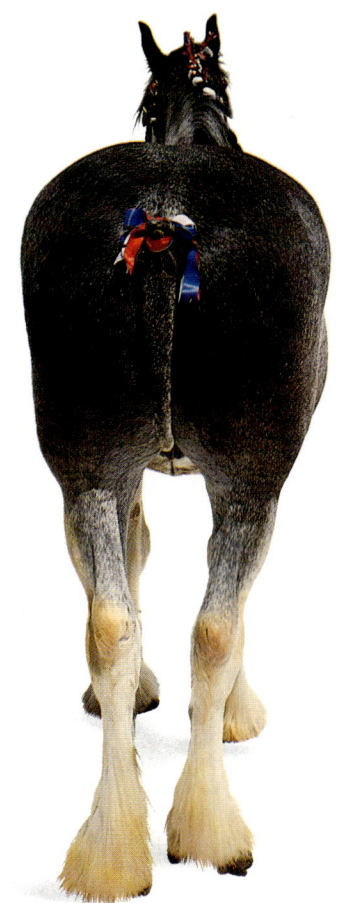

Farben
Die vorherrschende Farbe der Clydesdales ist Kastanienbraun bzw. Braun;
aber auch Schimmel, Rappen und verschiedene Schimmelfarben wie dieser
Dunkelschimmel kommen vor. Große
weiße Abzeichen finden sich oft am
Kopf, an den Beinen und der Unterseite des Körpers.

🐎 *»Sie bauten Australien auf«*
Clydesdales arbeiteten in den Weiten Kanadas
und Amerikas, oft in Siebenergespannen vor
den schweren Pflügen. Man bezeichnete sie
auch als »die Rasse, die Australien aufbaute«.

🐎 *Arbeit im Geschirr*
Der Clydesdale, der eine Tonne oder mehr wiegt,
aber sehr beweglich und umgänglich ist, eignet
sich ideal für die Arbeit vor dem Wagen in Städten. Man sagt, daß »der Glanz des Clydesdales eine ordinäre Bierlieferung zu einem spektakulären
Ereignis werden läßt«.

🐎 *Von hinten gesehen*
Der moderne Clydesdale ist zwar ein großes Pferd,
aber er ist leichter und beweglicher, als die Rasse
es früher war. Die Beine erscheinen oft lang, obwohl der Clydesdale häufig einen tiefen Rumpf
hat. Die Sprunggelenke sind sehr stark, stehen
aber meist kuhhessig.

Percheron

Der Percheron ist ein hübsches Kaltblutpferd mit sauberen Beinen ohne Kötenbehang und mit freien Bewegungen; es stammt aus der Gegend von Le Perche in der Normandie. Der Percheron und der Boulonnais (s. S. 178/179) sind die elegantesten Kaltblüter, die auch orientalisches Blut haben. Ein Fachmann beschrieb den Percheron im neunzehnten Jahrhundert als einen »Araber, der von klimatischen Einflüssen und der Landwirtschaft, in der er seit Hunderten von Jahren eingesetzt wurde, geprägt ist«. Das ist vielleicht etwas zu enthusiastisch, aber der starke orientalische Einfluß läßt sich nicht verleugnen.

Geschichte

Bewunderer der Rasse glauben, daß die Vorfahren des Percheron die Ritter von Karl Martell im Jahre 732 in den Sieg über die Mohammedaner bei Poitiers trugen und daß im Zuge dieses Sieges die Berber und Araber des Feindes in die Hände der französischen Züchter gelangten. Mit Sicherheit wurde nach dem ersten Kreuzzug 1096—1099 orientalisches Blut zugeführt, und ab 1760 stellte Le Pin den Züchtern von Percherons arabische Hengste zur Verfügung.

Die bedeutendsten Percheron-Linien wurden von Araberkreuzungen mit Abkommen von Godolphin und Gallipoly beherrscht. Gallipoly war der Vater des berühmtesten Percheron-Hengstes Jean Le Blanc, der 1830 geboren wurde. In seiner langen Geschichte war der Percheron Kriegs-, Kutsch- und Arbeitspferd in der Landwirtschaft, er wurde bei der Artillerie eingesetzt und ging sogar unter dem Sattel. Der moderne Percheron ist ungeheuer kraftvoll, hart und vielseitig. Er hat unverwechselbare Gänge — lang, frei und niedrig.

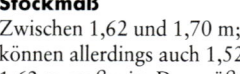 **Zugkraft** *(oben)*
Der Percheron hält den inoffiziellen Zugkraftrekord von 1547 kg. Er ist außerordentlich willig und macht jede Arbeit.

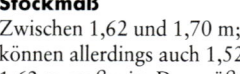 **Schweif**
Der volle Schweif des Percheron wird in einer Art »Polo-Knoten« hochgeknüpft, wenn die Pferde im Geschirr gehen.

Hinterhand
Der Percheron ist für seine ausgezeichnete Hinterhand bekannt; sie ist schräg und für ein Zugpferd ungewöhnlich lang.

Stockmaß
Zwischen 1,62 und 1,70 m; Stuten können allerdings auch 1,52 bis 1,62 m groß sein. Das größte Pferd der Welt war der Percheron Dr. Le Gear. Er hatte 2,10 m Stockmaß und wog fast 1400 kg.

Hufe
Die Hufe sind hart und aus dunklem Horn ohne Kötenbehang. Sie sind ein besonderes Merkmal dieser bekannten Rasse.

Hals
Der Hals ist lang und gut gebogen, die Mähne ist ziemlich dick.

Widerrist
Der Widerrist ist stark ausgeprägt, die Schulter von guter Schräge.

Kriegspferde
Tausende Percherons aus Amerika und Kanada arbeiteten auf den Schlachtfeldern des Ersten Weltkrieges. Von den rund 500 000 getöteten und verletzten englischen Pferden war ein großer Prozentsatz Percherons oder Pferde im Percheron-Typ.

Kopf
Der Kopf des Percheron ist fein. Die Stirn ist breit und gerade, das Profil gerade und fein; die Ohren sind lang und vorstehend, die Augen aufmerksam und freundlich. Die Nase ist flach mit sehr weiten offenen Nüstern.

Körper
Der Körper ist breit, mit tiefer Brust, die Gliedmaßen sind stark und muskulös mit guten harten Gelenken. Die Gänge sind lang und vergleichsweise niedrig.

Farben
Die häufigste Farbe ist ein geäpfeltes Grau wie hier oder Rappen; hier und da akzeptiert der französische Zuchtverband aber auch Kastanienbraune, Füchse und Rotschimmel.

Arbeitspferde
Der Percheron paßt sich leicht verschiedenen klimatischen Bedingungen an. Er wurde nach Nord- und Südamerika, Kanada, Australien, Südafrika, Japan und sogar auf die Falkland-Inseln exportiert, wo er mit den einheimischen Criollos gekreuzt wurde.

Ardenner

Das kaltblütige Pferd aus den Ardennen in Frankreich und Belgien, der Ardenner, kann als Doyen der Kaltblutrassen in Europa betrachtet werden — und als eine der ältesten. Seine Vorfahren sind seit 2000 Jahren bekannt und waren vermutlich Abkömmlinge der ramsköpfigen prähistorischen Pferde, deren Überreste man in Solutré fand.

Geschichte

Vor dem neunzehnten Jahrhundert war der Ardenner weniger massiv als heute; er wurde geritten und ging vor leichten Kutschen. Zu Beginn des neunzehnten Jahrhunderts kreuzte man ihn mit Arabern und Vollblütern, aber auch mit Percherons und Boulonnais, allerdings nicht immer sehr erfolgreich.

So entstanden drei Typen: der kleine alte Schlag der Ardenner mit einem Stockmaß um 1,50 Meter, der heute nur noch selten in Erscheinung tritt; der Nordardenner oder »Trait du Nord«, den man auf der Abbildung sieht, ein größeres Pferd, das durch die Kreuzung mit Belgischem Kaltblut entstanden ist (s. S. 180/181); und der Auxois, eine größere Version des Original-Ardenners, ein sehr kraftvolles Pferd.

Die klimatischen Verhältnisse, in denen der Ardenner aufwächst, sind rauh, und so ist auch dieses Pferd mit massivem Rahmen ausgesprochen hart. Die Tiere sind außerdem sehr ruhig und leicht zu handhaben. Auch heute noch werden sie als Zugpferde gebraucht, der größte Teil von ihnen wird allerdings als Schlachtpferde gezüchtet.

🐎 *Bei der Arbeit*

Der Ardenner ist dicker als andere Zugpferde, kurz und niedrig über dem Boden stehend; er ist willig, kann hart arbeiten, ist ausdauernd und leicht zu handhaben. Seine große Energie stammt wohl von seinen orientalischen Vorfahren, die Größe von den belgischen.

Hals

Der Hals ist schwer, aber auch lang.

🐎 *Kopf*

Der Kopf mit dem geraden Profil bekommt seinen speziellen Ausdruck durch die niedrige flache Stirn und die leicht vorstehende Augenpartie. Der Hals ist zwar schwer und muskulös, aber doch länger, als man bei solch einem kompakten Pferd erwartet, und sitzt gut auf der kraftvollen Schulter.

Hufe

Die Hufe sind kleiner, als man erwarten würde, hart, stark und gut geformt.

Farben

Die bevorzugten Farben sind Braune mit Stichelhaar wie hier, Eisengraue, dunkle Füchse und sogar Palominos; Rappen sind unerwünscht.

Rücken

Der Ardenner ist kompakt, hat einen sehr kurzen Rücken und eine außerordentlich kurze Lendenpartie.

🐎 *Auxois*

Der Auxois, das alte burgundische Pferd, war seit dem Mittelalter ein Zeitgenosse des Ardenners und wird weitgehend als dessen Abkomme angesehen, obwohl es seine Rotschimmelfarbe behalten hat. Auch sind die Beine und die Hinterhand weniger massig.

Hinterhand

Die Muskeln der Hinterhand des Ardenners sind besonders kurz, dick und kräftig.

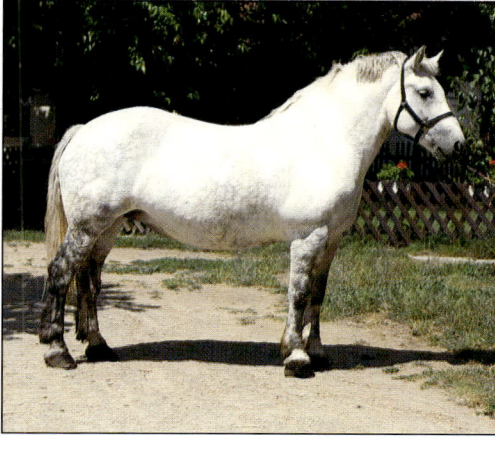

🐎 *Murakozer (oben)*

Der Murakozer wurde nach der Stadt Murakoz in Südungarn benannt. Die Rasse entstand dort im zwanzigsten Jahrhundert aus einheimischen Stuten der Mur-Inseln, die man mit Ardennern sowie Percherons und Norikern und mit leichteren und qualitätsvolleren ungarischen Pferden kreuzte. Der Murakozer ist ein bewegliches Zugpferd; es hat nicht den Kötenbehang des Ardenners, wohl aber dessen etwas schweren Rahmen und ausgeglichenes Temperament geerbt.

Gliedmaßen

»Wie kleine Eichen« sind die Gliedmaßen, sehr kurz und kräftig mit starkem Kötenbehang. Der kleine ältere Schlag des Ardenners hatte weniger Kötenbehang und war leichter und flinker.

🐎 *»Das Karrenpferd des Nordens«*

Der populäre schwere Ardenner aus Lothringen wird auch heute noch »das Karrenpferd des Nordens« genannt, aber er unterscheidet sich doch von dem lebhaften Ardenner Postpferd, das Napoleons Wagen aus dem katastrophalen Rußlandkrieg zurückbrachte.

Körper

Die Knochenstruktur des Ardenners ist ganz ausgezeichnet und von einer kraftstrotzenden Muskulatur umhüllt. Der Rumpf ist tief und vermittelt den Eindruck von Kraft. Der Widerrist ist im Gegensatz zu anderen schweren Kaltblutrassen nicht in gleicher Linie mit der Kruppe, sondern liegt eher niedriger.

Stockmaß

Das Stockmaß liegt zwischen 1,50 und 1,60 m, im Durchschnitt bei 1,53 m.

Bretone

Die bretonischen Pferdezüchter beherrschten ihr Metier so gut wie alle anderen Züchter in Europa. Seit dem Mittelalter bringt die Bretagne Pferde von eigenem Typ hervor, die aus dem primitiven langhaarigen Pony der dortigen Bergregion entstanden. Früher gab es vier verschiedene Typen von Bretonen: zwei Paß- und Töltpferdtypen, ein Allround-Pferd zum Reiten und Fahren und ein schweres Zugpferd. Mit dem Reitpferd, dem Cheval de Corlay, wurden sogar kleinere Rennen veranstaltet.

Typen

Heute gibt es nur noch zwei anerkannte Typen. Das schwere bretonische Zugpferd, ein massives frühreifes Pferd mit Ardennereinschlag, das auch als Fleischlieferant sehr gefragt ist. Der weit beweglichere bretonische Postier ist eine leichtere Version des Suffolk Punch (s. S. 166/167) und war einst der Stolz der französischen Artillerie. Der Postier hat Boulonnais- (s. S. 178/179) und Percheron-Blut (s. S. 170/171), beides bewegliche feine Pferde mit dem kraftvollen Norfolk Roadster in ihrer Ahnentafel. Vom Percheron und vom Boulonnais erbte der Postier den außerordentlich energischen Trab; er wird für leichtere Zugarbeiten und in der Landwirtschaft eingesetzt.

Die bretonischen Postiers, die seit 1926 dasselbe Stutbuch wie die schweren Kaltblüter haben, werden sehr sorgfältig gezüchtet und sind bei speziellen Fahrturnieren — traditionellen Veranstaltungen bei festlichen Gelegenheiten — gefragt. Der bretonische Postier ist in Frankreich sehr populär und wird nach Nordafrika, Japan, Spanien und Italien exportiert, um dort entsprechende Rassen zu verbessern.

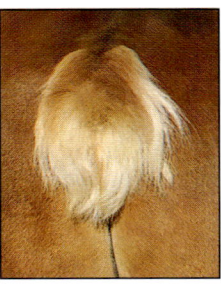

Schweif
Traditionell wird der Schweif des Bretonen wie der des Normannischen Cob (s. S. 78/79) kupiert (in Deutschland ist das verboten; Anm. d. Übers.). Das soll dem Pferd ein keckes Aussehen geben und verhindert außerdem, daß sich der Schweif in den langen Fahrleinen verfängt.

Veredler
Durch seine Härte, Kraft und sein Leistungsvermögen, verbunden mit seinem angenehmen Wesen, eignet sich der Bretone gut als Veredler weniger entwickelter Rassen.

Rahmen
Der Rahmen ist kurz und quadratisch mit einem breiten Rumpf, einer starken und tiefen Hinterhand, die den Eindruck von Kraft vermittelt.

In der Landwirtschaft
Das schnelle bewegliche Pferd ist für alle landwirtschaftlichen Arbeiten geeignet; der Bretone wird auch vielfach in den Weinbergen des Midi eingesetzt.

Hals
Der Hals paßt zu den übrigen Linien des Körpers, er ist kurz, gewölbt und dick. Er geht in eine schräge Schulter über, die kürzer ist, als man erwarten dürfte. Dennoch ist der Bretone ein bewegliches, schnelles Pferd mit einem freien Schritt und Trab.

Farben
Rotschimmel sind typisch für die Rasse, aber auch Füchse wie auf der Abbildung, Kastanienbraune und Schimmel kommen vor. Lediglich Rappen sind unerwünscht.

🐎 *Kopf*
Der quadratische Kopf des Bretonen hat ein gerades Profil; er soll große, weit offene Nüstern haben und leuchtende freundliche Augen. Die beweglichen Ohren sind klein und ziemlich tief am Kopf angesetzt.

Gliedmaßen
Die Gliedmaßen sind kurz, stark und im Oberschenkel- und Oberarmbereich stark bemuskelt.

Hufe
Die Hufe sind gut geformt, hart und nicht zu groß. Die Beine sind »sauber« mit sehr geringem oder gar keinem Kötenbehang.

Stockmaß
Das Stockmaß beträgt 1,50 bis 1,60 m. Der Postier ist kleiner als das schwere Kaltblut.

Jütländer

D änemarks Kaltblut, der Jütländer, wird seit undenklichen Zeiten auf der Halbinsel Jütland gezüchtet. Im zwölften Jahrhundert war es ein Streitroß, das für seinen stämmigen Körperbau bekannt war; es konnte einen bewaffneten Ritter in voller Rüstung tragen und die Entbehrungen des Krieges aushalten.

Ursprünge

Der Jütländer scheint erheblich an der Entstehung des deutschen Schleswiger Pferdes beteiligt zu sein; tatsächlich wurde dieser Rasse bis weit ins zwanzigste Jahrhundert hinein dänisches Blut zugeführt.

In der Entwicklungsgeschichte des heutigen Jütländers gab es Kreuzungen mit Cleveland Bays und dessen Abkommen, dem Yorkshire Coach Horse. Der wichtigste Einfluß ging jedoch von dem Hengst Oppenheim LXII. aus, einem fuchsfarbenen Suffolk Punch (s. S. 166/167), der im Jahre 1860 nach Dänemark kam. Auch heute noch besteht eine große Ähnlichkeit zwischen dem Suffolk, dem Jütländer und dem Schleswiger. Die wichtigste Linie des Jütländers ist die von Oldrup Munkedal, einem der zahlreichen Nachkommen des Hengstes Oppenheim LXII.

Merkmale

Große Ausdauer und sein sehr menschenfreundliches Wesen machen den Jütländer zum idealen Zug- und Arbeitspferd in der Landwirtschaft. Infolge zunehmender Mechanisierung ging die Zahl dieser liebenswerten und attraktiven Kaltblüter in den letzten Jahren leider erheblich zurück. Der Jütländer wird aber auch heute noch gelegentlich als Zugpferd in der Stadt genutzt und ist als schönes und sehr arbeitswilliges Fahrpferd äußerst beliebt. Auch auf Turnieren sieht man Jütländer, und manchmal auch noch in der Landwirtschaft.

Stockmaß
Das Stockmaß des Jütländers ist zwischen 1,50 und 1,60 m.

Vorhand
Der Hals ist kurz und dick, wie er für Zugpferde typisch ist; die Schultern sind kraftvoll und stark bemuskelt. Die Brust ist selbst für ein Zugpferd außerordentlich breit.

🐴 Kopf
Der Kopf des Jütländers ist alles andere als fein. Er ist schwer und einfach, nicht unähnlich dem seines frühen Vorfahren, des Forest Horse. Aber der Gesichtsausdruck ist freundlich und spiegelt das sanfte und willige Wesen der Rasse wider. Auf der anderen Seite ist die Ähnlichkeit mit dem Suffolk Punch deutlich zu erkennen. Sollte jemals Cleveland-Bay-Blut eingekreuzt worden sein, ist es heute nicht mehr erkennbar.

Körper

Der kompakte, kugelrunde Körper zeigt deutlich die Verbindung zum Suffolk Punch. Darüber hinaus ist der Rumpf außerordentlich tief.

Rücken

Der Rücken ist kurz, breit und kraftvoll und gibt dem Körper ein kompaktes Erscheinungsbild. Der Widerrist ist relativ flach und breit, wie beim europäischen Kaltblut üblich.

Farben

Die attraktive Fellfarbe des Jütländers stammt vom Suffolk Punch. Mit sehr wenigen Ausnahmen sind es Dunkelfüchse mit heller Mähne und hellem Schweif.

Hinterhand

Die Hinterhand des Jütländers ist so rund wie die seines Vorfahren, des Suffolk, und sie ist ebenso massiv und muskulös.

🐎 *Zugpferde*
Der Jütländer im Geschirr ist ein schönes und attraktives Bild und erfreut sich großer Beliebtheit. Der harte, leicht zu haltende Jütländer ist ein unermüdliches arbeitswilliges Pferd, das sich außerordentlich gut handhaben läßt.

Gliedmaßen

Die Gliedmaßen sind kurz und haben einen dichten Behang, den man aber züchterisch vermindern möchte. Die Gelenke einiger Tiere sind manchmal nicht ausreichend hart und stark.

Behang

Der schwere Behang bringt bei dem schweren Pferd oft Krankheiten mit sich, hauptsächlich Mauke und schmierige Fesselbeugen.

Hufe

Die Hufe sind im allgemeinen gut, obwohl sie bei einigen der alten Suffolks nicht zu den besten Merkmalen zählten und beim Schleswiger noch heute weit davon entfernt sind, als exemplarisch zu gelten.

🐎 *Von hinten gesehen*
Abgesehen vom starken Behang könnte man meinen, man sähe in den massiven runden Linien die Hinterhand des Suffolk. Der Jütländer hat zwar ein schweres Gebäude, aber er ist ein mittelgroßes Zugpferd mit schnellen und freien Gängen.

Boulonnais

Der Boulonnais stammt aus dem Nordwesten Frankreichs und wurde als das edelste Kaltblutpferd überhaupt angesehen, und tatsächlich ist es — oder war es, wie man heute leider sagen muß — das schönste Kaltblut mit einem Dutzend positiver Merkmale. Den feinen Körperbau und die anmutigen Linien verdankt es seinen orientalischen Vorfahren.

Ursprünge

Die Zuchtgeschichte beginnt mit im Nordwesten Frankreichs heimischen schweren Pferden schon vor der Zeitenwende. Als sich Julius Cäsars römische Legionen hier im ersten Jahrhundert v. Chr. für die Invasion Großbritanniens sammelten, vermischten sich ihre östlichen Pferde mit den heimischen. Viel später, nämlich während der Kreuzzüge, wurde weiteres Araberblut zugeführt, besonders durch die Vermittlung der Grafen Eustache de Boulogne und Robert d'Artois, beide sorgfältige und innovative Pferdezüchter. Als man im vierzehnten Jahrhundert mehr und mehr schwere Waffen einsetzte, wurden die Pferde immer größer und schwerer gezüchtet und mit nördlichen Kaltblütern und spanischen Pferden gekreuzt. Im siebzehnten Jahrhundert bekam die Rasse den Namen Boulonnais, und es entwickelten sich zwei Typen. Das kleinere Pferd maß weniger als 1,60 Meter und wurde Mareyeur genannt (Gezeiten-Pferd). Es wurde für die Fischtransporte von Boulogne nach Paris eingesetzt und ist heute nahezu ausgestorben. Der größere Boulonnais mit einem Stockmaß über 1,60 Meter wird jedoch noch gezüchtet, allerdings hauptsächlich als Fleischlieferant.

Vorhand

Der Hals ist dick, aber schön gewölbt. Die Schultern sind schräger als die anderer Kaltblutrassen, und der Widerrist ist gut ausgeprägt. Eine solch gute Vorderpartie ist einzigartig unter den Kaltblutrassen.

Stockmaß

Der Boulonnais hat ein Stockmaß zwischen 1,53 und 1,63 m. Der frühere Mareyeur hatte nur 1,51 bis 1,53 m.

🐎 Kopf

Der Kopf des Boulonnais ist unverwechselbar und zeigt deutlich orientalischen Einfluß. Das Profil ist gerade, die Augenpartie betont, der Kehlgang fein und frei und die Stirn flach und breit. Die Augen sind normalerweise ausgesprochen groß, die Nüstern weit offen und die Ohren sehr klein, aufstehend und beweglich.

Fell

Die Haut ist seidig, und man sieht die Adern; die Mähne ist fein und voll. Nichts im Haarkleid erinnert an das derbe Fell, das man mit Kaltblütern assoziiert.

🐎 *Gangwerk*

Die Boulonnais haben ganz außerordentliche Gänge für Kaltblutpferde, sie gehen gerade mit relativ langen Schritten und mit viel Schwung und Energie. Die Rasse ist sehr leistungswillig und kann ein gehobenes Tempo über lange Strecken durchhalten.

Hinterhand

Die Hinterhand des Boulonnais ist rund und muskulös mit dem charakteristischen doppelten Muskel auf der Kruppe. Der volle Schweif ist hoch angesetzt — viel höher als bei anderen Kaltblutpferderassen.

🐎 *Nordschwedisches Pferd*

Der Nordschwede ist ein kompaktes Zugpferd, das in Schweden für die Forstarbeit genutzt wird, wo gut die Hälfte des geschlagenen Holzes noch von Pferden abtransportiert wird. Das Gestüt Wangen hat ein systematisches Zuchtprogramm erarbeitet, das Zugprüfungen und regelmäßige tierärztliche Kontrollen der Pferde bei der Arbeit beinhaltet. Vor Ende des letzten Jahrhunderts war der Nordschwede eine Mischung von verschiedenen einheimischen Rassen, und er hat noch heute große Ähnlichkeit mit seinem nächsten Verwandten, dem norwegischen Døle Gudbrandsdal (s. S. 64/65). Die Pferde haben ein Stockmaß ab 1,53 m. Sie sind hart und gesund und sowohl für ihre Langlebigkeit als auch für ihre außerordentlich beweglichen Gänge, verbunden mit einer ungeheuren Zugkraft, berühmt. Die wichtigsten Farben sind Falb, Braun und Schwarz. Schwarze Pferde haben immer weiße »Socken«.

Körper

Der Rumpf ist wunderbar kompakt und tief. Der Rücken ist breit und gerade, die Brust weit und die Rippen wie beim Araber wohlgeformt. Kombiniert mit einer gewissen Eleganz, ist die ganze Erscheinung majestätisch.

Farben

Schimmel in allen Schattierungen herrschen vor, aber es gibt hier und da auch Braune und Füchse, die früher sehr gefragt waren.

Gliedmaßen

Die Gliedmaßen des Boulonnais sind kräftig mit starker Bemuskelung. Weitere Pluspunkte sind die kurzen dicken Röhrbeine, das Fehlen von Kötenbehang und die großen soliden Gelenke.

Belgisches Kaltblut

Das Belgische Kaltblut ist unter dem Namen Brabanter bekannt, der sich aus einem seiner Hauptzuchtgebiete herleitet. Der Brabanter ist eine besonders wichtige Rasse, die viel zur Entwicklung der Pferderassen auch außerhalb des belgischen Zuchtgebietes beigetragen hat. Im Heimatland ist das Belgische Kaltblut im Grunde zu wenig anerkannt, in den USA hingegen ist es wegen seiner hervorragenden Qualitäten sehr beliebt; selbst im berühmten Kentucky Horse Park gibt es Brabanter.

Ursprünge

Die Rasse ist sehr alt. Sie geht direkt auf den Ardenner zurück (s. S. 172/173) und weiter auf das prähistorische europäische Waldpferd *(Equus silvaticus).* Diese massiven Pferde waren den Römern wohlbekannt und wurden auch schon von Julius Cäsar in seinem »De Bello Gallico« als arbeitswillige und nie ermüdende Pferde erwähnt.

Im Mittelalter nannte man den Belgier »das flandrische Pferd«. Als solches war es an der Entwicklung des englischen »Great Horse« beteiligt und später auch an der Entwicklung des Shire. Auf den Flamen geht auch der Clydesdale (s. S. 168/169) zurück, und auch auf den Suffolk Punch (s. S. 166/167) und den Irish Draught (s. S. 76/77) hatte das flämische Pferd großen Einfluß.

🐎 *Brabanter*
Das Belgische Kaltblut hat seinen Namen nach dem Zuchtgebiet Brabant, ist aber auch als »race de trait Belge« bekannt. Durch gezielte Selektion — ohne jedes Fremdblut, aber gelegentliche Inzucht —, schufen die Züchter ein Pferd von außergewöhnlicher Qualität.

🐎 *Drei Linien*
Ab 1870 gab es drei Hauptlinien der Brabanter, die eher auf Blutlinien beruhten, als daß sie sich im Exterieur unterschieden. Die Linien sind die von Orange I., dem Stammhengst der massiven Gros-de-la-Dendre-Linie; Bayard war der Begründer der Linie Gris du Hainaut, die aus Hellbraunen und Füchsen bestand; und Jean I. begründete die »Colosses de la Mehaique«.

Hinterhand
Die große kraftvolle Hinterhand des Belgischen Kaltbluts ist rund, die Kruppe charakteristisch »doppelt bemuskelt«.

Farben
Die Farben variieren von Linie zu Linie. Braune, Falben und Schimmel kommen vor, aber Rotbraune mit schwarzen Punkten, Hellbraune und Füchse wie hier dominieren.

Hufe
Kurze, sehr starke Beine enden mit einem dichten Kötenbehang. Die Hufe sind mittelgroß und immer gut geformt.

Rücken
Das Belgische Kaltblut ist dick und kompakt. Die Linie der »Colosses de la Mehaique« ist besonders für ihre starke und kurze Rücken- und Lendenpartie bekannt.

Kopf
Der Kopf ist im Verhältnis zum Körper klein, quadratisch und etwas einfach, aber der Ausdruck ist intelligent und freundlich.

Hals
Ein kurzer dicker, kraftvoller Hals geht in einen ähnlich proportionierten Widerrist und eine ebensolche Schulter über — eine ideale Kombination für alle schweren Zugarbeiten.

Körper
Das Merkmal dieser massiven Pferderasse ist Kraft, die in dem tiefen kompakten Rumpf zum Ausdruck kommt sowie in der insgesamt starken Konstitution des Pferdes.

Gliedmaßen
Das Belgische Kaltblut ist für extrem starke, harte und kurze Gliedmaßen bekannt. Gesunde Knochen waren immer ein Merkmal aller drei Hauptlinien.

Arbeit in der Landwirtschaft
Das Belgische Kaltblut wurde sorgfältig für die Bedürfnisse der einheimischen Landwirtschaft im Hinblick auf Klima, den schweren fruchtbaren Boden und die ökonomischen und sozialen Bedingungen gezüchtet. Die Pferde haben keine »brillanten« Bewegungen, aber sie erfüllen ihren Zweck.

Stockmaß
Das Stockmaß liegt zwischen 1,62 und 1,70 m.

Jagdpferd

Als Jagdpferd gilt jedes Pferd, das für die Jagd hinter der Meute eingesetzt wird. Es ist ein Pferdetyp, variiert je nach dem Gelände, in dem es geritten wird, hat keine allgemeinen festen Merkmale wie Farbe oder Größe und kann daher nicht als Rasse angesehen werden.

Ursprünge

Die besten Jagdpferde kommen aus Irland, England und zu einem gewissen Teil aus Amerika, wo das Vollblutelement beherrschend ist. Der irische Hunter stammt ebenso wie der englische oft aus einer Kaltblut/Vollblut-Kreuzung. Jede Mischung ist erlaubt; viele gute Jagdpferde in Großbritannien führen Ponyblut wie Connemara, New Forest, Fell, Highland oder Welsh Cob. Die besten Jagdpferde haben jedoch immer eine gute Portion Vollblut.

Merkmale

Ein gutes Jagdpferd ist gesund, gut proportioniert und besitzt alle Exterieurmerkmale eines erstklassigen Reitpferdes. Es ist gut ausbalanciert, hat leichte bequeme Gänge und ist schnell genug, um den Hunden folgen zu können. Es ist mutig, wendig, leistungswillig und verfügt über ein gutes Springvermögen, damit es alle Hindernisse eines langen Jagdtages überwinden kann. Ein Jagdpferd muß ausgeglichen und gut erzogen sein und eine robuste Konstitution haben, dann kann es in der Jagdsaison zweimal in der Woche hinter der Meute gehen.

Stockmaß

Das Stockmaß von Jagdpferden ist unterschiedlich, im Durchschnitt liegt es bei 1,60 bis 1,62 m.

Schultern

Eine gute schräge Schulter ist eines der wichtigsten Attribute eines gut gebauten Jagdpferdes. Sie ermöglicht es dem Pferd, auch über unebenes Gelände zu galoppieren und die verschiedenartigsten Hindernisse zu springen.

🐎 Exterieur

Ein erstklassiges Jagdpferd verfügt über alle Attribute eines guten Reitpferdes, verbunden mit Substanz, Stärke und guten Knochen. Ein gut gebautes Pferd bleibt länger gesund als ein schlecht gebautes.

Farben

Bei Jagdpferden sind alle Farben erlaubt; dieses ist dunkelbraun.

Gliedmaßen

Es hängt vom gesamten Gebäude und dem Röhrbeinumfang ab, wieviel Gewicht das Pferd tragen kann.

🐎 Das Jagdpferd und sein Reiter

Seit 300 Jahren ist die Jagd der Sport auf dem Lande, besonders in England. »Schauen Sie sich überall in England um, wo natürliche, gesunde, zufriedene und richtig nette Engländer sind; was finden Sie überall? Daß die Ställe der eigentliche Mittelpunkt des Haushalts sind.« G. B. Shaw.

Das zweite Pferd (links)
Auf dieser Radierung aus dem neunzehnten Jahrhundert sieht man die Praxis des »zweiten Pferdes«, welche auch heute noch bei den schnellen Galoppjagden in den grasreichen Gegenden Englands üblich ist: Der Besitzer reitet morgens sein erstes Pferd und wechselt am Nachmittag auf ein zweites frisches Pferd. Der Groom folgt der Jagd in ruhigem Tempo auf Feldwegen und Pfaden, bis das Pferd gebraucht wird.

Der Ausdruck
Jagdpferde sind nicht immer so schön wie dieses, aber sie sollten qualitätsvoll sein und den Eindruck eines ehrlichen Arbeitspferdes machen. Die guten unter ihnen haben einen intelligenten und gelassenen Ausdruck.

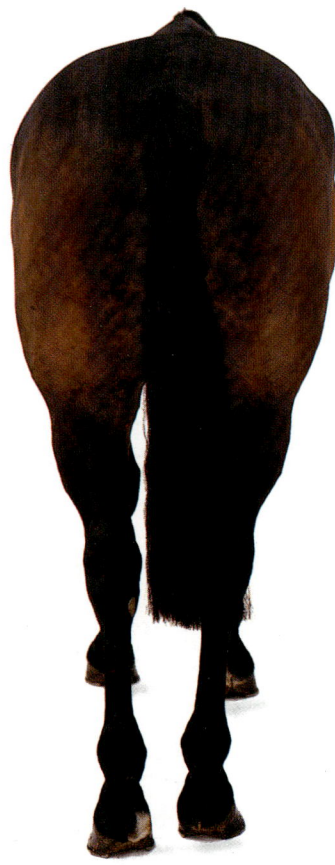

Körper
Ein Jagdpferd muß kompakt sein und eine tiefe Brust haben, damit sich die Lungen voll ausdehnen können.

Hufe
»Armeen marschieren mit dem Magen, Pferde gehen, traben und galoppieren mit ihren Hufen.«

Von hinten gesehen
Dies ist eine ausgezeichnete Hinterhand für ein Jagdpferd. Die Beine sind kraftvoll, die Gelenke sauber und hart, und die Röhrbeine sind gerade unter dem Sprunggelenk. Es bietet sich der Gesamteindruck von Kraft und Galoppiervermögen.

Polopony

Das Polopony gilt nicht als Rasse, obwohl der Typ des beispielsweise in Argentinien entwickelten ganz ausgezeichneten Poloponys einer Rasse sehr nahe kommt, denn seine Merkmale sind im Detail schon wesentlich fixierter als die manch anderer »echter« Rassen.

Geschichte

England war das erste westliche Land, in dem Pferdepolo gespielt wurde, und gründete zu diesem Zweck ein Stutbuch, das auf einheimischen Stuten und kleinen Vollblütern basierte. Nach 1914 wurde die durch die Amerikaner festgelegte Begrenzung des Stockmaßes auf 1,41 Meter abgeschafft und auf 1,42 Meter erhöht, und bald beherrschten die argentinischen Ponys die Szene. Die Vielfalt der Pferderassen in Argentinien und das Geschick der einheimischen Züchter ermöglichten es, die Pferde billiger als in irgendeinem anderen Land zu verkaufen. Darüber hinaus waren die argentinischen Ponys härter und hatten bessere Knochen als die englischen und amerikanischen Vollblüter. Die Argentinier importierten die allerbesten Vollblüter, kreuzten sie mit den zähen halbblütigen Criollos und dann in der nächsten Generation nochmals mit Vollblütern. Dieses Produkt ist ein ideales Pony von etwa 1,50 Meter Stockmaß, in der Erscheinung ein Vollblüter, aber mit kürzerem Schritt.

Hals
Ein relativ langer, gut bemuskelter Hals, der jedoch in keiner Weise schwer sein darf, ist die absolute Voraussetzung für ein gut ausbalanciertes Polopony.

Qualität
Das Polopony wirkt zwar wie ein Vollblüter, aber es ist von einer ganz anderen eigenen Drahtigkeit.

Kopf
Typisch für Poloponys ist die abrasierte Mähne; dadurch sollen Unfälle mit dem Schläger der Spieler verhindert werden. Ansonsten ähnelt der Kopf dem des Vollblüters. Das Polopony ist lebhaft, intelligent und charaktervoll. Die argentinischen Ponys scheinen ein ererbtes Talent für das Spiel zu haben; sie arbeiten mit demselben Instinkt wie beispielsweise ein Cow-Pony mit Rindern.

Vor dem Spiel
Zur Vorbereitung vor dem Spiel gehört das Hochflechten des Ponyschweifes in den sogenannten Poloknoten, so daß sich der Schläger der Spieler nicht darin verfangen kann; auch schützende Bandagen sind notwendig, ferner eine sehr sorgfältige Inspektion von Sattel und Zaumzeug, um Unfällen während des Spiels vorzubeugen.

Hufe
Die Hufe müssen äußerst hart und stark sein, denn der Untergrund bei den Polospielen ist oft hart, und es wird in vollem Galopp gespielt.

🐎 *Wichtige Charaktereigenschaften*
Von einem Polopony werden vor allem Schnelligkeit, Ausdauer (das Spiel findet in vollem Galopp statt) und gutes Gleichgewicht verlangt. Die Ponys sollten zudem mutig, lebhaft, aber nicht leicht erregbar sein.

Körper
Gut ausgeprägter Widerrist mit einer guten, starken Schulter sind unerläßliche Attribute für ein Pony, an das diese Ansprüche gestellt werden. Der Rücken muß kurz mit einer gut geformten Rippenpartie sein.

Hinterhand
Eine gute Hinterhand ist ein absolutes Muß — das Pony muß gut galoppieren, blitzschnell stoppen und sich geschmeidig auf engstem Raum drehen können.

🐎 *Criollo*
Der Criollo, das einheimische argentinische Pferd, stammt von spanischen Pferden ab und kann es im Hinblick auf Härte und Zähigkeit mit jedem anderen Pferd dieser Welt aufnehmen. Es ist das Cow-Pony der legendären Gauchos und war in der Kreuzung mit Vollblütern die Basis für das argentinische Polopony. Die Pferde sind zwar nicht immer schön, aber qualitätsmäßig in vieler Hinsicht kaum zu übertreffen. Sie haben gute Knochen, sehr starke Gelenke und wunderbare Hufe; nur selten sind sie in einem dieser Punkte nicht in Ordnung.

Farben
Das Polopony kann jede Farbe haben. Dieses ist kastanienbraun.

Gliedmaßen
Beine und Gelenke müssen stark und korrekt sein, wenn ein Pony dieses harte Spiel durchstehen soll, bei dem es blitzschnell beschleunigen, sich drehen und stoppen muß. Erstklassige Ponys haben daher kurze Röhrbeine und insgesamt gute Knochen. Ein langer flacher Schritt ist hingegen nicht erforderlich.

🐎 *Morgentraining*
Poloponys beim Morgentraining auf der Trainingsbahn im Kentucky Horse Park. Der Park hat allerbeste Trainingsmöglichkeiten, und hier werden regelmäßig Kurse für qualifizierte Spieler durchgeführt.

Stockmaß
Das Stockmaß ist um 1,50 m. Die argentinischen Poloponys werden unabhängig von ihrer Größe Ponys genannt.

Hack

Früher ritten die Grooms die Jagdpferde ihrer Herren in ruhigem Tempo zum Treffen, während die Besitzer nach dem Frühstück in ihren Dogcarts folgten oder mit einem sogenannten »Covert Hack« Aufsehen erregten. Hierbei handelte es sich um ein äußerst attraktives Reitpferd im Vollbluttyp — elegant, gut erzogen und in einem weichen Galopp zu reiten —, das leichter war als ein Jagdpferd. Es brauchte nicht den ganzen Tag unter dem Reiter zu gehen, hatte daher auch nicht die Substanz oder die Knochen für eine richtige Jagd.

Park Hack

Noch feiner als der »Covert Hack« war der wunderschöne und gut ausgebildete »Park Hack«. Zu Zeiten, als es beispielsweise noch zum guten Ton gehörte, im Londoner Hyde Park auf der Rotten Row morgendliche Ausritte zu machen, paradierte der Park Hack unter seinem gut angezogenen Besitzer, der oft in Begleitung einer Lady war, vor den bewundernden und oft auch kritischen Augen der Spaziergänger. Der Park Hack sollte seinen Reiter möglichst vorteilhaft zur Geltung bringen und war ein Pferd, das immer »voll da« war und sich in allen Gangarten leicht und frei bewegte. Sein Benehmen und seine ganze Erscheinung waren absolut makellos.

Der moderne Hack

Dieselben Qualitäten werden auch vom modernen Hack erwartet, der auf Turnieren oder Schauen auftritt — er soll ein Muster an Harmonie sein. Leicht und anmutig, hat der moderne Hack doch viel Substanz, der Röhrbeinumfang soll nicht unter 20 Zentimeter liegen.

Die meisten Pferde bei den typischen Hack-Prüfungen sind Vollblüter oder fast Vollblüter und ähneln mehr dem Park Hack als dem kräftigeren Covert Hack. Es gibt allerdings auch Araberkreuzungen und einen oder zwei sehr gute Anglo-Araber. In England und Amerika gibt es Show-Classes für kleine Hacks (1,42—1,50 Meter), für große Hacks (1,50—1,53 Meter) und Ladies Hacks (1,42—1,53 Meter). Ladies Hacks werden unter dem Damensattel vorgeführt. Die Pferde werden im Schritt, Trab und Galopp präsentiert. Sie müssen nicht schnell galoppieren, sondern dürfen ihr individuelles Tempo zeigen. Auf britischen Wettbewerben werden die Pferde auch von den Richtern geritten.

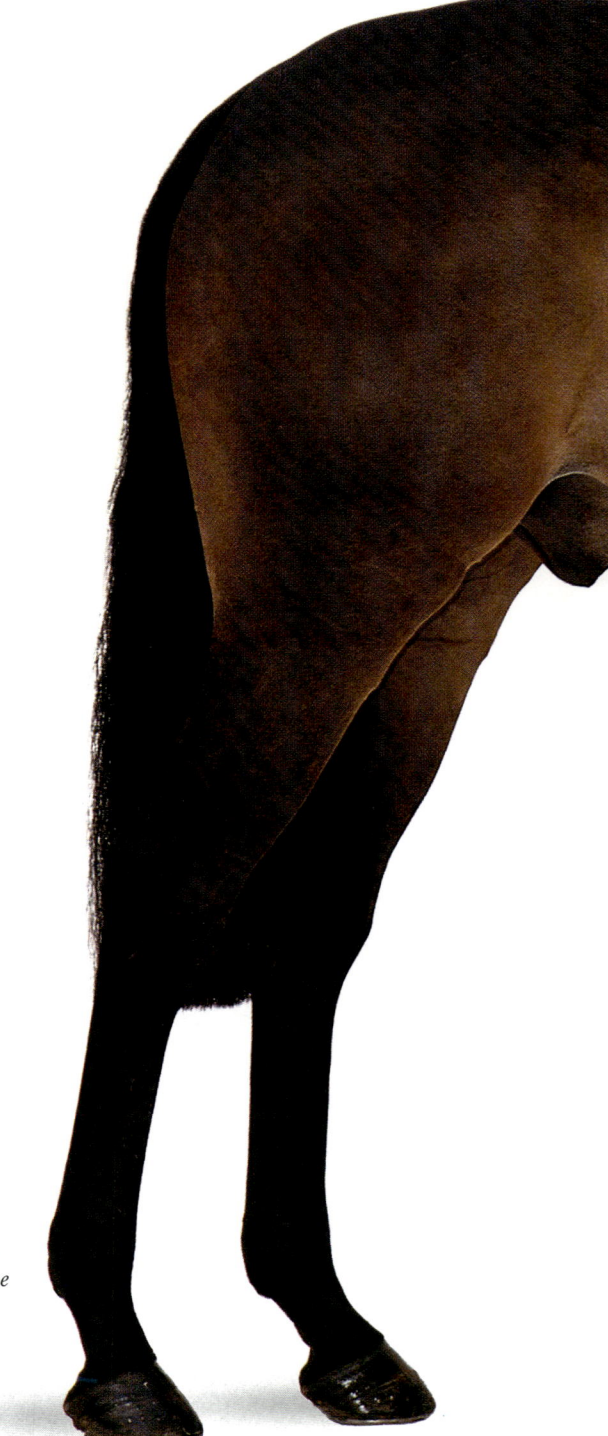

Gangwerk

Der Hack soll geradeaus, sauber und flach gehen, er darf sich nicht streifen oder zuviel Aktion haben. Der Trab ist weich und fließend, der Galopp langsam, leicht und vollkommen ausgewogen; die absolute Akkuratheit der Darbietung eines Dressurpferdes wird vom Hack bei Wettbewerben nicht verlangt.

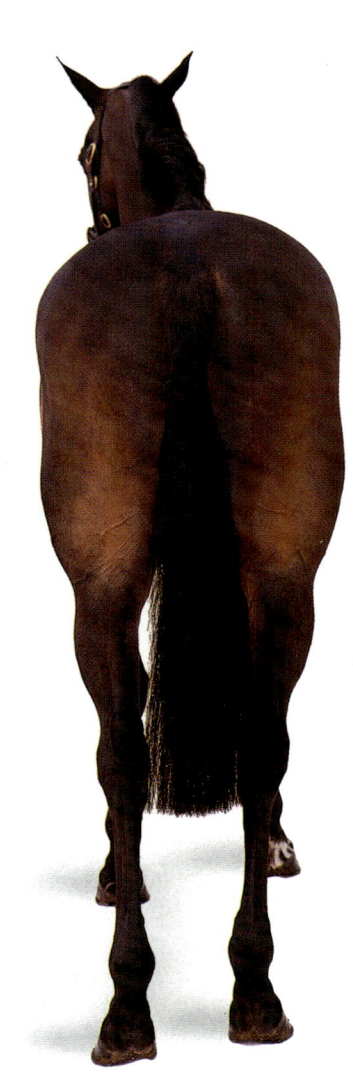

Von hinten gesehen

Von hinten gesehen ist das Pferd von anmutiger Symmetrie, kombiniert mit Kraft. Es werden kraftvolle Hinterbeine und starke Gelenke verlangt. Eine gut bemuskelte, ausreichend breite Hinterhand ist beim Hack wie bei jedem guten Pferd Voraussetzung. Die Hufe müssen erstklassig sein.

Erscheinungsbild
Das allgemeine Erscheinungsbild des Hack ist das des Vollblüters; das ganze Pferd ist für Schnelligkeit gebaut. Die Proportionen sind nahezu perfekt, mit langer, niemals kurzer und dicker Muskulatur.

Mähne
Auf Turnieren und Schauen werden die Mähnen eingeflochten, damit man die Halslinie besser sehen kann. Der Schweif wird ausgedünnt oder auch geflochten.

Ohren
Die Ohren sollten beweglich und aufmerksam sein.

Kopf
Der gut geformte Kopf weist auf edle Vorfahren hin und ist typisch für den Hack. Kein Pferd gewann je einen Wettbewerb, das nicht einen ausgesprochen schönen Kopf hatte. Große, mutige und freundliche Augen sind zusammen mit den aufmerksamen beweglichen Ohren ein wesentliches Merkmal.

Farben
Hacks können alle Grundfarben haben, dieser ist dunkelbraun.

Beschreibung
Eine vielsagende Definition beschreibt den Hack als ein Pferd, das sein Besitzer mühelos mit einer Hand reiten kann, während er mit seiner weiblichen Begleitung flirtet.

Beschlag
Hacks werden mit leichten Eisen beschlagen, um die Leichtigkeit der Bewegung nicht zu beeinträchtigen.

Stockmaß
Hacks haben ein Stockmaß zwischen 1,42 und 1,53 m, je nach Typ.

187

Cob

Cobs sind vom Exterieur her unverkennbar: kleine stämmige Pferde mit einem relativ großen Rumpf, der auf vier kraftvollen Beinen über viel Boden steht. Ihr Erscheinungsbild mit der dicken kurzen Muskulatur läßt eher auf Stärke und Packpferdqualitäten schließen als auf Schnelligkeit. Dabei hat der Cob einen guten, eher flachen als zu hohen Galopp.

Ursprünge

Der Cob ist ein Typ, keine anerkannte Rasse, daher gibt es auch keine festen Zuchtregeln. Einige der besten Cobs stammen aus der Kreuzung zwischen einem irischen Kaltblut oder einem schwergewichtigen Hunter mit Vollblut; andere hervorragende Pferde wiederum sind reine Iren. Hier und da wurden auch Cobs aus der Mischung von Shire und Welsh Cob gezüchtet, jedoch entstanden diese Kreuzungen eher durch Zufall und nur selten mit wohlüberlegter Absicht.

Merkmale

Bevor es 1948 in Großbritannien per Gesetz verboten wurde, die Schweife zu kupieren, war dies bei den Cobs Tradition. Es gab den Pferden einen flotten, sportlichen Anstrich, war aber eine grausame und absolut unnötige Prozedur.

Das am meisten mit dem Cob in Verbindung gebrachte Adjektiv ist vertrauenerweckend, und das mit Recht. Der Cob ist dafür prädestiniert, einen etwas schwergewichtigen Reiter, der sich nicht mehr in der ersten Blüte seiner Jugend befindet, zuverlässig und gleichmütig zu tragen. Dafür muß das Pferd eine ausgezeichnete Erziehung haben und sollte nie »hitzig« reagieren. Tatsächlich sind die meisten Cobs ausgesprochen intelligent und haben einen erstklassigen Charakter.

Früher ging der Cob sowohl unter dem Sattel als auch im Geschirr. Heutzutage ist er meist ein Familienpferd; viele von ihnen sind gute Jagdpferde, dabei leicht und ökonomisch zu halten.

Farben

Alle Farben kommen vor, aber viele Cobs sind durch den Einfluß der irischen Pferde Schimmel oder Graue. Gegen getupfte Pferde oder Schecken besteht kein Einwand, sie sind aber ausgesprochen selten. Dieser Cob ist kastanienbraun.

Hinterhand

Die Hinterhand ist kräftig, stark bemuskelt und gut geformt, ein wesentliches Merkmal des Cob, der ja in der Lage sein muß, größere Gewichte zu tragen. Sie ist nicht für Schnelligkeit gemacht, dafür ist sie zu schwer, aber gewöhnlich sprungstark.

🐎 *Von hinten gesehen*
Der Kopf des Cob ist nicht immer »der eines schönen Mädchens«, dafür hat er »den Leib eines Kochs«. Die Hinterhand ist sicherlich nicht für Schnelligkeit gebaut, aber sie ist ausgesprochen kraftvoll.

Rücken
Der Rücken ist kurz und relativ breit, wie er bei einem Lastenträger sein soll; die Lenden sind dick und kraftvoll. Ein langer Rücken, möglicherweise noch mit einer weichen Lendenpartie, wäre bei einem Cob nicht akzeptabel.

Schultern
Die Schultern sind kraftvoll, aber für flache, ökonomische Gänge ausreichend schräg; sie verhindern eine zu hohe Knieaktion.

🐎 *Eindruck*
Der Cob vermittelt den Eindruck eines Gentleman.

Hals
Der Hals ist im Einklang mit dem übrigen Körperbau relativ kurz, aber stark und gewölbt.

Mähne
Die Mähne wird immer geschoren.

Brustumfang
Der Cob steht auf kurzen kraftvollen Beinen, aber die tiefe Brust läßt die Beine noch kürzer erscheinen, als sie in Wirklichkeit sind.

Karpalgelenke
Die Karpalgelenke sind groß und sauber, die Vorderbeine stark bemuskelt; der Ellenbogen setzt frei am Körper an.

🐎 *Kopf*
Der Kopf ist sensibel, gleicht dem eines Arbeitspferdes und ist eher ehrlich als fein und qualitätsvoll. Jedoch ist er nicht derb und hat einen intelligenten Ausdruck, der durch die beweglichen aufmerksamen Ohren und die freundlichen weit auseinanderstehenden Augen entsteht.

Gliedmaßen
Die Röhrbeine sind kurz, der Röhrbeinumfang, der unterhalb der Karpalgelenke gemessen wird und ausschlaggebend ist für das Gewicht, das das Pferd zu tragen in der Lage ist, kann bis zu 23 cm sein.

Hufe
Der Cob hat breite, offene Hufe, deren Größe seinen Proportionen angemessen ist.

Stockmaß
Der Cob kann bis zu 1,53 m messen, bei Wettbewerben ist allerdings nur ein Stockmaß bis zu 1,51 m zugelassen — eine Höhe, die auch dem nicht allzu sportlichen Reiter ein müheloses Aufsteigen ermöglicht.

Reitpony

D as Reitpony wurde speziell für den Turniersport entwickelt. Es ist für die jugendlichen Reiter das Äquivalent zum hochblütigen Erwachsenen-Turnierpferd. Die besten ihrer Art gehören zu den bestproportionierten Pferden der Welt, besonders in der mittleren Größe zwischen 1,22 und 1,32 Meter Stockmaß.

Ursprünge

Die Entwicklung des Reitponys in einem Zeitraum von nicht mehr als einem halben Jahrhundert ist ein Paradebeispiel für umsichtige Zuchtplanung, bei der am Ende ein Ergebnis steht, das genau den gewünschten Anforderungen entspricht. Das Reitpony entstand aus einer Mischung englischer Pferde (hauptsächlich Welsh, einige Dartmoors), Arabern und Vollblütern. Die Schaffung einer so einheitlichen Ponyrasse ist zwar nicht ein Ereignis, das sich an Bedeutung mit der Schaffung des Englischen Vollbluts vergleichen läßt, aber es ist doch bemerkenswert und in der Geschichte der Pferdezucht ohnegleichen.

Merkmale

Das Reitpony bewegt sich anmutig und in perfektem Gleichgewicht aus der Schulter heraus mit den freien, langen und flachen Bewegungen des Vollblüters. Es hat zweifelsohne das heiße Blut dieser Vorfahren geerbt, aber auf der anderen Seite auch den guten Charakter, die Knochen und die Substanz seiner einheimischen Vorfahren. Alle diese Eigenschaften in einem Pony zu vereinen, ist tatsächlich die Krönung züchterischen Könnens.

Hals
Der Hals ist von guter Länge, der anmutige Bogen geht am Widerrist und an der Schulter weich in den Körper über. Ein zu kurzer Hals würde die Gänge beeinträchtigen.

🐴 *Profil*
Das Aussehen des Reitponys ist das eines perfekt proportionierten kleinen Vollblüters. Dabei ist es kein Pferd und hat den typischen Ponyausdruck auch nicht verloren.

Mähne und Ganaschen
Die Mähne ist seidenweich. Die Ponys haben eine gute Ganaschenfreiheit und können den Nacken frei bewegen.

Augen und Ohren
Die Ohren sind klein und beweglich, die Augen groß und wohlgeformt.

Schultern
Das Pony hat ausgesprochene Reitpferdeschultern. Das Schulterblatt ist lang und von guter Schräge, der Oberarmknochen kurz.

Karpalgelenke
Die Muskeln über den Karpalgelenken sind groß und lang, im Röhrbeinbereich sind sie kurz. Das Karpalgelenk selbst ist flach und groß.

Maul
Das Maul ist klein, die Nüstern sind groß und können dadurch viel Luft aufnehmen.

Hufe
Die Hufe sind von bester Qualität. Sie sind gleichmäßig groß, offen, gut geformt und hart. Reitponys haben keinen Kötenbehang.

Stockmaß
Das durchschnittliche Stockmaß liegt bei 1,32 m. Bei Turnieren teilt man die Ponys in drei Kategorien ein: bis zu 1,22 m, 1,22 bis 1,32 m und 1,32 bis 1,42 m.

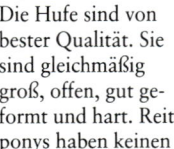

🐴 *Kopf*
Die Haut am Kopf ist dünn, die Adern scheinen durch. Man hat den Eindruck von großem Adel und Intelligenz, dennoch blieb der Ponycharakter erhalten. Ein Pferdekopf auf einem Ponykörper ist unerwünscht.

Wachheit

Wachheit ist ein entscheidendes Attribut des Reitponys. Seine Persönlichkeit und seine absolute Qualität wecken die Aufmerksamkeit des Betrachters und sagen unmißverständlich: »Schau mich an!«

Hinterhand

Die Hinterhand ist gut bemuskelt, aber nicht schwer oder besonders rund. Sie geht in gut bemuskelte Beine über.

Schweif

Der Schweif ist gut und hoch angesetzt. Ein niedrig angesetzter Schweif gilt als Gebäudefehler.

Farben

Das Pony auf diesem Bild ist ein Palomino. Reitponys können jede Farbe haben: Schwarz, Braun, Kastanienbraun (wie das groß abgebildete Pony) und sogar Rotschimmelschattierungen.

Körper

Der Widerrist ist deutlich gezeichnet, der Rücken mittellang, der Rumpf gut gerippt und die Brust tief. Gute Reitponys haben einen fast perfekten Körper.

Sprunggelenke

Das Sprunggelenk ist groß, fest und trocken. Es steht nahe am Boden und in einer Linie mit der Kastanie an der Vorhand.

Hinterbeine

Die Hinterbeine sind für Schnelligkeit geschaffen. Die lange Linie von der Hüfte zum Sprunggelenk ermöglicht optimal schwungvolle Gänge.

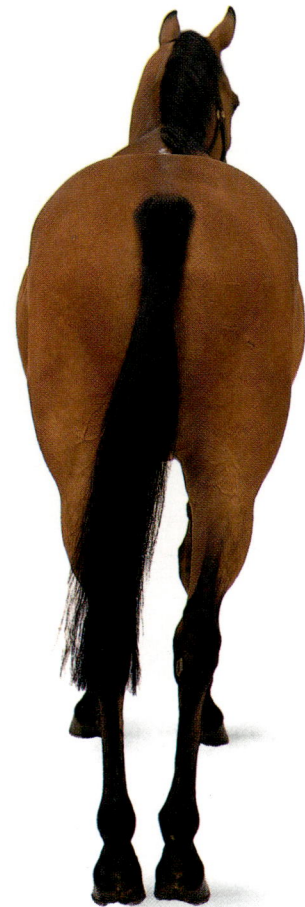

Von hinten gesehen

Der Blick von hinten zeigt ein Bild der Symmetrie. Die Gänge sind ganz gerade und sauber, die Hinterhand tritt exakt in die Spur der Vorhand.

Sorgfältige Pflege
»Ohne Huf kein Pferd«, das ist eine alte
Reitersweisheit. Schon seit den Zeiten der Römer
werden die Pferde mit Hufeisen beschlagen, und der
Schmied, der Herr des Feuers, wurde überall
mit Respekt behandelt.

Eine schöne Ausrüstung
Dieser erstklassige Cob mit exzellentem
Gebäude ist ein gutes Allround-Pferd, das
man auch als Jagdpferd gebrauchen
könnte. Die Ausrüstung von Pferd und
Reiter ist adrett und ordentlich.

Sie und Ihr Pferd

*»Die Anschaffung eines Pferdes ist wie die Ehe eine Sache,
die man nicht unüberlegt angehen sollte ...«*

E in Pferd zu haben und es selbst zu versorgen ist eine der befriedigendsten Erfahrungen im Leben, denn man baut eine Beziehung auf, die niemals möglich wäre, würde man beispielsweise lediglich eine Reitschule besuchen. Ihr ganzes Leben lang sind Pferde auf die Versorgung durch den Menschen angewiesen, und der Besitz eines Pferdes verlangt ein hohes Maß an Verantwortung und viel Engagement. Bevor Sie also ein Pferd kaufen, sollten Sie gründlich Ihre Fähigkeiten als Reiter überprüfen sowie Ihre Möglichkeiten, die Voraussetzungen für ein eigenes Pferd zu schaffen — einen Auslauf und einen Stall in Verbindung mit einem ausreichenden finanziellen Polster, um das Pferd ordentlich zu füttern und beschlagen zu lassen, nicht zu vergessen eventuelle Tierarztkosten und die Versicherung. Wie Sie Ihr Pferd halten — im Stall, tagsüber oder immer draußen — hängt stark davon ab, wieviel Zeit Sie für es haben.

*Tägliche Pflege (oben)
Man sagt, Sauberkeit sei gottgefällig — und zur Erhaltung der Pferdegesundheit ist es notwendig, die Haut und das Fell durch regelmäßige Pflege sauberzuhalten.*

Stall- und Reitausrüstung

Wenn Sie sich also ein Pferd leisten können, brauchen Sie auch die entsprechenden Geräte für den Stall: eine Schubkarre zum Ausmisten, Eimer, eine Krippe, Anbinderinge und ein Heunetz. Ebensowenig kann man auf Halfter und Führstrick verzichten. Eine Reitausrüstung ist ebenfalls unerläßlich: Sattel und Zubehör wie Steigbügel und Bauchgurt sowie ein Kopfstück. Als Reitkleidung genügen für den Anfang Jeans, einfache Stiefel und ein Anorak, zudem eine sichere Kappe oder ein Reithelm.

*Putzzeug (oben)
»Jeder Handwerker ist nur so gut wie sein Werkzeug.« Zur Grundausstattung des Pferdebesitzers gehört komplettes Putzzeug von guter Qualität.*

*Ausgewogene Ernährung (oben)
Regelmäßiges Futter in ausgewogener Mischung und in einer Menge, die der Größe des Pferdes und seiner körperlichen Tätigkeit angemessen ist, ist ein wichtiger Teil der Pferdehaltung.*

*Spielend lernen (rechts)
Die Fohlen bekommen ihren ersten Unterricht, wenn sie mit den Müttern laufen. Sollen sie sich voll entwickeln, brauchen sie Platz, um mit anderen Jungpferden zu rennen und zu spielen.*

Pferdekauf

Bevor man sich entschließt, ein Pferd zu kaufen, sollte man sich einige Dinge reiflich überlegen. Zuerst: Wie gut kann ich wirklich reiten? Und welche Möglichkeiten habe ich, das Pferd zu halten? Auch der Zweck, für den man sich das Pferd anschaffen will, sollte genau feststehen, also ob man es zum Geländereiten, als Turnier- oder Familienpferd will.

Die rechtliche Seite

Der Kauf eines Pferdes unterscheidet sich im Grunde nicht von anderen Kaufgeschäften, jedoch gilt in Deutschland beim Pferdekauf per Gesetz immer noch der Handschlag als Kaufvertrag. Bei Reklamationen ist der Käufer beweispflichtig, jedoch gibt das Gesetz ihm einen gewissen Schutz. Bestimmte Krankheiten beispielsweise, die im Gesetz genau definiert sind, laufen unter dem Begriff »Gewährsmängel«. Entdeckt der Käufer innerhalb einer bestimmten Frist einen derartigen »Mangel« am Pferd, so kann er es gegen Erstattung des Kaufpreises zurückgeben. Hierüber sollte man sich vor dem Pferdekauf am besten bei einem Tierarzt genau informieren und

eine Ankaufsuntersuchung vornehmen lassen. Selbstverständlich muß der Verkäufer alle Fragen wahrheitsgemäß beantworten.

Problematisch wird es, wenn man ein Pferd verkauft bekommt, das nicht dem gewünschten Zweck entspricht, für den es auch angeboten wurde. Pferde sind lebendige Wesen, und so kann es vorkommen, daß ein Pferd mit einer bestimmten Person hervorragend zurechtkommt, mit einer anderen — vielleicht dem Käufer — aber nicht. Dann muß man mit dem Verkäufer ein ruhiges Gespräch führen und verhandeln. Erfahrene Reiter und Reiterinnen kommen mit fast allen Pferden zurecht und haben dadurch auch eine größere Auswahl, aber Anfänger haben aufgrund mangelnder Erfahrung doch recht wenige Möglichkeiten.

Kosten

Für die meisten Leute spielt das Geld beim Pferdekauf eine nicht unerhebliche Rolle. Der Preis wird durch mehrere Faktoren bestimmt:
1. Gebäude und allgemeiner Eindruck
2. Alter und Ausbildung
3. Leistungen/eventuelle Turniererfolge

Gesundheit sollte selbstverständlich sein, kein Mensch kauft wissentlich ein krankes Pferd. Ein junges, nicht ausgebildetes Pferd von zwei oder drei Jahren ist natürlich billiger als ein

🐎 *Ponyverkauf*
Junge rohe Ponys kann man hier und da auf Auktionen kaufen, jedoch braucht man für einen guten Kauf Erfahrung und Geschick.

Fünfjähriger, der schon geritten ist. Ab fünf Jahren bis zum Alter von acht Jahren wird das Pferd immer teurer. Danach hält sich der Preis bis zum zehnten oder elften Lebensjahr, ab dann sinkt er mit jedem weiteren Lebensjahr. Natürlich spielen beim Preis auch das Benehmen des Pferdes und sein Temperament eine Rolle und ebenso,

ANKAUFSUNTERSUCHUNG

Bevor das Pferd bezahlt wird, ist es ratsam, es durch den eigenen Tierarzt untersuchen zu lassen; dieser wird ein Gesundheitszeugnis ausstellen, in dem u. a. auch eventuelle Verletzungen festgehalten sind. Der Tierarzt untersucht das ganze Pferd, überprüft Lunge, Gliedmaßen, Augen etc. und wird nach bestem Wissen und Gewissen feststellen, ob das Tier gesund ist. Mit dieser Vorsichtsmaßnahme kann man sich bei einem neuen Pferd sicherer fühlen. Das Gesundheitszeugnis ist jedoch keine Garantie beispielsweise für Leistungsbereitschaft oder Benehmen.

ÜBERPRÜFUNG DES GANGWERKS

Das Pferd sollte auf hartem Boden, am besten auf Asphalt, vorgeführt werden, so daß der Tierarzt Unregelmäßigkeiten im Gang deutlich sehen und hören kann. Bestimmte Lahmheiten werden auf hartem Untergrund meist schnell erkannt, nicht jedoch auf weichem Boden, auf dem das Pferd einsinkt.

AUGENUNTERSUCHUNG

Eine sorgfältige Augenuntersuchung, beispielsweise auf grauen Star oder andere Augenerkrankungen hin, ist äußerst wichtig. Schlechtes Sehen mindert nicht nur die Leistungsfähigkeit des Pferdes, es kann auch der Grund für ständiges Scheuen sein.

HUFUNTERSUCHUNG

Der Tierarzt wird den Hufen besondere Aufmerksamkeit widmen und jeden einzelnen sorgfältig untersuchen. Lahmheiten bei Pferden haben ihre Ursache häufig in den unteren Gliedmaßen, oft genug als Folge von Hufverletzungen oder schlechter Hufstellung; bei rechtzeitiger Diagnose kann dies jedoch manchmal korrigiert werden.

ob es den Anforderungen entspricht, die man an ein modernes Pferd stellt. Ist es beispielsweise in bestimmtem Rahmen verkehrssicher, kann man mit ihm im Stall gut umgehen, läßt es sich gut beschlagen und scheren?

Wenn Sie also ein Pferd kaufen wollen, das aus guter Zucht stammt, das schön ist und ein untadeliges Exterieur hat, das Turniererfolge in Dressur und Springen vorzuweisen hat, vielleicht gerade sieben Jahre alt, gut erzogen und dazu noch ein Gewichtsträger ist, der einen Reiter von 90 Kilogramm mühelos einen ganzen langen Jagdtag tragen kann, dann müssen Sie mit einem entsprechend hohen Preis rechnen.

Wo man kauft

Man kann auf Auktionen kaufen, die von seriösen Auktionären veranstaltet werden; hier sind die Käufer durch entsprechende Geschäftsbedingungen geschützt, die sorgfältig gelesen werden sollten. Ob dies jedoch für Anfänger der beste Ort zum Kaufen ist, dürfte zweifelhaft sein. Meistens kann man ein Pferd nicht so sorgfältig prüfen und zur Probe reiten, wie es geraten wäre.

Eine weitere Möglichkeit ist der Kauf beim Pferdehändler. Bei ihm können Sie das Pferd ausprobieren und sehen, wie gut es geritten ist, haben genügend Zeit, das Pferd zu beobachten, wie es im Umgang ist, und können Fragen stellen. Ein korrekter Händler ist Geschäftsmann und will zufriedene Kunden haben — daher wird er Ihnen kein schlechtes oder unpassendes Pferd verkaufen.

Man kann aber auch aus privater Hand kaufen; die gesetzlichen Vorschriften sind hier dieselben wie beim Kauf vom Händler. Man darf jedoch nicht davon ausgehen, daß man bei Privatleuten unbedingt besser kauft als anderswo.

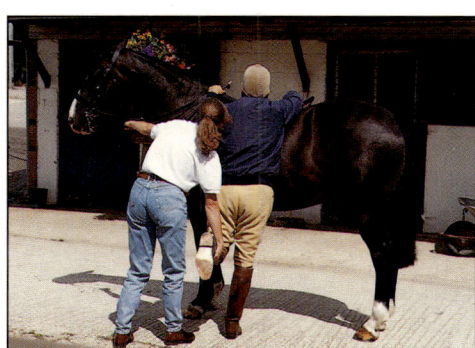

🐎 *Proberitt*
Der Käufer sollte immer versuchen, das Pferd zu reiten. Zehn Minuten im Sattel, möglicherweise sogar einige Sprünge über kleine Hindernisse, zeigen viel über den Ausbildungsstand des Pferdes. In jedem Fall ist es aber immer ratsam, sich das Pferd erst vom Verkäufer oder einem seiner Angestellten vorreiten zu lassen, bevor man es selbst besteigt.

🐎 *Altersbestimmung*
Erfahrene Pferdeleute können das Alter eines Pferdes an den Zähnen feststellen. Bei der Gelegenheit inspiziert man auch gleich das Maul auf eventuelle Verletzungen durch das Gebiß.

Wie man kauft

Wenn Sie ein bestimmtes Pferd im Auge haben, sollten Sie mit einem Freund gemeinsam hingehen. Wenn Ihr Freund pferdekundig ist, um so besser, aber seine Hauptfunktion ist die eines Zeugen beim Verkaufsgespräch.

Informieren Sie den Verkäufer gleich zu Beginn, für welchen Zweck Sie das Pferd haben wollen. Es ist durchaus nicht unvernünftig, von ihm eine Garantie (schriftlich oder mündlich) zu verlangen, daß das Pferd gesund, in jeder Hinsicht gut zu reiten, frei von Stalluntugenden und für den gewünschten Zweck geeignet ist. Der Verkäufer ist zu einer solchen Versicherung zwar nicht verpflichtet — dennoch sollten Sie bei einer möglichen Weigerung die Konsequenz ziehen und sich nach einem anderen Pferd umsehen.

Sie sollten konkret fragen, ob das Pferd leistungsfähig ist, sich gut verladen, beschlagen usw. läßt. Sehr wichtig ist zum Schluß die Frage: »Hat das Pferd Unarten oder Fehler, von denen ich wissen sollte?«

Wenn Sie dann ernsthaft an dem Pferd interessiert sind, sollte es Ihnen im Trab so vorgeführt werden, daß Sie sich einen Gesamteindruck machen können. Bevor Sie das Pferd selbst zur Probe reiten, sollte es Ihnen vom Besitzer vorgeritten werden, damit Sie sehen können, wie es unter jemandem geht, den es kennt.

Wenn Sie sich dann entschließen, das Pferd zu kaufen, so sollten Sie dies »vorbehaltlich der tierärztlichen Ankaufsuntersuchung« tun und Ihren eigenen Tierarzt damit beauftragen. Selbstverständlich ist auch das tierärztliche Zeugnis keine absolute Garantie für Gesundheit, es ist lediglich die Meinung einer qualifizierten Person.

NACH HAUSE HOLEN

Wenn Sie Ihr Pferd gekauft haben, muß es in sein neues Zuhause gebracht und an die neue Umgebung gewöhnt werden. Sehr wichtig dabei ist, daß der erste Kontakt mit dem neuen Besitzer für das Pferd positiv verläuft; man sollte daher darauf achten, daß alles vorbereitet ist und das Pferd nicht unnötig aufgeregt wird.

VORBEREITUNGEN
Der Stall muß fertig sein, bevor das Pferd kommt. Streuen Sie ihn reichlich aus, bereiten Sie Futter oder eine Portion Heu vor. Selbst wenn das Pferd nur ein kurzes Stück transportiert wird, sollte man seine Beine mit Transportgamaschen schützen und den Schweif bandagieren, um Verletzungen vorzubeugen. Vorsicht rundum hat schon manchen Unfall verhindert.

VERLADEN
Nehmen Sie sich genug Zeit zum Verladen. Wenn das Pferd dem ihm fremden Transporter mißtrauisch gegenübersteht, müssen Sie ihm Vertrauen einflößen, indem Sie ruhig und bestimmt vorgehen.

IM NEUEN STALL
Sind Sie zu Hause angekommen, bringen Sie das Pferd in seinen Stall, und lassen Sie es sich in Ruhe umschauen, bevor Sie ihm Futter reichen. Ihr ruhiger Umgang mit dem neuen Pferd beim Abnehmen der Bandagen und der Decke wird es sicherer machen und ihm die Aufregung nehmen.

Haltung und Pflege

M an hält Pferde im Stall, um sie für die verschiedensten Zwecke zur Verfügung zu haben und fit zu machen — beispielsweise für Turniere oder für Jagdreiten. Diese Veranstaltungen stellen hohe Anforderungen an die Pferde in bezug auf Leistungskraft und äußere Erscheinung, welche die Tiere nur bei Stallhaltung erfüllen können.

Weide

Ein Pferd, das robust gehalten wird und nicht geschoren ist, darf im Winter wegen des wenig energiereichen Futters nur langsam geritten werden. Auch im Sommer können Hochleistungspferde nur bei Stallhal-

tung fit sein, die Grasfütterung muß strikt begrenzt werden. Pferde, die auf saftigen Weiden grasen, werden fett und weich. Wenn man sie in diesem Zustand stark fordert, können die Gliedmaßen und Organe Schaden nehmen.

Erfolgreiche Stallhaltung

Sinn einer guten und erfolgreichen Stallhaltung ist es, die Pferde in einer ihrer Natur nicht entsprechenden Umgebung gesund und zufrieden zu erhalten. Um dies zu erreichen, muß man folgendes beachten:

1. Das Pferd muß regelmäßig und in kleinen Mengen gefüttert werden; das Futter sollte Vitamine, Mineralstoffe, Proteine und Ballaststoffe enthalten, die dem Verdauungssystem des Pferdes und der an ihn gestellten Leistungsanforderung angemessen sind. Beachten Sie dabei, daß Pferde im Verhältnis zu ihrer Körpergröße einen kleinen Magen haben (s. Fütterung S. 206/207).

2. Das Pferd muß gepflegt und die Muskulatur aufgebaut und durch regelmäßige Pflege gekräftigt werden (s. Pflege S. 202/203).

3. Das Pferd sollte in einer Umgebung gehalten werden, in der es sich wohl und entspannt fühlt.

🐎 Stände
Diese Percherons stehen in Ständen und sind mit einem Seil angebunden, das durch einen Ring gleitet und ihnen das Hinlegen ermöglicht. Stände findet man dort, wo viele Pferde zu versorgen sind.

Der Stallbau

Bauweise und Standort des Stalles sind von größter Bedeutung. Der Stall muß trocken und gut belüftet, aber nicht zugig sein. Darüber hinaus muß die Feuchtigkeit gut abziehen können, und der Stall sollte, wenn irgend möglich, zur Sonnenseite hin offen sein, so daß die Sonne möglichst lange hineinscheinen kann. Die Stallbewohner sollten

🐎 Stallausrüstung
Zur Grundausrüstung gehören eine Schubkarre, eine Schaufel, eine Mistgabel, Mist-Fix oder Mistsack und ein grober Besen. Geräte in gutem Zustand erleichtern die Arbeit und verkürzen damit die Arbeitszeit. Gummistiefel und Gummiüberschuhe sind praktisch im Stall.

BESEN

VIERZINKIGE MISTGABEL

SCHAUFEL

SCHUBKARRE

STROH

KURZE GUMMIÜBERSCHUHE

GUMMISTIEFEL

SÄGESPÄNE

SÄGESPÄNE-RECHEN

MIST-FIX

MISTSACK

WASSERSCHLAUCH

RECHEN

HEUGABEL

Kontakt untereinander haben und in die Stallgasse sehen können.

Zweifelsohne ist eine Laufbox, in der das Pferd sich frei bewegen kann, die beste Art der Unterbringung. Sie sollte nicht kleiner als 3,60 mal 3 Meter sein, wenn möglich etwas größer. Pferde werden oft in den Ständen angebunden, wobei das Seil allerdings gleitet und ihnen das Hinlegen ermöglicht. Trotz der Nachteile der Anbindehaltung scheinen die Pferde diese zu akzeptieren, solange die anderen Punkte wie Futter, Pflege etc. stimmen.

Einstreu

Die richtige Einstreu ist von großer Wichtigkeit. Sie gibt dem Stall Wärme und Behaglichkeit und trägt daher zum Wohlbefinden des Pferdes bei. Die Einstreu sauberzuhalten ist eine der wichtigsten Arbeiten im Stall.

Als Einstreu kann man Weizenstroh nehmen, Sägespäne oder sogar Papierschnitzel. Sie muß tief genug sein, damit sich das Pferd hinlegen kann, ohne daß es mit dem Boden direkt in Kontakt kommt. Die Einstreu soll für das Pferd ein warmes trockenes Bett sein, das absorbiert und gut duftet.

Ausmisten

Sauberkeit im Stall sollte für den Pferdebesitzer oberstes Gebot sein. Für die Pferde ist sie ein Grundbedürfnis, das sie für ihr

Wohlbefinden brauchen. In einigen Ställen werden die Boxen jeden Tag ausgemistet. Die feuchte Ausstreu kommt in die Schubkarre und wird weggefahren. Dann wird mit frischem Stroh neu eingestreut, nachdem der Boden abgespritzt und desinfiziert wurde. Um Zeit und Kosten zu sparen, lassen manche Leute eine sogenannte Matratze aufkommen. Dazu werden die Pferdeäpfel regelmäßig entfernt und frisches Stroh eingestreut. Einmal wöchentlich wird der Stall komplett ausgemistet, manchmal auch nur einmal im Monat oder in sogar noch längeren Abständen.

Bei dieser Methode müssen die Pferdeäpfel tagsüber mehrfach ausgelesen werden. Damit wird verhindert, daß sie in die Streu eingetreten werden, was Mehrarbeit verursachen würde. Um die Arbeit zu reduzieren und zu erleichtern, ist eine gute Geräteausstattung absolut notwendig. Die wichtigsten Geräte sind eine gut ausbalancierte und leicht laufende Schubkarre, eine Schaufel, eine Heugabel und eine Gabel mit vier Zinken, eine kleine Mistschaufel und/oder ein Mistsack, in dem man die Pferdeäpfel sammeln kann.

Stallausrüstung

In normalen Boxen kann die Arbeit durch gewisse Einrichtungen erleichtert und angenehmer gestaltet werden.

Eine demontierbare Krippe in einer Ecke der Box ist eine gute Einrichtung und kann

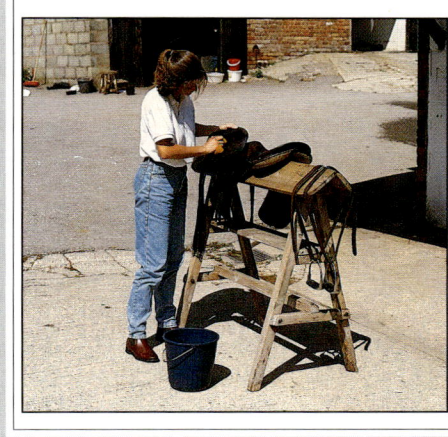

LEDERPFLEGE

Sättel und Kopfstücke werden täglich nach dem Gebrauch auseinandergenommen; alle Teile werden sorgfältig gereinigt und mit Sattelseife und Lederöl gepflegt.

zum Säubern ohne weiteres entfernt werden. Die beste Art, Pferde ständig mit frischem Wasser zu versorgen, ist die Installation einer Selbsttränke. Sie sparen einem die Arbeit des Tränkens, und das Pferd hat immer frisches Wasser zur Verfügung. Sonst muß das Wasser in starke Plastikbottiche gefüllt werden, die regelmäßig kontrolliert werden müssen. Wasserbehälter und Wasser müssen absolut sauber sein.

🐎 *Ein Korb zum Misteinsammeln* (oben)
Um Arbeit zu sparen und den Stall sauber und gut riechend zu halten, sollte man mehrmals täglich den Kot aus der Einstreu mit einer Gabel entfernen und in einem normalen Wäschekorb wegbringen.

🐎 *Kehren* (rechts)
Ein ordentlicher Stall ist zu jeder Tageszeit gekehrt, Stroh oder Heu sollten nicht herumliegen.

Grundausrüstung

Ursprünglich war der Sinn der Zäumung lediglich die Kontrolle über das Pferd. Die ersten Gebisse waren nur Stricke, die über die Zunge und um den Unterkiefer gebunden wurden; aber bereits um 2300 v. Chr. wurden Gebisse aus Horn und Knochen benutzt, und um 1400 v. Chr. waren im Nahen Osten Metallgebisse üblich. Tausend Jahre später führten die Kelten Galliens die Kandare ein.

Sattel und Zaumzeug

Der erste Sattel wurde mit einem Holzrahmen gebaut, und zwar von den Sarmaten, einem Steppenvolk irakischer Herkunft, etwa um die Zeitenwende. Aber erst 300 oder 400 Jahre später wurden Steigbügel üblich.

Lederpflege

Zum Reinigen braucht man Sattelseife und Schwämme, ein weiches Tuch zum Polieren und Lederöl, das mit einer Bürste aufgetragen wird und das Leder geschmeidig halten soll.

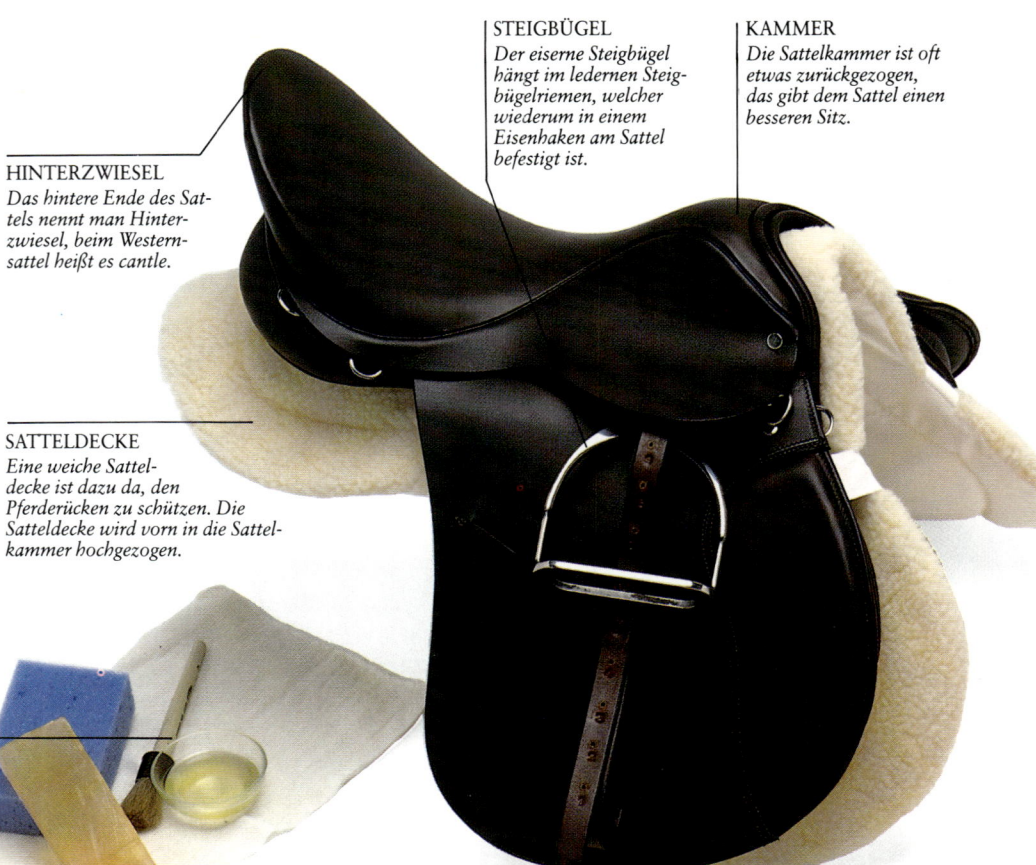

HINTERZWIESEL
Das hintere Ende des Sattels nennt man Hinterzwiesel, beim Westernsattel heißt es cantle.

STEIGBÜGEL
Der eiserne Steigbügel hängt im ledernen Steigbügelriemen, welcher wiederum in einem Eisenhaken am Sattel befestigt ist.

KAMMER
Die Sattelkammer ist oft etwas zurückgezogen, das gibt dem Sattel einen besseren Sitz.

SATTELDECKE
Eine weiche Satteldecke ist dazu da, den Pferderücken zu schützen. Die Satteldecke wird vorn in die Sattelkammer hochgezogen.

ZÄUMUNGEN

Die Wassertrense ist das einfachste Gebiß. Die Olivenkopftrense verhindert Verletzungen in den Maulecken. Bei der Kandare, einer Zäumung für gut ausgebildete Pferde und Reiter, wird das Stangengebiß mit einer dünnen Unterlegtrense kombiniert.

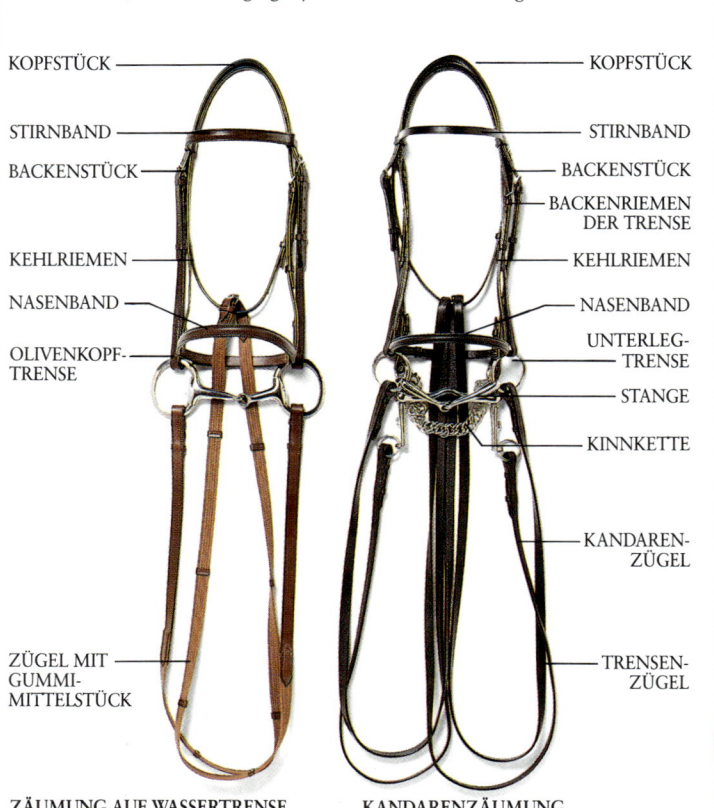

KOPFSTÜCK

STIRNBAND

BACKENSTÜCK

KEHLRIEMEN

NASENBAND

OLIVENKOPF-TRENSE

ZÜGEL MIT GUMMI-MITTELSTÜCK

KOPFSTÜCK

STIRNBAND

BACKENSTÜCK

BACKENRIEMEN DER TRENSE

KEHLRIEMEN

NASENBAND

UNTERLEG-TRENSE

STANGE

KINNKETTE

KANDAREN-ZÜGEL

TRENSEN-ZÜGEL

ZÄUMUNG AUF WASSERTRENSE   KANDARENZÄUMUNG

Sättel

Die wichtigsten Satteltypen sind: Dressursattel, Springsattel und Vielseitigkeitssattel, wie hier. Der Sattel wird traditionsgemäß aus Leder hergestellt, das weich, stark und haltbar ist. Heute gibt es auch schon Sattel aus synthetischen Materialien. Sie sind billiger und pflegeleichter, aber nicht so haltbar. Der Sattelunterbau besteht entweder aus einem mehrfach geschichteten Holzbaum und Federn, die den Sattel elastischer machen, oder aus einem Sattelbaum aus Plastik.

Bauchgurte

Bauchgurte werden aus Leder, Baumwolle, Wolle, Mischgewebe oder Nylon hergestellt. Der linke Ledergurt auf der nebenstehenden Abbildung ist so geflochten, daß er nicht an den Ellenbogen kneifen oder scheuern kann. Der rechte Gurt ist aus Baumwolle und weich abgepolstert. Die Schnallen sind meist aus Eisen.

Sicherheitssteigbügel

Diese Sicherheitssteigbügel haben an der Außenseite ein Gummiband. Es verhindert, daß der Reiter im Steigbügel hängenbleibt, wenn er vom Pferd fällt.

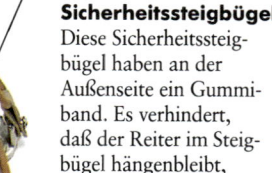
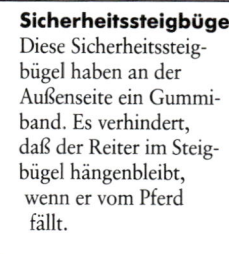

Halfter
Das Halfter kann aus Nylon, Stoffgurt oder Leder sein und gehört zur Grundausstattung für ein Pferd.

Die Pferdekultur der Alten Welt hatte ihr Zentrum im Mittleren Osten, hauptsächlich in den Steppen Zentralasiens, der Heimat der ersten nomadisierenden Reitervölker. Die Entwicklung in Europa ging nur langsam voran, und die Ausrüstung wurde fast vollständig aus dem Osten übernommen, wo schon 2000 Jahre vor der Benutzung primitiver Karren in Europa hochentwickelte Wagen in Gebrauch waren. Die Chinesen waren die ersten, die Zuggeschirre entwickelten. Sie erfanden die Deichsel und waren die ersten, die Pferde im Tandem fuhren. Das Brustgeschirr wurde in China um 300 v. Chr. entwickelt, und

bald darauf folgte das so wichtige Kummet. Ein vergleichbares Geschirr wurde in Europa erst im achten Jahrhundert entwickelt.

Ein Großteil unseres Wissens über die frühe Ausrüstung für Pferde stammt von den sogenannten Pasyryk-Kurganen in Sibirien. Skythische Hügelgräber — freigelegt zwischen 1947 und 1949 — offenbarten die Geschichte einer nahezu 5000 Jahre zurückliegenden Pferdekultur. Das Bodeneis hatte die Toten selbst, in der Regel Häuptlinge, sowie die Grabbeigaben wie Pferde, Wagen, Geschirr, Kopfstücke, Halfter und Hobbles erhalten.

Glocken
Sie schützen die Fesselbeuge der Vorderbeine vor den Hinterbeinen.

Streifgamaschen
Streifgamaschen schützen die Beine vor Verletzungen, wenn die Pferde sich mit der Innenseite der Hufe streifen. Darüber hinaus wirken sie stützend.

Stalldecke
Jute-, Woll- oder Nylondecken geben Stallpferden, die geschoren sind, Wärme.

Neuseeland-Decke
Mit den wasserdichten Neuseeland-Decken kann man die Pferde auch im Winter draußen lassen.

Sommerdecke
Diese leichte Sommerdecke wird bei heißem Wetter übergelegt und schützt das schon geputzte Pferd vor Fliegen und Schmutz.

Transportgamaschen
Transportgamaschen bedecken den gesamten unteren Teil der Beine und schützen sie vor Transportverletzungen.

Abschwitzdecke
Die Abschwitzdecke wird unter die obere Decke gelegt und hält den Pferden beim Abschwitzen.

Bandagen
Sie schützen die Beine bei der Arbeit.

Schweifbandage
Eine Schweifbandage hält den Schweif in Form.

Reitkleidung

Reitkleidung ist im Stil und von den Materialien her stark traditionell geprägt, dabei aber äußerst praktisch. Die heutige Reitkleidung jedoch bezieht mehr und mehr synthetische Materialien und Herstellungstechniken ein und richtet sich, wenn auch gemäßigt, nach der jeweiligen Mode.

Die erste richtige Reitkleidung trugen die Reitervölker der asiatischen Steppen bereits Jahrhunderte vor der Zeitenwende. Es waren grobe wollene Umhänge und Hosen, die sie in Filzstiefel steckten. Die griechischen Reiter der Antike hingegen, die in einem wärmeren Klima lebten und von der Form des menschlichen Körpers fasziniert waren, ritten nackt und ohne Sättel.

Die heutige Reitkleidung folgt Grundsätzen, die vor rund 200 Jahren erstellt wurden.

Sie reichen zurück bis in die Mitte des siebzehnten Jahrhunderts, als die Herren begannen, gutsitzende Mäntel, Westen, Hosen und Stiefel zu tragen, die gegen Kälte und Nässe schützten.

Etwa einhundert Jahre später hatten die adligen englischen Jagdreiter eine Form der Kleidung entwickelt, die absolut praktisch war, aber elegant geschnitten und von erstklassiger Qualität, das heißt, von feinstem »understatement«.

Kappe/Helm
Die Sicherheit beim Reiten, besonders auf hartem Untergrund, wird durch eine gute Kappe bzw. einen guten Helm geboten.

FESTES BAND

SCHIRM

SCHLAUFE

KINNSCHUTZ

Jacke
Eine wasser- und winddichte Jacke oder Weste ist warm und angenehm beim Reiten.

Pullover
Ein warmer Pullover oder ein dickes Hemd ist ideal bei kaltem Wetter.

Jodhpurstiefel
Diese halbhohen Lederschuhe mit seitlichem Gummieinsatz werden zu Jodhpurhosen getragen.

SCHLAUFE FÜR DEN STIEFELANZIEHER

Jodhpurhosen
Jodhpurhosen stammen ursprünglich aus dem indischen Staat Jodhpur, wo sie auch heute noch ein gebräuchliches Kleidungsstück sind. Die Hosen gehen bis zum Fesselgelenk; die modernen, eng anliegenden sind aus Stretchmaterial gearbeitet.

Reithosen
Reithosen sind kürzer als Jodhpurhosen und werden mit langen Reitstiefeln getragen. Sie sind meist aus Stretchmaterial.

KLETT-BÄNDER

Hohe Stiefel
Lange Leder- oder Gummistiefel trägt man zu Reithosen.

Gewachste Baumwolljacke

Eine vergleichsweise neue Errungenschaft in der Reiterszene ist die gleichermaßen wind- und wasserdichte Jacke aus gewachster Baumwolle. Sie ist ideal fürs Geländereiten bei schlechtem Wetter; die Mäntel aus demselben Material sind großzügig geschnitten, so daß man sich in ihnen frei bewegen kann und sie auch noch den Sattel trocken halten.

Futter

Der Saum sollte breit mit wasserdichtem Material gefüttert sein. Das schützt vor Regen und vor dem Pferdeschweiß.

WOLLHANDSCHUHE

Handschuhe

Baumwoll- oder Wollhandschuhe mit eingenähten Verstärkungen an den Fingern halten die Hände warm und sauber; außerdem kann man damit die Zügel besser halten. Reithandschuhe sollten eine Nummer größer als normal sein.

Springgerte

Eine Spring- oder Geländegerte hat eine flache Klatsche, die zwar Krach macht, aber keinen Schmerz verursacht.

Dressurgerte

Schul- oder Dressurgerten sind länger als Springgerten; man kann sie benutzen, ohne die Hand vom Zügel zu nehmen.

KRAWATTEN-HALTER

Jackett fürs Gelände

Tweedjacketts gelten als korrekte Kleidung für jeden Tag. Damen können auf Turnieren oder auf der Jagd auch blaue oder schwarze Jacken tragen.

Krawatten und Halstücher

Auf der Jagd trägt man eine weiße Krawatte oder ein weißes Halstuch, beim täglichen Reiten darf es auch farbig sein.

Hemden

Auf dem Turnier trägt man ein Hemd mit Kragen und dazu eine Krawatte. Nimmt man ein Halstuch, sollte das Hemd keinen Kragen haben.

Putzen

Pferde werden natürlich auch geputzt, damit sie schön aussehen, aber das Putzen hat auch noch andere Gründe. Zum einen wird die Haut gereinigt, damit sie gut arbeiten kann. Zum anderen werden durch die rhythmischen Bewegungen beim Putzen die Muskeln auf den Schultern, der Hinterhand und dem Nacken massiert und gelockert.

Wann man putzt

Stallpferde, die geschoren werden, unter unnatürlichen Bedingungen leben und große Mengen Kraftfutter bekommen, bilden Abfallstoffe im Körper. Ein Teil davon wird durch schnelleres Atmen und den Kot ausgeschieden, eine gewisse Menge jedoch auch über die Haut, und dazu müssen die Poren sauber sein, sonst können sie ihre Funktion nicht erfüllen.

Stallpferde putzt man am besten nach der Morgenarbeit, wenn das Pferd warm ist und die Poren offen sind. *Kräftiges* Putzen fördert die Muskelbildung — bei Pferden und Menschen —, aber das sollte man besser auf den Abend verschieben, denn dadurch wird die Blutzirkulation über die Nacht gefördert.

Weidepferde sollten nicht so gründlich geputzt werden, denn man putzt zu leicht die Talgschicht aus der Haut, die sie vor Regen und Kälte schützt. Es reicht, den gröbsten Schmutz aus dem Fell zu bürsten, bevor man das Pferd reitet.

Wie man putzt

Man putzt am besten von vorn nach hinten, indem man oben am Pferdekopf hinter den Ohren beginnt. Halten Sie Abstand zum Pferd — das Geheimnis des richtigen Putzens liegt darin, daß Sie Ihr ganzes Gewicht auf die Bürste legen, und das geht nicht, wenn Sie zu nahe am Pferd stehen. Man geht mit der Bürste über den Kopf, wobei man darauf achtet, daß man auf den fleischlosen Partien vorsichtig vorgeht. Immer nach ein paar Strichen wird die Bürste am Eisenstriegel ausgestrichen, den man in der anderen Hand hält. Die feste Reisbürste be-

🐴 *Waschen*
Die Meinungen über die Notwendigkeit, Pferde zu waschen, gehen auseinander, aber die meisten Turnierpferde werden regelmäßig gewaschen. Wählen Sie dafür einen schönen warmen Tag und lassen Sie das Pferd gut trocknen, dann schadet es ihm nicht.

nutzt man für schmutzige Beine, die meist, aber nicht immer, zum Schutz gegen Kälte und Dornen im Gelände nicht geschoren werden. Diese Bürste ist für den Pferdekörper zu hart und steif.

DIE REIHENFOLGE BEIM PUTZEN

Zuerst werden die Hufe ausgekratzt. Dann putzt man den Körper von vorn bis hinten, danach die Beine. Mähne und Schweif werden gebürstet und mit einer feuchten Bürste in Form gebracht. Nase, Augen und After werden mit dem Schwamm ausgewaschen. Zum Schluß geht man mit einem feuchten Tuch oder einem weichen Fensterleder über das Fell.

BÜRSTE FÜR HUFFETT

HUFFETT

KARDÄTSCHE

METALL-STRIEGEL

🐴 *Putzbox*
Damit die Putzutensilien immer zur Hand sind, wenn man sie braucht, sollten sie stets alle zusammen in einem dafür vorgesehenen Behälter aufbewahrt werden.

PLASTIKSTRIEGEL

HUFKRATZER

SCHWEISS-MESSER

WEITZAHNIGER KAMM

ENGZAHNIGER KAMM

SCHWÄMME

PUTZTUCH

REISBÜRSTE

GUMMI-STRIEGEL

🐴 *Der »Pferdeknoten«*
Pferde sollte man immer mit einem Knoten anbinden, der schnell zu lösen ist, so daß man das Pferd im Notfall sofort losbinden kann.

1 Jeder Huf muß sorgfältig vom Schmutz gereinigt werden. Nehmen Sie dazu einen Hufkratzer, und kratzen Sie den Schmutz von sich weg aus dem Huf. Ein Gefäß sollte strategisch so plaziert werden, daß der ausgekratzte Schmutz direkt hineinfällt und nicht in der Stallgasse oder in der Einstreu landet.

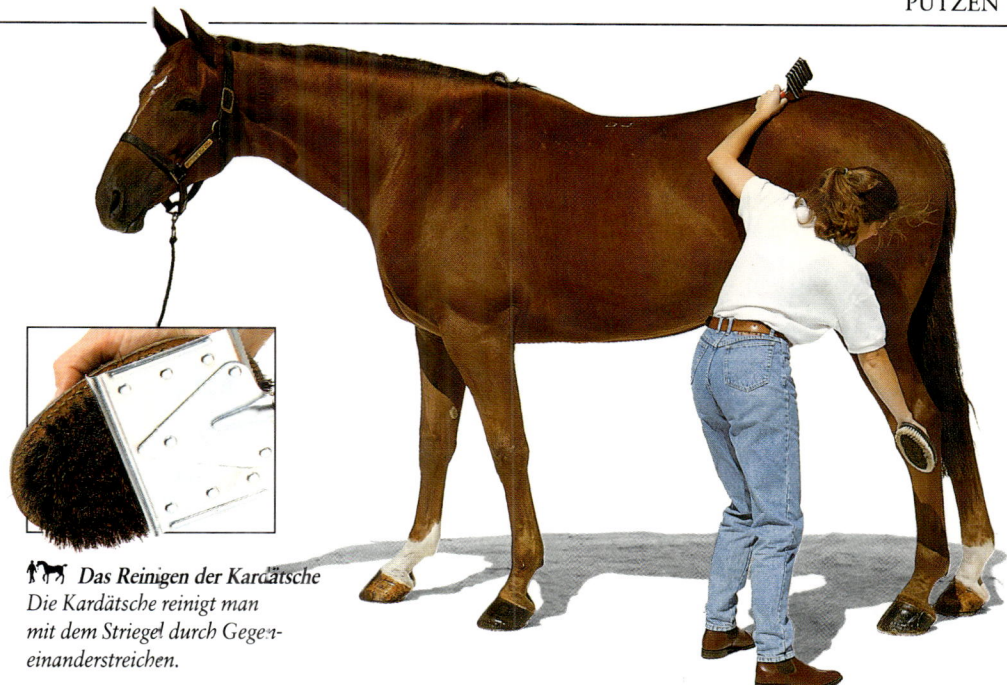

2 Putzen Sie das Pferd zügig von vorn nach hinten mit festen Bürstenstrichen, und halten Sie dabei immer eine Hand am Pferdekörper. Ihre Hand beruhigt das Pferd, und wenn Sie sie am Hals halten, sind Sie auch vor dem so unangenehmen Beknibbeln geschützt. Achten Sie darauf, daß Sie die fleischlosen Partien am Kopf vorsichtig putzen, und seien Sie auch behutsam in der Lendenpartie, eine zu kraftvolle Behandlung ist für die Nieren nicht gut. Manche Pferde sind zwischen den Hinterbeinen und am Bauch kitzlig. In diesem Fall sollte man die Partien nur mit der Hand reinigen und die Bürste weglassen. Danach werden die Beine geputzt. Das Putzzeug muß regelmäßig ausgewaschen werden, um den Schweiß und das Pferdemehl aus ihm zu entfernen, und anschließend muß man es sorgfältig trocknen.

🐎 *Das Reinigen der Kardätsche*
Die Kardätsche reinigt man mit dem Striegel durch Gegeneinanderstreichen.

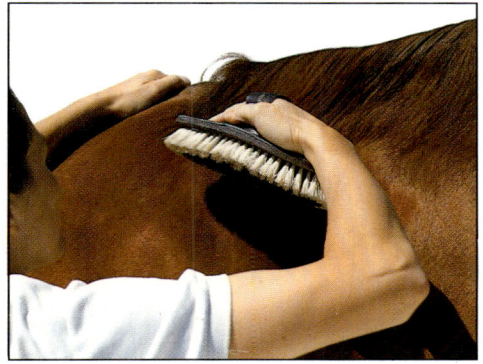

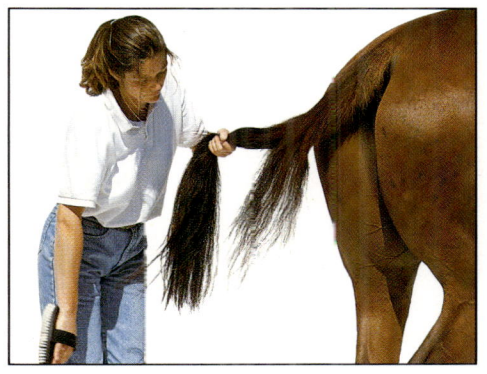

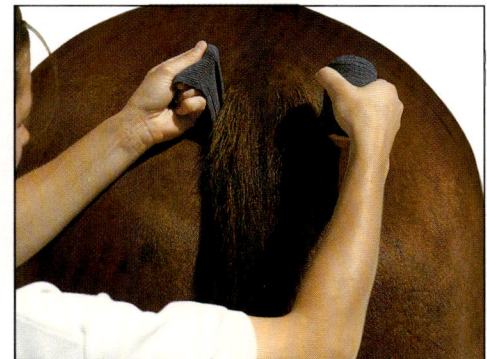

3 Wenn die Mähne sorgfältig gekämmt und gebürstet ist, kann man sie mit einer feuchten Bürste in Form bringen, das gibt dem Ganzen dann den letzten Schliff. Der Schweif wird genauso behandelt. Dünne hochstehende Haare in der Mähne werden sorgfältig von der Unterseite her ausgezupft.

4 Mit einer weichen Bürste den Schweif ausbürsten, die einzelnen Haarsträhnen einzeln mit der Hand, während der Schweif mit der anderen gehalten wird. Wenn notwendig, dünnt man den Schweif aus, indem man nach und nach einzelne Haare auszupft; dabei muß man darauf achten, dem Pferd nicht weh zu tun.

5 Nachdem man den Schweif noch einmal feucht durchgebürstet hat, kann man eine Schweifbandage anlegen, um ihn in Form zu bringen. Breite Bandagen werden für höchstens eine oder zwei Stunden angelegt, und zwar nicht zu fest, damit die Blutzirkulation nicht gestört und die Haare nicht beschädigt werden.

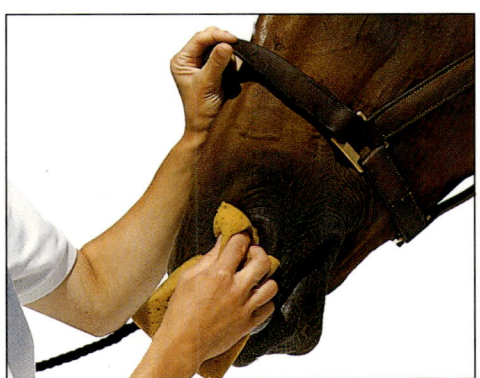

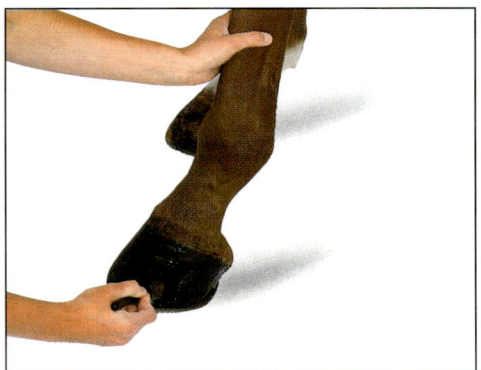

6 Die Nase wird täglich mit einem feuchten Schwamm gereinigt. Ebenso die Augen. Ein weiterer Schwamm (am besten in einer anderen Farbe, um ihn nicht zu verwechseln) wird zur Reinigung des Afters und für den Schlauch bei Wallachen gebraucht. Die Schwämme müssen nach Gebrauch ausgewaschen werden.

7 Den letzten Schliff bekommt das Pferd durch das Überwischen des ganzen Körpers mit einem feuchten Tuch oder einem Fensterleder. Das gibt dem Fell Glanz. Hierzu kann man auch ein Stück Sacktuch, sonst ein grobes Tuch oder ein Kaktustuch verwenden, sie tun dieselben Dienste.

8 Um den Hufen von Stallpferden ausreichend Feuchtigkeit zuzuführen, sollte man sie regelmäßig waschen, abtrocknen und die Feuchtigkeit im Huf durch leichtes Einfetten konservieren. Hufpolitur sollte niemals benutzt werden, denn sie wirkt wie ein Siegel und verhindert die Feuchtigkeitsaufnahme.

Hufbeschlag

Es wird heute angenommen, daß die Kelten, die wohl besten Eisenhandwerker der Antike, den Hufbeschlag von den Hunnen ca. 500 n. Chr. übernommen haben, die ihn aus Mittelasien mitgebracht haben. In China gab es schon 2000 v. Chr. Hufeisen.

Die Notwendigkeit des Hufbeschlags

Im Mittleren Osten brauchten die Pferde wegen des trockenen Bodens, der die Entwicklung extrem harter Hufe förderte, keinen Hufbeschlag. Auf den feuchten Böden in Europa wurden die Hufe jedoch weich und bröckelig, was zu Schmerzen und damit Lahmheiten führte. Das von den Römern geschaffene Straßennetz machte einen Schutz der Hufe erforderlich.

Der Zweck des Hufbeschlages ist im Grunde immer gleich geblieben. Das Hufeisen schützt den Huf des arbeitenden Pferdes, damit er sich nicht schneller abnutzt, als das Horn nachwachsen kann; außerdem wird er dadurch griffiger.

Der Hufschmied muß den Huf so beschlagen, daß die natürlichen Funktionen aufrechterhalten bleiben und das Gangwerk nicht verändert wird. Gebäude- und Gangfehler können mit einem Korrekturbeschlag bis zu einem gewissen Grad ausgeglichen werden, somit beugt man Verletzungen vor. Ein Korrekturbeschlag soll das Pferd gesund erhalten, sein Arbeitsleben verlängern und seine Leistungsfähigkeit steigern. Das Horn wächst zwischen 0,5 und 2,0 Zentimeter pro Monat, daher müssen die Hufe etwa alle sechs bis sieben Wochen beschlagen werden, damit das tote Horn abgeraspelt werden kann. Wenn die alten Eisen abgelaufen sind, müssen neue aufgenagelt werden.

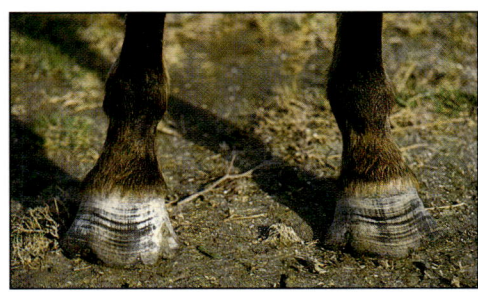

🐎 *Vernachlässigte Hufe*
Diese Hufe wurden eindeutig vernachlässigt. Sie sind zu lang gewachsen und dadurch ausgebrochen, was zu einer Hufdeformation und zu einem Splittern des Horns führt.

Das Beschlagen

Bevor das neue Eisen befestigt wird, muß der Huf vorbereitet werden. Dafür wird zuerst das überschüssige alte Horn von der Unterseite des Hufes entfernt. Stellungsfehler können hierbei durch entsprechendes Ausschneiden korrigiert werden. Das Eisen

DAS BESCHLAGEN

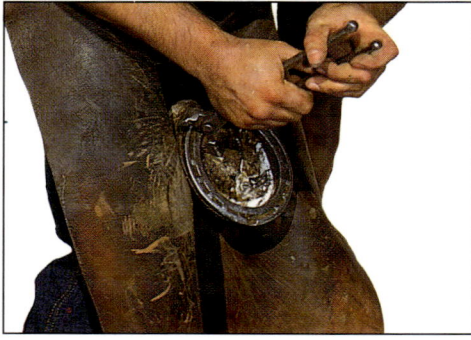

1 Die Nagelenden werden abgeknipst, und das Hufeisen wird — beginnend an den Trachten — vom Huf gelöst. Dann wird es mit der Hufzange abgenommen.

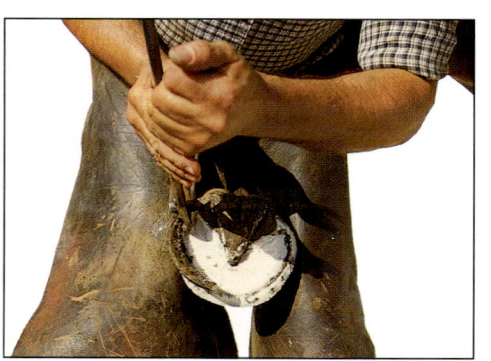

3 Das alte Horn des Tragerandes wird mit Hauklinge und Klöppel abgeschlagen, dadurch entsteht eine Fläche, die jetzt beraspelt werden kann.

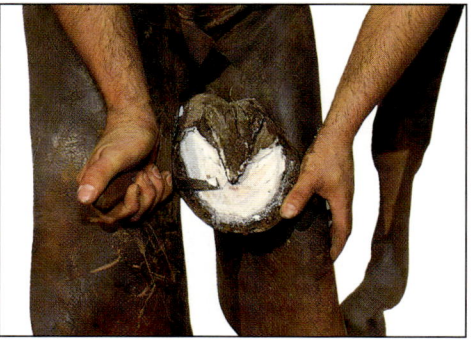

2 Der Huf wird gereinigt und mit dem gebogenen Hufmesser, das einen hölzernen Griff hat, ausgeschnitten. Der kleine Haken am Messerende dient zum Säubern beispielsweise der Strahlfurche.

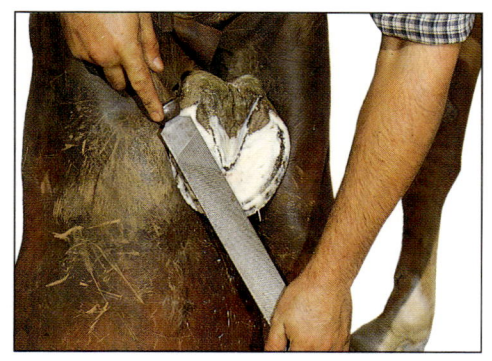

4 Die Unterseite des Hufes wird durch Beraspeln geglättet. Dies ist sehr wichtig, damit man später sauber nageln kann.

5 Der Schmied mit dem traditionellen geteilten Lederschurz raspelt sorgfältig den Tragrand, wobei er darauf achtet, die Hornwand möglichst heil zu lassen.

wird entweder aufgebrannt oder kalt aufgeschlagen. Beim Heißbeschlag wird das Eisen erhitzt, bis es rotglühend ist. Dann wird es für einige Sekunden auf die Unterseite des Hufes gehalten, und seine Form brennt sich in das Horn ein. Der Zweck dieser Prozedur ist, den Sitz des Eisens zu überprüfen und es dem Huf perfekt anzupassen. Wenn die braune Brennlinie noch nicht ganz durchgehend ist, muß der Huf nochmals beraspelt werden, bis die Linie komplett ist. Ein gutes Hufeisen ist der Hufform angepaßt und weder zu weit noch zu lang oder zu kurz. Beim Heißbeschlagen kann der Schmied die Eisen besser nach der Hufform formen, dadurch sitzen sie besser. Kaltbeschlag nennt man den Beschlag, bei dem das vorbereitete Eisen ohne vorheriges Anpassen durch Aufbrennen auf den Huf genagelt wird; meist ist das Ergebnis nicht so zufriedenstellend wie beim Heißbeschlag. Ist das Eisen angepaßt, wird es aufgenagelt. Dabei sollten so wenige Nägel wie möglich verwendet werden, denn jeder Nagel schwächt die Hornwand. Beim normalen Eisen reichen außen und innen jeweils drei Nägel.

HUFEISENFORMEN

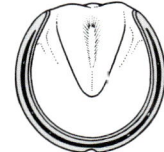

SCHWEBEEISEN
Beim Schwebeeisen wird die Zehe schwebend beschlagen.

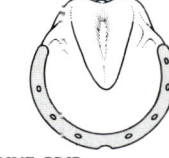

HUF-GRIP
Hufgrip verhindert das Stollen von Pappschnee.

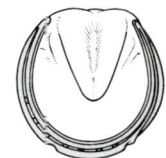

ZEHENEISEN
Mit diesen Eisen beschlägt man hier und da Weidepferde.

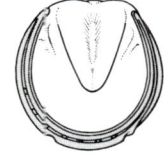

HINTERE GREIFEISEN
Sie verhindern das Greifen der Vorderbeine mit den Hintereisen.

EINLAGEN
Hufeinlagen schützen die Hufsohle.

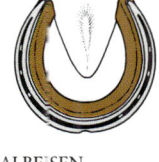

HALBEISEN
Halbeisen für Vorderhufe mit vorgefertigten Nagellöchern.

🐎 *Hufe hochheben* Der Schmied zeigt, wie man einen Fuß korrekt hochhebt.

6 Auf dem runden Teil des Ambosses wird das erhitzte Eisen geformt. Dabei wird es mit der Hufzange gehalten und mit dem schweren Schmiedehammer bearbeitet.

7 Beim selbstgeschmiedeten Eisen werden die Löcher für die Nägel mit einer Stanze, deren Größe den Nägeln entspricht, mit einem schweren Vorschlaghammer eingehauen.

8 Das heiße Eisen wird mit einer langen Zange für einige Sekunden auf den Huf gehalten, damit sich seine Form einbrennen kann.

9 Der Schmied nimmt das Bein des Pferdes zwischen seine Knie und schlägt die Nägel ein. Die Nagelenden werden sofort umgelegt und abgeknipst.

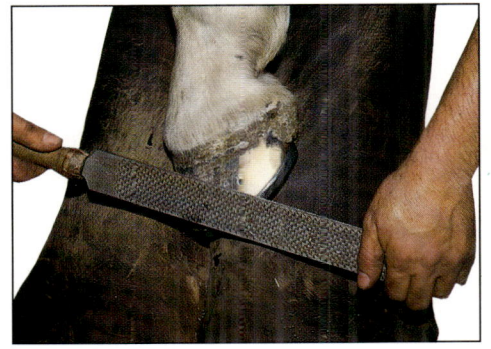

10 Die Hufkante wird mit der Raspel gebrochen, und auch unter dem Nagelloch wird geraspelt, damit man die Nagelenden eng flachschlagen kann.

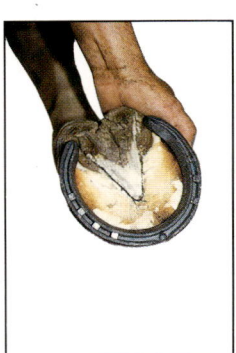

11 Der beschlagene Huf. Die Nägel sind »zugemacht«, der Aufzug vorn am Huf wurde rangeschlagen, und die Linie des Eisens folgt der des Kronrandes.

Ernährung

In der Natur verbrauchen Pferde keine unnötige Energie. Sie bewegen sich langsam von einem Futterplatz zum nächsten und können — sofern der Weidegrund groß genug ist — allein von Gras und Kräutern leben. Wenn das Wetter kalt und das Futter knapp wird, verlieren sie an Gewicht; und wenn das Wetter wärmer und das Futter reicher wird, nehmen sie wieder zu.

Energieverbrauch

Nicht in freier Wildbahn lebende, domestizierte Pferde, die unter dem Sattel oder im Geschirr gehen müssen, und das häufig schnell und über lange Strecken, verbrauchen hingegen wesentlich mehr Energie. Falls sich ihre Gesamtkonstitution nicht dramatisch verschlechtern soll, muß ihre Nahrung daher ganz anders zusammengesetzt und sehr ausgewogen sein, außerdem sollte sie Vitamine und Mineralstoffe enthalten, um eine Topkondition zu gewährleisten.

Das Ziel der Fütterung

Die wichtigsten Ziele sind:

1. Die Gesundheit auf einem Standard zu erhalten, der Widerstandskraft bei Verletzungen und Krankheiten bietet und die Pferde im Krankheitsfall schneller genesen läßt.

2. In Verbindung mit Training und Pflege soll ein physischer Zustand erreicht werden, bei dem die Pferde die an sie gestellten Anforderungen auch erfüllen können.

3. Es muß so gefüttert werden, daß psychischer Streß vermieden wird. Ein zu reichhaltiges oder zu proteinhaltiges Futter kann Streß verursachen und auch das Verhalten negativ beeinflussen.

Grundsätze

Es gibt einige grundsätzliche Regeln für das Futter und die Fütterung:

1. Das Futter muß der geforderten Leistung entsprechend bemessen sein. Zuviel Futter führt zu Überladungen, zu Magen-/Darm- und Kreislaufproblemen, bei zuwenig Futter verliert das Pferd an Grundsubstanz.

2. Es soll oft und in kleinen Portionen gefüttert werden. 1,8 kg Kraftfutter auf einmal sind das Limit.

3. Nach dem Füttern sollten die Pferde eine Stunde Zeit zum Verdauen haben, bevor sie arbeiten müssen.

4. Das Verhältnis zwischen Rauhfutter und Kraftfutter muß stimmen. Rauhfutter, also hauptsächlich Heu, sollte die Hälfte bis zwei Drittel des Futters ausmachen; nur so kann das Verdauungssystem optimal funktionieren.

5. Wasser muß immer verfügbar sein, damit die Nahrung voll ausgewertet werden kann.

ZUCKERRÜBENSCHNITZEL

Füttert man Zuckerrübenschnitzel in trockenem Zustand, so quellen sie im Magen auf, und das hat katastrophale Folgen. Getrocknete Zuckerrübenschnitzel müssen also immer mindestens zwölf Stunden lang eingeweicht werden, bevor man sie verfüttert. Zuckerrüben haben einen hohen Rohfaser- und Zuckergehalt, aber wenig Protein.

FUTTERKELLE

Fertigfutter
Das ist ein Mischfutter aus Hafer, Gerste und Mais, kombiniert mit anderen Inhaltsstoffen.

Weizenkleie
Weizenkleie ist ein Weizenprodukt, das entsteht, wenn das Mehl ausgemahlen ist. Eine Ration von etwa 1 kg pro Tag ist genug.

Hafer
Die wichtigste Energiequelle, der Hafer, enthält Fette, Stärke und einen hohen Proteinanteil (11 %).

Maisflocken
Viel Energie, aber wenig Protein und schwerverdaulich, können Maisflocken mit anderem Futter gemischt werden.

Häcksel
Häcksel besteht entweder aus gehäckseltem Heu oder einer Mischung aus Heu und Stroh.

Pellets
Pellets sind ein Fertigfutter. Es kann im Proteingehalt stark variieren; der Proteingehalt muß aber jeweils deklariert werden.

Gerste
Gerste macht nicht so »heiß« wie Hafer, muß immer gekocht verfüttert werden und ist dann ein gutes Konditionsfutter.

Leinsamen
Leinsamen ist stark proteinhaltig (26 %) und ausgezeichnet zum Konditionsaufbau, muß aber gekocht verfüttert werden, da er sonst hochgiftig ist.

Mineralstoffe
Mineralstoffe kommen im Grünfutter vor, sonst müssen sie zusätzlich gefüttert werden. Sie wirken auf den Stoffwechsel im Körper.

Knoblauchpulver
Knoblauch ist ein langerprobtes natürliches Heilmittel ohne Nebeneffekte. Es ist ein sinnvoller Futterzusatz.

Kalk
Schon eine Gabe von etwa 50 g Kalk täglich kann das so wichtige Kalzium/Phosphor-Verhältnis im Futter regulieren.

🐴 *Rüben und Obst*
Rüben und Obst bringen Abwechslung ins Futter. Sie enthalten Feuchtigkeit und verschiedene Mineralstoffe und Vitamine. Möhren sollte man längs schneiden, sonst werden sie leicht im Ganzen verschluckt.

Melasse
Melasse bietet schnellverdauliche Energie.

Dorschleberöl
Dorschleberöl ist gut zum Konditionsaufbau und fürs Fell.

Salzleckstein
Ein Salzleckstein liefert Kochsalz, das in der pflanzlichen Nahrung kaum enthalten ist.

FUTTERSCHÜSSEL

FUTTERPLAN

Es gibt einige Grundregeln für die Pferdefütterung. Das Verhältnis des Rauhfutters (Heu) zu Kraftfutter (= konzentriertem Futter) hängt von der Leistung ab, die Ihr Pferd erbringen muß (Rauhfutter : Kraftfutter)
Leichte Arbeit = 2 : 1, mittlere Arbeit: 1 : 1, schwere Arbeit = 1 : 2

MENGEN
Heu/Hafer-, Heu/Hafer/Mischfutter-, Heu/Mischfutter/Rationen für Reitpferde
(500—600 kg Lebendmasse; tägl. rd. 1—2stündige Reitnutzung), kg/Tag

	heuarm			heureich		
	I	II	III	IV	V	VI
Heu, mittel	3	3	3	6	6	6
Haferkörner	6	5	—	4	3	—
Mischfutter zum Haferersatz	—	—	6	—	—	4
Mischfutter zu Heu/Hafer	—	1	—	—	1	—
vitam. Mineralfutter	0,1	—	—	0,1	—	—

Gehalte: rd. 94 MJ verdaubare Energie und 700 g verdaubares Rohprotein
(MJ = Mega-Joule = 1000 Kilo-Joule)

Tab. 54, entnommen aus: Helmut Meyer, »Pferdefütterung«, 2. verb. u. erw. Aufl., 1992, Verlag Paul Parey, Berlin/Hamburg

WANN MAN FÜTTERT

Ideal sind kleine Mengen über den Tag verteilt. Ein Jagdpferd, das täglich etwa 5,5 kg Kraftfutter erhält, sollte viermal täglich mit je ca. 1,3 kg gefüttert werden. Rauhfutter (etwa 3,5 kg) wird abends gereicht. Weitere ca. 2 kg Heu werden in zwei Mahlzeiten tagsüber gegeben.

🐴 *Heu und Wasser*

HEUNETZ

Wasser ist so wichtig wie das Grundnahrungsmittel Heu. Heu ist der wichtigste Rauhfutterlieferant mit einem hohen Anteil an verdaulichem Protein und 6 bis 7 % Mineralstoffen.

WASSER-EIMER

Gesundheit

Ein gesundes Pferd ist ebenso unverkennbar in seiner ganzen Erscheinung wie ein krankes. Den Gesundheitszustand des Körpers kann man an einzelnen Körperpartien und im Kot feststellen. Außerdem kann man aus Temperatur, Puls und Atem Schlüsse ziehen.

Die Gesundheit erhalten

Um ein Pferd gesund zu erhalten, muß man einige Dinge beachten. Ein wichtiger Faktor ist regelmäßiges und ausreichendes Futter, das der Leistung und der Art der Arbeit angemessen ist (s. S. 206/207). Hinzu kommt, daß man den Pferden einen Witterungsschutz bieten sollte, man sollte sie regelmäßig entwurmen und gegen Influenza und Tetanus impfen. Zähne und Hufeisen müssen regelmäßig kontrolliert werden. Überhaupt sollte man das Pferd ständig überwachen.

Merkmale eines gesunden Pferdes

Gesunde Pferde haben große Augen, und die Schleimhäute um die Augen und im Maul sind gleichmäßig rosa. Rote Schleimhäute weisen auf eine Entzündung hin, zu

GIFTPFLANZEN

Hecken und Weiden können überraschend viele Pflanzen enthalten, die für Pferde giftig sind und die — wenn sie in größeren Mengen verzehrt werden — ernsthafte Erkrankungen hervorrufen oder gar tödlich wirken können. Daher sollte man die Weiden auf diese Pflanzen hin kontrollieren und sie entfernen, bevor die Pferde hinausgelassen werden.

JAKOBSKRAUT *(oben)*
Es wirkt tödlich, egal, ob es in frischem oder getrocknetem Zustand gefressen wird.

FARN
Farn ist giftig, wenn er grün ist, und behält diese Eigenschaft auch in trockenem Zustand, wenn er grün geschnitten wird.

TOLLKIRSCHE
Diese Pflanze ist giftig, wird aber von Tieren meistens gemieden.

EICHELN
In großen Mengen verzehrt, können Eicheln tödliche Folgen haben.

EIBE
Das Gift der Eibe wirkt tödlich.

blasse auf Schwäche und gelbe auf Lebererkrankungen; dunkelrote lassen auf Sauerstoffprobleme schließen.

Das Fell des gesunden Pferdes liegt flach an und glänzt. Ein trockenes, struppiges Fell kann auf schlechte Ernährung und/oder Wurmbefall hinweisen. Lassen sich aus der Mähne sehr leicht Haare zupfen, deutet dies auf weitere Krankheiten hin.

Die Haut sollte sauber und fein sein. Zu feste Haut kann auf schlechte Ernährung, Krankheit oder Wurmbefall zurückzuführen sein. Läuse kommen meist bei Pferden in schlechtem Allgemeinzustand vor und verdicken auch die Haut. Pferde mit Läusebefall kratzen sich ständig, und das Fell wirkt fleckig. Die Beine sollten sich kühl anfühlen und nicht geschwollen sein. Dicke Beine

Krankes Pferd (oben)
Dieses Pferd ist in schlechtem Zustand. Man sieht deutlich an Hals und Allgemeinzustand, daß das Pferd halbverhungert ist. Das Fell ist stumpf, vermutlich ist das Pferd auch völlig verwurmt.

Ein gesundes Pferd (links)
Ein gesundes Pferd auf einer grünen, gepflegten Weide, die sauber eingezäunt und mit einer Wasserquelle für das Pferd versorgt ist. Gutes Weidegras ist für Pferde die natürliche Nahrung, die im Sommer auch ausreicht. Im Winter brauchen sie jedoch Zufutter, um die Kondition zu halten.

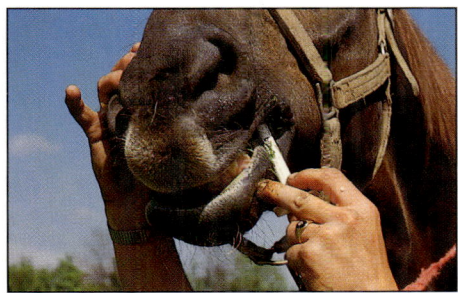

Zähneraspeln
Die Zähne des Pferdes bekommen mit der Zeit scharfe Haken, die sogar die Zunge verletzen können. Sie müssen regelmäßig kontrolliert und bei Bedarf geraspelt werden.

Entwurmen
Alle Haustiere haben Parasiten, die gefährlichsten sind die Spulwürmer. Wurmkuren mit einer Breitspektrumwirkung sollten bei erwachsenen Pferden alle zwei bis drei Monate vorgenommen werden.

Impfungen
Alle Pferde sollten gegen Tetanus sowie gegen Pferdeinfluenza geimpft werden. Gerade die Pferdeinfluenza hat in den letzten Jahren stark zugenommen.

weisen auf Verstauchungen, schlechte Blutzirkulation, Parasitenbefall oder Herzkrankheiten hin.

Der Kot variiert in Farbe und Struktur je nach Gesundheitszustand, ein leichter Durchfall ist bei Weidewechsel auf frisches Gras normal. Der Kot sollte wohlgeformt und leicht feucht sein und nicht stark riechen. Schleim am Kot ist die Folge einer Verdauungsstörung. Stark riechender gelber Kot könnte mit einer Lebererkrankung in Verbindung gebracht werden und/oder auf Spulwürmer hinweisen.

Der Urin sollte fast farblos sein. Ist er dick und stark gefärbt, könnte eine Nierenerkrankung vorliegen. Blutiger Urin weist auf eine Nierenentzündung hin, zu starkes Wasserlassen auf einen Diabetes, während ein ständiges Tröpfeln eine Blasenentzündung vermuten läßt.

Ein Pferd in schlechtem Gesundheitszustand erkennt man daran, daß die Lendenpartie eingefallen wirkt. Die Knochenstruktur ist klar zu erkennen, die Flanken sind hohl, zwischen dem Muskel unterhalb des Schweifes ist eine tiefe Kuhle und zwischen den Hinterbeinen so gut wie keine Muskulatur. Seitlich des Schweifes unterhalb der Kruppe sind tiefe Löcher, das Rückgrat ist sichtbar, und der Halsansatz zeigt keine Muskulatur, er sieht schmal und dünn aus.

Der Hals selbst ist weich und fleischlos. Gesunde Pferde haben ausreichend Fleisch und Muskulatur, sind aber nicht fett.

Temperatur und Puls

Die normale Temperatur des Pferdes liegt zwischen 37,8 und 38,5 Grad. Eine höhere Temperatur läßt auf eine Infektionserkrankung schließen. Natürlich hat jedes Pferd im normalen Rahmen seine ganz individuelle Temperatur, und deshalb sollten Sie die Normaltemperatur Ihres Pferdes erkennen, um Abweichungen feststellen zu können. Die Temperatur wird gemessen, indem man das Fieberthermometer in den After einführt. Im Laufe des Tages schwanken die Temperaturen, so daß man sie zwei- oder dreimal täglich zu verschiedenen Zeiten nehmen sollte. Das Herz schlägt etwa 35- bis 40mal in der Minute. Höhere Werte im Ruhezustand weisen auf fiebrige Erkrankungen hin. 50 Pulsschläge pro Minute sind nicht mehr im Normalbereich. Den Puls fühlt man an der Innenseite des Unterkiefers, direkt hinter den Ellenbogen und hinter den Augen. Man zählt die Pulswerte, indem man den Puls 20 Sekunden lang mit einer Stoppuhr zählt und dann mal drei nimmt.

Die normalen Atemwerte sind acht bis zwölf Atemzüge pro Minute im Ruhezu-

stand. Schnelleres Atmen weist auf Schmerzen und einen möglichen Temperaturanstieg hin. Die Atemwerte nimmt man, indem man sich hinter das Pferd stellt und beobachtet, wie oft sich die Flanken in 60 Sekunden heben und senken. Oder man nimmt die Werte 20 Sekunden lang mit einer Stoppuhr wie beim Puls. Jedes Heben und Senken der Flanken ist ein Atemzug.

Inspektion von Wildpferden
Die halbwilden Camarguepferde werden einmal jährlich zur Gesundheitsinspektion eingefangen. Normalerweise sind wilde oder halbwilde Pferde gesünder als domestizierte. Wenn sie genügend Raum zur Verfügung haben, haben sie meist auch keine Würmer oder Viruserkrankungen.

Trächtigkeit und Geburt

Die Stuten kommen meist zwischen 15 und 24 Monaten in die Pubertät, manchmal auch später. Man kann zweijährige Stuten zwar schon decken lassen, besser ist es aber zu warten, bis sie drei Jahre alt sind.

Die Rosse

Beginnend mit dem frühen Frühjahr bis in den Herbst hinein werden die Stuten in regelmäßigen Intervallen von 18 bis 21 Tagen rossig, d. h. deckbereit. Jede Rosse dauert etwa fünf bis sieben Tage. In der Hochrosse duldet die Stute den Hengst. Die Zeichen dafür sind deutlich, sie erscheinen aber nicht immer alle gleichzeitig. Die Stuten wirken gereizt und unruhig und suchen mehr als sonst die Gesellschaft anderer Pferde. Der Schweif schlägt ständig, und die Klitoris (das kleine empfindliche Organ zwischen den Lippen der Vulva) steht vor, die Stute »blitzt«, wie man sagt. Das Tier läßt oft in kleinen Mengen Wasser, und um die Lippen der Vagina zeigt sich Schleim. Man kann die Deckbereitschaft der Stute durch eine innerliche Untersuchung feststellen, gewöhnlich tut man dies jedoch durch einen sogenannten »Probierhengst«. Auf Gestüten führt man eine Stute in den sogenannten Probierstand, der mit einer dicken seitlichen Holzwand versehen ist. An diese Holzwand führt man einen Hengst, wobei die Holzwand die Tiere vor eventuellen Verletzungen schützt. Ist die Stute deckbereit, wird sie den Hengst akzeptieren, sie hält den Schweif seitwärts. Wenn nicht, bleckt sie die Zähne gegen den Hengst und schlägt nach ihm aus.

Trächtigkeit und Geburt

Die durchschnittliche Trächtigkeit dauert elf Monate und einige Tage. Natürlich gibt es Abweichungen, und Hengstfohlen werden oft länger ausgetragen als Stutfohlen. Erstere kommen meistens nach 334 Tagen auf die Welt, letztere nach 332½, jedoch ist ein Spielraum von neun Tagen bei beiden noch im Normalbereich.

Beim Abfohlen brauchen hochblütige Pferde wie z. B. Vollblüter mehr Aufmerksamkeit von seiten des Pferdebesitzers als

Die Paarung
Die Paarung erfolgt zwei oder drei Tage vor dem Ende der Rosse, wobei der Samen durch die Vagina in den Uterus gelangen und schließlich bis zum Eileiter vordringen muß.

robuste Pferde. Hochblütige Stuten läßt man meist in besonderen Abfohlboxen fohlen, die man durch Kameras rund um die Uhr überwachen lassen kann. Ponys hingegen dürfen fast immer im Freien abfohlen, was auch nur selten zu Problemen geführt hat. Eine Geburt bei Ponystuten verläuft sehr schnell, in etwa so wie in freier Wildbahn, wo Verzögerungen nur die Aufmerksamkeit von Raubtieren hervorrufen würden.

DIE ENTWICKLUNG DES FOHLENS IM MUTTERLEIB

ZWEI MONATE (rechts) Mit zwei Monaten mißt der Embryo etwa 7 bis 10 cm vom Nacken bis zur Kruppe. Die Gliedmaßen sind schon deutlich ausgeformt und das Geschlecht erkennbar.

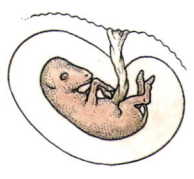

VIER MONATE (links) Jetzt wiegt das Fohlen etwa 1 kg und mißt 20 bis 23 cm. Die ersten kleinen Haare erscheinen an den Lippen. Die Hufe haben sich gebildet.

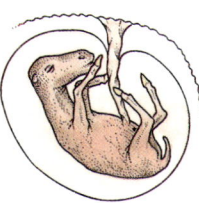

SECHS MONATE (rechts) Jetzt ist das Haarkleid am ganzen Körper zu erkennen. Die äußeren Geschlechtsteile sind deutlicher geformt. Das Fohlen mißt jetzt rund 56 cm und hat ein Gewicht um 5,5 kg.

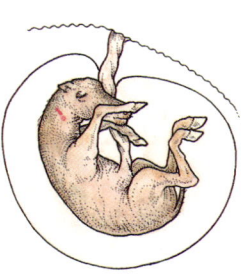

Anzeichen für das Abfohlen
Ab dem fünften Monat kann man das Fohlen im Mutterleib sehen, ab dem sechsten Monat beobachten, wie es sich bewegt. Wenn der Zeitpunkt des Abfohlens kommt, senkt sich der Bauch der Stute. Deutliche Zeichen für die baldige Geburt sind Harztröpfchen am Euter der Stute.

ELF MONATE (rechts) Das Fohlen ist bereit, den Geburtskanal zu passieren. Es wiegt jetzt etwa 38,5 bis 48,5 kg und mißt 109 cm und mehr. Die Zähne scheinen durch das Zahnfleisch hindurch.

ZEHN MONATE (rechts) Das Fohlen wiegt 29 bis 33,5 kg und mißt 85 bis 92 cm. Fell und Langhaar sind fertig ausgebildet, das Fohlen ist bereit, sich für den Geburtsvorgang herumzudrehen.

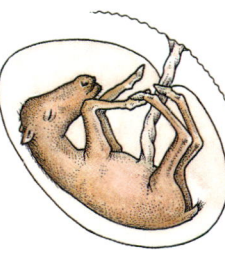

ACHT MONATE (links) Das Fohlen nimmt eine aufrechte Stellung ein. Mähne und Schweif beginnen zu wachsen. Das Gewicht beträgt nun 16 bis 19 kg, die Länge 68 bis 73 cm.

AUSTREIBUNG UND GEBURT

Die Geburt wird in drei Phasen unterteilt: einleitende Wehen, durch welche der Fötus in die richtige Position zur Geburt gelegt wird; die Gebärmutter und das umliegende Gewebe entspannen sich. Austreibende Wehen, wenn das Fohlen das Becken passiert und durch den Geburtskanal hinausgleitet — das Fohlen ist geboren. Letzte Wehen zur Austreibung der Nachgeburt. Vor Beginn der Wehen ist die Stute unruhig, legt sich hin und steht wieder auf. Bei der Austreibungsphase werden die Wehen regelmäßig und treten alle paar Minuten auf. Dies kann bis zu sechs Stunden dauern, bis dann die Fruchtblase platzt und das Fruchtwasser abgeht.

1 Nachdem das Fruchtwasser abgegangen ist, legt sich die Stute nieder, während die Wehen in immer kürzeren Abständen kommen. Oft stöhnt sie laut und schwitzt, wenn die Wehen ihren Höhepunkt erreichen.

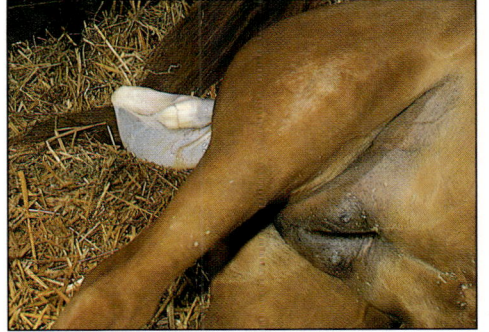

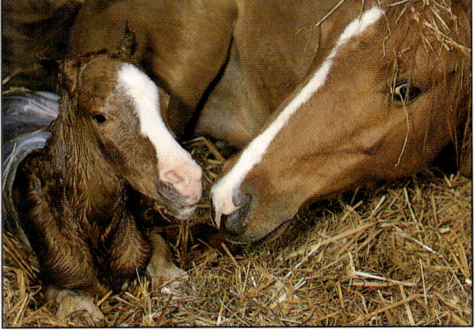

2 Bei normaler Position des Fohlens kommen zuerst die Vorderbeine aus der Vagina heraus. Sie sind mit durchsichtigen Häuten bedeckt, der Eihaut, welche bei dem Geburtsprozeß zerreißt.

3 Der Kopf liegt auf den ausgestreckten Vorderbeinen und erscheint nach den Vorderbeinen. Sowie die Schultern aus dem Mutterleib heraus sind, folgt der Rest des Fohlens leichter. In diesem Moment zerreißt die Eihaut über der Nase des Fohlens, und es beginnt zu atmen.

4 Das Fohlen strampelt sich frei, wobei die Nabelschnur reißt. Dadurch bedingt schließt sich beim Fohlen, welches bisher über die mütterliche Plazenta mit Blut versorgt wurde, der eigene Blutkreislauf.

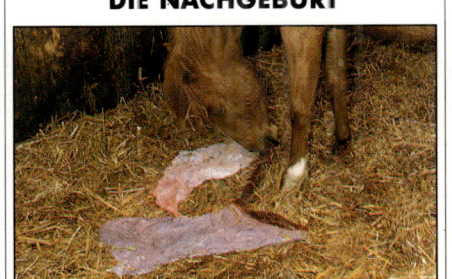

DIE NACHGEBURT

Die Nachgeburt geht etwa vier Stunden nach dem Abfohlen ab. Wenn sie bis dahin nicht erschienen ist, sollte man den Tierarzt rufen. Ein Zurückhalten der Nachgeburt kann bei der Stute zu einer Sepsis führen.

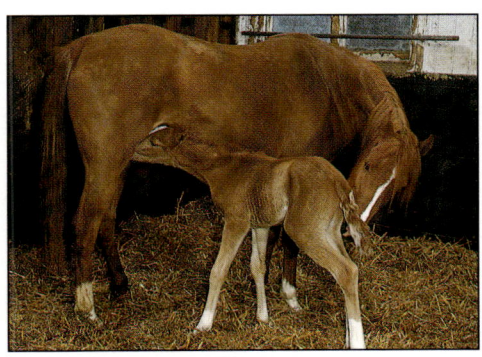

5 Bereits kurze Zeit nach der Geburt steht die Stute wieder auf und zerreißt endgültig die Nabelschnur, wenn dies nicht schon vorher geschehen ist. Etwa eine halbe Stunde lang leckt die Stute ihr Fohlen ab. Durch diese Massage wärmt sie das Neugeborene.

6 Etwa eine halbe Stunde nach der Geburt beginnt das Fohlen zu saugen. Die Kolostralmilch, das ist die erste Milch aus dem Euter, ist für das Fohlen lebenswichtig. Sie enthält Abwehrstoffe und sorgt dafür, daß das Darmpech aus dem Darm ausgestoßen wird.

Die Entwicklung des Fohlens

Neugeborene Fohlen sind bereits eine halbe Stunde nach der Geburt auf den Beinen und trinken bei der Mutter, ihre Entwicklung verläuft, verglichen mit der des Menschenbabys, rapide. Fohlen, die im Stall geboren wurden, können am zweiten Tag mit der Stute ins Freie, soweit die Wetterbedingungen es zulassen. Bei kalter und feuchter Witterung sollten Stute und Fohlen nachts in den Stall gebracht werden.

Die ersten Tage

Die Beziehung des Fohlens zum Menschen beginnt gleich nach der Geburt. Es kann sein, daß der Mensch den Schleim um die Nüstern entfernen oder die Eihaut zerreißen muß, und in den ersten 24 Stunden seines Lebens wird das Fohlen gegen Fohlenlähme und Wundstarrkrampf geimpft. Manche Stuten nehmen anfangs eine Ver-

teidigungshaltung ein, indem sie sich zwischen das Fohlen und den Menschen stellen. Eine vernünftige und freundliche Stute wird aber bald verstehen, daß ihrem Nachwuchs nichts geschieht und ihre menschenfreundliche Haltung auch auf das Fohlen übertragen.

Umgang

Am besten nimmt man mit dem Fohlen im Stall Kontakt auf, das ist besser als draußen. Zu diesem Zweck sollten Stute und Fohlen täglich für eine kurze Zeit hereingebracht werden. In diesem Stadium folgt das Fohlen der Mutter noch selbstverständlich und ohne Aufforderung des Menschen.

Wenn das Fohlen drei Tage alt ist, sollte man mit der Kontaktaufnahme beginnen, während ein vertrauter Mensch die Stute am Halfter hält. Man stellt die Stute an die Stallwand; das Fohlen kommt dann von selbst zur Mutter. Jetzt kann der Ausbilder oder Besitzer seinen rechten Arm um den Körper des Fohlens legen, den linken um die Brust. Nach einigen Tagen wird das kleine Fohlen von selbst ruhig in der Umarmung stehen, solange es neben der Mutter bleiben kann und seine Flanke die Stute berührt; das gibt ihm Vertrauen.

Der nächste Schritt ist dann, dem Fohlen beizubringen, sich führen zu lassen, und auch hiermit beginnt man in der Box. Die Stute wird ruhig herumgeführt, und das Fohlen folgt ihr instinktiv. Man kann es mit dem rechten Arm vorsichtig antrei-

ben, während der linke Arm es daran hindert, allzuschnell vorwärts zu laufen. Nach einem oder zwei Tagen kann der linke Arm durch ein breites weiches Band ersetzt werden, und bereits nach kurzer Zeit kann man das Fohlen daran zur Koppel und von der Koppel in den Stall führen. Bei dieser Prozedur sollte man das Fohlen anfangs an der Brust, am Widerrist und an der Hinterhand kraulen, was ihm ein ähnlich angenehmes Gefühl bereitet, wie das liebevolle Knibbeln seiner Mutter mit den Zähnen.

Eine Woche später kann man dem Fohlen dann ein weiches Fohlenhalfter aus Leder anlegen, woran es sich meist mühelos führen läßt, solange man es nicht zu weit von der Mutter entfernt. Das Halfter wird zuerst im Stall angelegt, wobei man vor-

🐎🐎 *Zwei Wochen alt*
Mit zwei Wochen ist das Fohlen bereits mit Menschen vertraut.

🐎🐎 *Ausruhen*
Kleine Fohlen haben einen großen Ruhebedarf und liegen oft eine lange Zeit flach auf dem Boden.

🐎🐎 *Sechs Wochen alt*
(Oben) Mit sechs Wochen haben Fohlen schon ein gewisses Selbstvertrauen, weil sie bereits kräftiger geworden sind. In diesem Alter bekommen sie schon Kraftfutter, aber sie trinken auch immer noch bei der Mutter (rechts).

🐎 *Eins, zwei … los!*
Bereits eine halbe Stunde nach der Geburt stehen die Fohlen auf ihren Füßen, und in unglaublich kurzer Zeit können sie schon neben ihrer Mutter laufen — in der Natur ist das lebenswichtig für sie.

sichtig vorgeht und keine Kämpfe mit eventuellen Verletzungen riskiert.

Ab der zweiten Woche sollte sich das Fohlen am ganzen Körper anfassen lassen. Man kann ihm jetzt die Hufe für ein paar Sekunden hochheben. Diese Übung hilft dem jungen Tier, wenn der Schmied zum erstenmal kommt und ihm im Alter von etwa drei Monaten die Hufe berundet.

Mit drei oder vier Monaten lernt das Fohlen, zusammen mit der Mutter verladen zu werden. Dabei verlädt man zuerst das Fohlen, indem es zwei Leute mit den Armen umfassen und es sicher auf die

Rampe stellen. Die Stute wird darauf bedacht sein, ihr Fohlen nicht aus den Augen zu verlieren, und ihm in den Hänger folgen.

Futter und Pflege

Wenn die Weide gut ist und die Stute gut gefüttert wurde, reichen ihre Milch und das Gras für das Fohlen bis zum Alter von zwei Monaten aus. Ab dann jedoch sollte das Fohlen auch Kraftfutter bekommen. Im Durchschnitt benötigt ein Fohlen täglich etwa 500 Gramm Kraftfutter pro Lebensmonat, und zwar bis zum Alter von fünf oder sechs Monaten. Außer Hafer, gekochtem Leinsamen und Weizen sollten täglich 60 bis schließlich zu 200 Gramm Milchpulver gefüttert werden, außerdem Lebertran für den Knochenaufbau. Im Winter braucht das Fohlen eine angemessene Menge gutes Heu, das für seine kleinen Zähne und seinen noch empfindlichen Verdauungsapparat nicht zu hart sein darf. Neben ausreichender Nahrung braucht das Fohlen — genau wie kleine Kinder — viel Schlaf, außerdem die Gesellschaft anderer Pferde und ausreichend Platz, um sich auszutoben.

Hengstfohlen, die nicht als Deckhengste in Frage kommen, werden vor dem Absetzen kastriert. Man kann sie auch später kastrieren, aber dann werden die Fohlen oft zu ungebärdig. Wichtig vor dem Absetzen ist auch das Entwurmen.

Das Absetzen

Man setzt die Fohlen im Alter zwischen viereinhalb und sechs Monaten ab, wenn das Fohlen in der Lage ist, allein zu fressen. Das Absetzen ist unvermeidlich, kann aber für Stute und Fohlen sehr stressig sein und sollte daher mit Gefühl gemacht werden.

Man kann die Fohlen auf die endgültige Trennung vorbereiten, indem man sie schon vorher stundenweise von der Stute trennt. Diese wird beispielsweise geritten, während das Fohlen zusammen mit anderen und vielleicht seiner Kraftfutterration im Stall bleibt. Die endgültige Trennung muß für mindestens vier Wochen erfolgen, wobei man die Stute wegführt und das Fohlen in einer absolut sicheren Box unterbringt. Nach einer Woche etwa kann man es für kurze Zeit in einen Auslauf lassen, jedoch darf es die Stute weder sehen noch hören.

Gutes Futter ist für die Jungtiere ebenso wichtig wie die Freiheit, sich natürlich zu entwickeln. Ein Jährling sollte etwa drei Kilogramm Kraftfutter pro Tag erhalten, dazu Salz, Mineralstoffe, Lebertran usw. Heu sollte ad libitum gefüttert werden, und selbstverständlich sollte immer frisches Wasser zur Verfügung stehen.

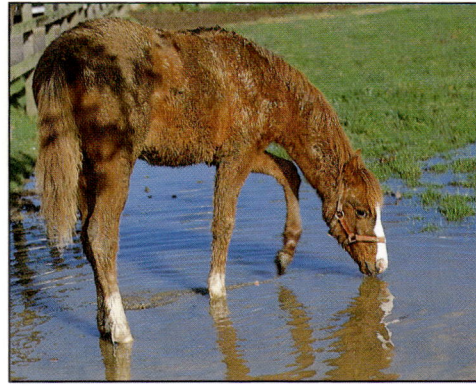

🐎 *Mit sechs Monaten*
Absetzer sollten im Winter zumindest tagsüber draußen sein, das ist gesünder für sie.

🐎 *Zwei bis sechs Monate alt*
(Links) Irgendwann ab zwei Monaten verlieren die Fohlen ihr Fohlenfell. (Oben) Im Alter von fünf oder sechs Monaten ist das Fohlen kräftig genug, um abgesetzt zu werden. Bei diesem für die Stute und das Fohlen schmerzlichen Einschnitt sollte man liebevoll mit beiden umgehen.

🐎 *Mit einem Jahr*
Jährlinge, die vorgestellt werden, sollten so untadelig wie das hier abgebildete Fohlen aussehen.

Der Hundespaziergang
*Dieses reitende Paar aus dem siebzehnten
Jahrhundert nimmt die Hunde auf einen
Spazierritt mit, wobei die Dame auf einem
Sattelkissen hinter dem Herrn reitet.*

Pferd und Mensch

»Ohne das Pferd wäre unsere Geschichte anders verlaufen. Wir sind seine Erben, es ist unser Erbe.« To the Horse von Ronald Duncan.

M an kann nur voll Bewunderung und Demut zur Kenntnis nehmen, auf welch vielfältige Weise die Pferde zum Wohle des Menschen genutzt werden.

ARBEITSPFERDE

In den meisten westlichen Ländern werden zwar Pferde nicht mehr zur Arbeit in der Landwirtschaft herangezogen, aber es gibt noch europäische Länder, in denen die Pferde fest in die bäuerliche Gesellschaft eingebunden sind; in einigen GUS-Republiken werden die Pferde in der Steppe in großen Herden gehalten und liefern Fleisch, Milch und Felle für eine menschliche Lebensform, die sich im Grunde seit Jahrtausenden nicht geändert hat. Die majestätischen Kaltblutpferde sind populärer denn je und werden auf Landwirtschaftsschauen stolz präsentiert. Die großen Brauereien sind ihre treuesten Förderer. Sie haben oft große Ställe für Kaltblüter, mit denen sie ihre Lieferungen in den Städten ausfahren.

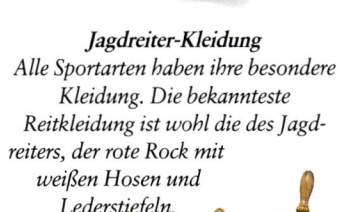

Jagdreiter-Kleidung
Alle Sportarten haben ihre besondere Kleidung. Die bekannteste Reitkleidung ist wohl die des Jagd-reiters, der rote Rock mit weißen Hosen und Lederstiefeln.

PFERDE FÜR DIE FREIZEIT

Die Armeen der meisten Länder unterhalten eine berittene Truppe für zeremonielle Zwecke, in einigen Ländern dienen die Pferde und Maultiere sogar in der Armee wie in China, Indien und einigen sowjetischen Republiken. Überall in der Welt gibt es berittene Polizei, die durch die Straßen der Städte und durch die Parks patrouilliert und bei Massenveranstaltungen eingesetzt wird. Unsere Verbindung zum Pferd spielt sich heute meist auf dem sportlichen Sektor und im Freizeitbereich ab, und um die Ferien mit Pferden hat sich überall in der Welt von China bis zu den Rocky Mountains eine ganze Industrie gebildet.

Ein populärer Sport (links)
Westernreiten gehört zur amerikanischen Tradition und wird überall in Amerika ausgeübt. Es wird fürs Freizeit- und Geländereiten bevorzugt, wobei viele Western-reiter aber durchaus auch »englisch« reiten können.

Arbeitskameraden (links)
Pferde spielen im Freizeitbereich eine wichtige Rolle, aber viele von ihnen sind auch echte Arbeitskameraden. Dieses Camarguepferd mit dem traditionellen Gardiansattel wird zum Hüten und Treiben der schwarzen Stiere im Rhône-Delta benutzt.

Arbeit

Am 20. Juli 1969 landete Neil Armstrong mit der Mondfähre »Eagle« auf dem Erdtrabanten und erfüllte damit den Auftrag des amerikanischen Weltraumunternehmens Apollo II. Als Armstrong die »Eagle« verließ und als erster Mensch einen Fuß auf den Mond setzte, sagte er, das sei ein kleiner Schritt für einen Menschen, aber ein großer Schritt für die Menschheit.

Pferdekraft

Es ist nicht zu erwarten, daß irgend jemand auf unserer Erde in der Euphorie nach der Mondlandung darüber nachdachte, daß die Mission der Apollo II nur dank der tatkräftigen Hilfe einer Tierart möglich war, die den Menschen seit 6000 Jahren gedient hat. Es ist jedoch eine unbestreitbare Tatsache, daß bis vor rund fünfzig Jahren vor dem Apollo-Projekt die Weltwirtschaft noch weitgehend von der Pferdekraft bestimmt wurde.

Mobilität

Erst durch die Pferde wurden die Menschen mobil. Pferde waren ein ausschlaggebender Faktor bei der Gründung und Zerstörung von König- und Kaiserreichen ebenso wie bei der

Arbeit in der Landwirtschaft
In vielen Teilen der Welt sind Pferde noch heute ein wichtiger Arbeitsfaktor der Landwirtschaft. Hier im Südpazifik auf der Tonga-Insel ersetzt das Pferd sowohl das Fahrrad als auch das Auto und trägt seinen Besitzer und dessen Einkäufe an landwirtschaftlichen Produkten. Ohne Pferde wäre das harte Leben hier noch schwerer.

Schaffung und Aufrechterhaltung unserer Zivilisation.

Das Pferd existierte bereits in ähnlicher Form wie heute auf der Erde, als der Mensch noch nicht mehr war als ein undefinierbarer Halbaffe, und der erste Kontakt zwischen Mensch und Pferd war der zwischen Jäger und Gejagtem: das Pferd als eßbare Beute und praktischer lebender Speisevorrat auf Hufen. Nach seiner Domestizierung wurde das Pferd dann schnell zum Partner des Menschen in der Entwicklung der Zivilisation.

Krieg und Kommunikation

Von Anfang an trugen Pferde Lasten und zogen Karren, aber bald wurden sie auch im Krieg und im Nachrichtenwesen eingesetzt. Die Reiche der Hethiter, der Assyrer und Perser entstanden nicht zuletzt durch große Kriegsheere, deren wichtigster Teil die pferdegezogenen Streitwagen waren — ein Gegenstück zu den bewaffneten Divisionen der Neuzeit.

In Kadesh besiegten die Hethiter im Jahre 1286 v. Chr. mit 3500 Streitwagen den ägyptischen Pharao Ramses I. An der Schlacht bei Waterloo im Jahre 1815 waren auf englischer und französischer Seite mehr als 30 000 Pferde beteiligt. Einhundert Jahre später wurden im Ersten Weltkrieg in den Kavallerien der sich bekämpfenden Armeen 1,5 Millionen Pferde eingesetzt. Sie mußten Furchtbares aushalten; allein die Engländer verloren 500 000 Tiere. Trotz fortschreitender Technik

Zigeunerwagen
Früher waren Zigeunerwagen überall bekannt. Heute sind sie ein fester Bestandteil der Touristikindustrie. In Irland und Wales kann man sie beispielsweise für festgelegte Strecken mieten.

wurden selbst im Zweiten Weltkrieg noch Pferde gebraucht. Allein die russische Armee verfügte über 1,2 Millionen Pferde.

Bis in die Neuzeit basierten die Netzwerke der Kommunikation ganz auf der Pferdekraft. Die Perser, die im 6. Jahrhundert v. Chr. den Assyrern die Vorherrschaft abrangen, unterhielten ein bemerkenswert effizientes Meldewesen. Durch den Einsatz von Reiterstafetten konnten sie, indem sie ständig die Pferde wechselten, in nur ein bis zwei Wochen eine Entfernung von 2415 Kilometern bewältigen. 1800 Jahre später führte Dschingis-Khan den »Yam« ein: Botenstafetten durchquerten entlang den Karawanenstraßen das Mongolische Reich; jeder seiner Reiter legte rund 250 Kilometer pro Tag zurück.

Pony-Express

Im Jahre 1860 — kurz vor Erfindung des Telegrafen — gründete William H. Russel den Pony-Express. Dieser sollte die Post zwischen St. Joseph, Missouri, und Sacramento, Kalifornien, befördern. Ein großer Teil der Route ging durch feindliches Indianergebiet. Die Strecke von 3164 Kilometern wurde von 400 Ponys in zehn Tagen zurückgelegt.

🐎 *Transport* (unten)
Dieses Pony, eines von den vielen auf den Philippinen, das in der Landwirtschaft und im Transportwesen arbeitet, trägt seine schwere Last mit absoluter Gelassenheit durch die Rush-hour auf dem Quirino Boulevard in Vigan.

🐎 *Waldarbeit* (rechts)
In vielen Teilen der Welt spielen Pferde bei der Arbeit im Wald eine bedeutende Rolle. Sie sind nicht nur umweltfreundlich, sie können auch die gefällten Bäume besser und wirtschaftlicher als Traktoren aus dem Wald bringen.

Post- und Reisewesen

Die britische Post wurde von Postreitern und Postkarren befördert, bis man im Jahre 1784 die Postkutsche einführte. Das System war von John Palmer, dem General-Postmeister, entwickelt worden. Die erste Fahrt startete am 2. August von Bath nach London. Die Kutsche traf nach fünfzehnstündiger Fahrt pünktlich ein.

Sehr bald wurden auch Kutschen für Passagiere nach demselben Standard ausgerüstet. Sie fuhren nach einem bestimmten Fahrplan und erreichten auf guten Straßen eine Stundengeschwindigkeit von 16 Kilometern. Die königlichen Postkutschen waren mit 19 Kilometern in der Stunde noch etwas schneller.

Eisenbahnen und Treidelkähne

Das Aufkommen der Eisenbahnen beendete die Ära der Post- und Überlandkutschen, aber die Industrialisierung hatte einen weit größeren Bedarf an Pferden. Man brauchte sie für den Transport und die Verteilung von den Verladebahnhöfen aus, für jede Form des Transports in den aufblühenden Städten, für das Rangieren rollender Güter und für alle schweren Arbeiten an den Umschlagplätzen. Die Eisenbahngesellschaften waren ein Jahrhundert lang die größten Pferdebetriebe. 1890 gab es in London 300 000 Pferde, und noch im Jahre 1928 gehörten zur London Midland und Scottish Railway 9681 Pferde. Die letzte pferdegezogene Eisenbahn in Eng-

land war die Fintona Line in Nordirland, sie fuhr bis 1957!

Im neunzehnten Jahrhundert wurden Pferde aber auch weitgehend als Tragtiere benutzt. Tausende von Ponys arbeiteten in den Kohlenminen, und bei dem weitverzweigten Kanalnetz waren die Ponys zum Treideln un-

🐎 *Polizeiarbeit*
In der ganzen Welt werden in den größeren Städten von der Polizei auch Pferde eingesetzt. Bevor sie jedoch ihren regulären Dienst versehen können, werden sie einem strengen Training unterzogen. Da sie meistens für Straßenpatrouillen und bei Massenveranstaltungen verwendet werden, müssen sie im Straßenverkehr und bei Menschenansammlungen besonders ruhig und verläßlich sein.

entbehrlich, sie zogen Lasten zwischen 60 000 und 70 000 Kilogramm. Heute gibt es kaum noch Pferde auf den Treidelpfaden.

Landwirtschaft

Erst vor relativ kurzer Zeit begann man, das Pferd auch für die Kultivierung des Bodens einzusetzen. Im Mittleren Osten und in Asien waren Ochsen und Esel sehr viel effizienter zu gebrauchen, und in Europa diente der Ochse — der zwar langsamer war als das Pferd, dafür aber in der Haltung billiger — bis ins achtzehnte Jahrhundert in der Landwirtschaft. Am Ende jedoch gewann das Pferd, das schneller war und sich an die zunehmende Mechanisierung im Ackerbau besser anpassen konnte, den Kampf als landwirtschaftliche »Antriebskraft«. Das goldene Zeitalter der Pferde in diesem Bereich war nur von kurzer Dauer, aber in dieser Zeit waren sie in ganz Amerika und Europa die Zierde und der Stolz der Landwirtschaft.

Um 1860 gab es in Amerika etwa sieben Millionen Pferde, im Jahr 1914 etwa 25 Millionen. Millionen von Hektar Land wurden kultiviert und mit riesigen Maschinen bearbeitet, die teilweise bis zu 42 Pferde zogen. In der Tat haben die Pferde geholfen, den »Brotkorb« der Welt zu schaffen.

Auch in heutiger Zeit, da längst Traktor, Auto und Flugzeug die Welt erobert haben, arbeiten die Pferde noch immer für den Menschen — in dessen Freizeit zu seinem Vergnügen und im Sport.

Fahren

In den Tälern des Tigris, Indus und Euphrat und in Syrien und Ägypten wurden Streitwagen bereits 2000 Jahre vor der Zeitenwende von aufeinanderfolgenden kriegerischen Imperien benutzt. Dieses flache offene Land war ideal für Räderfahrzeuge, und zwei oder vier Pferde, vor einen leichten Karren gespannt, sorgten für die schnelle Fortbewegung von zwei oder drei Männern.

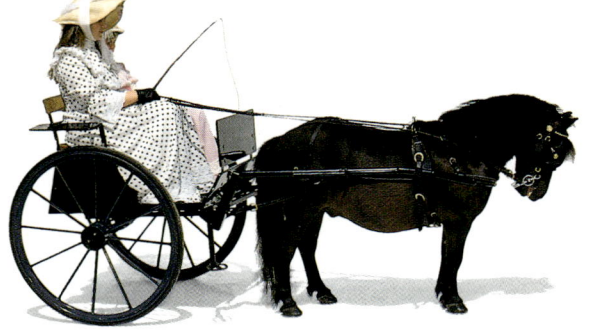

Pony-Ausfahrt
Im neunzehnten Jahrhundert wurde es Mode, daß die Damen ihr eigenes Pony auf Spazierfahrten fuhren. Hier wird ein Gig im Liverpool-Stil von einem Shetland-Pony gezogen. Shetland-Ponys gehen auch heute noch im Geschirr.

Wagenrennen

Rund 1500 Jahre lang waren Wagenrennen die bevorzugte Sportart der Griechen. Die ersten olympischen Wagenrennen fanden bei den 25. Olympischen Spielen im Jahre 408 v. Chr. statt. Auch in den römischen Circusarenen waren diese Rennen bei den Zuschauern beliebt. Es gab vier Wagenlenkergruppen — grüne, rote, blaue und weiße —, die jeweils von verschiedenen politischen Gruppierungen unterstützt wurden, welche Wagenrennen durchaus auch als Ventil für das leicht erregbare und rebellische Volk benutzten.

Geschirr

Ursprünglich ähnelte das Pferdegeschirr dem Ochsenjoch, das bereits Jahrhunderte vor dem Aufkommen von Räderkarren verwendet wurde. Genau wie bei den Ochsen wurde es an der Mitte des Karrens festgemacht.

Die Chinesen verbesserten entscheidend sowohl Geschirr als auch Wagen. Um 1300 v. Chr. hatten sie bereits ausgeklügelte Fahrzeuge, die auf sorgfältig konstruierten Straßen von ganz bestimmter Spurweite gefahren wurden. Sie fuhren als erste Einspänner in Deichselanspannung und waren auch die ersten (möglicherweise wegen der geringen Straßenbreite), die Pferde im Tandem fuhren — also eines hinter dem anderen.

Brustblattgeschirr

Bereits 250 v. Chr. erfanden die Chinesen das Brustblattgeschirr, das dem heutigen verblüffend ähnlich ist. Später kam die Deichsel dazu, die es dem Pferd ermöglichte, mit dem Eigengewicht zu bremsen. Endlich entwickelten sie das Kummetgeschirr, eine der größten Erfindungen der Welt. Erst durch das Kummet konnte man schwerste Ladungen transportieren. Als es im Mittelalter auch nach Europa kam, konnten endgültig schwere Pferde in der Landwirtschaft eingesetzt werden.

Ungarische Kutschen

Die Impulse zur Entwicklung der Fahrkunst gingen hauptsächlich von Ungarn aus, das auch heute noch Bedeutung im Fahrsport hat. Ende des fünfzehnten Jahrhunderts schufen die Ungarn den Prototyp der Überlandkutschen. Diese Kutschen wurden in einem Dorf namens Kocs gebaut, und von diesem Namen stammen auch das englische Wort »coach« und das deutsche Wort »Kutsche« ab. Bei der ungarischen Kutsche waren die Vorderräder kleiner als die Hinterräder, damit war die Kutsche sehr wendig. Es war eine leichte Kutsche mit einem viel niedrigeren Schwerpunkt als bei früheren Modellen. Dadurch war sie stabiler und konnte mit größerer Geschwindigkeit gefahren werden. Die Ungarn erfanden auch die gefederte Kutsche. Zuerst wurde die Kutsche wie eine Hänge-

Fahrturniere (oben)
Ein Welsh-Cob-Vierspänner durchquert in der Marathonprüfung einen Teich. Marathonstrecken beinhalten viele natürliche und künstliche Hindernisse, die großes Können des Fahrers erfordern.

Kastenkutsche (links)
Diese ungewöhnliche Kastenkutsche wird von einer amerikanischen Sekte, den Amish, benutzt. Die Amish leben bewußt einfach, motorgetriebene Fahrzeuge werden von ihnen nicht benutzt.

🐎 *Fahrklassen*
Eine Dame fährt einen eleganten Phaeton, das von einem Paar leichter Pferde mit hoher Aktion gezogen wird; die Zeichnung stammt aus dem Jahre 1901 und gibt ein Turnier in Newport, Rhode Island wieder. Um die Jahrhundertwende waren Springturniere noch unbekannt, wohingegen Fahrturniere sich großer Beliebtheit erfreuten. Solche Turniere waren wichtige Daten im Gesellschaftsleben und hatten eine besondere Gartenparty-Atmosphäre.

matte an Lederbändern aufgehängt, später wurden mehrfach bewegliche elliptische Federn eingebaut, die stabiler und für die Fahrgäste bequemer waren. Mit der Zeit wurde ein regelrechtes Achsgehäuse entwickelt und die Qualität des Geschirrs deutlich besser; es wurde stärker, leichter und flexibler.

Wagenrennen und Wetten

Das Fahren erlebte seinen Höhepunkt im Europa des siebzehnten und achtzehnten Jahrhunderts, aber die englischen Gentlemen veranstalteten ihre Wagenrennen auf Schnelligkeit und Ausdauer noch bis ins neunzehnte Jahrhundert. Gegen Ende des 17. Jahrhunderts gewann Captain John Gibbs 300 englische Pfund (zu damaliger Zeit eine Riesensumme), als er vierspännig mit einer leichten Kutsche ein Rennen auf dem steilsten Teil des Devil's Dyke bei Newmarket gewann.

Eine weitere berühmte Wette in Newmarket wurde 1750 zwischen den Earls of March und Eglintowne und Theobald Taafe und Andrew Sproule geschlossen. Sie belief sich auf 1000 Pfund. Eine vierspännige Kutsche mit einem Passagier sollte, kontrolliert von den üblichen Postillionen, eine vorgegebene Strecke von 30 Kilometern in weniger als einer Stunde zurücklegen. Die Lords gewannen die Wette; ihre Vollblüter gingen ihnen auf den ersten sechs Kilometern durch,

sie schafften die Strecke in 53 Minuten, 27 Sekunden.

Fahrclubs

Für die Gentlemen der gehobenen Kreise des achtzehnten Jahrhunderts, angeführt von dem Prince of Wales, dem Prinzregenten, war Fahren das große Hobby, eine modische, wenn auch oft haarsträubende Beschäftigung.

Bald wurden Fahrclubs gegründet. Der einflußreiche »Coaching Club« wurde unter der Präsidentschaft des achten Duke of Beaufort im Jahre 1871 gegründet; es gibt ihn noch heute. Der Duke hatte 1866 eine sogenannte »Subskriptions-Kutsche«, die auf der Strecke London—Brighton fuhr. Benutzer mußten für das Privileg, an verschiedenen Tagen fahren zu dürfen, zahlen. Mr. Alfred Vanderbilt brachte in den Jahren von 1908 bis 1914 zwei Kutschen — »Viking« und »Venture« genannt — mit insgesamt 25 Gespannen von Amerika nach England und fuhr sie regelmäßig zwischen London und Brighton.

Fahren als Sport

Auch nach dem Zweiten Weltkrieg erfreute sich der Fahrsport weiter großer Beliebtheit, obwohl die Straßen durch den wachsenden Verkehr für pferdegezogene Fahrzeuge unbrauchbar wurden. Auf Turnieren jedoch gab

es Fahrklassen, es gab Fahrertreffen, und das Fahren, das einst eine rein nützliche Angelegenheit gewesen war, wurde zur Kunst stilisiert und auf hochdotierten Turnieren ausgeübt.

In Europa war der Fahrsport auf einem sehr hohen Niveau und weitverbreitet. Prinz Philip von England ist es zu verdanken, daß der Fahrsport weltweit anerkannt wurde. Als Präsident der Internationalen Reiterlichen Vereinigung (FEI) war er 1968 beim Fahrturnier in Aachen anwesend, und durch seine Initiative fand im Jahre 1970 das erste Internationale Fahrturnier statt.

Fahrturniere

Fahrturniere für Ein-, Zwei- und Vierspänner laufen im Prinzip so ab wie Vielseitigkeitsprüfungen im Reitsport plus einer zusätzlichen Phase, der sogenannten »Präsentation«. Danach kommt die Dressur. Bei Wettkämpfen der Kategorie B, also der gehobenen Kategorie, folgt dann der Marathon, eine Prüfung auf Geschwindigkeit und Durchhaltevermögen. Ein Marathon bei der Weltmeisterschaft beispielsweise geht über 27 Kilometer, wobei diverse Hindernisse zu meistern sind. Der letzte Teil der hohen Prüfungen ist dann das Hindernisfahren, bei dem ähnlich wie im Reitsport die Fitneß der Pferde nach der Anstrengung des Marathons am Vortag getestet wird.

Klassische Reitkunst

Die klassische Reitkunst hat ihre Wurzeln im Schulreiten, welches sich in den prunkvollen Reithallen der Renaissance in Europa entwickelte. Das Interesse an der klassischen Reitweise entstand in der Renaissance durch die Wiederentdeckung der Werke des griechischen Generals Xenophon (ca. 430 bis 355 v. Chr.), der Reiten als Wissenschaft und als Kunst lehrte. Die Reiter der Renaissance verdankten diesem Meister viel, aber sie bauten auch auf eine bereits bestehende Pferde- und Reitkultur auf und entwickelten sie weiter.

Reiten im Mittelalter

Die Ritter des Mittelalters konnten mit dem Schwert wesentlich besser umgehen als mit der Feder. Deshalb ist wenig davon überliefert, wie sie ihre Pferde ausbildeten. Aber daß

sie fähige und manchmal sogar ganz ausgezeichnete Pferdeleute waren ist unbestreitbar.

Um »in den Schrecken der Schlacht« angreifen oder gar nur überleben zu können, brauchte man ein gehorsames und wendiges Pferd, das man mit einer Hand reiten konnte, während die andere das Schwert, die Lanze oder die Keule führte. Mit einiger Sicherheit wurden dem mittelalterlichen Schlachtroß auch bestimmte Bewegungen antrainiert, um die feindlichen Fußsoldaten fernzuhalten, da diese nichts anderes im Schilde führten, als die Ritter vom Pferd zu werfen. Diese Bewegungen waren die Grundlage der späteren »Schule über der Erde«, des Aufbäumens, Ausschlagens und der Sprünge, die auch heute noch in der Spanischen Reitschule in Wien und im Cadre Noir in Saumur vollführt werden.

Allerdings hat die hier praktizierte »Schule über der Erde« vermutlich wenig Ähnlichkeit mit dem, was sich auf den Schlachtfeldern

»Schwarze Messe«
Die beeindruckende Quadrille des Cadre Noir in der klassischen französischen Reitweise wird oft auch »Schwarze Messe« genannt.

des Mittelalters abspielte. Sie ist vielmehr die Verfeinerung eines mittelalterlichen Ideals und basiert nicht unbedingt auf der Realität. Die Paradegänge Piaffe und Passage (beides Übungen, die auch bei Grand-Prix-Prüfungen verlangt werden) waren jedoch schon Xenophon bekannt und wurden von ihm genau beschrieben, ebenso die Levade, die halbe Erhebung der Vorhand auf der stark gewinkelten Hinterhand. Der römische (byzantinische) Circus praktizierte diese Übungen ebenso wie einige der Schulen über der Erde.

Die wichtigsten Schritte der klassischen Reitweise, die bei heutigen Dressurprüfungen nicht gefordert werden, sind der dramatische Spanische Schritt und der Pas d'Ecole. Der Pas d'Ecole ist das Vorrecht des Kommandanten des Cadre Noir.

Schulen über der Erde

Im siebzehnten Jahrhundert gab es in Europa sieben Figuren in der klassischen Schule über der Erde. Heute werden in der Spanischen Hofreitschule nur noch drei Figuren ausgeführt, die Levade, die Courbette und die Capriole. Die Sprünge im Cadre Noir variieren in Kleinigkeiten und beinhalten darüber hinaus noch die Croupade, eine Figur, bei der das Pferd auf den Vorderbeinen steht und mit den Hinterbeinen ausschlägt.

Bei der Levade erhebt sich die Vorhand auf der stark gewinkelten tief stehenden Hinterhand; die Sprunggelenke sind nur etwa 20

HILFEN
Neben der Gerte waren die klassischen Hilfen die Stimme, die Zunge, das Gebiß, die Schenkel, die Steigbügel und die Sporen.

SITZ
Die Reiter des achtzehnten Jahrhunderts bevorzugten einen sehr geraden Sitz mit lang gestreckten Beinen und benutzten eine stromlinienförmige Weiterentwicklung des mittelalterlichen Sattels.

Anhalten mit einer Hand
Ein vorbildliches Anhalten durch die aktive Hinterhand, die die Hinterbeine weit unter den Körper setzt. Der Druck aufs Gebiß ist dabei minimal.

ZÜGEL
Das Ziel der klassischen Reitkunst war der durchhängende Zügel, der ein feines Maul voraussetzte und erhielt.

GERTE
Die Gerte ist eine der sieben »Hilfen« und wurde bei Drehungen, Wendungen und Pirouetten an der Schulter eingesetzt.

bis 25 Zentimeter über dem Boden. Die Levade ist die Ausgangsposition für die Courbette, bei welcher das Pferd bei erhobener Vorhand mit beiden Hinterbeinen gleichzeitig vorwärts springt, was wiederum eine Vorübung für die Capriole ist (eine Art Bocksprung). Bei dieser Figur springt das Pferd mit allen vier Beinen gleichzeitig hoch und streckt die Hinterhand, während der Körper horizontal langgestreckt ist.

Neapolitanische Schule

Neapel war im achtzehnten Jahrhundert und auch später das Zentrum der Wiederbelebung der Renaissance. Hier wurde bereits im Jahre 1134 eine Reitakademie gegründet, und Federico Grisone eröffnete 1532 die berühmteste Reitschule der Welt. Nach Xenophon gilt er als der erste klassische Reitmeister. Sein Buch »Gli Ordini di Cavalcare« (Die Regeln der Reitkunst) wurde im Jahre 1550 veröffentlicht.

Die Neapolitanische Schule ebnete den Weg für die leichtere und elegantere Reitweise der französischen Reitmeister, von denen einige Schüler von Grisones Jünger Giovanni Pignatelli waren. Ihr berühmtester Vertreter ist wohl Robichon de la Guérinière (1688 bis 1751). Für ihn war die Schule über der Erde der Höhepunkt der klassischen Reitkunst und die Manifestation der Versammlung (das

ist die Konzentration der gesamten Kraft des Pferdes, welche durch die aktive Hinterhand, die Biegung der Hanken und die Verkürzung des gesamten Rahmens entsteht). Er bleibt der große Inspirator der klassischen Reitschulen von Wien und Saumur.

Spanische Hofreitschule

Die Spanische Hofreitschule in Wien wurde im Jahre 1572 zur Erziehung des Adels in der Reitkunst gegründet. Joseph Emanuel Fischer von Erlach schuf die Winterreitschule in den Jahren 1729 bis 1735. Ihren Namen bekam die Spanische Hofreitschule, weil dort nur aus Spanien importierte Pferde geritten wurden. Erzherzog Karl II. gründete 1580 in Lipizza in der Nähe von Triest ein Gestüt, wo die weißen Hengste gezüchtet wurden, die ihren Namen von dem Gestüt ableiten. Die Nachkommen der fünf Hauptlinien sind noch heute die Reitpferde der Spanischen Hofreitschule.

Französische Schule

Die französische Tradition wird von den schwarz uniformierten Reitern des Cadre Noir gewahrt, der in Saumur beheimatet ist. Anders als die Spanische Hofreitschule entwickelte sich der Cadre Noir immer weiter und brachte innovative Reiter hervor, die unübertrefflich waren. Die Basis war die klassi-

Nuno Oliveira
Der Reitmeister Nuno Oliveira war der größte Vertreter der klassischen Hohen Schule des zwanzigsten Jahrhunderts. Hier reitet er seinen Andalusier im spektakulären Spanischen Schritt, einer Bewegung, die in heutigen Dressurwettbewerben nicht mehr vorkommt.

sche Reitkunst, jedoch mit anderen Formen und auch mit dem Wettkampf kombiniert. Diese Philosophie wurde durch den Einsatz von Vollblütern oder Anglo-Arabern ermöglicht, welche die französische Schule bevorzugte — Pferde mit größeren Bewegungen und schneller als die »steifen« Lipizzaner aus Wien.

Holzschnitt mit Federico Grisone (oben)
Grisone gründete im Jahre 1532 die berühmte Reitschule in Neapel, die einen wesentlichen Einfluß auf die Entwicklung des akademischen Reitens hatte. Grisones »Gli Ordini di Cavalcare« war das bestverkaufte Reitbuch aller Zeiten.

Die Capriole (rechts)
Auf dem Bild von Baron d'Eisenberg führt ein spanisches Pferd die Capriole, den »Bocksprung«, aus, bei welchem der Reiter in absolut klassischem Gleichmut und Gleichgewicht bleibt. (Dieses Pferd war besonders schwierig auszubilden und hieß daher »Der Schwierige«.)

Westernreiten

Erst im sechzehnten Jahrhundert kamen mit der Eroberung der Spanier wieder Pferde auf den amerikanischen Kontinent. Mit den Pferden brachten die Konquistadoren auch ihre Ausrüstung und ihre hippologische Tradition mit. Der spanische Einfluß ist heute noch im Westernreiten lebendig, überlagert von einigen praktischen Erfordernissen beim Rinderhüten, der Realität der Reiterei im Westen.

Unterwegs (oben)
Dies ist ein echter Cowboy. Kleidung und Ausrüstung sind rein nach nützlichen Aspekten angeschafft, ebenso die Pferde, die ihn und seinen geringen Besitz tragen.

Barrel-racing (unten)
Das Können von Pferd und Reiter werden bei diesem Rennen rund um Tonnen voll gefordert.

Kleidung

Die Ausrüstung des Cowboys war darauf ausgerichtet, den Anforderungen eines weiten Landes zu entsprechen, das jede Art von Entbehrung mit sich brachte und wo ein Mann zu Fuß kaum überleben konnte.

Der breitkrempige Hut, der Stetson, war eine vielseitige Kopfbedeckung. Er schützte den Kopf gegen die Sonne und konnte im Winter über die Ohren gezogen werden. Mit ihm konnte man Wasser schöpfen und wedeln und damit die Rinder treiben.

Levi Strauss, ein New Yorker Schneider, verbesserte die Hosen der Cowboys. Er benutzte Denim, einen schwer verschleißenden Stoff, und machte daraus enge Hosen, die tief auf der Hüfte saßen — wir kennen sie heute als Jeans.

Der Cowboy steckte die Jeans in weiche, aber starke Lederstiefel mit hohen schrägen Absätzen, die man in den Boden stemmen konnte, wenn man ein Kalb mit dem Lasso halten wollte. Der Cowboy war meist sehr eigen mit seinen Stiefeln, die er oft tagelang nicht ablegte und die meist nach Maß gefertigt waren. Wenn er ritt, klingelten seine Sporen und erinnerten die Rinder an seine Gegenwart.

Der Rest seiner Garderobe bestand aus einem Flanellhemd und einer leichten Weste aus Stoff oder Leder und dem unvermeidlichen kleinen Baumwolltuch, der »bandana«. Es diente als Bandage, als Gesichtsschutz und als Filter für Trinkwasser. Manche Cowboys trugen auch Lederhandschuhe, um ihre Hände

Rauhes Land
In Gegenden mit Kaktus- und Dornensträuchern gehören Chaps aus kräftigem Leder zur unbedingt notwendigen Ausrüstung. Außerdem halten sie im Winter warm und geben einen besseren Halt im Sattel.

gegen die bittere Winterkälte und das Reißen des Lassos beim Einfangen der Rinder zu schützen.

Chaps und Lassos

Die Kleidung der Cowboys unterschied sich je nach den landschaftlichen Gegebenheiten. In den weiten Ebenen von Texas, die voll dorniger Büsche sind, brauchte man beispielsweise stabile Chaps (chaparajos). Diese Beinschützer wurden aus schwerem Leder gemacht

Rinderfangen (rechts)
Ein gutes »Roping horse« war ein unentbehrlicher Partner bei der Rinderzucht. Sowie der Stier mit dem Lasso gefangen war, stemmte sich das Pferd gegen das stramme Seil und hielt es selbst dann gespannt, wenn der Reiter abgestiegen war. Solche Pferde waren intelligent und hervorragend ausgebildet.

Die Ausrüstung des Cowboys (unten)
Zwar war die Kleidung sehr praktisch, aber oft auch reich verziert. Der Stetson diente verschiedenen Zwecken, und Chaps waren ein unbedingtes Muß.

und mit Fransen gesäumt und verziert. In Kalifornien, wo das Land offener war, waren die Chaps aus Schafleder oder gar Pelz und oft reich verziert — mit silberbeschlagenen Nieten, Sporen etc. Auch die Arbeitsseile (Riata oder Lasso genannt) variierten je nach Gebrauchszweck. Die Texaner bevorzugten ein neun bis zwölf Meter langes Lasso aus Manila Rope, während die Kalifornier mit dem »big loop«, einem 18 bis 20 Meter langen Lasso aus Rawhide (Rohleder), arbeiteten.

Sattel und Zäumung

Es gab viele verschiedene Sattelformen, und oft wurden die Sättel nach Maß gemacht. Ihre Form stammt noch von den Sätteln der Konquistadoren, wobei im Laufe der Zeit Veränderungen und Verbesserungen je nach Notwendigkeit und persönlichem Geschmack vorgenommen wurden. Im Grunde aber war der Westernsattel ein Arbeitsgerät, das in den langen Tagen des Rindertreibens möglichst bequem sein mußte. Er war schwer — 13 bis 40 Kilogramm — und konnte nicht nur den Cowboy, sondern seine ganze Ausrüstung tragen; am Sattelhorn wurde das Lasso befestigt.

Western Horses

Viele der im sogenannten »Wilden Westen« benutzten Pferde waren Mustangs (s. S. 74/75) rein spanischer Abstammung. Sie waren klein und hart, gut ausbalanciert und zäh. Sie wurden von Berufsreitern meist ziemlich hart eingeritten, aber es waren Arbeitspferde, die schnell in der Lage sein mußten, mit Rindern zu arbeiten — und das lernten sie oft schneller, als europäische Reiter es ihnen hätten beibringen können.

Man bevorzugte Wallache gegenüber den weniger verläßlichen Stuten. Die Elite der Remuda, der Herde der auf der Ranch gehaltenen eingerittenen Pferde, waren die »Cutting horses«, die ein ihnen einmal gezeigtes Rind

Rinder aussondern
Ein »Cutting horse« ist in der Lage, ein bestimmtes Tier aus der Herde auszusondern. Es braucht eine exzellente Ausbildung und arbeitet instinktiv; ähnlich wie ein Schäferhund, der die Schafe treibt, braucht es nur minimale Anweisungen und ahnt die Bewegungen des Kalbes voraus.

selbständig aus der Herde herausholen konnten. Ebenso wertvoll waren gute »Roping horses«. Sie ermöglichten es auf minimale Signale hin, den Reiter in eine strategisch günstige Position zu bringen, um mit dem Lasso Rinder zu fangen. Dann stemmten sie sich selbständig gegen das Lasso und hielten es auch dann noch straff, wenn der Reiter aus dem Sattel kam. Diese Pferde arbeiteten zum größten Teil instinktiv und erhielten nach und nach eine Ausbildung bis zu einem unglaublich hohen Standard.

Rodeos

Heutzutage und in der modernen Rinderzucht sind Cowboys und ihre speziellen Fähigkeiten nicht mehr gefragt, aber auf den Rodeos gibt es sie noch zu sehen. Die Wettkämpfe basieren auf der früher üblichen Cowboy-Arbeit, wie zum Beispiel das Fangen eines Rindes mit dem Lasso (Roping), das Separieren eines Rindes (Cutting), Wagenrennen, das Umwerfen des Stieres vom Pferd aus, das klassische »Rodeo-Reiten«, also das Reiten eines wilden Pferdes, und das Tonnenrennen (barrel racing).

Zuerst waren Rodeos lediglich Wettkämpfe zwischen den Cowboys auf den sonntäglichen Treffen, später entwickelten sie sich zu regelrechten Volksfesten. Das erste erwähnenswerte Rodeo fand 1888 in Prescott, Arizona, statt. Heute sind die meisten Rodeoreiter Profis, die genauso wie die Springreiter von einem Wettkampf zum anderen fahren. Rodeos finden überall in den USA und Kanada statt und ziehen ein breites Publikum an, welches sich mit dem Westernstil identifiziert und sich für die Rodeos dann auch entsprechend kleidet.

Jagdreiten

Seit Menschengedenken ist die Jagd entweder zur Nahrungsbeschaffung oder zum Vergnügen ein wichtiger Teil des menschlichen Lebens. Die Kunstwerke Assyriens und Ägyptens zeigen Krieger, die Löwen und wilde Stiere jagen. Dschingis-Khan und Tamerlan inszenierten »Die Große Jagd«, auf welcher die kriegerischen Reiter trainiert wurden; so galt die Reitjagd auch zu späteren Zeiten immer als gute Trainingsgrundlage für Kavallerieoffiziere.

Fuchsjagden

In England gab es seit der Eroberung durch die Normannen organisierte Jagden; ihre Wurzeln gehen zurück auf *la vénerie française,* auf der man Hirsche und Bären, später auch Hasen jagte. Erst gegen Ende des 17. Jahrhunderts begann in England die Jagd nach dem Fuchs. Zu Anfang war das noch ein relativ langsames Unternehmen, denn die Hunde wurden eher danach gezüchtet, laut zu bellen und gut die Spur zu verfolgen als schnell zu laufen, und zum Springen bot sich sowieso kaum Gelegenheit. Gegen Ende des 18. Jahrhunderts je-

doch hatte sich einiges geändert: Die Ländereien waren eingezäunt worden, und Hunde und Pferde wurden mehr auf Schnelligkeit gezüchtet, letztere besonders durch den späteren Einfluß der Vollblüter, der sich stark bemerkbar machte.

Das goldene Zeitalter der Fuchsjagden war in England zwischen 1820 und 1890. Es gab noch große Besitze, es fuhren noch keine Autos durch die Landschaft, keine chemischen Dünste verwirrten die Nasen der Hunde, und Kunstdünger war unbekannt.

JAGDKAPPE
Kappen sind Vorschrift für alle Jagdteilnehmer.

WEISSE REITHOSEN
Zu weißen Reithosen trägt man eine rote oder schwarze, in letzter Zeit vermehrt auch eine grüne Jacke.

HOHE STIEFEL
Zur Jagdreiterausrüstung gehören hohe Lederstiefel, manchmal auch mit Stulpen versehen.

SPOREN
Kurze stumpfe Sporen ergänzen die Ausrüstung.

JAGDROCK
Der Rock ist dicht genug, um Kälte, Wind und Regen abzuhalten.

JAGDPEITSCHE
Die lange weiße Jagdpeitsche ist das Vorrecht des Masters, der die Meute führt.

HORN
Der Master hat ein Horn dabei.

WEISSE HANDSCHUHE
Zum roten Rock und den hohen Lederstiefeln gehören weiße Handschuhe.

Jagdreiterausrüstung
Die geladenen Gäste tragen Anstecknadeln: Master und Piköre (Helfer der Master) sind durch Armbinden gekennzeichnet — die Anweisungen des Masters und der Piköre müssen aus Sicherheitsgründen immer befolgt werden.

Der moderne Sport

Die Reitjagd überlebte beide Weltkriege und ist auch heute noch ein weitverbreiteter Sport. Nirgends auf der Welt werden jedoch so viele Reitjagden geritten wie in England.

In England gibt es viele Pony-Clubs, die jedes Jahr eine Reitjagd hinter der Meute, allerdings ohne lebendes Wild, veranstalten. In Deutschland ist die Jagd auf lebendes Wild per Gesetz untersagt, so daß bei Schleppjagden, also Jagden hinter der Meute, eine künstliche Schleppe (Spur) über eine vorher bestimmte Strecke gelegt wird.

Schleppjagd

Geritten wird in drei »Feldern«. Das erste Feld muß alle Hindernisse springen, das zweite kann springen, muß aber nicht, das dritte Feld springt grundsätzlich nicht.

Schleppjagden hinter der Meute sind ein großes Erlebnis und stellen hohe reiterliche Ansprüche. Hier wird auch noch die Tradition groß geschrieben: korrekte Kleidung, korrekte Zäumung des Pferdes, feierliche Begrüßung der Reiter, Halali und Curée der Meute. Es gibt in Deutschland noch etwa zwölf Meuten, die regelmäßig — allerdings nicht lebendes Wild — jagen.

»Ein unsichtbares Band«
Nur der Huntsman, der Meuteführer, trägt und bläst ein Horn. Er bedient sich einer Anzahl festgelegter Signale, um sich mit seinen Hunden und dem Jagdfeld zu verständigen. Ein guter Huntsman soll mit seinen Hunden wie durch ein »unsichtbares Band« verbunden sein.

Dressur

Das Wort »Dressur« stammt von dem französischen Verb »dresser« ab, welches im Zusammenhang mit Pferden bedeutet, daß Reit- und Fahrpferde ausgebildet werden. Der Begriff wird jetzt im übertragenen Sinn für die reine Dressurausbildung, eine hochorganisierte Sportdisziplin, gebraucht. Der Sinn der Dressur ist es, ein voll gymnastiziertes Pferd zu präsentieren, das dem Reiter auf die kleinste Anweisung hin gehorcht.

Klassische Reitweise

Die Dressur beruht auf dem Ausbildungssystem des griechischen Soldaten, Historikers und Landwirtschaftsspezialisten Xenophon (ca. 430—355 v. Chr.), der über das Reiten als eine Kunst und Wissenschaft schrieb. Fast tausend Jahre später inspirierten seine Schriften die Reiter der Renaissance, die das praktizierten, was wir jetzt als »klassische Reitkunst« bezeichnen.

Die klassische Reitkunst erreichte ihren Höhepunkt im achtzehnten Jahrhundert mit dem Werk von François Robichon de la Guérinière (1688—1751), den man den Vater der klassischen Reiterei nennt. Sein Buch

⚘ *Das Ziel der Dressur*
»Aufgrund eines lebhaften Impulses und der Geschmeidigkeit seiner Gelenke, dabei ohne verzögernden Widerstand, gehorcht das Pferd willig und ohne zu zaudern.« FEI-Regel

»Ecole de la Cavalerie« ist die reiterliche Bibel der Spanischen Hofreitschule in Wien (gegr. 1572), in welcher seine Lehre rein erhalten wird. Guérinière vervollkommnete die gymnastischen Übungen, welche die natürlichen Gänge verstärken und verbessern. Er entwickelte darüber hinaus eine der wichtigsten Übungen — das Schulterherein (l'épaule en dedans) — sowie viele Schulübungen, die auch heute noch ausgeführt werden.

Dressur als Wettkampfdisziplin

Die Vorläufer der heutigen Turniere waren die Sichtungsprüfungen für die Militäraka-

demien im neunzehnten Jahrhundert. Diese individuellen Prüfungen wurden erstmals im Jahre 1912 bei den Olympischen Spielen durchgeführt, und die Mannschaftsprüfung wurde im Jahre 1928 bei den Olympischen Spielen in Amsterdam eingeführt. Die schwierigeren Übungen wie Piaffe und Passage sah man zum erstenmal bei den Olympischen Spielen in Los Angeles im Jahre 1932, den versammelten Galopp und die Pirouette bei den Olympischen Spielen in Berlin 1936 (die klassische Hohe Schule über der Erde ist kein Teil der sportlichen Dressurprüfungen).

Dressurprüfungen und -turniere

Einfachere Prüfungen finden auf einem Dressurviereck von 20 mal 40 Meter statt, während die internationalen Prüfungen auf mittlerem oder höchstem Niveau auf einem Dressurviereck von 20 mal 60 Meter geritten werden. Neben den vier internationalen Prüfungen — Prix St. Georges, Intermédiaire I und II und dem Grand Prix — wird in letzter Zeit die Kür immer beliebter. Sie wird meist mit Musik geritten und läßt dem Reiter mehr Freiheit, tendiert eher zur Kunst als zum reinen Sport. Die Noten der Prüfungen sind: 10 — ausgezeichnet; 9 — sehr gut; 8 — gut; 7 — ziemlich gut; 6 — zufriedenstellend; 5 — ausreichend; 4 — nicht ausreichend; 3 — ziemlich schlecht; 2 — schlecht; 1 — sehr schlecht; 0 — nicht ausgeführt.

⚘ *Entwicklung der Gänge (oben)*
»Die harmonische Entwicklung des Körpers und der Fähigkeiten des Pferdes«, welche dazu führen, daß das Pferd »ruhig, geschmeidig, gelöst und flexibel ist, vertrauensvoll, aufmerksam und mit Freude bei der Arbeit ...« — Zitat aus dem Regelbuch der FEI.

⚘ *Galoppwechsel (links)*
Englands führende Dressurreiterin Jennie Loriston-Clark, demonstriert einen fliegenden Galoppwechsel. Diese Figur ist eine der schwierigsten Übungen in höheren Dressurprüfungen.

Springreiten

Bis zum Ende des neunzehnten Jahrhunderts spielte das Springen überhaupt keine Rolle in der reiterlichen Welt. Die ersten Springprüfungen waren Tests für Jagdpferde. Die Royal Dublin Society schrieb im Jahre 1865 den ersten bekannten Springwettbewerb aus. Ein Jahr später wurde in Paris ebenfalls ein Springwettbewerb (concours hippique) veranstaltet, jedoch war dies eher eine Geländeprüfung.

Olympische Spiele

Im Jahre 1900 waren Springwettbewerbe bereits ein Teil der Olympischen Spiele. Es gab drei Klassen: ein Zeitspringen, das von Haegeman/Belgien gewonnen wurde; ein Weitspringen, das sein Landsmann van Langendonk gewann; und ein Hochspringen, das Gardières/Frankreich mit 1,84 Meter gewann.

Besondere Impulse bekam der Sport durch die Einrichtung der International Horse Show in London im Jahre 1907. Dies war eine besonders phantastische Veranstaltung, die zwischen beiden Weltkriegen die Hauptstütze dieses Sports war; hier wurde auch der erste Nationenpreis ausgetragen.

Die Entwicklung des Reglements

Es dauerte einige Zeit, bis ein richtiges Reglement erstellt wurde; die ersten Regeln waren noch ziemlich verwirrend. Die Engländer und Amerikaner legten bis nach dem Zweiten Weltkrieg Latten oder Bänder auf die Hindernisse. Die Latten mußten oben bleiben, sonst gab es Strafpunkte. Später wurde das System komplizierter, weil man unterschied, ob die Latten mit der Vor- oder Hinterhand abgeworfen wurden. Die Zeit, in welcher der Parcours bewältigt wurde, spielte zu Anfang noch kaum eine Rolle.

Nach dem Zweiten Weltkrieg wurde jedoch ein international gültiges Reglement erstellt. Die gerittene Zeit wurde ein wichtiger Faktor, was den Wettbewerb natürlich spannender machte. Die Klarheit der neuen Regelungen ermöglichte es den Zuschauern, am Geschehen direkter teilzunehmen und den Wettkampf leichter zu verfolgen.

Heute werden die Parcours mit absoluter Genauigkeit und großer Kunstfertigkeit aufgebaut, um das Können von Pferd und Reiter zu prüfen. Einige der wichtigsten Punkte sind dabei: Größe und Typ der Hindernisse, die Anzahl der Galoppsprünge zwischen den Hindernissen und die Mindestzeit, in welcher der Parcours bewältigt werden muß.

Die wichtigsten Turniere

Die wichtigsten internationalen Prüfungen, die nach dem Reglement der Fédération Equestre Internationale (FEI) ausgeschrieben werden, sind die Olympischen Spiele, welche alle vier Jahre stattfinden; die Weltmeisterschaften, die in den Jahren zwischen den Olympischen Spielen stattfinden; und der World Cup, eine Folge verschiedener Wettkämpfe, die auf regionaler Ebene beginnen und in Ausscheidungskämpfen bis zur Weltmeisterschaft ausgetragen werden. Es gibt natürlich auch Europäische und Amerikanische Meisterschaften und Nationalmeisterschaften, die jährlich ausgetragen werden. Der President's Cup wird dem Land zugesprochen, welches bei den jährlichen Nationenpreisen die meisten Punkte erreichte.

FEHLER-TABELLE

Die nachfolgende Tabelle gilt für nationale und internationale Prüfungen.

1. Ungehorsam	3 Fehler
2. Ungehorsam	4 Fehler
3. Ungehorsam	Ausschluß
Abwurf	4 Fehler
Fallen von Pferd oder Reiter	8 Fehler
Erlaubte Zeitüberschreitung	¼ Fehler je Sekunde oder Sekundenbruchteil
Zeitüberschreitung in einem Zeitspringen	1 Fehler pro Sekunde oder Sekundenbruchteil
Zeitlimit überschritten	Ausschluß

Der Vorwärtssitz
Der Italiener Federico Caprilli (1868—1907), Chefreitlehrer der Kavallerieschule Pinerolo, entwickelte als erster den Vorwärtssitz des Reiters beim Springen. Caprillis »Vorwärtssitz« ist die Grundlage des modernen Springsitzes, den man auf dem Foto sieht.

Vielseitigkeit

Der Reitsport ist stark traditionell geprägt, und so beruht auch die Vielseitigkeit oder das Military auf den militärischen Prüfungen, die Ausdauer, Schnelligkeit und Gehorsam der Pferde sowie das Können der Reiter. Die erste entsprechende Prüfung war das »Championat du Cheval d'Armes« in Paris im Jahre 1902. Dieses Turnier umfaßte eine Dressurprüfung, ein Hindernisrennen, ein 48-Kilometer-Rennen über Straßen und ländliche Wege und zum Schluß eine Springprüfung.

Vielseitigkeit

Die erste olympische Vielseitigkeitsprüfung war den militärischen Reitern vorbehalten und fand im Jahre 1912 in Stockholm statt. Sieger war die Gastnation.

Erst nach dem Zweiten Weltkrieg durften auch Zivilisten an dieser Prüfung teilnehmen, und von da an expandierte der Sport. Der wichtigste Punkt für die Entwicklung dieser Sparte des Reitens war die Einrichtung der »Badminton Horse Trials« auf den Ländereien des Duke of Beaufort in Gloucestershire im Jahre 1949.

Diese Prüfungen basieren auf dem System der Qualifikation. Die Pferde beginnen in der Einsteigerklasse mit einem Tag und werden dann gemäß ihren Erfolgen zu den

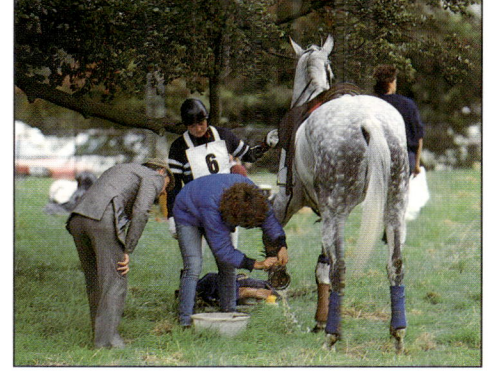

Vorgeschriebene Pause (oben)
Die vorgeschriebene Pause von zehn Minuten zur Puls-/Atemkontrolle vor der Querfeldeinstrecke dient dazu, das Pferd genau durchzuchecken und es zu pflegen.

Ausrüstung (rechts)
Zur Ausrüstung des Reiters gehört der Körperschutz, eine absolute Notwendigkeit bei einem Sport, bei dem Abwürfe unvermeidbar sind.

SICHERHEITSWESTE
Schützt den Oberkörper vor Verletzungen bei Stürzen etc.

BLUSE ODER HEMD
Nach Geschmack des Reiters.

HELM
Reithelme sind Vorschrift.

vollen drei Tagen der Vielseitigkeitsprüfung zugelassen.

Der Ablauf der Prüfung

Zuerst findet die Dressurprüfung statt. Der zweite Tag verlangt Schnelligkeit und Ausdauer vom Pferd, das rund 25 Kilometer laufen muß; dies ist einer der wichtigsten Punkte der Prüfung. Sie beginnt mit einer Strecke über Straßen und kleinere Wege und führt zum Hinderniskurs. Danach geht es wieder über Straßen und Wege zum Querfeldeinkurs.

Die Hindernisstrecke ist 3,2 Kilometer lang, die Querfeldeinstrecke 7,2 Kilometer mit 32 Hindernissen. Viele der Hindernisse sind Kombinationen, so daß das Pferd mehr als 32mal springen muß. Diese Prüfung dauert etwa eineinhalb Stunden. Am letzten Tag findet eine Verfassungsprüfung durch einen Tierarzt statt, danach folgt eine Springprüfung, um festzustellen, ob das Pferd noch »fit für den Dienst« ist.

Über Straßen und Wege (oben)
Ein Teilnehmer auf der Strecke, deren Länge insgesamt 15,2 Kilometer beträgt und natürlich immer viele Zuschauer anzieht.

Wasserkombination (links)
Die komplizierte Hinderniskombination mit Sprüngen ins Wasser und aus dem Wasser ist immer eine der spektakulärsten Stellen beim gesamten Querfeldeinkurs.

Rennen

Es liegt in der menschlichen Natur, festzustellen, »wer der Bessere ist«, und so wurden auch schon bald nach der Domestikation der Pferde Wettkämpfe ausgetragen. Bereits Jahrhunderte vor den Rennen unter dem Sattel fanden in der Antike Wagenrennen statt; sie waren ausgesprochen populär. Das erste gerittene Rennen wurde bei den Olympischen Spielen im Jahre 624 v. Chr. verzeichnet.

Sport der Könige

Der moderne Rennsport — seien es Flachrennen, Hindernisrennen oder vor dem Sulky — verdankt seine Existenz dem Vollblüter, diesem »Superpferd«, das im England des siebzehnten und achtzehnten Jahrhunderts entstand. Die Rennen in England fanden immer unter königlicher Schutzherrschaft statt, daher der Titel »Sport der Köni-

ge«. James I. war begeistert vom Rennsport und machte Newmarket zur Hauptstadt des Rennsports. Später förderten Charles II. und Queen Anne den Sport in Newmarket. Ascot, die schönste englische Rennbahn, wurde 1711 gegründet, und der Jockey Club, das leitende Gremium des Rennsports, im Jahre 1752. 1791 erschien das Buch »An Introduction to the Stud Book« (Eine Einführung ins Stutbuch), und der erste Band des Stutbuches wurde 1808 veröffentlicht.

In England wurde das System der Gruppenrennen erarbeitet. Diese Rennen werden systematisch nach Distanzen aufgebaut, die dem Alter und dem Können der Pferde angemessen sind.

Damit wird der Zweck verfolgt, aussagekräftige Leistungsprüfungen für die besten Pferde aller Altersgruppen zu schaffen, wozu auch die Gruppe-I-Meisterschaften gehören, in welcher die besten Pferde der Welt laufen.

Die klassischen Rennen

Gruppe I sind die klassischen Rennen für Dreijährige, also das Derby und die »Oaks«

Trainingsrennen (oben)
Ritte am frühen Morgen auf der Galopprennbahn sind typisch für Trainingszentren wie Newmarket, wo Vollblüter auf die Rennen vorbereitet werden.

Das Teilnehmerfeld (unten)
Das Feld setzt über eine der Hindernishecken in Cheltenham. Hier werden die angesehensten Rennen der Saison abgehalten, darunter der Gold Cup und die Champion Chase.

Red Mile

Die Red-Mile-Rennbahn von Lexington, Kentucky, ist eines der Hauptzentren des amerikanischen Trabrennsports. Viele der besten Standardbreds werden im Blue-Grass-Verwaltungsbezirk aufgezogen und trainiert.

in Epsom. Das 2000-Guinea-Rennen und das 1000-Guinea-Rennen für Zweijährige fanden beide in Newmarket statt, dann gab es noch das Doncaster St. Leger. In England sind das Derby (erstes Rennen 1780), das 2000 Guineas (1809) und das St. Leger (1776) die wichtigsten Rennen. Diese drei Rennen wurden seit ihrer Zusammenfassung als »Triple Crown« im Jahre 1853 nur von zwölf Pferden gewonnen.

Rennen weltweit

Die Rennen auf der ganzen Welt laufen nach dem britischen Muster ab. Die einflußreichsten Nationen im Rennsport in Europa sind, abgesehen von Großbritannien und Irland, Frankreich und Italien. In Italien hat das Gestüt Dormello von Federico Tesio viele gute Rennpferde hervorgebracht, unter ihnen Donatello II., Nearco und Ribot. Auch in Australien und Neuseeland finden große Rennen statt, den größten Einfluß auf das Renngeschehen hat jedoch die Multi-Millionen-Dollar-Rennszene in den USA.

Die erste amerikanische Rennbahn wurde im Jahre 1664 von Richard Nicolls, dem ersten Gouverneur von New York, in Long Island errichtet. Heute ist das Zentrum der amerikanischen Vollblüter in Kentucky. Das Kentucky-Derby von Churchill Downs in Louisville wurde 1875 gegründet. Die »American Triple Crown« beinhaltet das Kentucky-Derby, die Preakness Stakes und die Belmont Stakes.

Hindernisrennen

In Europa und Amerika sind Hindernisrennen wenig populär, wohingegen sie sich in England und Irland großer Beliebtheit erfreuen. Das erste Rennen wurde in Irland ausgetragen, als die Herren O'Callaghan und Blake ihre Jagdpferde über eine Strecke von 7,2 Kilometer ritten, und zwar auf der Strecke von Buttevant Church nach St. Leger Church »from steeple to steeple« (= von Kirchturm zu Kirchturm), daher die internationale Bezeichnung »steeplechase«.

Das berühmteste Hindernisrennen ist das Grand National von Aintree, das seit 1837 stattfindet. Die Strecke ist einzigartig und geht über 30 Hindernisse.

Das größte, allerdings neben Aintree auch umstrittenste Hindernisrennen in Europa ist der Große Pardubitzer. Dieses Rennen, das fast ein Geländerenner ist, geht über extrem hohe natürliche Hindernisse. Amerikas bekanntestes Hindernisrennen ist der Mary-land Hunting Cup, der im Prinzip auch ein Cross-country-Rennen mit festen Hindernissen ist.

Trabrennen

Amerika ist die führende Nation im Trabrennsport. Mehr als 30 Millionen Zuschauer sind bei den Flutlicht-Rennen wie beispielsweise Meadowlands in New Jersey, Roosevelt auf Long Island und der Red Mile in Lexington zu verzeichnen.

Hier gibt es auch viele Paß-Rennen, bei denen die Pferde nicht diagonal, also im Trab gehen, sondern lateral. Die Rennen gehen normalerweise über eine Meile (1,6 km), und Zeiten von 1,54 Minuten oder weniger sind nicht unüblich.

Messenger

In England ist der Trabrennsport nicht populär. Seine Verbindung zum Trabrennsport besteht eigentlich nur im Export des Vollblüters Messenger nach Philadelphia im Jahre 1788. Er selbst lief zwar nie Rennen, aber er war der Begründer des American Standardbred, auf dem der Trabrennsport weitgehend basiert.

In vielen europäischen und östlichen Ländern ist der Trabrennsport populärer als der Galopprennsport, in Neuseeland und Australien ist er fast eine nationale Passion.

Polo

Polo, das fast nur im Galopp gespielt wird, ist das schnellste Spiel der Welt. Bereits vor 2500 Jahren wurde in Persien und China eine Art Polo gespielt, und zwar von Männern und Frauen. Dieses Spiel hatte den Namen »Changar«, das bedeutet »Hammer« auf persisch; das Wort Polo kommt von dem tibetischen Wort für Ball »Pulu«. Die britischen Soldaten, die im neunzehnten Jahrhundert in Indien dienten, brachten dieses Spiel in den Westen. Die Engländer spielten es zuerst auf relativ kleinen Ponys — sie hatten etwa 1,22 Meter Stockmaß — im indischen Staat Manipur, zwischen Assam und Burma gelegen, wo es so etwas wie ein Nationalsport war.

Hockey auf dem Pferderücken

Das erste in England verbürgte Spiel fand im Jahre 1869 zwischen Offizieren des 10. Husarenregiments in Aldershot statt; damals nannte man es »Hockey auf dem Pferderücken«. Nach Amerika kam das Polospiel im Jahre 1878 durch den Zeitungsmagnaten James Gordon Bennett jr. Zwei Jahre vorher hatte er das Spiel in Hurlingham, der späteren Hochburg des Polos in England, gesehen und war begeistert gewesen.

Die Amerikaner erreichten mit ihren ausgezeichnet ausgebildeten und berittenen Teams sehr schnell die Vormachtstellung in der Welt. Die »Anglo-American Westchester Trophy« wurde im Jahre 1886 mit einem reduzierten Teilnehmerfeld von vier Spielern je Seite zum erstenmal ausgetragen. Die Amerikaner gewannen diesen Pokal erstmals im Jahre 1909 — von da an waren sie allerdings kaum mehr zu schlagen gewesen.

Führende Nationen

In Argentinien wurde Polo zum erstenmal im Jahre 1877 gespielt; und ab 1930 war Argentinien die führende Polonation der Welt. Argentinische Ponys — oft Criollo/Vollblut-Kreuzungen — waren und sind die besten Poloponys überhaupt.

Regeln

Das Stockmaß der Poloponys ist nicht begrenzt. Ein Team besteht aus vier Spielern, außerdem gibt es noch zwei berittene Schiedsrichter. Das Polofeld mißt 275 mal 180 Meter. Die Mittellinie ist markiert, ebenso die Strafräume — 27, 36 und 108 Meter von den Außenlinien. Der Ball muß in ein 3 Meter hohes und 7,30 Meter breites Tor geschlagen werden, was normalerweise aus vollem Galopp geschieht. Wenn ein Tor gefallen ist, werden die Seiten gewechselt.

Die Spieler werden je nach ihren Erfolgen gehandicapt. Spitzenpolo sieht man bei einem Team mit einem Handicap von 19 Toren, ein mittleres Team hat ein Handicap von zwischen 15 und 18 Toren. Das Spiel wird in »Chukkas«

🐎 *Kraft und Schnelligkeit*
Polo ist ein schnelles und äußerst kraftvolles Spiel. Allerdings gibt es strikte Sicherheitsregeln — auf jeden Fall ist es verboten, den Weg eines Gegners zu kreuzen.

von siebeneinhalb Minuten eingeteilt. Bei hochqualifizierten Spielen gibt es fünf oder sechs Chukkas, bei einfacheren nur vier. Die Ponys werden nach jeder Chukka gewechselt; kein Pony darf mehr als zwei Chukkas in einem Spiel gehen. Strafpunkte gibt es beispielsweise für gefährliches Kreuzen des Gegners oder für Rempeln. Jedoch darf man dem Gegner den Ball abreiten oder seinen Schläger mit dem eigenen verhaken.

HANDSCHUHE
Mit ihnen kann man den Schläger besser halten.

SCHLÄGER
Der Schläger ist aus Bambus gemacht.

HELM
Viele Helme haben einen speziellen Gesichtsschutz.

STIEFEL
Braune Stiefel sind Vorschrift.

KNIESCHUTZ
Er ist als Vorsichtsmaßnahme unbedingt notwendig.

BALL
Der Ball ist aus Weide.

🐎 *Poloausrüstung* (links)
Die Ausrüstung hat sich im Laufe der Zeit nur wenig verändert. Lediglich der Griff des Schlägers wurde verbessert, Helme wurden obligatorisch, und fast alle Spieler tragen einen Knieschutz.

🐎 *Polo früher* (oben)
Dies ist ein Bild von einem frühen Polospiel in Amerika — noch war die Zahl der Spieler nicht auf vier begrenzt, und das Tragen von Helmen war noch nicht Pflicht. Rechts und links sieht man die reitenden Unparteiischen.

Distanzreiten

Es gibt zweierlei Arten von Distanzritten: Ritte in freiem und Ritte in vorgeschriebenem Tempo. Bei den Ritten im freien Tempo ist das Pferd der Sieger, das als erstes ankommt und bei der anschließenden Tierarztkontrolle als gesund und nicht überfordert angesehen wird. Distanzritte gehen über Strecken von 40 bis 160 Kilometer pro Tag; dazwischen gibt es viele Varianten, unter anderen auch zwei Tage à 80 Kilometer.

Ritte mit vorgeschriebenem Tempo gehen über eine gekennzeichnete Strecke in einem bestimmten Tempo, also beispielsweise 48 Kilometer mit einer Geschwindigkeit von elf bis 13 Kilometer pro Stunde. Auch hier werden die Pferde ständig tierärztlich kontrolliert.

Kavallerie-Prüfungen

Die ersten Ein-Mann-ein-Pferd-Ritte, die »Vorreiter« des modernen Distanzsportes, fanden in den neunziger Jahren des neunzehnten Jahrhunderts und zu Beginn des zwanzigsten statt, und zwar als Kavallerieprüfungen besonders der deutschen und der österreichisch-ungarischen Kavallerie. Sie wurden eingeführt, um das Leistungsvermögen von Pferd und Reiter zu testen und zu verbessern; nicht selten wurden dabei aber die Pferde zu Tode geritten. So führten schon die Veranstalter des Rittes Paris—Deauville im Jahre 1903 Geschwindigkeitslimits ein. Der heutige Distanzsport jedoch hat seine Wurzeln in den kontrollierten Ritten der amerikanischen Kavallerie.

Distanzritte

Amerika ist führend im Distanzsport, der auf den berühmten 100 Meilen von Vermont im Jahre 1936 basiert. Dieser dreitägige Ritt wurde streng nach den Richtlinien der Kavallerieprüfungen ausgeschrieben.

In den USA finden jährlich über 500 Ritte statt, darunter der berühmte 100-Meilen-Western-States-Ritt, der unter dem Namen Tevis Cup berühmt wurde. Dies ist wohl der härteste Distanzritt für Pferd und Reiter überhaupt. Er wurde zum erstenmal im Jahre 1955 veranstaltet. Die Strecke führt von Tahoe City, Nevada, nach Auburn, Kalifornien, über die rauhe Sierra Nevada. Die Strecke wird von den Siegern in der Regel in elf bis zwölf Stunden zurückgelegt, und das trotz harten Geläufs und eines mühsamen Anstiegs auf 2850 Meter zum schneebedeckten Sqaw-Paß, über den es zum El Dorado Canyon geht, wo die Temperaturen bis zu 38 Grad Celsius steigen.

🏇 *Fuß-Arbeit*
Distanzreiter laufen oft einen Teil der Strecke neben dem Pferd her. Auf diese Weise werden schmerzende und steife Muskeln gelockert, und das vom Gewicht des Reiters befreite Pferd kann sich auch ein wenig erholen.

🏇 *Fitneß und Einteilung*
Distanzritte verlangen große Fitneß von Pferd und Reiter, verbunden mit hohen Anforderungen an die Fähigkeit, sich den Ritt genau einzuteilen.

Auch in Deutschland finden jährlich Hundertmeiler statt, einer der berühmtesten sind die »Hundert Meilen von Pussade«, die als Prüfstein für die besten deutschen Distanzreiter gelten.

Distanzreiten in Deutschland

Der Distanzreitsport findet in Deutschland seit einigen Jahren mehr und mehr Freunde. Abseits der Spring- und Turnierszene wird hier wenig spektakulär auf markierten Wegen oder nach Karte durchs Gelände geritten. Der Wahlspruch heißt »Angekommen ist gewonnen«, womit gemeint ist, daß es das wichtigste ist, mit gesundem Pferd das Ziel zu erreichen.

Die erfolgreichsten deutschen Distanzpferde sind meist Mischlinge mit einem hohen Anteil Araberblut. Deutsche Distanzreiter sind auch auf internationalen Ritten sehr erfolgreich, wie beispielsweise auf den Ritten Wien—Budapest (300 Kilometer in drei Tagen), Florac (Frankreich) und den Weltmeisterschaften der Distanzreiter. Die Distanzreiter sind im VDD — Verein Deutscher Distanzreiter — organisiert, welcher der Deutschen Reiterlichen Vereinigung (FN) angeschlossen ist.

Der Damensattel

Den Damensattel nannte man oft »die Königin der Sättel«, obwohl er eigentlich eher der »Sattel der Königinnen« war, denn zuerst ritten die königlichen Reiterinnen im Seitsitz.

Anna von Böhmen

Etwa vor sechshundert Jahren begannen die Damen an den europäischen Fürstenhöfen im Damensattel zu reiten. Anna von Böhmen, die Gattin Richards II., brachte ihn nach England.

Bis zum Ende des vierzehnten Jahrhunderts ritten die Damen offensichtlich im »Herrensitz«; sportlichere Reiterinnen taten dies auch noch bis ins sechzehnte Jahrhundert und danach. Erst viel später ritten die Damen auch im Seitwärtssattel zur Jagd.

Annas Sattel war nach dem Prinzip des Packsattels gebaut, auf welchem meist auf der linken Seite eine hölzerne Fußstütze angebracht war, welche man »planchette« nannte. Die Reiterin saß im rechten Winkel zum Pferd, ihre Füße standen nebeneinander auf der Stütze. Zur Sicherheit hatte der Sattel vorn einen Knauf, an dem die Reiterin sich mit der rechten Hand festhalten konnte. In solch einem Sattel war die Reiterin natürlich nicht viel

🏇 *Springen im Damensattel*
Im modernen Damensattel, welcher der Reiterin einen festen und sicheren Sitz gibt, kann man in gleicher Weise über Hindernisse springen wie im Spreizsitz. Das wurde aber erst durch die Erfindung des Knaufs, welcher den linken Oberschenkel der Reiterin sichert, möglich. Er wurde von Jules Pellier im Jahre 1830 konstruiert.

mehr als ein Passagier, und das Pferd wurde auch meist von einem Pferdeknecht geführt. Praktischer war schon das kleine Kissen für die Dame hinter dem Sattel des Herrn, jedoch konnte sie dabei natürlich weder die Zügel führen noch ihren Sitz verändern.

Katharina de Medici

Eine weitere Variante des Damensattels wurde von einer anderen Königin, Katharina de Medici, eingeführt. Um 1580 benutzte diese exzellente Reiterin einen Sattel mit einem zweiten Horn, welches auf der linken Seite unter dem ersten befestigt war. So konnte die Reiterin ihr rechtes Bein über den zusätzlichen Knauf legen, wo es relativ fest lag, und saß mit dem Gesicht und dem Blick nach vorn. Diese Haltung gab ihr natürlich mehr Sicherheit.

Katharinas Sattel blieb etwa 200 Jahre lang unverändert, obwohl er eindeutig Fehler aufwies und schlecht auf dem Pferd zu befestigen war. Dieser Mangel wurde jedoch im siebzehnten Jahrhundert durch einen weiteren Gurt weitgehend beseitigt. Der Gurt war hinten außen am Sattel befestigt und ging nach vorn zur Gurtenlinie. Es dauerte allerdings lange, bis man es geschafft hatte, die dadurch verbundenen Rückenprobleme der Pferde zu mindern.

Pellier

Die Erfindung, die das Reiten im Damensattel revolutionierte und ihn auch zum Reiten im Gelände verwendbar machte, wurde im Jahre 1830 von einem ansonsten unbekannten Pariser Reitmeister, Jules Charles Pellier, gemacht. Er führte die Stütze für den linken Oberschenkel ein. Zuerst war das nur ein dritter Knauf, welcher unterhalb der beiden schon existierenden befestigt wurde. Später wurde er im Sattelbaum verschraubt und nach außen über den linken Oberschenkel der Reiterin gebogen. Der obere Knauf verschwand dann bald. In dem neuen Sattel saß die Reiterin sicher. Jetzt konnte sie springen, was mit den einfachen Knäufen vorher eine äußerst unsichere Sache gewesen war.

Elisabeth von Österreich

Mit dem neuen Sattel, der den Reiterinnen mehr Sicherheit gab, nahmen im neunzehnten Jahrhundert auch mehr und mehr Damen an Reitjagden teil. Dazu wurden sie durch das wahrhaft leuchtende Beispiel der Kaiserin Elisabeth (»Sissi«) von Österreich ermutigt. Sie besuchte auf ihren »Sportreisen« in den Jahren zwischen 1876 und 1882 sogar England und Irland und wurde dort als exzellente und couragierte Reiterin sehr bewundert.

Unter dem Einfluß einer wachsenden An-

🏇 *Die Königin der Sättel*
Eine Reiterin im Damensattel, der »Königin der Sättel«, ist auf jedem Turnier und auf jeder Schau eine anmutige Erscheinung. In England gibt es bereits besondere Wettbewerbsklassen für das Reiten im Damensattel.

zahl brillanter Reiterinnen wie eben auch Elisabeth von Österreich, wandelte sich der Damensattel. Die tiefe Sitzfläche wurde nach und nach durch einen Sitz ersetzt, der es der Reiterin erlaubte, auf dem rechten Oberschenkel und mit dem Oberkörper gerade zu sitzen — vorher mußten sich die Damen immer etwas unbequem das Kreuz verrenken.

Gleichzeitig mit dem Erscheinen des Knaufs, der dem linken Oberschenkel Halt gab, verschwand die alte Steigbügelhalterung; sie wurden mehrfach verbessert, bis man in einem ledernen Steigbügelriemen, der über eine Sicherheitsfeder läuft, welche sich beim Sturz von selbst öffnet, die endgültige Lösung fand.

Niedergang und Renaissance

Bis in die zwanziger Jahre dieses Jahrhunderts waren Damensättel bei Reitjagden üblich, obwohl schwingende Röcke und lange Kleider bereits weitgehend von Reithosen abgelöst worden waren. In gewissen Kreisen galt es jedoch immer noch als unschicklich, im Spreizsitz zu reiten. Nach dem Zweiten Weltkrieg kam es dann — nicht zuletzt aus Mangel an dem dazugehörigen Dienstpersonal — zu einem Niedergang des Damensattels.

England hat das Verdienst am Wiederaufleben dieser Reitweise. Die Gründung der Ladies Side Saddle Association brachte einen Aufschwung, die Gesellschaft zählt jetzt bereits über 2000 Mitglieder. Das Reiten im Damensattel scheint wieder Mode zu werden, wenn auch nicht im großen Sport. Die Herstellung dieser Sättel allerdings bleibt ausgesuchten Sattelmachern vorbehalten.

Pferd und Gesetz

Die auf das Pferd bezogene Gesetzgebung ist von Land zu Land unterschiedlich und deckt alle möglichen Eventualitäten ab, vom Kauf und Verkauf bis zur Registrierung der Schmiede.

Reitbetriebe

Die Besitzer von gewerblichen Reitbetrieben müssen eine fachliche Qualifikation nachweisen, und die Ställe müssen bestimmten Vorschriften entsprechen, wie etwa in bezug auf Mindestgröße der Boxen etc. Die Deutsche Reiterliche Vereinigung (FN) hat ein Merkblatt für die Kontrolle der Betriebe durch Amtstierärzte ausgearbeitet, das verbindlich ist.

Pferdekauf

Der Handschlag gilt beim Pferdekauf immer noch als Kaufvertrag. Zwar gibt es bestimmte sogenannte »Gewährsmängel«, bei deren Entdeckung man das Pferd zurückgeben kann — dennoch ist es sinnvoll, ein Pferd vorbehaltlich einer tierärztlichen Untersuchung zu kaufen und mit letzterer den Tierarzt seines Vertrauens zu beauftragen.

Im übrigen ist der Verkäufer verpflichtet, die Wahrheit über das Pferd zu sagen.

Hufbeschlag

Nach der Hufbeschlags-Verordnung aus dem Jahre 1940 darf nur eine autorisierte Person, also ein ausgebildeter Hufschmied, Pferde beschlagen. Die Schmiedelehre dauert meist drei Jahre, dann folgen drei Gesellenjahre, und erst danach und nach abgelegter Meisterprüfung darf ein Schmied allein beschlagen.

Im Verkehr

Die Straßenverkehrsordnung gilt auch für Reiter, wobei das Pferd wie ein Auto behandelt wird. Es ist beispielsweise untersagt, auf dem Bürgersteig und in einer Einbahnstraße gegen die vorgegebene Richtung zu reiten oder das Pferd zu führen.

Reiter müssen auf der rechten Straßenseite reiten. Es sind jedoch Bestrebungen im Gange, daß Reiter rechtlich wie Fußgänger angesehen werden und an der linken Straßenseite reiten dürfen — dann sähen die Pferde die Autos von vorn, so daß durch das »sie verfolgende« Auto nicht ihr Fluchtreflex ausgelöst würde.

Das Reiten in der freien Natur wird teilweise durch das Bundeswaldgesetz bestimmt,

🐎 *Ausreiten*
In England ist man in bezug auf das Reiten in der freien Natur großzügiger als in Deutschland. Hier haben Reiter nicht nur das Recht, Privatbesitz zu überqueren, sondern das Gesetz schreibt sogar vor, daß Zäune mit Toren versehen sein müssen, die ein Reiter öffnen kann.

welches die Benutzung ausgewiesener Reitwege und das Tragen von Plaketten zur Identifizierung des Pferdes vorsieht. Diese Regelungen sind regional unterschiedlich.

In jedem Fall ist das Reiten im Wald jedoch auf feste Wege beschränkt.

SICHERHEIT IM STRASSENVERKEHR

Das Reiten im modernen Straßenverkehr ist ein riskantes Unternehmen; leider muß man jedoch manchmal auf Straßen reiten oder sie überqueren, wenn man ins freie Gelände will. Voraussetzung dafür ist die absolute Kontrolle über das Pferd sowie das Befolgen der Straßenverkehrsordnung, aber auch die Ausrüstung sollte die größtmögliche Sicherheit bieten.

KOPFSCHUTZ
Der am meisten gefährdete Teil des Reiters ist der Kopf; das beweisen die Statistiken über Reitunfälle. Daher sollte man unbedingt eine Kappe oder einen Helm tragen; Kappe oder Helm sollten jedoch mit einem Kinnschutz versehen sein und den DIN-Normen entsprechen. Im Springsport, bei Militaryprüfungen und in Reitschulen sind Kappen oder Helme Vorschrift. Kinder sollten grundsätzlich mit Helm reiten.

REITEN IN DER DUNKELHEIT
Beim Reiten in der Dunkelheit ist die Stiefellampe mit gelbem Licht nach vorn und rotem Licht nach hinten Vorschrift; sie ist im

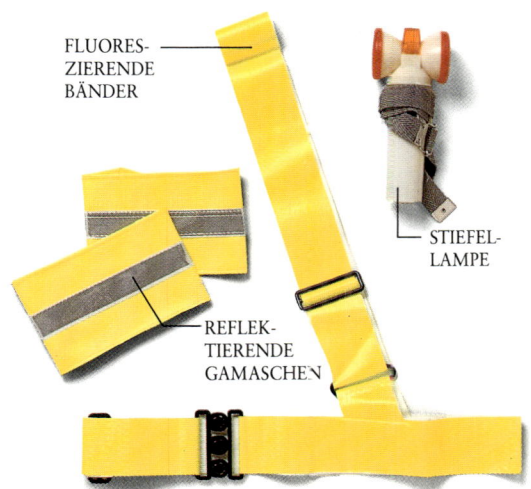

FLUORES-
ZIERENDE
BÄNDER

STIEFEL-
LAMPE

REFLEK-
TIERENDE
GAMASCHEN

🐎 *Sicherheitsausrüstung*
Ein guter Kopfschutz — Helm oder feste Kappe — sowie geeignete Kleidung können dazu beitragen, Verletzungen so gering wie möglich zu halten. Für die Dunkelheit sind Leuchtgamaschen oder -bandagen sowie eine Stiefellampe Vorschrift, damit der Reiter von den Autofahrern rechtzeitig erkannt werden kann.

Fachhandel erhältlich und soll am linken Stiefel befestigt sein, da man auf der rechten Straßenseite reiten muß. Praktisch sind auch fluoreszierende Bänder, wie sie Motorradfahrer manchmal tragen — damit sind die Reiter für Autofahrer in der Dunkelheit besser zu sehen.

Es gibt auch fluoreszierende oder zumindest orangefarbene Westen, die im Scheinwerferlicht gut zu sehen sind; auch sie bekommt man in Sportgeschäften, meistens in der Abteilung für Motorräder.

Pferde müssen ab hereinbrechender Dunkelheit mit fluoreszierenden Bandagen oder Gamaschen um die Beine gekennzeichnet sein — vier fluoreszierende sich bewegende Beine signalisieren dem Autofahrer Vorsicht.

Handpferde sind grundsätzlich an der rechten, also dem Verkehr abgewandten Seite zu führen.

Autos sind schneller als Pferde und deshalb gefährlicher. Reiter sollten also immer »ein Ohr und ein Auge« auf den Straßenverkehr haben und den Autofahrern mit Gesten zu verstehen geben, bitte langsamer zu fahren — die meisten Autofahrer gehen darauf ein.

Fachbegriffe

Wörter, die innerhalb eines Textes fett gedruckt sind, haben im Glossar einen eigenen Artikel

A

ABGERUNDETE PFERDE: Diese haben kurze Verbindungen zwischen den einzelnen Knochen.

AKTION: Die Art, wie sich ein Pferd vorwärts bewegt — langsam und schwerfällig oder leicht und kraftvoll.

AUFHEIZEN: Pferde, die leicht erregbar sind, »heizen sich auf«.

AUSRÜSTUNG: Kleidung, Sattel, Geschirr und Zaumzeug — alles, was man für den Pferdesport (Reiten und Fahren) braucht.

B

BOCKHUF: Zu steile Stellung des Hufs, wodurch der Huf gerade auffußt und nicht gleiten kann, was zu Gelenkverschleiß führt.

BODENWEITE STELLUNG: Leicht nach außen gerichtete Stellung der Sprunggelenke und Röhrbeine.

BÜGELN: Das Schwenken der Vorderbeine beim Gehen in einer runden Bewegung nach außen; nicht zu verwechseln mit dem »termino« des Peruanischen Pasos, der aus der Schulter kommt und erwünscht ist.

🐎 *Hochblütige Pferde*
Entweder Araber oder Vollblüter. Der Shagya-Araber ist ein arabisches Pferd mit einem gewissen Vollblutanteil.

🐎 *Kaltblut*
Bezeichnung für schwere europäische Pferderassen, die vom prähistorischen Waldpferd abstammen.

D

DOPPELTE MUSKULATUR: Besonders starke Bemuskelung beispielsweise der Kruppe, wie sie bei schweren Pferderassen üblich ist.

E

ESELHUFE: s. **Bockhuf**

F

FAHRPFERD: Ein relativ leichtes, elegantes Pferd, welches man vor eine ebensolche Kutsche spannt.

FEI: Fédération Equestre Internationale = Internationale Reiterliche Vereinigung.

FLACHRIPPIG: Ein Rippenbogen, der nicht gerundet, sondern spitz ist.

FN: Fédération Equestre Nationale = Deutsche Reiterliche Vereinigung, Vertretung der deutschen Turnierreiter und Pferdezüchter.

FOHLEN: Pferde bis zu etwa drei Jahren.

G

GANASCHENFREIHEIT: Zwischen dem Unterkiefer und der Verbindung des Kopfes zum Hals besteht kein Hindernis aus Muskeln oder Gewebe, welches die Beweglichkeit des Kopfes einschränkt.

GEBÄUDE: Der Körperbau des Pferdes.

GUTER RIPPENBOGEN: Runde Rippen, welche der Lunge genug Raum bieten und den Reiter bequem sitzen lassen.

H

HARTES PFERD: Ein ausdauerndes Pferd, das gesund und leistungsfähig ist.

HENGST: Unkastriertes männliches Pferd.

HILFEN: Die Anweisungen, die der Reiter oder Fahrer dem Pferd gibt. Die natürlichen »Hilfen« beim Reiten sind Beine, Hände, Gewicht und Stimme.

HINTERHAND: Der Teil des Pferdekörpers vom Rücken über die Flanken bis zum Schweifansatz und runter bis zum Sprunggelenk.

HOHE SCHULE: Die klassische Schule hoher Dressur.

K

KALTBLUT: Schwere europäische Pferde, die von dem prähistorischen Waldpferdtyp abstammen; s. auch **Warmblut**.

KARPFENRÜCKEN: Ein aufgewölbter Rücken, Gegenteil zum **Senkrücken**.

KAVALLERIEPFERD: Ein Pferd, das zu verschiedenen Zwecken in der Armee benutzt wird.

KEHLRIEMEN: Teil des Kopfstückes, welcher um die Kehle geht.

KONKAVES PROFIL: Typisch beispielsweise für arabische Pferde.

KUHHESSIGE STELLUNG: Eine Stellung der Sprunggelenke nach innen (wie bei Kühen); das Gegenteil zur **bodenweiten Stellung** der Hinterbeine.

KUPIEREN: Das Abschneiden des Schweifes inkl. Schweifwirbel. In Deutschland verboten.

L

LEICHTE KNOCHEN: Zu dünne Knochen im Verhältnis zum Körperbau, welche das Reitergewicht dann nur mühsam tragen können; verletzungsanfällig.

LEICHTES PFERD: Pferd im Vollbluttyp.

M

MISCHLING: Ein Pferd, dessen Abstammung ungewiß ist bzw. dessen Eltern von verschiedenen Rassen stammen; meist ohne Papiere.

VORHAND

P

PEDIGREE: Stammbaum. Abstammungspapiere mit genauer Beschreibung des Pferdes und Aufzählung seiner Vorfahren lt. **Stutbuch**.

Q

QUALITÄT: Pferde, die in ihrer Erscheinung fein und dabei leistungsfähig sind; z. B. Araber und Vollblüter bezeichnet man als qualitätsvoll.

R

RAMSNASE: Auch als »römischer Kopf« oder »Elchnase« bezeichnet, oft zu finden bei Pferden der Primitivrassen, aber auch bei Andalusiern, den Pferden Reiner Spanischer Rasse, und Lipizzanern.

RASSE: Eine Gruppe von Pferden, deren Mitglieder über bestimmte erbliche Merkmale verfügen und über eine lange Zeit gezüchtet wurden.

REITHALLE/REITPLATZ: Ort, an welchem Pferd und Reiter geschult werden.

REITPFERD: Ein Pferd, das vom Charakter und vom Gebäude her zum Reiten geeignet ist, im Gegensatz z. B. zum **Fahrpferd**.

RÖHRBEINUMFANG: Der Umfang des Röhrbeinknochens, direkt unter dem Karpalgelenk gemessen. Dieses Maß sagt viel darüber aus, wieviel Gewicht ein Pferd tragen bzw. wie stark seine Vorhand belastet werden kann.

RÜCKSTÄNDIGKEIT: Ein Gebäudefehler beim Pferd, wobei die Vorderbeine gebogen nach innen stehen.

S

SCHEREN: Das Scheren der Pferdemähnen. Es geschieht aus verschiedenen Gründen: bei Turnierpferden, um den muskulösen Hals

besser sichtbar zu machen, bei Poloponys, damit sich der Schläger nicht in der Mähne verfangen kann.

SCHNÜREN: Ein Gang, bei dem die Pferde einen Fuß vor den anderen statt nebeneinander setzen.

SCHWANENHALS: Ein Hals, der zu aufrecht ist, so daß der Kopf quasi vertikal steht; solche Pferde sind reiterlich schlecht zu kontrollieren und haben meist keine ausreichend freien Bewegungen — ein Gebäudefehler.

SCHWERES PFERD: Alle Kaltblutrassen.

SELEKTION: Ausschluß ungeeigneter Tiere von der Zucht und sinnvolle Paarung passender Tiere.

SENKRÜCKEN: Ein Rücken, welcher zwischen Widerrist und Kruppe nicht gerade ist, sondern sich senkt; das Gegenteil ist der sog. **Karpfenrücken**.

SICHELBEINIG: Gebäudefehler. Von der Seite gesehen sind die Beine zu stark gewinkelt und dadurch nicht belastungsfähig.

STOCKMASS: Die Höhe des Pferdes, welche mit einem starren Maß über dem Widerrist gemessen wird.

STRAHLPOLSTER: Dreieckiges Hornstück zwischen den Trachten auf der Unterseite des Hufes; es wirkt als Stoßdämpfer.

STREIFEN: Die Bewegung, wenn sich ein Huf z. B. der Vorhand an dem gegenüberliegenden streift, meist am Krongelenk oder am Fesselkopf, gewöhnlich bedingt durch fehlerhaftes Gebäude oder schlechtes Gangwerk.

STUTBUCH: Buch, das vom Zuchtverband geführt wird und in welchem die Abstammungsnachweise aller eingetragenen Pferde festgehalten werden.

STUTE: Weibliches Pferd.

SUBSTANZ: Die physische Qualität des Pferdekörpers im Hinblick auf Gebäude und Muskulatur.

T

TIEFER BODEN: Feuchter Boden, wie er nach schweren Regenfällen entsteht, der die Pferdebeine tief einsinken läßt.

TYP: Pferde, die für einen bestimmten Zweck gezüchtet werden, wie beispielsweise Geländepferde, Jagdpferde oder Springpferde; sie müssen nicht unbedingt einer bestimmten Rasse angehören, jedoch einem bestimmten Typ entsprechen.

U

UNTERHALS: Starke Muskelbildung an der Unterseite

des Halses, meist entstanden durch Rückenprobleme oder Wehren gegen das Gebiß.

UNTERSCHENKEL: Der Knochen zwischen Knie und Sprunggelenk.

V

VEREDELN: Die Einkreuzung edlen Blutes zur Verfeinerung der Pferde.

VORHAND: Der Teil des Pferdes, welcher »vor der Hand des Reiters« ist, also Kopf, Hals, Schulter, Widerrist, Vorderbeine.

W

WALLACH: Kastrierter Hengst.

WARMBLUT: Reitpferde, die meist durch die Einkreuzung von Arabern oder Vollblut entstanden sind, s. a. **Kaltblut**.

Z

ZEHENENGE STELLUNG: Zu enge Stellung der Hufe zueinander; durch Beschlag kaum zu korrigieren, bei manchen Rassen typisch und kein Fehler.

ZU ENGE KARPALGELENKE: Die Gelenke selbst stehen zu eng beieinander, während die Fesseln eine normale Stellung haben; ein Gebäudefehler, welcher darauf hinweist, daß die Knochen des Pferdes nicht fest genug sind.

ZUGPFERD: Ein kraftvolles, stark gebautes Pferd, das auch schwere Lasten ziehen kann.

ZU WEICHE LENDEN: Ein Gebäudefehler, der dadurch entsteht, daß der Abstand zwischen dem letzten Rippenbogen und der Hüfte zu weit ist.

ZWISCHEN HAND UND SCHENKEL: Das ist ein Begriff, der besagt, daß das Pferd durch den treibenden Schenkel des Reiters ans Gebiß herantritt.

Ausrüstung
Alles, was man fürs Reiten und Fahren braucht.

Register

Die **fett** gedruckten Namen sind
die der vorgestellten Pferderassen.

Danksagung

Dorling Kindersley dankt Janos Marffy, Sandra Pond und Will Giles für die Illustrationen; Dr. James Bee vom Royal Veterinary College, London, für seine Beratung beim Kapitel über die Entwicklung des Fohlens; Robert Oliver dafür, daß er seine Stallungen zur Verfügung stellte; Giles Hine für seine Hilfe bei den Pferden; Graham Young, dem Schmied; Monsieur Mauget in Frankreich; Gaetano Manti in Italien; Pat Renwick und den »Shetland-Darstellern«; dem Kentucky Horse Park, Lexington, USA; Steven Gluett, Tracey Hambleton, Gill Sherman, Diana Weeks und Kevin Williams für ihre Hilfe bei der Buchgestaltung; Paul Dewhurst für die Schattenzeichnungen; Sharon Lunn für die Silhouetten-Diagramme; Irene Lyford für das Register; Emma Matthews für die Datenerfassung und Jenny Speller für die Bildrecherchen. Die Requisiten wurden geliefert von Baileys Feed Suppliers; Scatts of Basingstoke; Old Basign Saddlery of Old Basing; Ian McNeills aus Medstead; Mr. Compton von Calcutt & Sons, Sutton Scotney.
Und natürlich danken wir allen Pferden, die wir fotografieren durften, sowie ihren langmütigen Eigentümern (sie alle sind im nachstehenden Bildverzeichnis erwähnt). Unser Dank gilt auch all jenen, die wir leider nicht mehr namentlich erwähnen können.
Bob Langrish dankt Sally Waters, Janet Lorch, Dr. Mikhail Alexeev, Colin Wares, Dinny Lund und Evegeny Lepetukhin.

--- • ---

Bildquellen
Außer den Studioaufnahmen auf den Seiten 196/197, 198—201, 206/207, 214/215, 224—227, 230—233 und 235, die von Tim Ridley gemacht wurden, stammen alle Fotos von Bob Langrish, sofern nichts anderes erwähnt ist.
Unter den Bildern von »Animal Photography« sind auch Aufnahmen von Sally Anne Thompson.

Schlüssel: *u* = unten, *m* = Mitte, *l* = links, *r* = rechts, *o* = oben

---

S. 1 **Haflinger** — *Nomad* (s. S. 128/129)

S. 2/3 l **Clydesdale** — *Blue Print*, (s. S. 168/169); *r* **Miniatur-Shetlands** — (s. S. 156/157)

S. 5 **Lusitano** — *Montemere-O-Nova (Romano)* (s. S. 40/41); Bewick Woodcuts

S. 6 ol, om Peter Newark; *ur* Mary Evans

S. 7 o Mary Evans; *mr* **Mittelschweres Irisches Kaltblut** — *Quist* und *Rajah*, Berittene Polizei der West Midlands, Birmingham (Geritten von Police Constable Michael Barratt und Police Constable Roger Green); *ml* Mary Evans; *u* Auscape

S. 8 **Avelignese** — *Noaner* (s. S. 128/129); *r* **Araber** — *Muskhari Silver* (s. S. 14/15); *ol* Mary Evans

S. 9 o Bewick Woodcuts; *mr* **Appaloosa** — *Move Over Nugget*, Mr. & Mrs. George, Patchendon Stud, Herts.

S. 10 u Amerikanisches Museum für Naturgeschichte

S. 11 o Amerikanisches Museum für Naturgeschichte; *ul* Mary Evans; *ur* Ardea

S. 12 o Ronald Sheridan; *ul* C. M. Dixon; *u* Bruce Coleman

S. 13 o C. M. Dixon; *ul, ur* Ronald Sheridan

S. 14/15 **Araber** — *Muskhari Silver*, Janet und Anne Connolly, Silver Fox Arabians, W. Midlands, *ul* C. M. Dixon

S. 17 ul Ardea

S. 18 ul Animal Photography

S. 22 o **Saddlebred** — *Kinda Kostly* (s. S. 66/67); *u* Only Horses

S. 24 ol **Avelignese** — *Noaner* (s. S. 128/129); *ur* Only Horses

S. 25 o Only Horses; *ur* **Avelignese** — *Noaner* (s. S. 128/129)

S. 26 o Mary Evans; *ul* **Vollblut** — *Lyphento* (s. S. 34/35); *ur* **Shagya-Araber** — *Artaxerxes* (s. S. 38/39)

S. 27 o Bewick Woodcuts; *mr* **Falabella-Fohlen** (s. S. 138/139); *u* Only Horses

S. 28/29 **Araber** — *Persimmon*, Pat und Joanna Maxwell, Lodge Farm, Arabergestüt Oxon; *or* Mary Evans

S. 30/31 **Berber** — *Taw's Little Buck*, Kentucky Horse Park, USA; *ol* Peter Newark; *ul* Bruce Coleman; *mr* Ardea

S. 32/33 **Andalusier** — *Campanero XXIV*, Nigel Oliver, Singleborough Stud, Bucks.; *ul* **Andalusier** — *Adonis-Rex*, Welshpool Andalucian Stud, Powys; *or* Kit Houghton

S. 34/35 **Vollblut** — *Lyphento*, Conkwell Grange Stud, Avon; *or, ur* Peter Newark

S. 36/37 **Anglo-Araber** — *Restif*, Staatsgestüt Compiègne/Frankreich; *or* Mary Evans

S. 38/39 **Shagya-Araber** — *Artaxerxes*, Jeanette Bauch & Jens Brinksten, Dänemark; *ur* Only Horses

S. 40/41 **Lusitano** — *Montemere-O-Nova (Romano)*, Nan Thurman, Turville Valley Stud, Oxon; *ur* **Hispano-Araber** — *Ultima*, Mr. und Mrs. Davies; *um* Johnny Watson

S. 42/43 **Achal-Tekkiner** — *Fakir-Bola*, Hippodrom Moskau, GUS; *ul* Animal Photography; *o* Peter Newark

S. 44/45 **Lipizzaner** — *Siglavy Szella*, John Goddard Fenwick & Lyn Moran, Ausdan Stud, Dyfed; *ul* Animal Photography; *ur* Only Horses

S. 46/47 **Budjonny** — *Barin*; *ul* **Tersker**, beide im Hippodrom in Moskau, GUS; *or* Animal Photography

S. 48/49 **Kabardiner**, Hippodrom Moskau, GUS; *ol* Mary Evans

S. 50/51 **Donpferde** — *Baret*; *ul* **Karabakh** — beide Hippodrom Moskau GUS; *or, um* Mary Evans

S. 52/53 **Morgan** — *Fox Creek's Dynasty*, Darwin Olsen, Kentucky Horse Park, USA; *ol* Bewick Woodcuts

S. 54/55 **Quarter Horse** — *Doc's Maharajah*, Harold Bush, Kentucky Horse Park, USA; *o* Peter Newark; *ul* Ardea

S. 56/57 **Hackney** (Pferd) — *Whiteavon Step High* (Pony) — *Sunbeam Superstar*, beide im Besitz von David Vyse; *ol* Bewick Woodcuts

S. 58/59 **Französischer Traber** — *Pur Historien*, Nationalgestüt Compiègne, Frankreich; *or* Peter Newark; *um* Woodcut

S. 60/61 **Orlow-Traber**, Hippodrom Moskau, GUS; *ol* Mary Evans; *ul* Animal Photography

S. 62/63 **Standardbred** — *Rambling Willie*, Farrington Stables und Paul Siebert, Kentucky Horse Park, USA; *ol* Bewick Woodcuts

S. 64/65 **Friesen** — *Sjouke*, Sonia Gray, Tattondale Carriages, Cheshire; *orl* Mary Evans; *orr* Animal Photography

S. 66/67 **Saddlebred** — *Kinda Kostly*, Kentucky Horse Park, USA

S. 68/69 **Missouri Foxtrotter** — *Easy Street*, Ruth Massey, Kentucky Horse Park, USA; *ul* **Cayuse-Indianerpony** — *Teton*, Kentucky Horse Park, USA

S. 70/71 **Tennessee Walker** — *Delight's Moondust*, Andrew und Jane Shaw, Kentucky Horse Park, USA; *ul* Animal Photography

S. 72/73 **Peruanischer Paso** — *Sol de Salana*, James Foster, Kentucky Horse Park, USA

S. 74/75 **Mustang** — *Patrick*, Kentucky Horse Park, USA; *ol* Peter Newark

S. 76/77 **Irisches Kaltblut** — *Miss Mill*; *ul* (Fohlen) — *Gort Mill*, Mr. R. J. Lampard

239

S. 78/79 Normannischer Cob — *Ibis,* Nationalgestüt Saint Lô, Frankreich; *ul* Mary Evans; *or* Mary Evans/Bruce Castle Museum

S. 80/81 Cleveland Bay — *Oaten Mainbrace,* Mr. und Mrs. Dimmock

S. 82/83 Gelderländer — *Spooks,* Peter Munt, Ascot Driving Stables, Berks.; *orr* Mary Evans

S. 84/85 Holländisches Warmblut — *Edison,* Frau Dejonge; *ol* Mary Evans

S. 86/87 Frederiksborger — *Zarif Langløkkegard,* Harry Nielsen, Dänemark; *ul* Mary Evans; *or* Animal Photography

S. 88/89 Selle Français — *Prince D'elle,* Nationalgestüt Saint Lô, Frankreich

S. 90/91 Dänisches Warmblut — *Rambo,* Jorgen Olsen, Dänemark; *ul* Einar Anderssons Pressbild

S. 92/93 Trakehner — *Muschamp Mauersee,* Janet Lorch, Muschamp Stud, Bucks; *ur* Animal Photography

S. 94/95 Hannoveraner — *Défilante,* Barry Mawdsley, European Horse Enterprises, Berks.

S. 96/97 Holsteiner — *Lenard,* Sue Watson, Trenawin Stud, Cornwall; *or* Mary Evans

S. 98/99 Maremmapferd — *Barone,* Attilo Tavazzani, Centro Ippico Di Castelverde, Italien; *ur* Kit Houghton

S. 100/101 Murgese — *Obscuro,* Instituto Incremento Ippico di Crema, Italien; *or* Instituto Geografico de Agostini

S. 102/103 Oldenburger — *Renoir (Modekönig),* Louise Tomkins; *or* Animal Photography

S. 104/105 Camarguepferd — *Redounet,* M Contreras, Les Saintes Maries de la Mer, Frankreich

S. 106/107 Rocky Mountain Pony — *Mocha Monday,* Rea Swan, Hope Springs Farm, Kentucky Horse Park, USA

S. 108/109 Furioso — *Furioso IV,* A. G. Kishumseigi, Ungarn; *ol* Mary Evans

S. 110/111 Nonius — *Pampas; ul* beide Fohlen im Besitz von A. G. Kishumseigi, Ungarn

S. 112/113 Knabstrupper — *Føniks,* Poul Elmerkjær, Dänemark; *ur* Animal Photography

S. 114/115 Pinto — *Hit Man,* Boyd Cantrell, Kentucky Horse Park, USA *ul* Peter Newark

S. 116/117 Palomino — *Wychwood Dynascha,* Mrs. G. Harwood, Wychood Stud, Glos.; *or* Ardea

S. 118/119 Australian Stock Horse (fotografiert von Hawkesbury Photographics) — *Scrumlo Victory,* Mrs. R. Waller, Ophir Stud, Australien; *ul, ml* Mary Evans; *or* Auscape

S. 120/121 Appaloosa (fotografiert von Stephen Oliver) — *Golden Nugget,* Sally Chaplin; *or* Bewick Woodcuts

S. 122/123 Baschkir — *Mel's Lucky Boy,* Familie Dan Stewart, Kentucky Horse Park, USA

S. 124/125 Landais — *Hippolyte; or* Pottock — *Thouarec III,* beide im Nationalgestüt Pau/Frankreich

S. 126/127 Mérens-Pferd — *Radium,* Nationalgestüt Tarbes/Frankreich; *ul* Only Horses

S. 128/129 Haflinger — *Nomad,* Miss Helen Blair, Silvretta Haflinger Stud, W Midlands; *ul* Avelignese — *Noaner,* Instituto Incremento Ippico de Crema, Italien; *or* Animal Photography

S. 130/131 Italienisches Kaltblut — *Nobile; ul* Bardigiano — *Pippo,* beide im Instituto Incremento Ippico de Crema, Italien

S. 132/133 Fjordpferd — *Ausdan Svejk,* John Goddard Fenwick und Lyn Moran, Ausdan Stud, Dyfed; *ul* Einar Anderssons Pressbild; *ur* Animal Photography

S. 134/135 Islandpferd — *Leiknir,* Kentucky Horse Park, USA; *ul, or* Animal Photography

S. 136/137 Kaspisches Pony — *Hopstone Shadbiz,* Mrs. Scott, Henden Caspian Stud, Wilts.; *or* Woodcuts

S. 138/139 Falabella — *Pegasus of Kilverstone; ul* Fohlen — *l Cleopatra of Kilverstone; r Bernardo of Kilverstone* — alle im Besitz von Lady Fisher, Kilverstone Wildlife Park, Norfolk; *orl* Ardea

S. 140/141 Exmoor Pony — *Murrayton Delphinus,* June Freeman, Murrayton Stud, Herts.

S. 142/143 Dartmoor Pony — *Allendale Vampire,* Miss M. Houlden, Haven Stud, Hereford

S. 144/145 Welsh Mountain Pony — *Bengad Dark Mullein,* Mrs. C. Bowyer, Symondsbury Stud, Sussex; *ul, or* Animal Photography

S. 146/147 Welsh Pony — *Twyford Signal,* Mr. und Mrs. L. E. Bigley, Llanarth Stud, Hereford; *or* Bruce Coleman

S. 148/149 Welsh Cob — *Treflys Jacko,* Mr. und Mrs. L. E. Bigley (s. S. 146/147); *or* Welsh Pony im Cob-Typ — *Llygedyn Solo,* Kitty Williams, Glebedale Stud, Gwent

S. 150/151 Dales Pony — *Warrenlane Duke,* Mr. Dickson, Millbeck Pony Stud, Yorks.; *or* Mary Evans

S. 152/153 Fell Pony — *Waverhead William,* Mr. und Mrs. S. Errington

S. 154/155 Highland Pony — *Fruich of Dykes,* Countess of Swinton; *ul* Animal Photography

S. 156/157 Shetland Pony — *Chatsworth Belle,* Mrs. Hampton, Briar Stud, Herts.; *ul* Mary Evans, *or* Miniatur-Shetland-Pony — *Parlington Pepsi,* (Fohlen) *Parlington Dulcie,* Mrs. B. & D. Johnston, Parlington Stud, N Yorks.; *ur* Miniatur-Shetland-Pony — *Orion of Brindister,* Christopher Stevens, Catchpool Pony Stud, Swansea

S. 158/159 Connemara — *Spinway Bright Morning,* Miss S. Hodgkins, Spinway Stud, Oxon; *or* Kit Houghton

S. 160/161 New Forest Pony — *Bowerwood Aquila,* Mrs. Rae Turner, Bowerwood Stud, Hants.; *ol* Bewick Woodcuts; *ur* Animal Photography

S. 162/163 American Shetland Pony — *Little Trouble,* Marvin McCabe, Kentucky Horse Park, USA; *ul* Woodcut; *ur* Kit Houghton

S. 164/165 Shire — *Duke,* Jim Lockwood, Courage Shire Horse Centre, Berks.; *um* Mary Evans

S. 166/167 Suffolk Punch — *Laurel Keepsake II,* P. Adams und Söhne; *ol* Bewick Woodcuts

S. 168/169 Clydesdale — *Blue Print,* Mervyn und Pauline Ramage, Mount Farm, Clydesdale Horses, Tyne and Wear

S. 170/171 Percheron — *Tango,* Nationalgestüt Saint Lô, Frankreich; *ol* Mary Evans; *ur* Kit Houghton

S. 172/173 Ardenner — *Rames du Vallon,* Nationalgestüt Pau, Frankreich; *ul* Kit Houghton

S. 174/175 Bretone — *Ulysses,* Nationalgestüt Tarbes, Frankreich; *ul* Kit Houghton

S. 176/177 Jütländer — *Tempo Jørgen Neilsen, Dänemark; or* Animal Photography

S. 178/179 Boulonnais — *Urus,* Nationalgestüt Compiègne, Frankreich; *or* Einar Anderssons Pressbild

S. 180/181 Belgisches Kaltblut — *Roy,* Kentucky Horse Park, USA; *ul* Animal Photography

S. 182/183 Jagdpferd — *Hobo,* Robert Oliver; *ul, om* Mary Evans

S. 186/187 Hack — *Rye Tangle,* Robert Oliver

S. 188/189 Cob — *Super Ted,* Robert Oliver

S. 190/191 Reitpony — *Brutt,* Robert Oliver; *or* Animal Photography

S. 192/193 *l* Cob — *Silvester* und *r* Jagdpferd — *Ovation,* beide im Besitz von Robert Oliver

S. 195 Cob — *Silvester,* Robert Oliver

S. 202/203 *or* Jagdpferd — *Ovation,* Robert Oliver; *ul* Studiofotografie von Stephen Oliver

S. 208/209 *ol, oll* Harry Smith

S. 210/211 *ol* Fohlenserie von Bruce Coleman, die anderen von Jane Burton

S. 212/213 Die Serie kleiner Bilder von links nach rechts 1., 4., 8., 9. von Jane Burton; 2., 3., 5., 6. von Bruce Coleman

S. 214/215 Pinto — *Hit Man* (s. S. 214/215); *ol* Mary Evans; *ur* Animal Photography

S. 216/217 *ol* Animal Photography; *ul, or, orr* Bruce Coleman

S. 218/219 *ol* Shetland Pony — *Locking Edward,* Abigail Hampton, Briar Stud, Herts.; *or* Mary Evans

S. 220/221 *ul* Mary Evans; *ol* Kit Houghton; *or* Johnny Watson; *um* Peter Newark; *ur* Gemälde Baron d'Eisenburg Collection, Earl of Pembroke, Wilton House, Salisbury

S. 222/223 *ml, or* Peter Newark; *ul, ur* Animal Photography

S. 234/235 *ol* Bewick Woodcuts; *ul* (oben) Shagya-Araber — *Artaxerxes* (s. S. 38/39), (unten) Suffolk Punch — *Laurel Keepsake II* (s. S. 166/167); *o* Welsh Pony im Cob-Typ — *Llygedyn Solo* (s. S. 148/149)

S. 236/239 Bewick Woodcuts